Marco Polo

Das Buch der Wunder

Marco Polo
Das Buch der Wunder

Aus: „Le Livre des Merveilles du Monde", Ms. fr. 2810
der Bibliothèque Nationale de France, Paris

Übersetzung der Handschrift
Marie-Hélène Tesnière

◆

Kritischer Essay
François Avril

◆

Bilderläuterungen
Marie-Thérèse Gousset

DREI LILIEN EDITION

© by Ultreya srl, Milano
Alle Rechte vorbehalten
© Faksimile Verlag Luzern
für die Texte und die Bilder
Vom Verlag genehmigte Sonderausgabe
für VMA Verlag – DREI LILIEN EDITION –
Wiesbaden

Ursprüngliches Konzept, Layout:
Massimo Giacometti, Edizioni, Anversa
Koordination der Koproduktion:
Ultreya, Milano

ISBN: 3-928127-92-6

Lithographie:
MAC s.a.s., Bergamo
Satz: CSE, Milano
Druck und buchbinderische Verarbeitung:
Grafiche Zoppelli, Dosson di Casier

Printed in Italy

INHALT

Marco Polo
DAS BUCH DER WUNDER
Übersetzung der Handschrift und Bilderläuterungen — 9

    Fußnoten — 193

François Avril
DAS BUCH DER WUNDER DER WELT
Ms. fr. 2810 der Bibliothèque Nationale de France — 197

    Das bewegte Schicksal einer Handschrift — 197
    Der Auftraggeber des Buchs der Wunder: Johann Ohnefurcht, Herzog von Burgund — 197
    Eine überaus persönliche Handschrift — 197
    Das Porträt des Johann Ohnefurcht — 198
    Das Herzogswappen — 198
    Die Embleme des Johann Ohnefurcht — 198
    Die Hopfenranke — 198
    Die Devise „Ich swighe" — 199
    Das Maurerlot — 200
    Der Hobel — 200
    Löwe und Adler — 201
    Der Empfänger des Geschenks: Jean de Berry — 202
    Jacques d'Armagnac, Herzog von Nemours — 203
    Die Ankunft der Handschrift in den königlichen Sammlungen — 204
    Kodikologische und paläographische Beschreibung des Buchs der Wunder — 205
    Kollationierung — 205
    Schriftspiegel und Anordnung des Dekors — 205
    Schrift — 206
    Die Maler des Buchs der Wunder — 206
    Format und Farbgebung — 207
    Der Miniaturenstil — 208
    Die Boucicaut-Gruppe — 208
    Die Egerton-Bedford-Gruppe — 214

Fußnoten — 217
Abbildungsverzeichnis — 222

Le Livre des merveilles

[FOL. 1]
HIER BEGINNT DAS BUCH DER WUNDER GROSS-ASIENS, GROSS- UND KLEIN-INDIENS UND DER VERSCHIEDENEN WELTREGIONEN

Wer genaue Kunde über die verschiedenen Gegenden der Welt erlangen will, der nehme dieses Buch und vertiefe sich darin. Es wird ihm die denkwürdigsten Wunder Großarmeniens, Persiens, des Tatarenlandes und Indiens erschließen. All dies und noch viel mehr ist in diesem Buch in guter Ordnung und in allen Einzelheiten niedergelegt, nach dem Bericht des Marco Polo, des gelehrten und weisen Bürgers von Venedig. Er hat es mit eigenen Augen gesehen. [fol. 1v] Was er nicht selbst gesehen, ist ihm aus sicherer Quelle bekannt; und das sind nur wenige Dinge. Wir werden deshalb genau unterscheiden, was er in Wahrheit gesehen und was er nur von anderen erfahren. So daß unser Buch wahrhaftig sei und ohne Trug. Der Hörer oder Leser kann ihm uneingeschränkt Glauben schenken. Alles ist vollständig wahr. Ich kann es euch bestätigen, seit der Zeit, da der Herr unser aller Urvater Adam erschaffen, hat kein Mensch so sehr die Welt bereist und keiner so viele der Wunder gesehen wie Marco Polo. Da er meinte, daß es bedauerlich wäre, nicht über das Gesehene und Erfahrene zu berichten, machte er sich daran, dies alles zu erzählen. So könnte auch anderen dieses Wissen zuteil werden. Nicht weniger als sechsundzwanzig Jahre brachte er in den verschiedenen Gegenden der Welt zu und gab dann im Jahre 1298 der Menschwerdung Christi Messer Rustulan von Pisa, der mit ihm zu Genua in demselben Gefängnis saß, einen Reisebericht.

Folio 1

Vor dem Tor einer Stadt, deren Fachwerkhäuser einen abendländischen Charakter vermitteln, nehmen zwei beinahe zwillingsgleiche Männer von einem hohen Würdenträger in Begleitung seines Gefolges Abschied. Etwas weiter warten zwei Diener in der Mitte des Weges, die Pferde am Halfter haltend. Wenn der Ersteller des ikonographischen Programms nur den vereinfachten Text der Handschrift vor Augen hatte, so handelt es sich um die beiden Brüder Polo, die sich von Balduin II. verabschieden, um sich in Konstantinopel nach Sudak einzuschiffen, einem venezianischen Handelsstützpunkt auf der Halbinsel Krim. Kannte er jedoch, was wahrscheinlich ist, eine umfangreichere Version der Erzählung, so könnte die ungekrönte Person, der sich Niccolò und Maffeo grüßend zuwenden, auch Messer Ponte sein, der Vertreter des Dogen von Venedig in Konstantinopel.

Wie die beiden Brüder Konstantinopel verliessen, um die Welt zu entdecken

Im Jahre 1250 der Menschwerdung Christi, zu der Zeit, als Balduin Kaiser von Konstantinopel war, begaben sich die beiden Brüder Messer Niccolò Polo, der Vater des Marco, und Messer Maffeo Polo von Venedig nach Konstantinopel. Als edle, gelehrte und wohlgebildete Leute hatten sie sich aufgemacht, um auf dem Schwarzen Meer (Marmara) Handel zu betreiben. Sie erwarben Juwelen und stachen von Konstantinopel aus gen Soldaia[1] in See.

Wie die beiden Brüder Soldaia verliessen

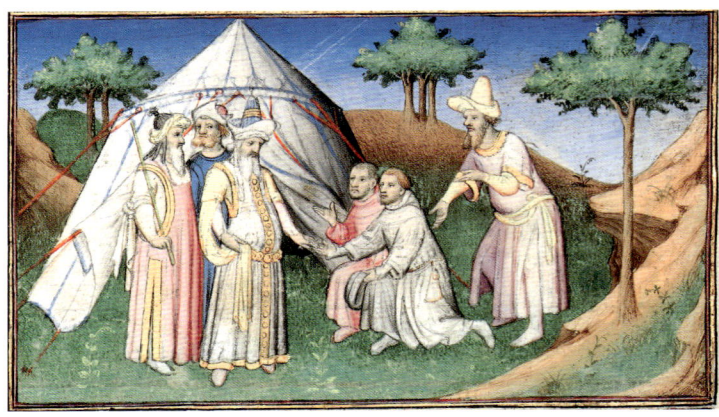

Folio 2
Auf einer unwegsamen Straße, die einen Hügel entlang führt, kommen Marco und Maffeo Polo in Begleitung eines Weggefährten in Bacara an, wo man sie anschließend auf dem Stadtplatz erblickt, mit einem Perser und einem älteren weißbärtigen Mann ins Gespräch vertieft. Es könnte jener Mann sein, der sie auffordert, ihm an den Hof des Großkhans zu folgen.

In Soldaia angekommen, stand ihnen der Sinn danach, noch weiterzureisen. So begaben sie sich auf den Weg und ritten zu Arbaga[2] Khan, der bald in Sara, bald in Colgara[3] residierte. Arbaga Khan war über ihr Kommen hocherfreut und erwies ihnen große Ehren. Er nahm ihre Juwelen mit Freude entgegen und bot einen Preis, der ihren Wert um ein Vielfaches überstieg. Sie weilten nun schon seit einem Jahr bei ihm, als zwischen Arbaga Khan und Alau,[4] dem Tatarenherrscher des Ostreiches, ein fürchterlicher Krieg ausbrach. Beide ließen eine große Streitmacht ausheben. Schließlich wurde Alau, der Tatarenherrscher, besiegt.[5] Auf beiden Seiten gab es viele Tote. Dieser Krieg machte jegliche Reise zu einem gefährlichen Unterfangen. Vermochten sie auch nicht auf demselben Wege, der sie hierher geführt, zurückzukehren, so konnten sie jedenfalls in entgegengesetzter Richtung unbehelligt weiterziehen. Und so geschah es auch. Sie erreichten Oucaca[6] am Rande des Westreiches. Nachdem sie über den Tigris[7] gesetzt hatten, ritten sie siebzehn Tage lang durch die Wüste und trafen weder auf Stadt noch Burg, einzig die Zelte der Tataren, die ihre Herden von der Weide nach Hause trieben, säumten ihren Weg.

Sodann berichtet er, wie die beiden Brüder die Wüste durchquerten und in Bacara ankamen

Die Wüste hinter sich lassend, erreichten sie die prachtvolle Stadt Bacara,[8] die schönste Stadt des gesamten persischen Königreichs. Desgleichen ist auch die Provinz Bacara nach ihrem König Barac so benannt. Da sie von dort aus weder weiterziehen noch den Rückweg antreten konnten, blieben sie drei Jahre dort.
Es begab sich aber während ihres Aufenthaltes, daß Gesandte des Tatarenherrschers Alau in Bacara Rast machten. Sie waren auf dem Weg zum Großkhan, dem Herrn aller Tatarenvölker des Erdkreises. Da sie noch nie zuvor Reisende aus italienischen Landen in dieser Gegend erblickt hatten, waren sie über die Anwesenheit der beiden Venezianer nicht wenig erstaunt. „Vertrauet auf uns, geehrte Herren", sprachen sie, „und euch werden viele Güter und große Ehre zuteil werden." – „Worum geht es? Sagt an! Wir hören euch bereitwillig zu!" Die Gesandten Alaus erklärten ihnen, daß der Großkhan nie zuvor Lateiner zu Gesicht bekommen habe und es daher sein sehnlichster Wunsch sei, sie kennenzulernen.
„Begleitet uns zu ihm, er wird euch mit Freuden empfangen und es euch im Überfluß lohnen. In unserer Gesellschaft seid ihr auf allen Wegen in Sicherheit, und es wird euch kein Leid geschehen!"

Wie sich die beiden Brüder den Gesandten Alaus anschlossen, um zum Großkhan zu reisen

Sobald alle Vorbereitungen getroffen waren, machten sich die beiden Brüder mit den Gesandten Alaus auf den Weg. Sie ritten ein ganzes Jahr lang in nordwestlicher Richtung, bis sie endlich ihr Ziel erreichten. [fol. 2v] Unterwegs gab es für sie so manche Wunder zu sehen, und sie entdeckten gar seltsame Dinge. Doch davon soll jetzt nicht die Rede sein: Marco Polo, der dies in der Folge selbst erlebt hat, wird euch darüber bis in die kleinsten Einzelheiten Bericht erstatten.

Wie sich die zwei Brüder zum Grosskhan begaben

Bei ihrer Ankunft empfing der Großkhan die beiden Brüder mit großer Huld. Er nahm sie mit überschwenglicher Freude auf und ließ ihnen zu Ehren ein großes Fest ausrichten. Er befragte sie zu allerlei Themen. Er war begierig zu erfahren, wie die

Wie sie der Grosskhan über die Christen befragte und insbesondere über den Papst

Er befragte sie weiter über den Papst und die Kirche. Er wollte wissen, wie es in Rom zugehe, wie die Lateiner lebten. Die beiden Brüder beantworteten seine Fragen überaus genau und

Sodann berichtet er, wie der Grosskhan die beiden Brüder als seine Gesandten mit einer Botschaft zum Papst schickte

[fol. 3] Kublai Khan, Herrscher aller Tataren des Erdkreises und aller Provinzen, Königreiche und Regionen dieses zehnten Teils der Welt, lauschte den Worten der beiden Brüder über die Angelegenheiten der Lateiner mit großer Aufmerksamkeit. Da er dem Papst eine Botschaft zu senden wünschte, bat er sie, einen seiner Barone nach Rom mitzunehmen. Die beiden Brüder willigten ein. Kublai Khan rief einen gewissen Cogatal zu sich und befahl ihm, die nötigen Vorbereitungen zu treffen, um sich mit ihnen nach Rom zu begeben. – „Zu Euren Diensten!" antwortete dieser. Der Khan übergab den beiden Brüdern und dem Baron Sendschreiben in tatarischer Sprache, die an den Papst gerichtet waren, und trug ihnen eine Botschaft auf.

Folio 2v
In einer von Bäumen und Felsböschungen begrenzten Ebene empfängt Kublai Khan, an seiner Seite zwei Wachen, vor einem weißen Zelt die Ankömmlinge, die von einem Mann aus seiner Gefolgschaft vorgestellt werden. Als kultivierter Greis in eleganten, wertvollen Gewändern dargestellt, reicht der „große Herrscher aller Tataren des Erdkreises", der „noch keinen Lateiner zu Gesicht bekommen hat", den beiden vor ihm knienden Brüdern die Hand.

Herrscher in ihrem Königreich Gerechtigkeit übten, wie sie sich für Kriege rüsteten und erkundigte sich über ihre Regierungsmethoden. Sodann befragte er sie über Könige, Prinzen und andere Fürsten.

mit großer Verständigkeit, denn sie waren klug und beherrschten die Sprache der Tataren

Folio 3
Der Großkhan übergibt einem seiner Vasallen namens Cogatal ein an den Papst gerichtetes Sendschreiben. Gleichzeitig betraut Kublai Khan seinen Gesandten mit der Mission, die beiden Brüder Polo bis zur Beendigung ihres Auftrages zu begleiten. Drei Pferde erwarten die Reisenden im Freien unter Bewachung eines Dieners.

Darin bat Kublai Khan den Papst, ihm zumindest hundert Gelehrte zu schicken, die im christlichen Glauben unterrichtet waren, die Sieben Freien Künste beherrschten und es verstanden, geschickt zu disputieren, um den Götzendienern und den anderen Glaubensgemeinschaften darzutun, daß das Gebot Christi allen Fehllehren überlegen sei. Sollte es ihnen gelingen, ihn zu überzeugen, würden er und sein gesamtes Königreich zum christlichen Glauben übertreten. Kublai Khan trug seinen Gesandten ebenfalls auf, ihm etwas geweihtes Öl aus der Lampe des Heiligen Grabes in Jerusalem mitzubringen. Dies war der Inhalt der Botschaft, die der Großkhan durch den Tatarenbaron und die beiden Brüder Niccolò und Maffeo Polo dem Papst überbringen ließ.

13

WIE IHNEN DER GROSSKHAN EINE GOLDENE BEFEHLSTAFEL ÜBERGAB

[**fol. 3v**] Nachdem er ihnen seine Nachricht anvertraut hatte, ließ ihnen der Großkhan eine goldene Tafel übergeben. Wohin sie auch gingen, mußte man Pferde und Männer für sie bereithalten, soviel sie für sich und ihre Sicherheit brauchten, und ihnen auch alles andere zur Verfügung stellen, was sie sich nur wünschten. Sobald die Vorbereitungen getroffen waren, nahmen die drei Gesandten Abschied vom Großkhan und begaben sich auf die Reise.

Nach ich weiß nicht wievielen Reisetagen befiel den Tatarenbaron eine Krankheit. Es ging ihm so schlecht, daß er in einer Stadt bleiben mußte und nicht mehr weiterreisen konnte. Die beiden Brüder kamen mit ihm überein, ihn dort zu lassen und ihre Mission allein auszuführen. Sie machten sich wieder auf den Weg. Wo sie auch hinkamen, erhielten sie alles, was sie begehrten, und wurden dank der Befehlstafel des Herrschers mit allen Ehren bedacht.

Schließlich gelangten sie nach Laias[9] in Armenien. Bis dorthin waren sie drei Jahre unterwegs gewesen, da sie immer wieder durch ergiebige Schneefälle oder Regenfluten aufgehalten wurden, die ihnen das Überqueren der Flüsse unmöglich machten.

Folio 3v

Auf einem purpurnen Thron sitzend, hebt Kublai befehlend den Zeigefinger und weist einen Würdenträger seines Hofes an, Niccolò und Maffeo, die bereits in Reisekleidung sind, die goldene Tafel „mit dem königlichen Siegel" zu übergeben, welche ihnen und auch Cogatal in den Ländern Asiens freies Geleit sichern soll, die sie auf ihrem Weg nach Rom durchqueren werden.

Folio 4

In Akkon angekommen, erfahren die Brüder Polo, daß Papst Clemens IV. (†1286) tot ist. Der Legat Teobaldo Visconti rät ihnen, die Wahl des neuen Pontifex maximus abzuwarten. Nach zwei Jahren vergeblichen Wartens, und da sie fürchten, Kublai Khan durch eine allzulange Abwesenheit zu enttäuschen, verlassen sie Venedig in Begleitung des fünfzehnjährigen Marco, Sohn des Niccolò. Am Eingang der Stadt, die keineswegs den Eindruck einer Hafenstadt vermittelt, drücken Freunde einem der drei Abenteurer zum letzten Mal die Hand. Die Intensität dieser Stunde des Abschieds ist den Menschen ins Gesicht geschrieben.

WIE DIE BEIDEN BRÜDER NACH ACRI GELANGTEN

Von Laias aus erreichten die beiden Brüder Acri im Laufe des Monats April 1260. Als sie dort vom Tod des Papstes erfuhren, begaben sie sich zu Ecaba von Piacenza,[10] dem päpstlichen Legaten im [**fol. 4**] Königreich Ägypten. Dies war ein überaus weiser Geistlicher, ein Mann von großer Autorität. Die beiden Brüder legten ihm die Gründe für ihr Kommen dar und richteten ihm die Botschaft aus. Der Legat war darüber höchst erfreut. Denn dies war seiner Meinung nach eine große Ehre für die Christenheit. – „Wie ihr wißt", sprach er, „ist der Papst gestorben. Ihr müßt warten, bis der nächste Papst gewählt ist, um dann dem neuen Papst den Inhalt eures Sendschreibens zu übermitteln!" Die beiden Brüder wußten, daß er recht hatte. – „Bis ein neuer Papst gewählt ist, können wir wohl nach Venedig zurückkehren", dachten sie. Sie verließen Acri, begaben sich nach Negreponte und schifften sich dort nach Venedig ein. In Venedig angekommen, erfuhr Niccolò, daß seine Frau gestorben war. Sie hatte ihm jedoch einen fünfzehnjährigen Sohn hinterlassen, mit Namen Marco, eben jenen, von dem unser Buch berichten soll. Die beiden Brüder blieben zwei Jahre lang in Venedig, um auf die Wahl des neuen Papstes zu warten.

16

WIE DIE BEIDEN BRÜDER VENEDIG VERLIESSEN UND MARCO, DEN SOHN MESSER NICCOLÒ POLOS, ZUM GROSSKHAN MITNAHMEN

Zwei Jahre später war der neue Papst noch immer nicht gewählt. Da sie fürchteten, daß es bis zu ihrer Rückkehr an den Hof des Großkhans noch eine Weile dauern konnte, machten sie sich von Venedig aus wieder auf nach Acri. Dort suchten sie den päpstlichen Legaten auf und erzählten ihm die Geschichte. Dann erbaten sie die Erlaubnis, etwas Öl vom Heiligen Grabe in Jerusalem zu nehmen, um es dem Großkhan als Geschenk mitzubringen, wie dieser es gewünscht hatte. Mit der Erlaubnis des Legaten ausgestattet, reisten sie nach Jerusalem.

WIE DIE BEIDEN BRÜDER UND MARCO ACRI VERLIESSEN

Mit den Briefen des Legaten ausgestattet, verließen die beiden Brüder Acri, um zum Großkhan zurückzukehren. Sie waren kaum in Laias angelangt, als sie die freudige Botschaft erreichte, daß der Legat zum Papst gewählt worden sei, unter dem Namen Gregor von Piacenza. Fast zur gleichen Zeit er-

WIE DIE BEIDEN BRÜDER BEIM PAPST VORSPRACHEN

Nachdem sie so ehrenvoll nach Acri zurückgekommen waren, stellten sie sich mit größter Ergebenheit dem Papst vor. Dieser hieß sie mit allen Ehren willkommen und ließ ein vortreffliches Fest für sie ausrichten. Er segnete sie und teilte ihnen zwei Dominikanerfratres zu, auf daß sie ihn zum Großkhan begleiteten und ihn bekehrten. Es waren die gelehrtesten Geistlichen, die es zu dieser Zeit gab. Sie hießen Frater Niccolò von Mersente[11] und Frater [fol. 5] Wilhelm von Tripolis. Der Papst versah sie mit den Autoritätsprivilegien und vertraute ihnen Briefe an den Großkhan an zusammen mit der Antwort, die er an diesen richtete. Alle vier

WIE SICH MESSER NICCOLÒ UND MAFFEO MIT MARCO ZUM GROSSKHAN BEGABEN

Die drei Männer machten sich also auf den Weg und ritten den ganzen Sommer und den ganzen Winter hindurch, bis sie die wohlhabende, große Stadt Clemenfu[12] erreichten, in der sich der Großkhan gerade aufhielt. Es ist hier nicht angebracht, alles ge-

[fol. 4] Wieder in Acri angelangt, besprachen sie sich abermals mit dem Legaten. – „Es ist noch immer kein Papst gewählt. Wir möchten aber zum Großkhan zurückkehren. Wir haben bereits viel Zeit verloren", sprachen sie. – „So kehrt zu ihm zurück", sagte der Legat. Er ließ einige Schreiben an den Großkhan aufsetzen, in denen er ihm versicherte, daß die beiden Brüder seinem Auftrag sehr wohl nachgekommen waren, sie diesen jedoch nicht vollständig ausführen konnten, da es noch immer keinen Papst gab.

hielten sie ein Sendschreiben des Legaten, der nun Papst geworden war und sie aufforderte, zu ihm zurückzukommen. Was soll ich mehr erzählen? Der König von Armenien ließ für sie eine Galeere ausstatten, mit der sie nach Acri zurückreisen konnten.

Folio 4v
Als frisch gewählter Papst Gregor X. (1271–1276) empfängt Teobaldo Visconti die beiden Brüder Polo, die ihm die Sendschreiben des Großkhans übergeben. Dieses Treffen findet weder im Inneren einer Basilika noch in einem Palast statt, sondern im Freien. Die Tiara auf dem Haupt, sitzt der Papst zwischen zwei Kardinälen auf einem mit rotem Stoff bedeckten Thron, der als Pendant zu jenem Kublai Khans in der nächsten Szene angelegt ist.

erhielten zum Abschied den Segen des Heiligen Vaters. Marco, den Sohn des Messer Niccolò, nahmen sie mit.
Bei ihrer Ankunft in Laias überfiel Baudorquedar, der Sultan von Babylon, Armenien und wütete schrecklich in diesem Gebiet. Um ein Haar wären unsere vier Gesandten in Gefangenschaft geraten und übel zugerichtet worden. Die beiden Fratres bekamen es mit der Angst zu tun und weigerten sich weiterzuziehen. Sie übergaben Messer Niccolò und Messer Maffeo die Briefe und Vollmachten, die ihnen aufgetragen worden waren. Sodann verabschiedeten sie sich und zogen mit dem Tempelherrn ihres Weges.

nau zu beschreiben, was ihnen unterwegs widerfuhr. Wir werden euch in der Folge in allen Einzelheiten darüber berichten.
So waren wohl dreieinhalb Jahre ins Land gegangen, bis sie wieder beim Großkhan eintrafen, wegen der Unbilden der Witterung

und der großen Kälte, die immer wieder über sie hereinbrach. Sobald der Großkhan erfuhr, daß sie vierzig Tagereisen entfernt waren, schickte er ihnen seine Boten entgegen. Und noch auf dem Weg wurden ihnen alle Ehren zuteil und all ihre Wünsche erfüllt.

WIE MESSER NICCOLÒ UND MAFFEO POLO BEIM GROSSKHAN VORSPRACHEN

[fol. 5v] In der großen Stadt angekommen, begaben sich die beiden Brüder mit Marco in den Palast, wo sie den Großkhan in Gesellschaft all seiner Barone antrafen. Sie knieten in Demut vor ihm nieder. Der Großkhan hieß sie sich erheben, empfing sie huldvoll und sagte ihnen, wie sehr er sich freue, sie wiederzusehen.
Der Großkhan fragte sie nach ihrem Befinden und nach den Umständen ihrer Reise. Die beiden Brüder erwiderten, daß alles zum besten stünde, da sie ihn so glücklich und wohlbehalten wiedergefunden hätten. Sodann übergaben sie ihm die Privilegien und Dokumente, die ihnen der Papst anvertraut hatte. Dies erfüllte den Großkhan mit großer Freude. Die beiden Brüder schenkten ihm auch etwas Öl aus dem Heiligen Grab. Darüber freute sich der Großkhan noch mehr und bewahrte es in hohen Ehren.
Als er Marcos gewahr wurde, fragte der Großkhan, wer dieser junge Mann wohl sei. – „Mein König", sprach dessen Vater, „dies ist mein Sohn. Er ist euch zu Diensten!" – „Er sei willkommen!" sprach der Großkhan. Was soll ich euch noch viel erzählen? Es gab ein großes Fest, die Rückkehr der beiden Brüder zu feiern. Von allen geehrt und bewirtet, weilten sie von nun an mit den anderen Herren am Hofe.

Marc paul : Et des merueilles.

guille de tiple. Et leur donna ses preuileges et ses chartres de la messagerie quil demandoit au grant seigneur. Et quant ilz orent receu ce quilz deuoient. Si prisrent congie au pape. et sa beneicon. et sen partirent tant .iiii. dacre. et auec eulx marc le filz a messire nicolas et sen alerent a laras. Adonc quil furent la venu. bandocque dar condou de babilonie entra en armenie auec grant ost de sarrazins. et fist moult grant dommage par les contrees. et furent ces dis messaiges en grant auenture destre mort ou pris. Si que quant les .ij. freres precedens virent ce si orent moult grant paour daler auant. Il donnerent a messire nicolas et a messire maffe toutes les chartres. et tous les preuileges que ilz auoient et se partirent deulx. et sen alerent auec le maistre du tiple.

Comment messire nicolas et messire maffe sen alerent au grant kaan et marc auecques eulx.

Si se mistrent les .ij. freres et marc auec eulx a la voye. et cheuaucherent tant ouer et deste par leurs iournees que ilz furent venus au grant kaan. qui adonc estoit en vne cite qui auoit nom clemensu qui moult estoit riche et grant. Et de ce quilz trouuerent en la voye en alant et en venant ne vous ferons nous ore mencion pour ce que nous les vous conterons cy en auant. et en nr̃e liure tout appartenant et par ordre. Et demourerent au retourner bien trois ans et demy. et ce fu pour les mauuais temps et pour les grans froidures que ilz orent. Et si sachies par verite que quant le grant kaa sot que messires nicolas et messire maffe pol ses messaiges retournoient Il enuoia ses messaiges encontre eulx bien .xl. iournees. et furent moult seruy et honnoure par la voye en alant et en venant de tout ce qil sauoient demander.

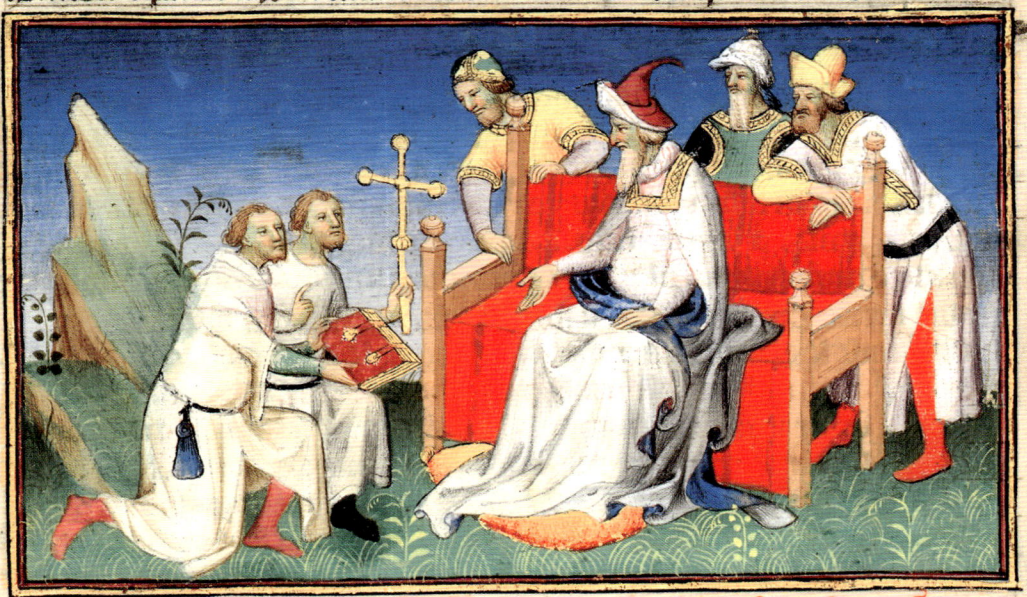

Coment messire nicolas et messire maffe pol et marc alerent deuant le grãt kaan.

Folio 5
Am Ende der Audienz bei Papst Gregor X. verlassen die Polos Rom in Begleitung zweier Dominikaner, die der Papst mit einer Botschaft zum Großkhan schickt. Doch ihre Reise ist so gefahrvoll, daß die beiden Ordensbrüder ihren Auftrag zurücklegen und an die drei Venezianer weitergeben. Der Maler hat Niccolò und Maffeo vor Kublai kniend dargestellt. Sie überreichen ihm die Präsente des Papstes: ein goldenes Kreuz und ein dickes Buch in wertvollem Einband, mit perlengeschmückten Beschlägen, als Anspielung auf die Juwelen, von denen in der vollständigen Version des Textes die Rede ist.

WIE DER GROSSKHAN MARCO ALS SEINEN GESANDTEN AUSSCHICKTE

In kurzer Zeit erlernte Marco, der Sohn Messer Niccolòs, alles über die Sitten und Gebräuche der Tataren, war ihrer Sprache so kundig, daß er sie in Wort und Schrift beherrschte, und in der Kunst des Bogenschießens ebenso geübt wie sie. Es war eine reine Freude zu sehen und zu hören, wie geschickt er sich dabei anstellte. Sehr schnell sprach er mehrere Sprachen, vier davon konnte er auch lesen und schreiben. Da er in allem weise und umsichtig war, war ihm der Großkhan äußerst wohlgesinnt. Als dieser merkte, wie wohlbedacht er war und welch vornehmes Benehmen er an den Tag legte, betraute er ihn mit einer Mission, die sechs Monate entfernt auszuführen war. Marco erledigte diese Aufgabe zur vollen Zufriedenheit. Er hatte bemerkt, daß der Großkhan die Gesandten, die er in die verschiedensten Weltgegenden ausschickte, für große Hohlköpfe hielt, wenn sie ihm nur über den Zweck ihrer Reise berichten konnten. – „Weit lieber als einen bloßen Reisebericht würde ich Neuigkeiten aus den verschiedenen Gegenden hören und alles über die Bräuche, die dort herrschen!" beschwerte er sich. Denn ihn verlangte es nach ganz besonderen Geschichten. Auf der Hinreise wie auf der Rückreise trachtete Marco also danach, sich über die Besonderheiten des Landes, das er bereiste, zu erkundigen, um sie dem Großkhan bei seiner Rückkehr erzählen zu können.

WIE MARCO VON SEINER MISSION ZURÜCKKEHRTE

Von seiner Mission zurückgekehrt, erstattete Marco dem Großkhan über seinen Auftrag Bericht. Er hatte ihn zu dessen voller Zufriedenheit ausgeführt. Sodann erzählte er ihm, welche Neuigkeiten er erfahren hatte und welche Besonderheiten ihm aufgefallen waren, dies alles mit so großer Urteilskraft, daß der Herrscher und sein Hof darüber in Begeisterung gerieten. Er sei wohl ein hochgebildeter [fol. 6] und verdienter Mann, riefen sie aus. Sie nannten ihn Messer Marco Polo. Und so werden wir ihn auch in unserem Buch nennen, und das zu Recht.
Messer Marco Polo weilte wohl an die siebzehn Jahre beim Großkhan und diente ihm mal hier, mal da in den verschiedensten Regionen als Gesandter. Mit großer Geschicklichkeit und Weisheit nutzte er seine Reisen dazu, alles Wissen, das seinen Herrn interessieren könnte, zusammenzutragen. Bei seiner Rückkehr trug er ihm alles bis in die kleinsten Einzelheiten vor. Der Großkhan war ihm darob sehr zugetan und hielt ihn in hohen Ehren. Er betraute ihn mit immer wichtigeren Missionen, weit von seiner Residenz entfernt. Und mit Gottes Hilfe erledigte Marco Polo sie alle mit großer Umsicht. Der Großkhan ehrte ihn um so mehr und behielt ihn in seiner nächsten Nähe, was die Mißgunst seiner Barone erregte. So bereiste und lernte Messer Marco Polo mehr Länder kennen als jeder andere Mensch der Welt. Er war ein sehr wißbegieriger, aufmerksamer Beobachter und Zuhörer und wollte über alles unterrichtet sein, um den Großkhan damit zu unterhalten.

Folio 6
Nachdem sie lange Zeit am Hofe des Großkhans verbracht haben, dessen Vertraute sie geworden sind, beschließen die Brüder Polo, als sie sehen, daß der Herrscher gealtert ist, daß es weise sei, noch vor seinem Tode in den Westen zurückzukehren, da sie die Länder Asiens nur unter seinem Schutz durchqueren können. Kublai will sich nicht von seinen Freunden trennen und lehnt ihre Pläne zunächst entschieden ab. Die schüchterne Geste, mit der einer der Polos ihn anspricht und die abweisenden Mienen des Greises und seiner „Barone" verraten, daß die Sache noch nicht gewonnen ist.

WIE MESSER NICCOLÒ UND MAFFEO VOM GROSSKHAN ABSCHIED NAHMEN

Nach einem langen Aufenthalt beim Großkhan war für die beiden Brüder und Marco die Zeit gekommen, nach Hause zurückzukehren. Mehrmals boten sie dem Großkhan sehr höflich ihren Abschied an. Aber dieser hatte sie so sehr ins Herz geschlossen und wußte sie so gerne um sich, daß er sie um nichts in der Welt abreisen lassen wollte.

Zur selben Zeit [fol. 6v] starb die Königin Bolgara, die Frau Argons, des Herrschers der Osttataren. In ihrem Testament hatte sie verfügt, daß nur eine Frau aus ihrer Linie ihren Platz einnehmen und Argon, ihren Mann, heiraten könne. Dieser entsandte also drei seiner Barone, Oulatay, Apusca und Coia, mit der gebührenden Eskorte zum Großkhan und bat ihn um eine Frau aus der Linie der Königin Bolgara. Der Großkhan war darüber hocherfreut und hieß die Gesandten mit allen Ehren und Feierlichkeiten willkommen. Er ließ Cogatra holen, ein siebzehnjähriges, sehr freundliches und wunderschönes Mädchen, das aus der Linie der verstorbenen Königin Bolgara stammte. Alle waren von ihr sehr angetan.

In der Zwischenzeit kam Marco Polo von einer Reise nach Indien zurück. Er berichtete dem Großkhan über die Besonderheiten, die er unterwegs bemerkt und über alle Meere, die er zu überqueren hatte. Die drei Barone waren übereingekommen, die beiden Brüder und Marco mitzunehmen, da sie Lateiner waren und so wundersam gelehrt erschienen. Sie würden auf dem Seewege zurückkehren, denn eine Reise zu Lande würde der jungen Frau wohl zu viele Unannehmlichkeiten bereiten.

WIE DIE BEIDEN BRÜDER UND MESSER MARCO DEN GROSSKHAN VERLIESSEN

Als er sah, daß sie zur Abreise entschlossen waren, rief der Großkhan Marco und die beiden Brüder zu sich. Er übergab ihnen zwei goldene Befehlstafeln, die ihnen in seinem gesamten Hoheitsgebiet Sicherheit und freies Geleit gewähren würden. Wohin sie auch gingen, man mußte ihnen und ihrer Gefolgschaft unentgeltlich alles zur Verfügung stellen, was sie befahlen. Er trug ihnen mehrere Botschaften für den Papst, den König von Frankreich, den König von England, den König von Spanien und für die anderen christlichen Herrscher auf. Sodann ließ er vierzehn Hochseeschiffe für sie ausstatten, ein jedes mit vier Masten, auf denen oft auch zwölf Segel gehißt wurden. Es wäre zu lang, euch hier in allen Einzelheiten zu erzählen, wie diese Schiffe gebaut werden. Dies werde ich zum gegebenen Zeitpunkt nachholen.

Dann nahmen die drei Barone, die Dame, die beiden Brüder und Messer Marco Abschied vom Großkhan. Sie schifften sich mit einer großen Equipage ein und nahmen für zwei Jahre Proviant mit an Bord, den ihnen der Großkhan zur Verfügung gestellt hatte. [fol. 7] Nach dreimonatiger Überfahrt erreichten sie die Insel Java[13] im Süden. Wir werden euch später über alle Wunder dieser Insel berichten. Von dort aus fuhren sie noch weitere achtzehn Monate über den Indischen Ozean – auch auf dessen Wunder werden wir später zurückkommen – bis sie ihr Ziel erreichten. Argon war inzwischen gestorben. An seiner Statt heiratete sein Sohn Casan die junge Frau. Von den sechshundert Männern – ohne die Seeleute mitzuzählen, die sich mit ihnen eingeschifft hatten – waren viele nicht mehr am Leben. Bei ihrer Ankunft im Lande Argons zählte man ihrer nur noch achtzehn.

Die beiden Brüder und Marco empfahlen die junge Frau Chiato, der [für den jungen Casan] die Geschicke des Landes lenkte, und überbrachten ihnen ihre Botschaft. Danach verabschiedeten sie sich und reisten ab. Vor ihrer Abreise übergab ihnen die junge Cogatra vier Befehlstafeln; auf zweien davon waren Gerfalken eingraviert, auf einer dritten ein Löwe und auf der vierten gar nichts. Sie trugen eine Inschrift in ihrer Sprache, aus der hervorging, daß diesen drei Männern dieselben Dienste und Ehren zu erweisen seien wie ihr selbst und ihnen Pferde, Proviant und alles, was sie nur wünschen könnten, zur Verfügung zu stellen sei. Und so geschah es. In ihrem gesamten Herrschaftsgebiet bekamen sie alles, wonach ihr Herz begehrte. Nicht selten kam es vor, daß man ihnen eine Eskorte mit zweihundert Rittern gewährte, bald mehr, bald weniger. Und was soll ich mehr erzählen! So ritten sie bis nach Trapezunt, dann nach Konstantinopel, Negreponte und schließlich nach Venedig. Dies war im Jahre 1295 der Menschwerdung Christi.

Nach diesem Prolog will ich nun das Buch der Beschreibung der Verschiedenheiten beginnen (Das Buch der Berichte über Besonderheiten), denen Marco Polo begegnet ist.

Folio 7
Der verwitwete Argon, „Herrscher der Tataren des Ostreichs" (der Ilchaniden), schickt Gesandte aus, die für ihn am Hofe des Großkhans auf Brautschau gehen und eine Prinzessin aus der Linie seiner verstorbenen Gemahlin erwählen sollen. Der Khan vertraut das erkorene Mädchen den Brüdern Polo an, die diese Gelegenheit ergreifen, um sich auf den Rückweg zu begeben. Hier wird Kleinarmenien [entspricht Kilikien] beschrieben, der Künstler hat eine der Handelsstädte des Landes dargestellt. Die beiden von rechts kommenden Reiter treffen auf dem Platz einen Zimmermann, einen Steinmetz und einen Maurer beim Bau eines Turmes sowie einen Käufer, der an einem Marktstand Früchte und andere Spezereien probiert; weiter links scheint ein Bewohner um den Kaufpreis eines Schweins zu feilschen.

[FOL. 7V]
ER ERZÄHLT ZUNÄCHST VON KLEINARMENIEN[14]

Es gibt zwei Armenien, Großarmenien und Kleinarmenien. In Kleinarmenien herrscht ein König, der seinen Untertanen Gerechtigkeit widerfahren läßt. Er ist den Tataren untertan. Man findet dort gar viele große und kleinere Städte und Burgflecken, all dies in großer Zahl. Man jagt mit großem Vergnügen Tiere und Vögel. Dennoch ist dies eine Provinz von üblem Ruf. Die Edelleute, einst tapfere, geschickte Soldaten, sind heute mut- und kraftlos. Es sind zügellose Menschen, ja noch schlimmer,

ER BERICHTET ÜBER DIE GRÖSSE TURCOMANIENS[15]

In Turcomanien gibt es drei Stämme. Die Turcomanen sind Anhänger Mohammeds. Es sind einfache Menschen mit einer derben Sprache. Sie leben in den Bergen und auf der Heide, wo sie hervorragende Weidegründe für ihr Vieh finden. Sie haben sehr gute Pferde, die man „Turquans" nennt. Ein anderer Stamm vereint Armenier und Griechen, die zusammen in Städten und kleinen Marktflecken vom Handel und vom Handwerk leben. Sie weben mit großer Geschicklichkeit die schönsten Teppiche der Welt.

ER SPRICHT ÜBER GROSSARMENIEN

Großarmenien ist eine weitläufige Provinz, ihre Hauptstadt heißt Arsenga.[18] Man webt dort die schönsten Bougrams der Welt. Auch findet man die besten natürlichen Quellen, die es gibt. Die Menschen, die dort wohnen, sind Armenier und den Tataren untertan. Es gibt unzählige Städte und Burgflecken. Die schönste davon ist Arsenga, ein Erzbistum. Arsion und Arsisi[19] sind ebenfalls wichtige Städte. Großarmenien ist eine überaus weitgedehnte Provinz, wo sich das Heer der Osttataren während des Sommers wegen der guten Weideplätze gerne aufhält. Des Winters aber verlassen die Soldaten die Provinz wegen der großen Kälte, die dort herrscht. Sie ziehen sich in wärmere Regionen zurück.[20] [fol. 8] In Großarmenien befindet sich auf einem Berge die Arche Noah.

SODANN BERICHTET ER ÜBER GEORGIEN UND SEINE KÖNIGE

In Georgien herrscht ein König namens David Melac, was auf Deutsch soviel heißt wie „König David". Er ist den Tataren un-

arge Lebemänner. An der Küste liegt eine florierende Handelsstadt mit Namen Laias. Hier findet man allerlei Waren aus der Region des Euphrat, Gewürze, goldene und seidene Tücher sowie Güter aus Venedig und Genua und aus vielen anderen Ländern. Die Kaufleute versorgen sich dort mit allem Nötigen. Wer auch immer in Richtung Euphrat reist, muß Laias passieren. Nach Großarmenien werde ich euch nun über Turcomanien berichten.

Sie erzeugen auch wunderschönes Tuch aus Seide in allen Farben und noch viele andere Dinge. Come, Savast[16] und Caserie sind die Hauptstädte. Es gibt jedoch noch zahlreiche andere Städte und Bistümer. Aber es würde zu lange dauern, darüber im einzelnen zu berichten. Sie sind den Osttataren untertan, und diese herrschen über sie.[17] Aber lassen wir diese Provinz hinter uns und sprechen wir über Großarmenien.

Großarmenien grenzt im Süden an das Königreich Mosul, wo Christen leben, Jacobiten und Nestorianer, von denen ich euch später erzählen werde. Im Norden schließt Georgien (Jorgan) an, auch darüber später mehr. Es gibt dort eine Quelle, aus der Öl in so großen Mengen fließt, daß man damit wohl hundert Schiffslasten gleichzeitig füllen könnte.[21] Dieses Öl ist zum Verzehr nicht geeignet, brennt aber gut. Man salbt damit auch räudige Kamele ein. Die Menschen kommen von weit her, um sich aus dieser Ölquelle zu versorgen, denn sie liefert den einzigen Brennstoff in dieser Region und in der ganzen Umgebung. Aber lassen wir Großarmenien hinter uns und wenden wir uns Georgien (Jorganien) zu.

Folio 8
Zur Linken reitet David V. (1243–1272), König von Ostgeorgien, hoch zu Roß und durch einen Bogen in der Rechten daran erinnernd, daß er über ein Volk von weithin bekannten Bogenschützen herrscht, zur Jagd aus. Der Greifvogel auf seiner rechten Schulter verweist auf das Zeichen des Adlers, das die Monarchen dieses Landes – so will es die Legende – von Geburt an auf dieser Stelle trugen. Zur Rechten, nahe dem wundersamen See, der nur in der Karwoche vor Speisefischen wimmelt, erhebt sich ein Kloster, das dem heiligen Leonhard gewidmet ist. Auf der Schwelle verneigen sich drei Klosterschwestern in Zisterziensertracht in Richtung des Herrschers, einen Willkommensgruß andeutend. Diese Szene schafft die Verbindung zweier Elemente, die im Text völlig unabhängig voneinander auftreten.

tertan. Einst kamen alle Könige Georgiens mit einem Adlerzeichen auf der rechten Schulter zur Welt. Es sind schöne Menschen,

die es verstehen, mit Waffen umzugehen. Es sind gute Bogenschützen und beherzte Soldaten. Sie sind orthodoxe Christen. Sie tragen ihre Haare kurz wie die Geistlichen.

Alexander konnte Georgien nicht durchqueren, um in den Westen zu gelangen, so schmal und gefährlich ist diese Route. Auf der einen Seite vom Meer eingeschlossen, auf der anderen von unüberwindlichen Gebirgen. Die Passage ist an mehreren Orten so eng, daß wenige Männer ausreichen würden, um sie gegen eine ganze Armee zu verteidigen. Alexander ließ sie mit einem festgebauten Turm verschließen, um sie völlig uneinnehmbar zu machen. [fol. 8v] Diesen nennt man die Höllenpforte. Nach dem Buch Alexanders ist dies der Ort, wo einst die Tataren zwischen zwei Gebirgen eingeschlossen worden waren. Tatsächlich waren es jedoch nicht die Tataren, denn diese gab es zu dieser Zeit noch gar nicht. Es handelt sich um Comanen und um andere Völker. In Georgien gibt es zahlreiche Städte und Marktflecken, wo man herrliche goldene und seidene Tücher aller Art webt. Es sind wohl die schönsten des ganzen Erdkreises. Die Georgier leben vom Handel und vom Handwerk und haben alles im Überfluß. Es ist eine bergige Provinz mit sehr engen Pässen, so daß es den Tataren nie gelang, sie ganz zu unterwerfen.

Es befindet sich hier auch ein Frauenkloster, Sankt-Leonhard genannt, das folgende wunderbare Eigenschaft besitzt. In der Nähe der Kirche liegt ein See, in dem die Wässer aus den Bergen zusammenfließen. Das ganze Jahr über zeigt sich hier nicht ein einziger Fisch. Aber am ersten Tag der Fastenzeit füllt sich der See mit einer Menge der allerschönsten Fische, bis zum Karsamstag. Und dann nichts, bis zur nächsten Fastenzeit. Und dieses Wunder geschieht jedes Jahr.

Das Meer, das den Fuß der georgischen Gebirge umspült, heißt Glebachelan.[22] Es erstreckt sich über siebenhundert Meilen und ist zwölf Tage von den anderen Meeren entfernt. Hier münden der Euphrat[23] und viele andere Flüsse. Es ist auf allen Seiten von Bergen umgeben. Erst seit ganz kurzer Zeit treiben Kaufleute aus Genua hier Handel. Die Gellha-Seide stammt aus dieser Region.[24] Nun habe ich euch von den Nordgrenzen Großarmeniens erzählt, wenden wir uns nun der Süd- und Ostgrenze zu.

ER BERICHTET ÜBER DAS KÖNIGREICH MOSUL, DAS IM SÜDOSTEN AN GEORGIEN ANSCHLIESST

Das Königreich Mosul liegt südöstlich von Georgien. Es ist ein sehr weitläufiges Königreich, in dem mehrere Volksstämme leben, von denen wir euch an dieser Stelle berichten wollen. Es gibt den Stamm der Araber, die Mohammed verehren. Sodann gibt es einen weiteren Stamm der Christen, Nestorianer und Jacobiten. Sie haben einen Patriarchen namens Acolit,[25] der Erzbischöfe, Äbte und alle Prälaten ernennt, um sie dann nach Indien, nach Baudac (Bagdad) und nach Catay[26] zu schicken, so wie der Papst seine Prälaten und Bischöfe zur Mission in die ganze Christenheit entsendet. Diese aber sind Ketzer.

Im Königreich Mosul webt man güldene und seidene Stoffe, die man Musselin nennt. Auch die Kaufleute, die aus dieser Gegend stammen, nennen sich Musseline. Sie treiben schwungreichen Handel mit Gewürzen und Perlen, mit goldenen und seidenen Tüchern.

In den Bergen lebt ein weiterer Stamm, den man die Gard[27] nennt. Darunter sind Christen und Muslime. Es sind böse Leute, die die Kaufleute ausrauben. [fol. 9] Aber lassen wir Mosul hinter uns und sprechen wir über die große Stadt Baudac (Bagdad).

Folio 9

1258 eroberte der Großkhan Hülagü Bagdad. Der besiegte Kalif Musta'Sim Bi-llah hatte im Wehrturm seines Palastes einen bemerkenswerten Schatz angehäuft. Um ihm vor Augen zu führen, wie eitel all diese Schätze seien, die er weder zum Wohle seines Volkes noch zur Einberufung einer starken Armee hatte nutzen können, ließ ihn Hülagü mit seinem Gold einschließen und Hungers sterben.

Musta'Sim Bi-llah, der im Rang dem Papst gleichgestellt ist, wird vom Künstler mit einer Tiara dargestellt.

VON DER GRÖSSE BAGDADS UND VOM STAATE UND DEM SITZE DES KALIFEN

In der Stadt Bagdad befindet sich der Sitz des Kalifen aller Muslime der Welt, so wie der Papst der Christen in Rom residiert. Durch die Stadt fließt ein Fluß, der achtzehn Tage von dort in den Indischen Ozean mündet. Unzählige Kaufleute befördern ihre Waren auf diesem Wasserweg und kommen dabei auch durch die Stadt Chisi.[28] Zwischen Bagdad und Chisi liegt die große Stadt Bascra (Basrah) an den Ufern dieses Flusses. In der Umgebung von Bagdad wachsen die besten Palmen der Welt. Man webt dort auch alle Arten allerschönster Gold- und Seidenstoffe, die *Nafich*, *Nac* oder *Querinefis*, und gar manch andere, allerfeinste Tücher.[29] Bagdad ist die schönste und edelste Stadt des gesamten Orients.

Im Jahre 1255 der Menschwerdung Christi marschierte Alaon, der Bruder des jetzigen Großkhans, Herrscher aller Osttataren, mit einem gewaltigen Heer auf Bagdad und nahm die Stadt ein. Und das war keine geringe Leistung. Denn dort gab es nicht weniger als zweihunderttausend Berittene, ohne das Fußvolk mitzuzählen. Alaon entdeckte einen Turm, der bis oben hin mit Gold und vielen anderen Reichtümern gefüllt war. Erstaunt über die Größe dieses Schatzes, fragte er den Kalifen: „Sag mir, o Kalif,

warum hast du solche Reichtümer angehäuft? Wozu sollten sie gut sein? Wußtest du denn nicht, daß ich dein Feind bin und dich mit einem riesigen Heer angreifen würde, um dir dein Königreich wegzunehmen! Warum [fol. 9v] hast du mit deinem Schatz nicht deine Reiter und Soldaten besoldet, um deine Stadt zu verteidigen?" – Der Kalif wußte nicht, was er antworten sollte. Kein Wort kam aus seinem Munde. – „Kalif", fuhr Alaon fort, „da du deinen Schatz so liebst, sollst du ihn als dein Gut essen." Und er ließ ihn in den Schatzturm werfen und erteilte Befehl, ihm nichts anderes zu essen und zu trinken zu geben. „Tu dich nur gütlich an deinem Golde, so lange du willst", fügte er hinzu, „denn ab nun gibt es nichts anderes zu essen!" Vier Tage darauf starb der Kalif in seinem Gefängnis vor Hunger. Hätte er doch seine Reichtümer an die Reiter und Soldaten verteilt, um Land und Leute zu verteidigen, dann hätte er sein Königreich nicht verloren und wäre nicht elend zugrunde gegangen! Seither hat es weder in Bagdad noch sonstwo einen Kalifen gegeben. Nun aber zu dem großen Wunder, das Gott in Bagdad für die Christen vollbrachte.

WIE DER KALIF VON BAGDAD DIE CHRISTEN DES KÖNIGREICHS ZU TODE BRINGEN WOLLTE

Hier also das große Wunder, das zwischen Bagdad und Mosul geschah. Im Jahre 1275 der Menschwerdung Christi gab es in Bagdad einen Kalifen, der die Christen haßte und danach trachtete, sie zu bekehren oder auszulöschen. Täglich ließ er sich von Priestern beraten, die den Christen übel gesinnt waren. Denn in Wahrheit wollen alle Muslime der Welt den Christen immer Böses. Schließlich stießen der Kalif und die gelehrten Priester seiner Umgebung auf eine Passage im Evangelium, die besagte, daß ein Christ, der auch nur für ein winziges Senfkorn Glauben in sich trage, Berge versetzen könne. Entzückt über ihre Entdeckung meinten sie, die Christen entweder zu ihrem Gesetz bekehren oder sie zum Tode verurteilen zu können.
Der Kalif befahl sodann, alle Christen seines Königreichs zu

versammeln, und es waren derer sehr viele. Er ließ ihnen die Passage aus dem Evangelium vorlesen, von der ich euch erzählt habe. Dann befragte er sie, ob diese der Wahrheit entspräche. Sie antworteten ihm „ja". – „Wahrhaftig", sprach der Kalif, „dies ist die Abmachung, die ich mit euch treffe. Da ihr so viele seid, habt ihr sicher das bißchen Glauben, das nötig ist, um den Berg zu versetzen, den ihr hier vor euch seht." Und er wies auf einen Berg, der sich in der Nähe erhob. „Gelingt es euch nicht, werdet ihr alle eines entsetzlichen Todes sterben oder aber unseren guten muslimischen Glauben annehmen. Ich gewähre euch zehn Tage. Sobald die Frist verstrichen ist, werdet ihr alle Muslime oder ihr seid alle des Todes!" Er entließ sie also mit dem Auftrag, dieses Wunder zu vollbringen.

[FOL. 10]
WIE DER BEFEHL DES KALIFEN DIE CHRISTEN IN ANGST UND SCHRECKEN VERSETZTE[30]

Folio 10
Eines Tages stellte der Kalif von Bagdad der Christengemeinde der Stadt die Aufgabe, ihren Glauben zu bezeugen, anderenfalls würden all ihre Mitglieder zum Islam bekehrt oder umgebracht. Indem er die Stelle des Evangeliums nach Matthäus wörtlich nimmt, an der es heißt: „So ihr Glauben habt wie ein Senfkorn, so möget ihr sagen zu diesem Berge: Hebe dich auf und wirf dich ins Meer. So wird es geschehen", fordert der Kalif in Begleitung seiner Berater die Christen auf, in zehn Tagen wiederzukommen und bis dorthin den Berg hinter ihnen durch Gebete zu versetzen.

In Angst und Furcht über das Gehörte setzten die Christen ihre ganze Hoffnung auf Gott, den Schöpfer aller Dinge, um dieser Gefahr zu entrinnen. Die Weisesten unter ihnen hielten Rat, darunter so mancher Bischof und viele Priester. Aber es blieb ihnen nichts anderes, als sich an den zu wenden, von dem alles ausgeht, auf daß er sich ihrer erbarme und sie vor dem bösen Kalifen beschütze. So verbrachten die Christen acht gemeinsame Tage und Nächte.
Schließlich hatte ein Bischof, ein guter Christ, die Eingebung, er möge einem einäugigen Flickschuster[31] sagen, daß er zu Gott beten solle; Gott würde des heiligen Sinnes dieses Flickschusters wegen dieses Wunder vollbringen. Ich sage euch, welch ein Mensch dieser Flickschuster war: Er führte ein ehrliches, keusches Leben ohne Sünde und begab sich jeden Tag zur Kirche, um die heilige Messe zu hören. Jeden Tag gab er Gott alles, was er verdient hatte. Der Grund, warum er nur ein Auge hatte, war folgender:
Eines Tages war eine Frau zu ihm gekommen, um sich von ihm Schuhe anmessen zu lassen; sie zeigte ihm ihren Fuß, damit er davon Maß nehme. Sie hatte schöne Füße und noch schönere Beine. Der Flickschuster hatte ganz sündhafte Gedanken dabei. Aus dem Evangelium war ihm bekannt, daß man sich eher das Auge, das den Skandal ins Bewußtsein trägt, herauszureißen hätte, als die Sünde zu begehen. Und er handelte danach. Kaum hatte die Frau seinen Laden verlassen, nahm er die Schusterahle, mit der er seine Schuhe nähte, und stach sich damit ein Auge aus. [fol. 10v] Welch heilige Gesinnung eines guten und gerechten Lebens!

Folio 10v
Der Tag der Prüfung ist gekommen. Die Protagonisten befinden sich im flachen Felde: links der Kalif zu Pferde, assistiert von zwei Würdenträgern; rechts die Christen, Geistliche und Gläubige, am Fuße des Prozessionskreuzes kniend. Der Kalif wirkt nun nicht mehr anmaßend, er neigt leicht den Kopf, denn in der Mitte taucht Gott aus den Nebeln auf, um den Berg zu versetzen. Der Schuster, jener heilige Mann, dessen Fürbitten Gott bewegt haben, die Seinen zu retten, ist nirgends zu sehen. Dem Künstler ging es offenbar eher darum, den christlichen Glauben, der fest wie Stein ist, darzustellen.

ER BERICHTET ÜBER DIE VISIONEN DES BISCHOFS

Der Bischof hatte mehrere Male dieselbe Vision, von der ich gerade gesprochen habe. Eines Tages erzählte er sie den Christen. Diese ließen den Flickschuster kommen und trugen ihm auf, Gott anzuflehen, den Berg zu versetzen, indem sie ihm versicherten, daß Gott ihnen versprochen habe, er werde dieses

Wunder durch ihn vollbringen. Der Flickschuster brachte zunächst nichts als Entschuldigungen vor und sagte, daß er kein so heiliger Mann sei, wie man behauptete. Aber die Christen flehten ihn so eindringlich an, daß er sich schließlich überzeugen ließ.

VON DEM ÜBERGROSSEN WUNDER, DAS GOTT FÜR DIE CHRISTEN TAT, UND WIE SICH DER BERG IM NAMEN GOTTES BEWEGTE

Zehn Tage später machten sich mehr als hunderttausend Christen, jung und alt, mit Frauen und Kindern, nachdem sie frühmorgens die Messe gehört hatten, in Richtung der Ebene nahe dem besagten Berge auf. In einer Prozession trugen sie das kostbare Kreuz, begleitet von Klagegesängen. Dort trafen sie auf den Kalifen mit seinem vollständigen Sarazenenheer, das bereits darauf wartete, sie entweder zu vernichten oder zu ihrem eigenen Glauben zu bekehren, denn sie konnten sich nicht vorstellen, daß Gott den Christen eine so große Gnade widerfahren lassen würde. Diese fürchteten sich sehr, vertrauten sich jedoch Jesus Christus an.
Der Flickschuster nahm den bischöflichen Segen entgegen. Er fiel [fol. 11] vor dem heiligen Kreuze in die Knie; dann erhob er seine Hände gen Himmel und sprach dieses Gebet: „Oh Herr, allmächtiger Gott, ich bitte dich, sei gütig und gewähre deinem Volke diese Gnade, auf daß es dem Tode entrinne und der Glaube, der in ihm waltet, nicht zerstört, geschwächt oder verachtet werde. Ich weiß, ich bin nicht würdig, dich um solches zu bitten. Aber deine Macht und deine Barmherzigkeit sind so groß, daß du das Gebet auch von einem so unwürdigen Diener, wie ich es bin, erhören wirst!"
Der Flickschuster richtete sein Gebet an den Vater aller Dinge, durch den uns alle Gnade zuteil wird. Und dann bewegte sich der Berg vor den Augen des Kalifen, der Muslime und der Chri-

sten, die sich versammelt hatten, an den Ort, den der Kalif bezeichnet hatte. Die Muslime kamen angesichts dieses Wunders, das Gott für die Christen vollbracht hatte, aus dem Staunen nicht mehr heraus. Viele nahmen auf der Stelle den christlichen Glauben an. Selbst der Kalif ließ sich taufen, im Namen des Vaters, des Sohnes und des Heiligen Geistes, Amen. Er bekehrte sich heimlich zum christlichen Glauben. Als er starb, entdeckte man ein kleines Kreuz um seinen Hals. Die Muslime versagten es ihm, bei den anderen Kalifen seine letzte Ruhestätte zu finden, und verscharrten ihn abseits. Die Christen waren über dieses hochheilige Wunder in heller Freude und priesen den Schöpfer über alle Maßen.
Es hat sich genauso zugetragen, wie ich es euch erzählt habe. Und es war ein großes Wunder. Und ihr dürft nicht erstaunt sein, daß die Muslime die Christen hassen, denn das verfluchte Gesetz, das ihnen Mohammed gegeben hat, befiehlt ihnen, allen Menschen, insbesondere den Christen, alles erdenklich Schlechte anzutun, vor allem aber, sie zu bestehlen. Auch begehen sie alle anderen Missetaten aus ihrem Glauben heraus, der schlecht ist. Alle Muslime der Welt benehmen sich so. Soweit die Erzählung über Bagdad. Wir hätten euch noch viel mehr über die Sitten und Gebräuche in diesem Land berichten können. Aber das würde zu lange dauern, und ich will euch noch so viele Wunder in diesem Buch erzählen. Wenden wir uns nun der großen Stadt Tauris zu.

VOM ÜBERRAGENDEN REICHTUM DER HERRLICHEN STADT TAURIS[32]

Tauris ist eine große und vornehme Stadt in der Provinz Yrac.[33] In dieser Provinz gibt es viele Städte und Burgflecken. Da Tauris jedoch die größte von allen ist, werde ich euch von dieser Stadt erzählen. Die Bewohner der Stadt leben vom Handel und vom Handwerk. Sie weben teure Gold- und Seidenstoffe aller Art. Die Stadt ist so gelegen, daß allerlei Waren aus Indien, aus Bagdad, Mosul und Curmos[34] und aus aller Herren Länder hierher gelangen können. Daher trifft man auch zahlreiche lateinische und Genueser Händler, die hier Handel betreiben, denn edle Steine gibt es hier zuhauf. Der Handel floriert. Armenier, Nestorianer, Jacobiten, Georgier und Perser kommen hierher. Die Einwohner der Stadt Tauris sind Anhänger Mohammeds. Es sind [fol. 11v] sehr böse Menschen. Die Stadt liegt inmitten wunderschöner Gärten, voller Spezereien und wohlschmeckender Früchte aller Art. Aber lassen wir Tauris hinter uns und wenden wir uns der weitläufigen Provinz Persien zu.

Folio 11v
Von dem Stern geleitet, verlassen die Heiligen Drei Könige die Stadt Saba im Iran, um den neugeborenen Christus anzubeten. Sie sind allein unterwegs und haben wenig Gepäck bei sich, nichts als ihre Geschenke, symbolisiert durch wertvolle Gefäße, die sie in ihrer Rechten halten. Der König im Vordergrund reitet auf einem Schimmel, die beiden anderen auf Mauleseln. Die halbkreisförmige, stilisierte Geländeformation am Wegesrand mag die Bewegung der weiten Reise der drei Könige andeuten.

Folio 12
Zum Dank für Gold, Weihrauch und Myrrhe überreicht das Gotteskind den Königen nach einer persischen Legende ein Kästchen und rät ihnen, es verschlossen zu halten. Auf dem Rückweg öffnen sie jedoch die Schatulle. Als sie darin nur einen Stein finden, glauben sie, das Kind habe sie zum besten gehalten. Enttäuscht werfen sie den Stein in einen Brunnen, aus dem zu ihrer großen Überraschung alsbald eine wundersame Flamme hervorsticht. Sie nehmen von diesem Feuer und bringen es in ein Heiligtum in Cala Ataperistan, was so viel bedeutet wie „die Burg der Feueranbeter". Hier sieht man die drei Könige im Burggarten in Anbetung vor einem Altar, auf dem das himmlische Feuer brennt.

ER BERICHTET ÜBER DIE GROSSE STADT PERSIENS[35]

Persien ist eine weitläufige Provinz. In der Antike bot sie ein glänzendes, wundervolles Bild. Aber die Tataren haben sie geplündert und zerstört. Von Saba[36] in Persien aus begaben sich die Heiligen Drei Könige zu Christus, um ihn anzubeten. Sie liegen Seite an Seite in der Stadt Saba begraben, in drei großen, wunderschönen Grabstätten, über denen sich ein quadratisches Bauwerk erhebt. Ihre Körper sind noch vollständig erhalten, alle Haare, sogar der Bart. Sie hießen Caspar, Melchior und Balthasar.
Marco Polo befragte die Menschen in der Stadt Saba über das Leben der Heiligen Drei Könige. Niemand wußte ihm etwas darüber zu erzählen. Daraufhin begab er sich zu der drei Tagereisen entfernten Burg Cala Atapericam, was in deutscher Sprache so viel bedeutet wie „Burg der Feueranbeter". Und so ist es, denn die Bewohner der Burg verehren das Feuer, und dies aus folgendem Grund:

Man erzählt, daß einst drei Könige aus diesem Lande auszogen, um einen Propheten anzubeten, der gerade geboren worden war. Sie brachten [fol. 12] Gold, Weihrauch und Myrrhe als Geschenk mit. Nähme er das Gold entgegen, so würde er der König der Erde, nähme er den Weihrauch an, so würde er ein Gott, gäbe er jedoch der Myrrhe den Vorzug, so würde er Arzt. Kaum waren sie an der Geburtsstätte des Kindes angekommen, betrat der jüngste König den Raum und fand ein Kind, das genauso alt war wie er. Erstaunt verließ er den Raum. Sodann trat der mittlere König ein, und auch er fand ein Kind, das genauso alt war wie er. Auch er war höchst erstaunt, als er den Raum verließ. Schließlich trat der älteste König ein, und auch ihm erging es nicht anders. Nachdenklich sinnend kam er heraus. Die drei Könige erzählten sich nun, was sie gesehen hatten, und alle drei waren fassungslos. Sie beschlossen, gemein-

Le Livre de

de poure afferre et sont moult mestes de maintes manieres il y a bonnes nestoriens iacobins iorgans palans. et encore hommes qui aourent mahommet. et cest li peuples de la cite. Et sont moult mauuaises gens et sappellent tousi. La ville est toute auironnee de moult beaux iardins et delitables a plaines de moult beaux fruis de plusieurs manieres. moult bons et asses de grant maniere. Or laisserons de taurris et vous compterons de la grant prouince de perse. **De la cite de saba ou sont enseuelis les trois rois de coulongne**

Perse est une grant prouince la quelle anciennement fu et moult noble et de moult grant affaire. mais orendroit sont destruite et gastee les tartars. En perse est la cite qui est appellee saba. de la que se partirent les trois rois quant il vindrent aourer ihesu crist. car il sont enseueli en ceste cite en trois sepulcres moult grans et beaux et dessus chascun sepulcre a une maison quaree. moult bien enqueure dessus. et est lune encoste lautre. les corps sont encor tout entier et ont cheueus et barbes. lun auoit nom iaspar lautre melchior. le tiers baltasar. Et le dit messire marc pol demanda mlt a ceulx de celle cite de leur dire des trois rois. mais il nen trouua nul qui ne lui deist bien sceust dire. mais il estoient troy roy qui anciennement y furent seueli. mais a trois iournees apres ce que ie vous diray. que il trouua un chastel qui est appellee cala atapristam. qui est a dir en francois. chasteaux qui est des aoureours de feu. Et ce est bien leurs noms. car les gens de ce chastel aourent le feu et vous diray pour quoy il laourent si comme ilz dient. que anciennement leurs trois rois de celle contree alerent aourer un prophete qui estoit nez. Et porterent

sam den Raum zu betreten. Und dieses Mal sahen sie ein Kind, das dreizehn Tage alt war, denn dies war sein tatsächliches Alter. Sie beteten es an, und das Kind nahm die drei Geschenke entgegen, das Gold, den Weihrauch und die Myrrhe, und es übergab ihnen ein verschlossenes Kästchen. Dann kehrten die drei Könige in ihr Land zurück.

WIE DIE DREI KÖNIGE DEN STEIN IN DEN BRUNNEN WARFEN

Einige Tage später betrachteten die drei Könige das Kästchen, das ihnen das Kind geschenkt hatte, etwas näher. Sie öffneten es und entdeckten darin einen Stein. Erstaunt fragten sie sich, warum ihnen das Kind wohl ein solches Geschenk gemacht hatte und was es damit auf sich haben könnte. Es war so: Als sie dem Kind ihre Opfergaben darbrachten, hatte es sie alle drei angenommen, denn es war wahrhaftig Gott, König und [fol. 12v] Arzt, und der Glaube, der sie erfüllte, sollte felsenfest sein wie dieser Stein. Die drei Könige verstanden jedoch nicht, welche Bewandtnis es mit diesem Stein hatte. Sie warfen ihn in einen Brunnen. Da fuhr ein glühendes Feuer vom Himmel in den Brunnen hinab. Die Könige erschraken, als sie dieses Zeichen sahen, und alle drei bereuten ihre Tat, denn jetzt erst begriffen sie den Sinn ihres Geschenks.

Sie nahmen von diesem Feuer, trugen es nach Hause und wiesen ihm in einer wunderschönen, reich ausgestatteten Kirche einen Platz an. Dort lassen sie es bis heute brennen und verehren es wie einen Gott. Und all ihre Opfer bringen sie diesem Feuer dar. Wenn es erlischt, holen sie sich bei anderen Feueranbetern der Umgebung wieder davon und tragen es in ihre Kirche. Dies ist der Grund, warum die Menschen der Stadt Saba das Feuer anbeten. Manchmal müssen sie sogar zehn Tage gehen, um Feuer zu finden. Dies erzählten sie Marco Polo und versicherten ihm, daß dies alles wahr sei. Und auch, daß einer der Könige aus der Stadt Salu stammte, der andere aus Deana und der dritte aus ebendieser Stadt Saba, wo man das Feuer verehrt, wie auch in deren Umgebung. Nun habe ich euch über diesen Brauch berichtet, wenden wir uns nun den Bräuchen der anderen Gegenden Persiens zu.

Folio 12v
Zwei Reiter gelangen auf eine Wiesenfläche, in deren Mitte sich ein alleinstehender, völlig entlaubter Baum erhebt. Diese Darstellung spielt auf Kuhistan an, das hier Tonocam genannt wird, was so viel heißt wie „nahe dem alleinstehenden Baume". Aus der umfassenderen Version geht hervor, daß die Christen dies Land auch „das Reich des trockenen Baumes" nennen. Dieses Detail taucht in der vorliegenden Handschrift jedoch erst auf Folio 16 auf. Zur Linken sind die „herrlichen Streitrosse", für die das Gebiet bekannt ist, auf freier Wildbahn zu sehen.

VON DEN ACHT KÖNIGREICHEN PERSIENS UND VON IHREN NAMEN

Persien ist eine sehr ausgedehnte Provinz. Sie besteht aus den acht folgenden Königreichen. Da ist zunächst einmal das Königreich Chasam, weiter im Süden liegt das Königreich Cardistam. Das dritte heißt Lor, [fol. 13] das vierte Cielscam, das fünfte Istaint, das sechste Serasi, das siebte Souscara und das achte Tonocam; dieses liegt am äußersten Ende Persiens.³⁷ All diese Königreiche liegen im Süden, bis auf Tonocam, das in der Nähe des Einsamen Baumes liegt.
In diesem Königreich züchtet man hervorragende Rennpferde, die nach Indien verkauft werden. Sie sind gut und gerne zweihundert Pfund Torneser Währung wert, einige sogar mehr, einige weniger. Hier hält man auch die besten Hengste der Welt, die wohl an die dreißig Mark Silber kosten mögen. Sie sind von großem Wuchs, sehr schnell und gehen gut im Paßgang. Man verkauft sie nach Chisi und Curmosa,³⁸ zwei Städte an der Küste des Indischen Ozeans.
In dieser Provinz gibt es auch sehr grausame Leute. Wären sie nicht den Osttataren untertan, so würde es den Kaufleuten wohl übel ergehen. Und dennoch kommt dies hin und wieder vor; und wären die Kaufleute nicht bewaffnet, würden sie sie wohl auf der Stelle töten und ausrauben. Von Zeit zu Zeit fallen ihnen die Händler, die nicht auf der Hut sind, in die Hände. Es sind Muslime, Anhänger Mohammeds. In dieser Stadt leben tüchtige Kaufleute und Handwerker, die Gold- und Seidenstoffe aller Art herstellen. Die Region erzeugt auch viel Baumwolle, Weizen, Gerste und Pastinak. Man findet auch Wein und Früchte. Aber lassen wir dieses Königreich hinter uns und wenden wir uns der Stadt Zasdi³⁹ zu.

ER BERICHTET ÜBER DIE GROSSE STADT ZASDI

Zasdi ist eine sehr schmucke Stadt. Zwar hat sie einen schlechten Ruf, sie ist jedoch wunderschön und eine blühende Handelsstadt. Man webt dort sehr schöne Seidenstoffe, *Zasdi* genannt, welche die Händler allerorts mit großem Gewinn ver-

35

kaufen. Die Einwohner sind Anhänger Mohammeds. Beim Verlassen der Stadt reitet man sieben Tage über eine Ebene, in der man nur an drei Rastplätzen haltmachen kann. Man durchquert herrliche Wälder, wo wilde Tiere und Vögel gejagt werden sowie Rebhühner, Schnepfen und viele andere Arten. Die Kaufleute reisen mit Begeisterung dahin. Man sieht auch wilde Esel. Sodann erreicht man das wunderschöne Königreich Creman.

ER BERICHTET ÜBER DAS KÖNIGREICH CREMAN[40]

Creman ist ein Königreich in Persien selbst, [es gibt auch eine Stadt gleichen Namens].[41] Einst wurde es durch Erbfolge von Generation zu Generation weitergegeben, seit der Eroberung durch die Tataren ernennt der Tatar einen Herrscher, der es regieren soll. Aus diesem Land stammen die Türkise, Edelsteine, die man aus Gebirgsfelsen holt. Man findet auch reichhaltige

Folio 13v
Am Fuße der Stadtmauern von Camadi *im Iran erstreckt sich bewaldetes Hügelland. Zwei Rinderhirten hüten ihre großgewachsenen Rinder, die für die Tierwelt der Region charakteristisch sind. Der Erzählung nach handelt es sich wahrscheinlich um Zebus. Da der Maler diese nicht kannte, hatte er Schwierigkeiten, sie sich vorzustellen, und malte sie ohne den Buckel zwischen den Schultern.*

Stahl- und Eisenadern. Aus diesen Mineralien wird bestes Kriegsgerät hergestellt: Zaumzeug, Sättel, Sporen, [fol. 13v], Dolche, Waffen, Köcher und viele andere Dinge. Die Damen sticken mit großem Raffinement herrlich farbige Seidenstoffe, die sie mit Mustern aller Art verzieren, mit Tieren, Vögeln, Bäumen und Blumen sowie mit zahllosen anderen Bildern. Ihre Stickereien sind ein wahres Wunder, ob es sich nun um Tuch für die Herrscher handelt, um Zierkissen, Kopfkissen, Tagesdecken oder andere Kunstwerke. In den Bergen dieser Provinz sind die besten Falken der Welt zu Hause. Sie sind kleiner als die Wanderfalken und haben einen roten Kropf, wie auch der Teil unter dem Schwanz zwischen den Schenkelchen rot gefärbt ist. Es sind so überaus schnelle Tiere, daß ihnen kein Vogel entfliehen kann. Die Stadt Creman hinter sich lassend, reitet man sieben Tage über eine sehr einladende Ebene, vorbei an Burgen, Städten und Dörfern, und die Jagd auf Vögel und anderes Getier ist eine reine Freude. Schließlich gelangt man zu einem überaus hohen Berg, von dessen Gipfel aus man einen weit abfallenden Abhang erblickt, den hinabzusteigen wohl zwei volle Tage in Anspruch nimmt. Hier wachsen allerlei Früchte in Mengen. Dieser Abhang war einmal bewohnt, heute ist die Gegend öd und leer. Vereinzelt trifft man noch auf Schäfer mit ihren Herden. Von der Stadt Creman bis zu diesem Abhang herrscht eine so eisige Kälte, daß es kaum zu ertragen ist.

Folio 14v
Händler legen mit ihrer Fracht am Ufer nahe der Stadt Hormus im Persischen Golf an. Unter dem befestigten Stadttor sprechen zwei Einwohner mit einem Kameltreiber, während das Boot entladen wird, auf dem ein Kamel, ein Elefant, ein Pferd und verschiedene Waren zusammengepfercht sind. Die warmen, sanften Farbtöne unter dem azurblauen Himmel vermitteln in großartiger Weise die Stimmung des Berichts.

37

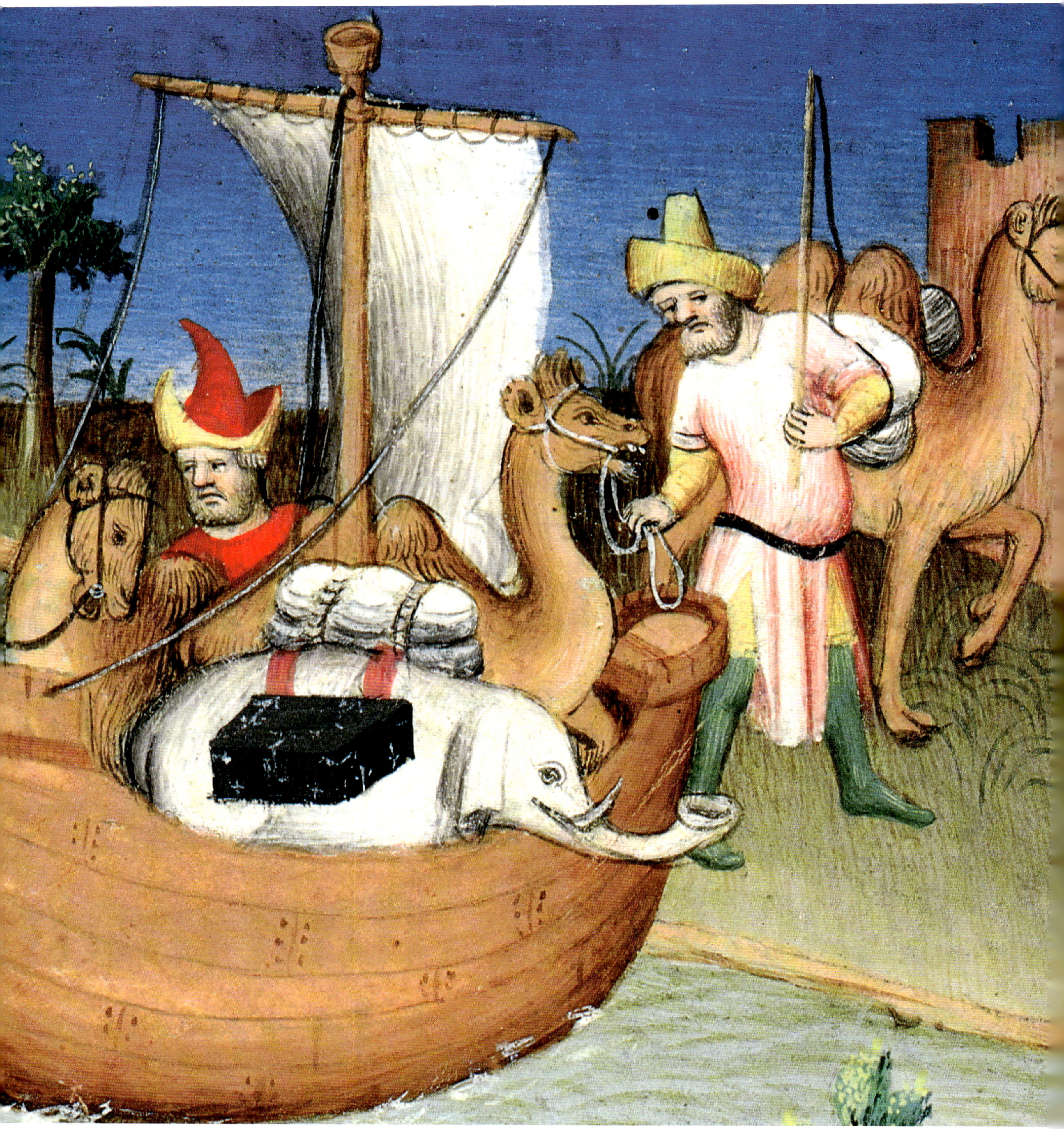

Er berichtet über die Stadt Camadi[42] und ihre Zerstörung

Nach zwei Tagen Abstieg von dieser Anhöhe gelangt man auf eine weitläufige Ebene, in der die Stadt Camadi eingebettet liegt. Es war dies einst eine herrliche Stadt, heute ist sie eher bescheiden, denn die Tataren [fol. 14] der Nachbarländer haben sie mehrere Male verwüstet. Auf dieser Ebene herrscht ein sehr heißes Klima.[43] Die Provinz, die wir nun betreten, heißt Brobarles.[44] Hier erntet man Datteln, Paradiesäpfel und noch viele andere Früchte, die in kalten Ländern unbekannt sind. Auch gibt es hier eine Vogelart, die Frankolinhühner, die nicht so aussehen[45] wie andere Frankolinhühner dieser Welt. Sie haben einen schwarzweißen Körper, ihr Schnabel und ihre Füße sind rot gefärbt. Auch die anderen Tierarten sehen ganz anders aus als jene, die uns bekannt sind. Zunächst die Rinder. Sie sind sehr groß und weiß wie Schnee. Wegen des Klimas haben sie ein kurzes, glattes Fell[46] und wuchtige Hörner. Zwischen ihren Schultern ragt ein mindestens zwei Handbreit hoher runder Buckel hervor, der ganz seltsam anzusehen ist. Wenn sie von den Menschen beladen werden, legen sich diese Ochsen auf die Erde wie Kamele, um sich sodann mit ihrer schweren Last wieder zu erheben, denn es sind gar kräftige Tiere. Es gibt dort auch Schafe, die so groß sind wie Esel, mit einem großen, dicken Schwanz, wohl an die dreißig Pfund schwer. Es sind dies fette, wohlschmeckende Tiere.

Auf dieser Ebene trifft man auch auf so manche Burg und auf Städte, die mit hohen Erdwällen umgeben sind, zum Schutz gegen Feinde. Es sind ihrer sehr viele, sie werden Caraonas[47] genannt. Ihre Vorfahren stammen mütterlicherseits aus Indien und väterlicherseits aus dem Tatarenlande. Wenn sie sich aufmachen, eine Region zu plündern, wenden sie Zauberei an, und der helle Tag verfinstert sich, so daß man kaum seinen Nebenmann erkennen kann. Diese Dunkelheit kann bis zu sieben Tage währen. Die Caraonas kennen das Land wie ihre Westentasche und reiten Seite an Seite, bis zu zehntausend auf einen Schlag. Da sie in der ganzen Gegend ihr Unwesen treiben, kann ihnen kein Lebewesen, ob Mann, Frau oder Tier, außerhalb der Stadt entkommen. Sie töten die Greise und verkaufen die jungen Männer und Frauen als Sklaven. Sie haben diese Region verwüstet, ja beinahe vollständig vernichtet.

Diese Barbaren haben einen König namens Nogodar. Dieser Nogodar leistete eines Tages Entsatz für Dschagatai, den Bruder des Großkhans. An der Spitze einer Streitmacht mit zehntausend Reitern blieb er bei seinem Onkel Dschagatai. Doch hatte er einen schändlichen Verrat für ihn vorbereitet. Während Dschagatai in Großarmenien weilte, nahm Nogodar mit einer stattlichen Zahl der arglistigen Reiter seines Onkels die Flucht. Mit ihnen eroberte er die Provinzen Balaciam, Basiam und Chesumur (Kaschmir).[48] Er büßte dabei jedoch gar viele Menschen und Tiere ein, da sie auf engen, sehr unwegsamen Straßen vorwärtskommen mußten. Danach fiel er in Indien, am äußersten Ende der Provinz Dalinar (Delhi) ein. Er bemächtigte sich der Hauptstadt, die ebenfalls den Namen Dalinar trägt, und entriß dem König der Provinz, Asidin Soldan, einem mächtigen und reichen Manne, sein Königreich. Nogodar [fol. 14v] ließ sich dort mit seiner Armee nieder, die nichts und niemanden fürchtete, und versetzte die Tataren der Umgebung in Angst und Schrecken. Nun habe ich euch von diesen Barbaren und ihren Kampfmethoden erzählt. Wisset, daß auch Marco Polo selbst einmal Opfer ihrer Machenschaften wurde. Er konnte sich jedoch, Gott sei's gedankt, in die benachbarte Burg Colosalmy flüchten, verlor jedoch seine Eskorte. Nur sieben seiner Männer kamen mit dem Leben davon. Laßt uns jedoch fortfahren.

VON DER EBENE CURMOS[49] UND DEM GEFÄHRLICHEN TALE

Diese Ebene erstreckt sich wohl fünf Tagereisen weit gen Süden, danach erreicht man einen weiteren, etwa zwanzig Meilen langen Abhang. Es ist eine unwegsame und gefährliche Gegend, die von Dieben und allerhand Gesindel heimgesucht wird. Danach erreicht man die wunderschöne Ebene von Curmos. Sie erstreckt sich über zwei Tagereisen. Da sie mit Regenfällen sehr gesegnet ist, wachsen hier gar viele Früchte, ganz besonders Datteln. Auch sieht man hier allerlei Vogelarten, die bei uns unbekannt sind.

Sodann erreicht man den Indischen Ozean. Die Stadt Curmos mit ihrem Hafen liegt an der Küste. Hier legen allerlei Schiffe an, beladen mit Gewürzen, Edelsteinen, Perlen, Gold- und Seidenstoffen, Elefantenzähnen und vielen anderen Waren. Die Händler verkaufen sie an wieder andere Händler, die sie dann in der ganzen weiten Welt vertreiben. Curmos ist eine florierende Handelsstadt. Zahlreiche Städte und Burgen sind ihr untertan. [fol. 15] Sie ist die Hauptstadt des Königreiches, dessen König Ruemedan Acomat genannt wird.

Die stechende Sonne erzeugt im ganzen Land eine brütende Hitze, und die Erde ist ungesund. Kommt ein König aus fremden Landen hier zu Tode, so beschlagnahmt der König sein ganzes Hab und Gut für sich. Man stellt hier einen sehr wohlschmeckenden, würzigen Wein aus Datteln her. Wer davon trinkt und nicht daran gewöhnt ist, wird von argem Durchfall geplagt. Hat man dies überstanden, so wirkt er wohltuend und macht fett. Wenn die Menschen hier krank sind, essen sie Fleisch und Brot aus Weizenmehl; essen sie jedoch davon, solange sie gesund sind, befällt sie auf der Stelle eine Krankheit. Um gesund zu bleiben, essen sie Datteln und gesalzenen Fisch, Zwiebeln und Winterlauch. Die Zwiebeln sind ihrer Gesundheit sehr förderlich.

Ihre Schiffe sind mangelhaft gebaut. Immer wieder gehen welche verloren, denn sie sind nicht mit Eisennägeln zusammengenagelt, sondern mit Bindfaden, den sie aus der Rinde des indischen Nußbaumes erzeugen, zusammengenäht. Dazu wird die Rinde geplättet, bis sie wie Roßhaar auseinanderfällt. Daraus machen sie einen Bindfaden, mit dem sie ihre Boote zusammenzurren. Dieser Bindfaden ist solide genug, um dem Meerwasser standzuhalten, nicht jedoch einem Unfall. Ihre Schiffe sind mit einem Mast, einem Segel und einem Ruder versehen, haben jedoch kein richtiges Deck. Um sie zu beladen, bedecken sie die Schiffe mit Leder und befördern damit Pferde, die sie dann in Indien verkaufen. Sie besitzen kein Eisen, um daraus Nägel herzustellen, und so werden ihre Schiffe mit Holzstiften zusammengehalten, die anschließend mit Bindfaden festgenäht werden. Es kann sehr gefährlich sein, ein solches Boot zu besteigen, da sie in den oft schweren Stürmen des Indischen Ozeans rasch sinken.

Die Menschen in diesem Lande sind schwarz und verehren Mohammed. Im Sommer verlassen sie die Städte, denn die allzugroße Hitze setzt ihnen stark zu. Dann leben sie auf dem Lande, in gut bewässerten Gärten. So entrinnen sie der Hitze. Oft weht aus der Sandwüste ein Wind herüber, der so heiß ist, daß sie darin umkommen könnten. Sobald sie ihn kommen hören, tauchen sie bis zum Halse im Wasser unter, bis der Wind sich wieder gelegt hat. Ihr Weizen, ihre Gerste und die anderen Getreidesorten werden im November ausgesät und im März geerntet. Sie kennen kein grünes Gras, außer Datteln bis Mitte Mai, wegen der großen Hitze, die alles austrocknet. Die Schiffe leiden nicht darunter, denn sie beschmieren sie mit Fischöl.

Der Tod eines Menschen gibt Anlaß zu tiefer Trauer. Sie beweinen ihre Verstorbenen vier lange Jahre hindurch und treffen sich zumindest einmal täglich, um zu lamentieren und den Toten mit Eltern, Nachbarn und Freunden gemeinsam zu beweinen. Aber lassen wir diese Region hinter uns. Wir werden euch zu gegebener Zeit von Indien erzählen, von Norden aus, wenn wir auf anderem Wege in die Stadt Creman zurückkehren werden. Die Stadt, von der ich euch nun erzählen will, kann nur über die Stadt Creman erreicht werden. Der König Ruemedan Acomat von Cormort, den wir soeben hinter uns gelassen haben, ist ein Vasall des Königs von Creman. Auf dem Rückweg von Curmos nach Creman erstreckt sich eine weite Ebene, in der natürliche Heißwasserquellen entspringen. [fol. 15v] Sie ist mit zahlreichen Städten übersät, wo man Früchte in Hülle und Fülle sehr billig erstehen kann, sowie Datteln und andere Nahrungsmittel aller Art. Das Brot aus Weizenmehl ist sehr bitter. Man kann es nicht essen, außer man ist daran gewöhnt. Denn das Wasser, das sie zur Herstellung des Brotes verwenden, ist selbst äußerst bitter. Die Bäder, von denen ich euch gesprochen habe, können von der Krätze befreien und von vielen anderen Krankheiten. Aber wenden wir uns nun den Regionen zu, von denen ich euch in diesem Buch von Nord nach Süd berichten werde.

Folio 15v
Ein bärtiger, grau behaarter, hinter einem Berg auftauchender Wilder, ein im Schatten eines Felsens lauernder Löwe und ein am Wegesrand kauernder Bär wurden gewählt, um die allgegenwärtigen Gefahren darzustellen, die Reisende bei einer Durchquerung der Wüsten Persiens zwischen Kerman und Kuhbanan zu fürchten haben, obwohl man im Text erfährt, daß es in dieser unwirtlichen Gegend „keine wilden Tiere gibt".

le livre Marc Paul

pleine. et si treuue on afez afez. et vins afez. a grant marchie y treuue on tou
tes viandes et dates a grant habondance. le pain de froument est si amer q̄ nuls
nen puet mengier sil nen est acoustumez. et ce auient pour ce que les eaues sõt
moult ameres. les bains que ie vous ay dit sont moult vertueux. car il garissent
de rogne et de plusieurs autres maladies. or vous comenceray a compter les contrees que ie
vous nommeray en ce liure douers tramontaine et ore commence.

Cy deuise Marc pol la nature de celuy pais et des merueilles qui y sont.

Quant on se part de celle cite de areman on treuue bien .vii. iour
nees de moult annuieuse voie. et vous diray comment il y a
trois iournees que on ny treuue eaue si peu non. et celle que
on y treuue est amere et vert et si salee que nul ne la pourroit
boure. et qui en beuuroit une goute. si le feroit aler de ventre bien
x. fois a chambre. et si y a sel que on treuue en ces riuieres que
nul nen ose mengier. que qui en mengeroit si le feroit aler a chambre trop. Sy
que il conuient porter eaue tant comme durent ces trois iournees pour les ges.
mais aux bestes conuient il boire de ceste mauuaise eaue. car il nont autre. et el
les en boiuent pour le grant soif quelles ont. Sy que celle eaue les fait si espur
ger que aucune fois en meurent. et en toutes ces trois iournees na nulle habi
tacion. mais est tout desert et grant secheresse. bestes sauuages ny a nulles car elles
ny trouueroient que menger. Apres ces trois iournees desert. si treuue len un au
tre desert qui dure quatre iournees. et ainsi est de la maniere de lautre sans ce q̄
on y treuue ces sauuages. et au chief de ces autres .iiii. iournees de desert fenist
le regne de areman. et treuue len une autre cite qui a nom cobinam.

Marco Polo berichtet über die Beschaffenheit dieses Landes und über seine Wunder

Creman hinter sich lassend, reitet man sieben Tage weit auf einer äußerst unwegsamen Straße dahin, wo nur wenig Wasser zu finden ist, und selbst dieses ist bitter, grünlich und so salzig, daß ein einziger Schluck zu schwerstem Durchfall führt. Wer auch nur einen Tropfen aus diesen Flüssen trinkt, wird schwer krank. Die Menschen müssen also Wasservorräte für drei Tage mit sich führen. Die Tiere sind jedoch gezwungen, dieses brackige Wasser zu trinken. Der Durst zwingt sie dazu. Dieses Gebräu macht sie oft so krank, daß sie dem Tode nahe sind. Keine Siedlung weit und breit, nur Wüste und Trockenheit. Man trifft auch nicht auf wilde Tiere, da sie keine Nahrung finden würden. Sodann gelangt man in eine weitere Wüste, die sich wieder über vier Tage erstreckt, wo es auch nichts gibt, außer wilden Gänsen. Nach diesen vier Tagereisen hat man die Grenze des Königreichs Creman erreicht und gelangt in die Stadt Cabanant. [fol. 16]

Er berichtet über die große Stadt Cabanant[50] und über die Gegenstände, die man dort herstellt

Cabanant ist eine große Stadt, deren Einwohner Anhänger Mohammeds sind. Man findet hier eine Menge Eisen, Stahl und Magnete. Hier stellt man hell glänzende Spiegel aus Stahl her. Man gewinnt Tutia zur Heilung der Augen[51] sowie Spodium. Und dies geschieht so. Man brennt eine bestimmte Art Erde in einem Ofen, der mit einem Eisengitter verschlossen ist. Der entweichende Rauch läßt auf dem Gitter Tutia zurück. Die im Feuer zurückbleibende Schlacke wird Spodium genannt. Aber lassen wir diese Stadt hinter uns und fahren wir fort.

Wie man in acht Tagen eine Wüste durchquert

An Cabanant schließt eine Wüste an, die man in acht Tagen durchquert. Wegen der großen Dürre, die dort herrscht, findet man dort weder Früchte noch einen Baum; das Wasser ist bitter und ungesund. Reisende müssen sowohl Essen als auch Trinken mit sich führen. Die Tiere jedoch sind gezwungen, dieses bittere Wasser zu saufen. Und sie trinken viel davon, denn sie leiden gar großen Durst.

Verläßt man diese Wüste, erreicht man die Provinz Tonocam[52] mit ihren zahlreichen Städten und Burgen. Hier gibt es eine weitläufige Ebene, auf der der Einsame Baum steht, den wir Trockener Baum[53] nennen. Er ist sehr hoch und mächtig, seine Rinde ist grünlich-weiß. Er bringt kastanienähnliche Nüsse hervor, die innen hohl sind. Er ist hell wie Buchsbaumholz und sein Holz ist sehr hart. Es ist der einzige Baum im Umkreis von

Folio 16v
Aloadin, der Alte vom Berge, Fürst der Assassinen, betrachtet zwei Paare, ein Musikantenpaar und zwei Verliebte, die in seinem riesigen Garten sitzen, einem paradiesischen Ort „voll der schönsten Damen und Jungfrauen der Welt, die alle Instrumente spielen und wunderschön singen können."

Folio 17
In seinem Burgschloß läßt der Alte vom Berge drei jungen Männern einen Schlaftrunk servieren. Sobald sie eingeschlafen sind, wird er sie in seinen herrlichen Garten tragen lassen, von dem sie glauben werden, er sei das Paradies. Wünscht Aloadin einen Feind zu beseitigen, so wird er ihnen wieder das gefürchtete Getränk einflößen lassen, um sie sodann in seinem Schlosse abzusetzen, wo er ihnen, sobald sie erwachen, auftragen wird, seinen Gegner zu erschlagen, wollten sie jemals wieder ins Paradies zurückkehren.

hundert Meilen, außer auf einer Seite, wo in zehn Meilen Entfernung ebenfalls Bäume wachsen. Man erzählt sich in der Gegend, daß hier die Schlacht zwischen Alexander und Darius ausgetragen wurde.

Die Städte und Burgen der Region sind reich an wunderschönen, guten Dingen aller Art, denn es ist eine milde Gegend, in der es weder zu heiß noch zu kalt ist. Alle Bewohner sind Anhänger Mohammeds. Es sind sehr wohlgestaltete Menschen, besonders die Frauen, die von ausgesuchter Schönheit sind. Aber lassen wir dieses Gebiet hinter uns und wenden wir uns der Region Mulect[54] zu, wo einst der Alte vom Berge mit seinen Assassinen[55] zu Hause war. [fol. 16v]

Er berichtet vom Alten vom Berge und seinen Angelegenheiten

In der Region Mulect lebte einst der Alte vom Berge. Der Name Mulect bedeutet auf deutsch „Gott der Erde". Ich werde euch nun seine Geschichte erzählen, wie Marco Polo selbst sie von den Bewohnern dieser Region erfahren hat.
Der Alte vom Berge hieß in ihrer Sprache Aloadin. Zwischen zwei Bergen besaß er einen Garten, den größten und schönsten, den man je auf Erden gesehen hat, mit den wohl köstlichsten Früchten, den herrlichsten Häusern und Palästen, allesamt voller Gold und Malereien. Es war ein Garten, in dem Wein, Milch, Honig und Wasser flossen. Die schönsten Damen und Jungfrauen der Welt spielten ihre Instrumente und erfreuten die Besucher mit ihrem Gesang. Es war eine helle Freude, sie tanzen zu sehen. Der Alte vom Berge machte seine Leute glauben, daß dieser Garten das Paradies sei. Übrigens hatte er sich damit genau an die Beschreibung Mohammeds gehalten, wonach das Paradies ein wunderschöner Garten sei, in dem Wein, Milch, Honig und Wasser fließen, voller schöner Frauen, an denen man sich ergötzen könne. So sah der Garten des Alten vom Berge tatsächlich aus. Und alle glaubten felsenfest, daß dies das Paradies sei. Der Alte ließ niemanden eintreten, bis auf jene, die er zu seinen Assassinen machen wollte. Zudem bewachte eine feste Burg den Eingang, die von niemandem eingenommen werden konnte. Und dies war der einzige Zugang.
Der Alte vom Berge rief junge, etwa zwölfjährige Leute aus der Gegend an seinen Hof, die davon träumten, Ritter zu werden. Er erzählte ihnen die Geschichte vom Paradies Mohammeds, und die Kinder glaubten sie [fol. 17], so wie sie von allen Muslimen der Welt geglaubt wird. Der Alte gab ihnen einen Schlaftrunk. Sobald sie eingeschlafen waren, ließ er sie zu zehnt, zu sechst oder zu viert in diesem Garten absetzen. Und die Kinder wachten darin auf.

Wie der Alte vom Berge sie zu Assassinen macht

Beim Erwachen glauben die Kinder, wahrhaftig im Paradies zu sein, so wunderbar ist dieser Ort. Die Damen und Jungfrauen verwöhnen sie unaufhörlich mit Zärtlichkeiten. Niemals würden sie auf den Gedanken kommen, einen solchen Ort aus freien Stücken zu verlassen. Der Alte vom Berge hält hier in vornehmster Weise Hof und macht die Menschen in seiner Umgebung glauben, daß er ein großer Prophet sei.[56] Und sie glauben ihm. Jedesmal, wenn er einen Assassinen benötigt, um einen Auftrag auszuführen, läßt er einem von ihnen einen bestimmten Trunk reichen. Sodann läßt er ihn in seinen Palast bringen. Bei seinem Erwachen fällt jener vor ihm auf die Knie, in dem Glauben, den wahren Propheten vor sich zu haben. Auf die Frage des Alten: „Woher kommst du?" antwortet er: „Aus dem Paradies." Und er fügt hinzu, daß das Paradies genauso herrlich sei, wie Mohammed es beschrieben hat. Sein einziger Traum ist, dorthin zurückzukehren. Steht dem Alten der Sinn danach, einen großen Fürsten umzubringen, so spricht er zu seinen Mördern: „Bringt diesen oder jenen um. Sobald ihr zurück seid, werdet ihr wieder ins Paradies kommen. Und wenn euch unglücklicherweise der Tod ereilen sollte, so werde ich euch durch meine Engel hinbringen lassen!" Und er entläßt sie in diesem Glauben. Und sie führen all seine Befehle aus, so groß ist ihr Verlangen, ins Paradies zurückzukehren. Auf diese Weise ließ der Alte vom Berge all seine Feinde beseitigen. Aus Furcht vor seinen Schergen mußten die Herrscher seinen Frieden und seine Gunst erkaufen. [fol. 17v]

Er berichtet über den Tod des Alten vom Berge

Im Jahre 1242 der Menschwerdung Christi erfuhr Alaon, der Herrscher der Osttataren, von der Grausamkeit des Alten vom Berge und nahm sich vor, ihn zu beseitigen. Er warf eine imposante Armee unter einem seiner Fürsten gegen ihn ins Feld. Drei Jahre lang belagerten die Männer seine Burg, ohne sie einnehmen zu können, denn sie war fest gefügt und hielt ihnen stand. Wäre da nicht eine Hungerkatastrophe gewesen, hätten sie sie wohl nie eingenommen. So töteten sie schließlich den Alten vom Berge und seine Assassinen. Und es gab keinen mehr nach ihm. So setzte Alaon den schrecklichen Greueltaten des Alten vom Berge ein Ende.

Er berichet über die Stadt Sarpugan[57]

Die Burg des Alten vom Berge hinter sich lassend, reitet man durch herrliche Hügel und Ebenen, fruchtbare Wiesen und Weidegründe, reich an Früchten. Alles ist hier in Hülle und Fülle vorhanden. Diese Region zu durchqueren dauert sechs Tage. Dann gelangt man in eine etwa sechzig Meilen lange Wüste ohne einen einzigen Tropfen Wasser. Es ist daher geboten, für die Reise einen Wasservorrat mitzunehmen. Nach sechs Tagen erreicht man die Stadt Sarpugan; hier gibt es allerlei Dinge im Überfluß. Von hier stammen die besten Melonen der Welt. Man schneidet sie in lange, schmale Streifen und legt sie zum Trocknen in die Sonne. Getrocknet ist dies eine gar köstliche Speise, die süßer als Honig schmeckt. Sie vertreiben sie im ganzen Lande. Auch gibt es hier viel Wild und allerlei Vögel. Aber lassen wir Sarpugan hinter uns und wenden wir uns der Stadt Balac[58] zu.

Er berichtet über die Stadt Balac

Balac ist eine überaus schmucke Stadt. Einst war sie noch viel schöner. Aber die Tataren und viele andere Stämme haben sie geplündert und verwüstet. Dennoch sind nach wie vor schöne Marmorpaläste und ganz vortreffliche Häuser zu sehen. In dieser Stadt hat Alexander die Tochter des Darius geheiratet, so erzählen es sich die Bewohner.[59] Sie sind Anhänger Mohammeds. Die Stadt selbst gehört noch zum Herrschaftsbereich der Osttataren. Danach gelangt man in nordnordöstlicher Richtung an die Grenze zu Persien. Aber lassen wir diesen Landstrich hinter uns und wenden wir uns Gana[60] zu. Balac hinter sich lassend, reitet man wohl an die zwölf Tage in nordnordöstlicher Richtung, ohne auf eine Ansiedlung zu treffen. Die Bewohner haben sich an sichere Orte zurückgezogen, um sich vor den plündernden Soldaten zu verbergen. Es gibt hier unzählige Adler, Löwen und allerlei Arten Wild. Nahrung ist hier jedoch keine zu finden. So ist man gezwungen, Proviant für zwölf Tage mit sich zu führen.

Sodann spricht er von den Salzbergen [fol. 18]

Folio 18
Während die nackten, steilen Felsabhänge die Salzberge Afghanistans im Süden des Dorfes Taican vermitteln sollen, spielt sich die Szene im Vordergrund in der Ebene ab, in der Umgebung der Stadt Eshkashem, in Badakhshan. Dort frönen Männer ihrem Vergnügen, der Stachelschweinjagd. Vorsichtig schleichen sie sich an, mit Lanzen bewaffnet, und während ihre Hunde in Angriffsstellung gehen, drängen sie die Stachelschweine entschlossen zurück, die ihre Stacheln sträuben.

Folio 18v
In der Provinz Balaciam in Afghanistan gibt es reiche Gold- und Silbervorkommen, vor allem auch Rubine (Ballasrubine). In einer reich bewaldeten Berglandschaft wachsen leuchtend rote Rubine aus einem Abhang hervor, gleich einer reifen Frucht im Grase. Links sind drei Männer dabei, die leuchtendroten Steine aus dem Boden zu schlagen und sie genauestens zu betrachten. Rechts überreicht eine vierte Person dem König des Landes, der die Steinbrüche ausbeuten läßt, ein juwelengefülltes Kästchen.

Zwölf Tage später erreicht man die Burg Taican,[61] in der ein großer Getreidemarkt stattfindet. Die Erde ist hier äußerst fruchtbar. Im Süden erheben sich riesige Salzberge. Aus der ganzen Gegend, ja aus einem Umkreis von mehr als dreißig Tagereisen kommen die Menschen hierher, um sich das beste Salz der Welt zu holen. Man muß es mit schweren Eisenpickeln abschlagen, so hart ist es. Es ist davon so viel vorhanden, daß die ganze Welt sich bis zum Ende aller Zeiten davon ernähren könnte. Sodann reitet man weitere drei Tage in nordnordöstlicher Richtung, durch herrliche Ebenen voller Obstbäume, schöner Häuser und Märkte, wo jegliche Ware im Überfluß angeboten wird. Die Menschen, die hier wohnen, sind allesamt Anhänger Mohammeds. Es sind böse Leute, Mörder, die sich mit allerhand Trunk vollaufen lassen. Denn sie sind große Trinker und laben sich im Übermaß an erhitztem Wein. Um den Kopf winden sie eine zehn Handbreit lange Kordel. Es sind hervorragende Jäger. Von Kopf bis Fuß hüllen sie sich in Häute von Tieren, die sie selbst erlegt haben. Alle verstehen sich auf die Gerberei. Von hier aus sind es noch drei Tagereisen bis zur Stadt Caseni. Oben in den Bergen findet man noch andere Burgen und Städte. Die Stadt liegt an einem breiten Fluß. In der Gegend gibt es viele Stachelschweine. Wenn die Jagdhunde versuchen, sie anzugreifen, bilden sie rasch eine Abwehr, schleudern ihnen ihre Stacheln [fol. 18v] entgegen und verwunden sie oft schwer. Die Stadt Caseni liegt in einer weitläufigen Provinz desselben Namens. Ihre Bewohner sprechen eine eigene Sprache. Die Bauern, die Viehzucht betreiben, leben in den Bergen, in großzügigen, sehr schönen Siedlungen unter den Felswänden. Man reitet dann drei weitere Tage, Caseni hinter sich lassend, ohne auf eine Siedlung zu treffen, ohne Speis und Trank. Seine Vorräte muß man selbst mitnehmen. Sodann erreicht man die Provinz Balaciam.

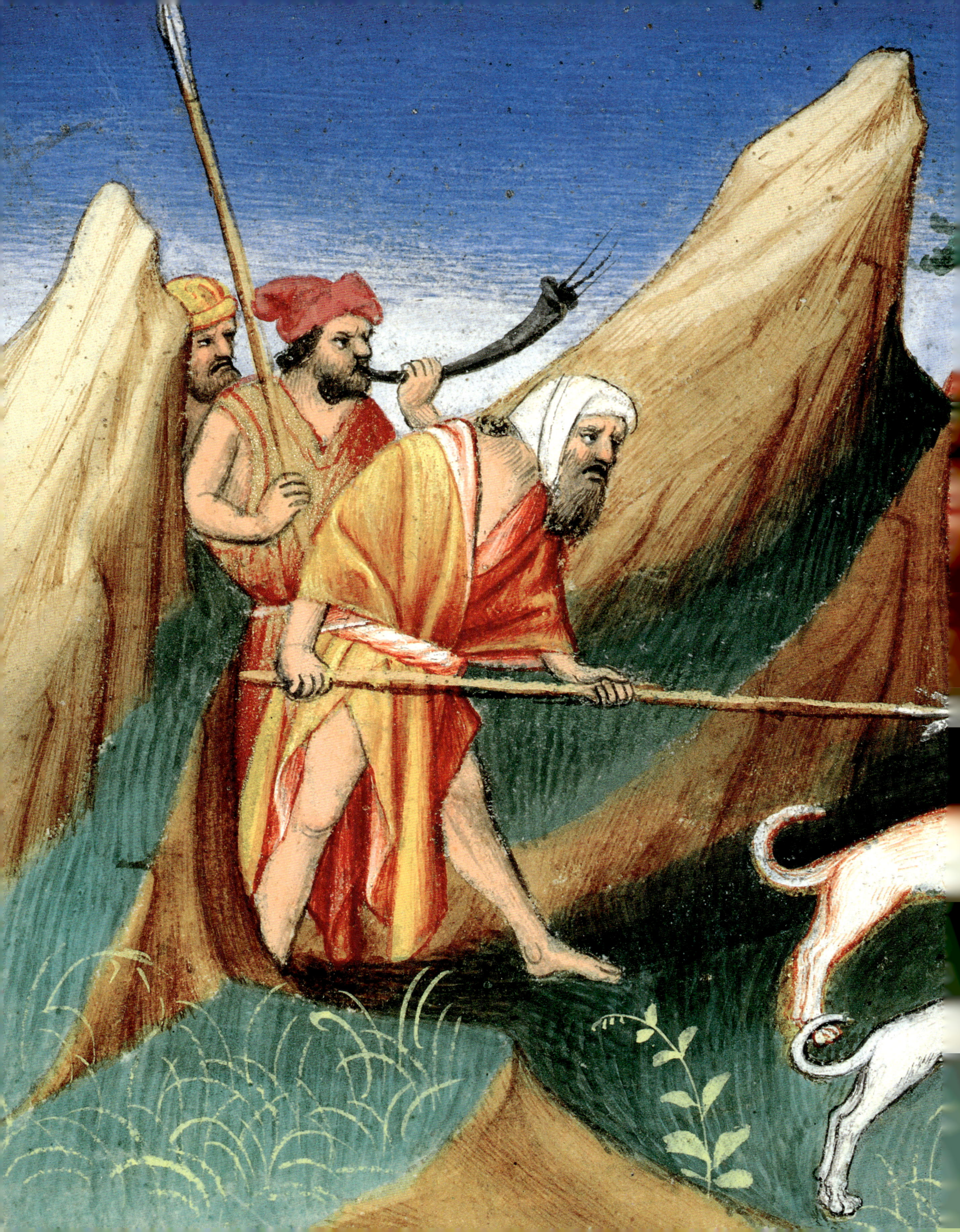

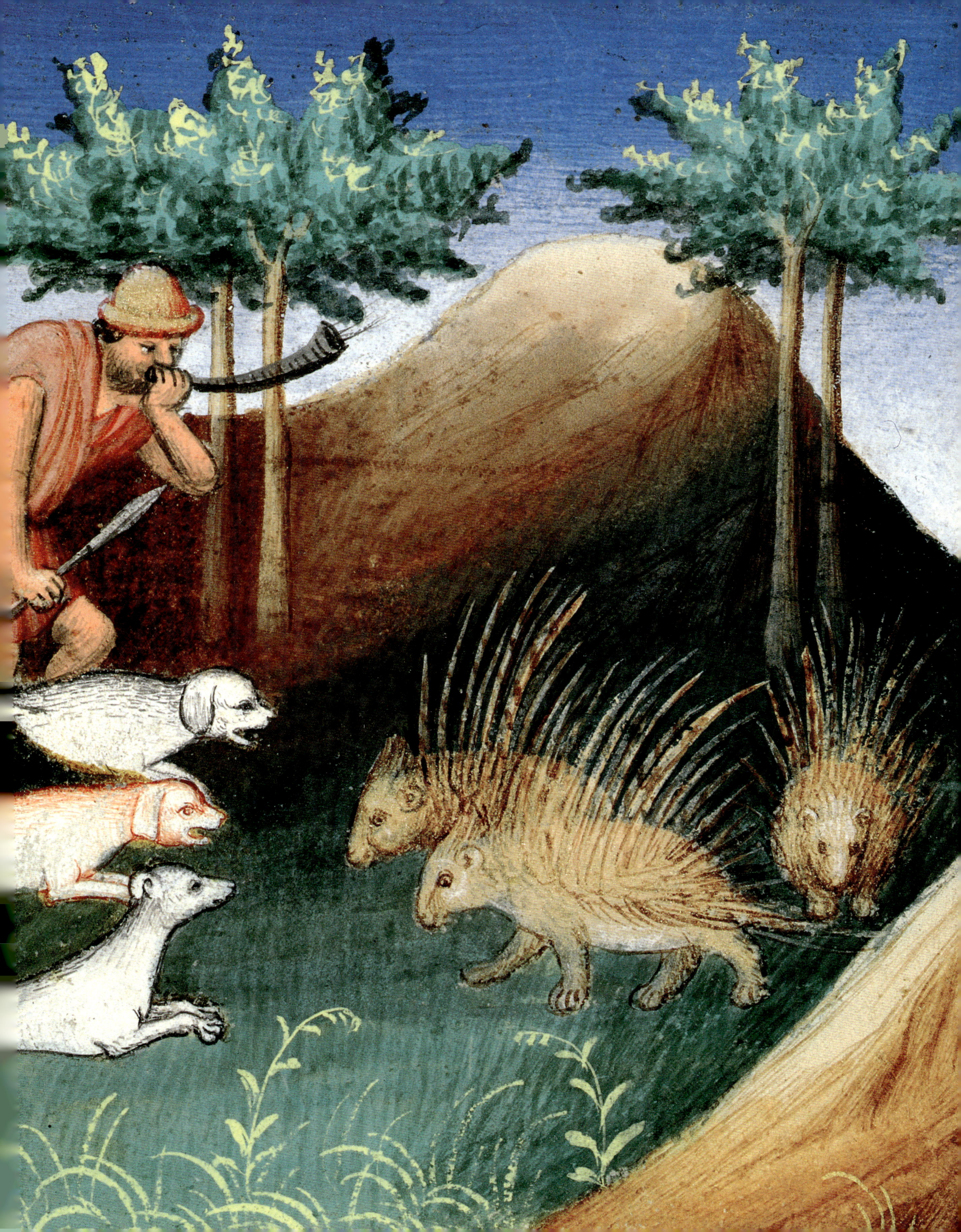

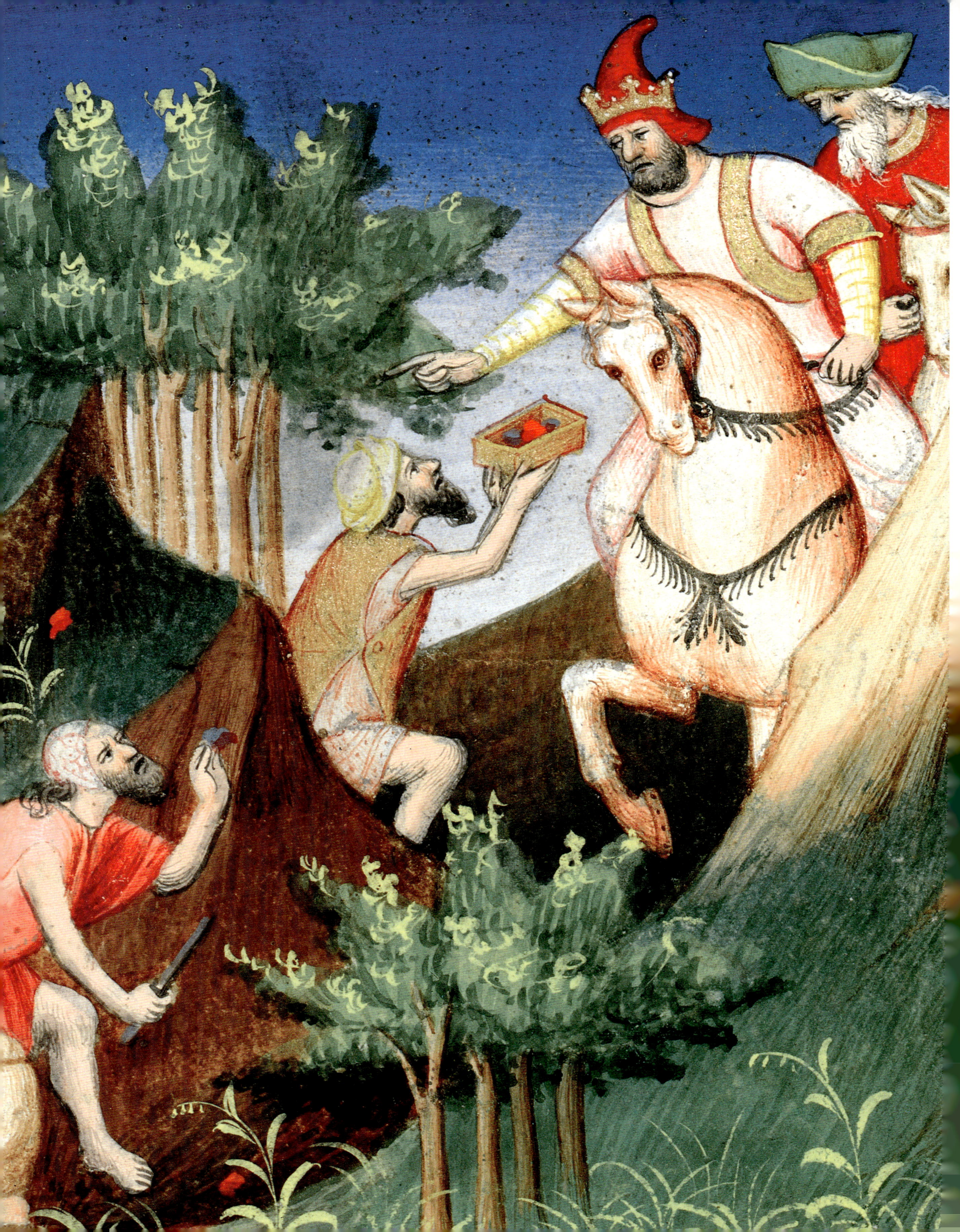

ER ERZÄHLT VON DER PROVINZ BALACIAM[62]

Die Einwohner der Provinz Balaciam sind Anhänger Mohammeds. Sie sprechen ihre eigene Sprache. Es ist dies ein weitläufiges Königreich, das durch Erbfolge weitergegeben wird, denn alle Könige stammen von Alexander und der Tochter des Darius ab, des Herrschers des persischen Großreiches. In der Sarazenensprache heißen die Könige alle Fulcarnain, was auf deutsch so viel bedeutet wie Alexander.

Man findet in dieser Provinz gar herrliche Rubine[63] und andere Edelsteine von allerhöchstem Wert. Sie werden in großen Höhlen abgebaut, wie man Silber aus Silberminen gewinnt, aber nur im Berge Siguinan. Man darf nur auf Geheiß des Königs nach diesen Schätzen graben, sonst ist man des Todes. Auch riskiert man Geldstrafen, ja selbst die Todesstrafe, wenn man versucht, Rubine aus dem Land zu schaffen. Der König macht sie den anderen Herrschern zum Geschenk, [fol. 19] sei es als Steuer, die er an sie zu entrichten hat, oder aus Freundschaft. Den Rest läßt er verkaufen. So sind die Rubine nur für viel Geld zu haben und sehr kostspielig. Würde er deren Gewinnung und Handel nicht beschränken, so verlören sie sehr viel an Wert. Aus diesem Grunde läßt er sie abbauen und gut bewachen. In dieser Gegend erhebt sich ein Berg, wo man das feinste Azur der Welt findet. Es wird hier abgebaut wie Silber. Auch Silberadern sind reichlich vorhanden.

Es ist eine reiche, sehr kalte Provinz. Man züchtet hierzulande auch sehr gute, pfeilschnelle Pferde. Sie sind nicht beschlagen und bewegen sich in bergigem Gelände mit großer Geschicklichkeit. Hoch oben nisten herrliche Falken, die heilig sind und pfeilschnell, weibliche Jagdfalken, sowie viel Wild und andere Vögel in großer Zahl. Die Region erzeugt auch guten Weizen und eine schalenlose Gerste. Olivenöl ist hier nicht bekannt, dagegen Sesam- und Nußöl.

In diesem Königreich gibt es zahlreiche enge Pässe, die so gut bewacht sind, daß sie jedem Angriff standhalten. Städte und Burgen sind von den Bergen natürlich befestigt. Die Menschen sind ausgezeichnete Bogenschützen, hervorragende Jäger, die meisten von ihnen hüllen sich in Tierfelle, denn Stoffe sind teuer. Nur Damen von hohem Stande und Edelleute kleiden sich in Stoff. Sie tragen weite Beinkleider aus mindestens hundert Armlängen Baumwollstoff, um zu zeigen, daß sie dicke Hinterbacken haben, denn sie lieben üppige Formen. Jetzt haben wir euch alles über dieses Königreich erzählt, wenden wir uns nun den Völkern zu, die zehn Tagereisen weiter südlich leben.

ER BERICHTET ÜBER DIE PROVINZ BASIAM[64]

Zehn Tage südlich von Balaciam gelangt man in die Provinz Basiam. Die Einwohner der Provinz sind dunkelhäutig, Götzendiener und sprechen eine eigene Sprache. Sie verstehen sich auf die Zauberei. In den Ohren tragen sie Ringe, Ohrringe aus Gold und Silber sowie Perlen und Edelsteine. Es sind listige Menschen, die ihre Bräuche wohl kennen. Sie ernähren sich von Fleisch und Reis. So viel dazu, aber wenden wir uns nun einer anderen Provinz zu, die sieben Tagereisen westlich von hier liegt und Chesumur genannt wird.

ER BERICHTET ÜBER DIE PROVINZ CHESUMUR (KASCHMIR)

[FOL. 19V]
Die Bewohner der Provinz Kaschmir sind Götzendiener und sprechen eine eigene Sprache. Sie verfügen über so zahlreiche Zauberkünste, daß es ein wahres Wunder ist. Sie können selbst ihre Götzen zum Sprechen bringen. Sie haben Einfluß auf das Wetter und können [bei hellichtem Tag] die Dunkelheit herbeizaubern. Niemand würde wohl an solche Wunderwerke glauben, hätte er sie nicht mit eigenen Augen gesehen. Sie sind die Obersten aller Götzendiener und von ihnen stammen alle Götzen ab.

Von der Provinz Kaschmir aus könnte man sich zum Indischen Ozean begeben. Die Männer sind von hagerer Gestalt und dunkelhäutig, die Frauen sehr schön und ebenfalls von dunkler Haut. Ihre Ernährung besteht aus Fleisch, Milch und Reis. Es ist eine milde Region, in der es weder zu heiß noch zu kalt ist. Es gibt zahlreiche Städte und Burgen. In der Region wechseln Wälder mit Wüsten ab. Enge Pässe erschweren den Zugang, so daß die Menschen keinerlei Angriff zu befürchten haben. So leben sie hier für sich, unter der Herrschaft eines Königs, der Recht und Ordnung walten läßt. Es gibt auch Eremiten, die in Gemeinschaften leben und lange Fastenzeiten einhalten. Sie sind den leiblichen Genüssen sehr zugetan, hüten sich jedoch vor allen anderen Sünden, ganz wie es ihre Religion vorschreibt. Es sind sehr heilige Menschen, die ein hohes Alter erreichen. Auch Abteien und Klöster gibt es hier in großer Zahl. Korallen aus unseren Breiten verkaufen sich hier so teuer wie sonst nirgendwo auf der Welt. Aber lassen wir diese Region und ihre Provinzen hinter uns, denn führen wir hier fort, so gelangten wir nach Indien, und so weit möchte ich noch nicht fortschreiten, denn davon will ich euch zu gegebener Zeit auf der Rückreise berichten. Wenden wir uns also wieder der Provinz Balaciam zu, denn dahin müssen wir ohnedies zurück.

Folio 19v
Der König von Chesumur (Kaschmir), berühmt für seine Gerechtigkeit, wohnt einer Enthauptung durch den Säbel bei. Auf den Bergen im Hintergrund sind Eremiten in ihre Gebete und Weissagungen vertieft, „denn die Bevölkerung hält sie für überaus heilige Menschen".

Le 2. Liure.

C est mur est une prouince qui encore sõt idolatres et sy ont
langaige par eulx. il sceuent tant denchantemens de diable
que cest merueilles. car il font parler aux ydolles. il font chan
gier le temps par enchantement et font faire obscuretes. Et
font tant de grans choses quil nest nulz qui losast croire se
il ne le vist. Et si vous di que il sont chief. et de cel descendi
rent les ydolles. et de cel lieu pourroit on aler en la mer Ouoe il sont bonnes
gens et maigres. les femmes sont moult belles. si comme bonnes. leur vie
de est chier et lait et riz. Il ya bien atempre pays ne trop chault ne trop froit.
Il ya cites et chasteaulx asses. il ya bois et deserts et de foes pas tant que il doub
tent nullui. et se maintiennent par eulx mesmes. car il ont leur roy qui
les maintient en iustice. Il sont hermites selonc leurs coustumes qui demou
rent en leurs hermitaiges. et font grans abstinences de mengier et de boire
et sont de luxure moult chant. et se gardent de tous autres pechies selonc
leur loy. Il sont tenus de leurs gens moult sains hommes. Et tous dy que il
vient moult longuement. Et ont encore abbaies et moustiers asses. de leurs
ydoles. Et de coral qui se porte de nos contrees se vent moult en ceste contree
plus que en nulle autre. Or vous laisserons de ceste contree et de ces parties.
pour ce que se nous allons auant nous entrerions en Inde. Et ie ny vueil
mie ore entrer pour ce que a nre retourner vous compteray dinde tout par or
dre. Et pour ce retournerons arriere a la contree de balaciam. car autre part
ne sen pourroit aler. Cy deuise du grant flun balaciam.

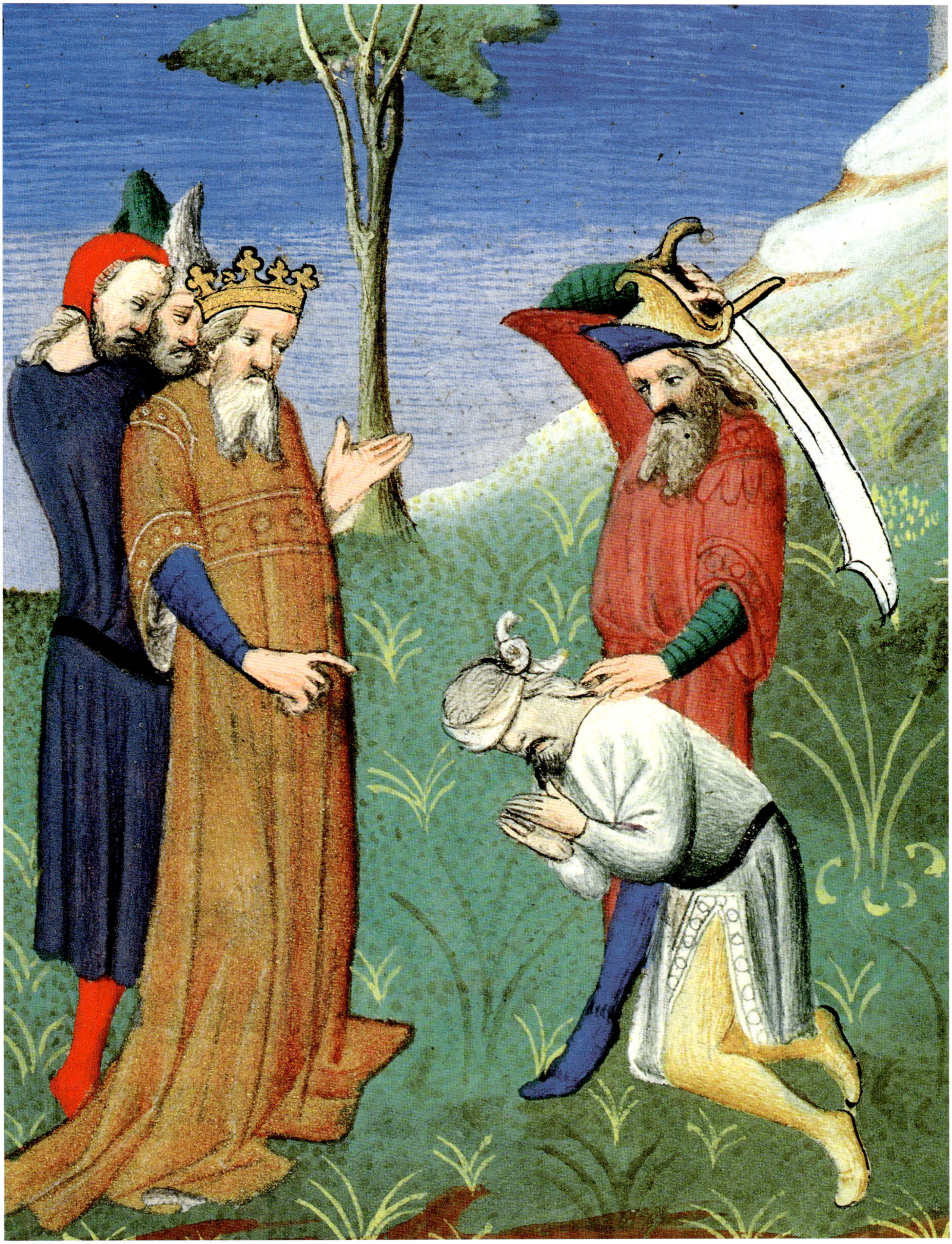

Er berichtet über den Fluss Balaciam [Fol. 20]

Balaciam hinter sich lassend, reitet man zwölf Tage in nord-nordöstlicher Richtung, den Flußlauf hinauf, der dem Bruder des Herrschers von Balaciam gehört, in eine Region mit zahlreichen befestigten und unbefestigten Städten und Burgen. Sodann gelangt man in die Provinz Vocan,⁶⁵ die sich in jeder Richtung nur jeweils drei Tagereisen weit erstreckt. Ihre Bewohner sind Anhänger Mohammeds und sprechen eine eigene Sprache. Sie sind sehr tapfere Krieger und haben einen Häuptling, den sie None nennen, was im Deutschen einem Grafen entspricht. Sie sind dem Herrscher von Balaciam untertan. Man findet hier allerlei wilde Tiere.

Nach diesem kleinen Lande klettert man drei Tage lang durch so hohe Berge, daß es heißt, sie seien die höchsten des gesamten Erdkreises. Hoch oben erstreckt sich ein weitläufiges Plateau, darüber fließt ein breiter Fluß. Das sind wohl die besten Weideplätze der Welt. Hier wäre es ein leichtes, eine Stute innerhalb von zehn Tagen zu mästen. Es gibt dort eine Vielzahl wilder Tiere, vor allem große Wildschafe mit sechs Handbreit langen Hörnern, aus denen die Hirten Näpfe fertigen oder Pferche für das Vieh. Man reitet noch sechzehn Tage über dieses Hochplateau des Paumier (Pamir), durch eine Wüstenei ohne Siedlung oder Weidegebiete. Die Reisenden müssen hier also ihre Vorräte bei sich tragen. Auch Vögel sind nicht zu sehen, da dort große Kälte herrscht. Durch diese eisige Kälte brennt hier das Feuer nicht so hell und auch nicht so heiß wie an anderen Orten der Welt, und das Essen wird weniger schnell gar.

Reisen wir jedoch noch weiter gen Nordnordosten. Man reitet vierzig Tage weit durch Berge, Hügel und Täler, durch fruchtbares und durch wüstenartiges Gebiet. Auf der ganzen Strecke gibt es weder Haus noch Hof noch Weidegründe. Der Proviant wird also auf dem Rücken der Pferde mitgeführt. Diese Gegend heißt Belor. Ihre Bewohner leben hoch oben in den Bergen. Es ist ein götzengläubiges, sehr rohes Volk. Sie leben einzig von der Jagd und kleiden sich in Tierfelle. Es sind sehr böse Menschen. Aber lassen wir diese Gegend hinter uns und sprechen wir von Kashgar.

Sodann berichtet er vom Königreich Kashgar⁶⁶ [Fol. 20v]

Folio 20v
Nach einer Legende der Nestorianer soll der Fürst Dschagatai, Neffe des Großkhans, die heilige Taufe empfangen haben. Zum Gedenken an seine Bekehrung erbauten die Einwohner von Samarkand eine Kirche zu Ehren Johannes des Täufers. Der Maler verlegt die Taufzeremonie Dschagatais in die Kirche selbst, in der links die Statue des Schutzheiligen zu sehen ist. Die Arkatur ruht auf einer zentralen Säule, die, wie es heißt, aus einem „schönen Stein" gemeißelt ist, der einst den Sarazenen gehörte. Außen ist eine überkuppelte Chorkapelle angebaut. Die Genauigkeit der Darstellung beruht auf der kompletteren Version des Textes, aus der hervorgeht, daß die Kirche ein rundes Dach hatte.

Einst war Kashgar ein Königreich. Heute gehört es zum Hoheitsgebiet des Großkhans. Die Bewohner sind Anhänger Mohammeds. Die Region ist Heimat vieler Städte und Burgen, von denen die schönste jedoch Kashgar ist; auch sie liegen in nord-nordöstlicher Richtung. Die Menschen hier leben vom Handel und vom Handwerk. Die Gegend ist reich an schönen Gärten, Weinbaugebieten und lieblichen Landstrichen. Es wird viel Baumwolle erzeugt. Gar mancher Kaufmann, der auf der ganzen Welt Handel treibt, kommt aus dieser Region. Es sind dies kleinmütige und armselige⁶⁷ Menschen, denn sie ernähren sich schlecht. Es gibt zahlreiche Nestorianer in dieser Region, sie haben ihre eigene Kirche. Die Einwohner der Provinz sprechen eine eigene Sprache. Die Provinz erstreckt sich über fünf Tagereisen. Aber lassen wir sie hinter uns und wenden wir uns nach Samarkand.

Er berichtet über Samarkand

Samarkand ist eine große, vornehme Stadt. Ihre Bewohner sind entweder Christen oder Muslime. Sie gehört zum Herrschaftsbereich Khaidus, des Neffen des Großkhans. Aber der Großkhan und er sind verfeindet. Die Stadt liegt in Richtung des Großen Bären. Hier hat sich eines Tages ein großes Wunder zugetragen. Es ist noch nicht allzulange her, da empfing Dschagatai, Bruder des Großkhans und Herrscher über dieses und gar manches andere Gebiet, die heilige Taufe. Die Christen der Stadt waren darob hocherfreut und erbauten eine Kirche, die sie Johannes dem Täufer weihten. Dazu nahmen sie ein großes Stück [Marmor], das den Muslimen gehörte, und richteten es in der Mitte der Kirche auf. Dieses Stück diente als Basis einer Säule zur Unterstüt-

53

zung des Daches. Als Dschagatai starb, versuchten die Muslime diesen Stein, der ja ihnen gehörte, zurückzuerlangen, wenn nötig mit Gewalt. [fol. 21] Und sie waren dazu in der Lage, denn auf einen Christen kamen zehn von den ihren. Sie begaben sich zur Kirche der Christen, um ihr Gut zurückzuverlangen. Die Christen jedoch antworteten ihnen, daß der Stein nun ihnen gehöre, daß sie ihn, wenn sie darauf bestünden, auch bezahlen würden; für nichts auf der Welt würden sie ihn jedoch zurückgeben. Dies ging so weit, daß schließlich der Herrscher davon Wind bekam. Er gab den Christen eine Frist von drei Tagen, auf daß sie sich mit den Muslimen über den Geldbetrag einigten, sonst müßten sie ihnen den Stein zurückgeben. Und was soll ich euch noch sagen! Die Muslime weigerten sich, mit den Christen einen Betrag auszuhandeln. Und dies aus reiner Böswilligkeit, denn sie wußten sehr wohl, daß, nähme man den Stein von seinem Platze, die Kirche einstürzen würde. In ihrer Aufregung wußten die Christen nicht, was nun zu tun sei. Sie baten Jesus Christus, sie zu erleuchten, auf daß der Name der Heiligen Kirche nicht beschmutzt würde und der Name ihres Schutzpatrons, des heiligen Johannes des Täufers, nicht zu Schaden käme oder mit dieser Kirche zerstört würde. Am Morgen des letzten Tages fanden sie den Stein wie durch ein Wunder von der Säule getrennt. Die Säule trug zwar nach wie vor sehr solide die Last des Daches, ihr Fuß war jedoch durch nichts abgestützt. Da waren gut drei Handbreit Leere zwischen dem Boden und dem Fuß der Säule. Für die Muslime war dies ein großes Mißgeschick, für die Christen ein großes Wunder. Die Säule aber steht immer noch so da, und sie wird so lange halten, wie Gott es will. Aber lassen wir dies alles hinter uns und fahren wir fort. Wir wollen euch nun von der Provinz Carcan berichten.

ER BERICHTET ÜBER DIE PROVINZ CARCAN[68]

Carcan ist eine Provinz, die sich über fünf Tagereisen erstreckt, ihre Bewohner bekennen sich zur Religion Mohammeds. Es gibt auch Nestorianer und Jacobiten. Sie sind dem Neffen des Großkhans untertan, von dem ich euch bereits erzählt habe. Alle Güter stehen ihnen im Überfluß zur Verfügung. Aber dies können wir getrost beiseite lassen, denn es gibt dazu nichts Wichtiges zu erwähnen. Wir werden euch nun von der Provinz Cotair erzählen.

ER SPRICHT ÜBER DIE PROVINZ COTAIR[69]

Cotair ist eine Provinz in nordnordöstlicher Richtung, die sich über acht Tagereisen erstreckt. Ihre Einwohner sind dem Großkhan untertan. Es sind Anhänger Mohammeds. In der Provinz gibt es zahlreiche Städte und Burgen, die vornehmste davon ist Cotair, die Hauptstadt des Königreiches. Die Bewohner der Stadt haben alle Güter im Übermaß zur Verfügung. In der Region wird eine Menge Baumwolle hergestellt. Auch zahlreiche Weinberge, Gärten und liebliche Landstriche gibt es hier. Die Menschen sind keineswegs in der Kriegskunst ausgebildet. Doch lassen wir diese Region hinter uns und wenden wir uns der Provinz Peny zu.

ER ERZÄHLT ÜBER DIE PROVINZ PENY[70]

Peny ist eine Provinz, die sich über fünf Tagereisen in nordnordöstlicher Richtung erstreckt. [fol. 21v] Ihre Einwohner sind Anhänger Mohammeds und dem Großkhan untertan. Die Region zählt viele Städte und Marktflecken, deren vornehmste Peny heißt. In den Flüssen findet man nicht wenig Jaspis und Chalzedon. Die Einwohner sind mit allen Gütern reich gesegnet, besonders mit Baumwolle. Sie leben vom Handel und vom Handwerk. Und hier ist einer ihrer Bräuche. Ist ein Ehemann zwanzig Tage nach der vereinbarten Rückkehr noch immer nicht von seiner Reise heimgekehrt, so verheiratet sich seine Ehefrau aufs neue. Und der Mann kann ebenfalls heiraten, wen er will. Alle Provinzen von Kashgar bis hierher gehören zur Großtürkei. Aber lassen wir dies und berichten wir über die Provinz Siarciam.

Folio 21v
In der Gegend um Siarciam, *dem heutigen Qiemo im Xinjiang, wissen die Einwohner um einige gute Weideplätze, wo sie ihre Herde mitten in der Wüste grasen lassen können. Hier sieht man zwei Hirten mit ihren Rindern, Schafen und Kamelen vor ihren Zelten, an einem dieser günstigen Plätze in den Bergen.*

55

ER BERICHTET ÜBER DIE PROVINZ SIARCIAM[71]

Siarciam ist eine Provinz der Großtürkei zwischen Norden und Nordosten. Ihre Einwohner sind Anhänger Mohammeds. Die Region zählt viele Städte und Marktflecken. Siarciam ist die Hauptstadt des Reiches. Die Flüsse führen Jaspis und Chalzedon mit sich, die die Bewohner der Region mit großen Gewinnen in Catay verkaufen. In der gesamten Provinz überwiegt sandreicher Boden, wie auch von Peny bis hierher. Aus diesem Grund ist das Wasser im allgemeinen bitter und ungesund, es gibt jedoch auch Süßwasser, das zum Genuß gut geeignet ist. Kommen Soldaten in die Region, so fliehen Männer, Frauen und Kinder zwei, drei Tagereisen weit durch die Sandwüste, an einen Ort, wo es Wasser gibt, für sie und ihr Vieh. Da der Wind ihre Spuren im Sand verwischt, kann sie niemand finden. Siarciam hinter sich lassend, [fol. 22] reitet man gut fünf Tage durch eine Wüste, in der das Wasser ebenfalls bitter und ungesund ist. Nur hier und da ist Süßwasser zu finden. Aber darüber gibt es nicht allzuviel zu erzählen. Fahren wir also fort; wir wollen euch von der Provinz Lop erzählen, mit der gleichnamigen Hauptstadt, die man nach fünf Tagen erreicht, dem Tor zur großen Wüste. Hier ruhen sich die Reisenden aus, bevor sie in die Wüste hineinreiten.

ER BERICHTET ÜBER DIE STADT LOP[72]

Lop ist eine große Stadt am Rande der Wüste gleichen Namens, zwischen Nord und Nordost gelegen. Ihre Einwohner sind Anhänger Mohammeds. Wie bereits gesagt, machen die Reisenden mit ihren Tieren eine Woche lang Rast, um für den Ritt in die große Wüste Kräfte zu sammeln. Sie nehmen für einen Monat Proviant mit. Diese Wüste ist so ausgedehnt, daß es wohl ein Jahr dauern würde, wollte man sie der Länge nach durchqueren. In der Breite benötigt man ja schon einen Monat. Hier gibt es nur Hügel und Täler aus Sand und keinerlei Nahrungsmittel. Nach sieben Tagen und einer Nacht erreicht man eine erste Wasserstelle. Fünfzig Personen können hier mit ihren Tieren ihren Durst stillen, mehr jedoch nicht. In dieser Wüste gibt es etwa achtundzwanzig Stellen mit Trinkwasser, es ist aber nicht in allzugroßen Mengen vorhanden. Daneben gibt es noch weitere vier Stellen, an denen man bitteres, ungesundes Wasser trinken kann. Keine Tiere, denn für sie ist kein Futter vorhanden.

Hier geschehen gar seltsame Dinge. Entfernt sich ein Reisender des Nachts von seinen Weggefährten, um sich zur Ruhe zu legen oder irgend etwas anderes zu tun, so hört er, wenn er zur Gruppe zurückkehren will, seinen Namen. Es sind die Geister, die ihn rufen. Er ist der Meinung, es wären seine Gefährten. Viele haben sich so schon verirrt und mußten ihr Leben lassen. Das kann auch am hellichten Tage geschehen. Sie hören dann Musik spielen, vor allem die Trommel: auch das sind die Geister. So durchqueren sie die Wüste. Aber lassen wir diese hinter uns und wenden wir uns den Provinzen zu, die am Ausgang der Wüste Lop liegen.

ER SPRICHT ÜBER DIE PROVINZ TANGUT[73]
[FOL. 22V]

Folio 22v
In der Provinz Tangut *zieht nach einem alten Brauch jedes Familienoberhaupt ein Schaf pro Jahr. Zum Neujahrstag wird das Tier einem Götzen geweiht, der ihre Söhne beschützen soll. In einem Heiligtum neben dem Altar, auf dem sich die Statue der Gottheit auf einer kleinen Säule erhebt, nimmt ein Priester die beiden Lämmer entgegen, die ihm ein Mann in Begleitung der Seinen mit größter Ehrerbietung übergibt.*

Nach dreißig Tagen durch die Wüste erreicht man die Stadt Sacion.[74] Sie untersteht dem Großkhan. Der Name der Provinz ist Tangut. Ihre Bewohner sind allesamt Götzendiener, jedoch gibt es auch Nestorianer und Muslime. Die Götzendiener sprechen ihre eigene Sprache. Die Stadt liegt im Nordnordosten. Die Menschen leben hier vom Getreidehandel.
Im Land gibt es unzählige Abteien und Klöster. Davor sind sie von Ehrfurcht ganz durchdrungen und bringen zahlreiche Opfer dar. Alle Eltern des Landes lassen zu Ehren des Götzen ein Schaf züchten; diejenigen, die das Schaf genährt haben, verzehren es mit ihren Kindern vor dem Götzen mit größter Ehrerbietung. Sie feiern den Götzen und bitten ihn, ihre Kinder zu beschützen. Danach verlassen sie ihn wieder. Sie glauben, der Götze ernähre sich vom Geruch des Schafffleisches. Zu Hause angekommen, versammeln sie Verwandte und Freunde zu einem großen Fest, wo das Fleisch verzehrt wird. Die Knochen sammeln sie ein, um sie in einem Brotkasten aufzubewahren.
Die Heiden verbrennen ihre Verstorbenen. Dazu erbauen die Verwandten des Verstorbenen auf dem Weg zum Scheiterhaufen ein kleines Holzhäuschen, das mit Gold- und Seidenstoffen ausgekleidet wird. Zieht der Leichenzug vorbei, so überschütten sie [fol. 23] den Körper mit Wein und Nahrungsmitteln. Auf diese Weise, meinen sie, wird der Verstorbene in der anderen Welt aufgenommen. Am Scheiterhaufen angekommen, schneiden sie aus Pergament und Papier Menschen, Pferde, Kamele und Kreise aus, ähnlich unseren Scheibenfriesen, und verbrennen diese mit dem Toten. So viele Sklaven, Tiere und Reichtümer werden ihm in der anderen Welt zuteil werden, behaupten sie. Der Leichenzug wird von einer Musikkapelle angeführt. Bevor der Tote jedoch eingeäschert wird, befragen sie ihre Astrologen, welcher Tag günstig dafür sei. Es kann vorkommen, daß sie den Leichnam bis zu sechs Monaten aufbewahren, bis zu dem Tage, den die Astrologen als günstig angegeben haben. Zu diesem Zwecke fertigen sie einen mindestens eine Handbreit starken und feinst bemalten festen Holzsarg. Dahinein legen sie den Leichnam, den sie zuvor in wertvolle Tücher gewickelt und mit Kampfer und anderen Kräutern bestreut haben, um den Leichengeruch zu überdecken. Und so lange sie beim Toten Wache halten, stellen sie ihm einen Tisch mit Nahrungsmitteln hin. Sie behaupten, seine Seele käme hierher, um sich an Speis und Trank zu laben, und lassen ihr täglich ausreichend Nahrung übrig. So manches Mal machen ihre Zauberer sie glauben, daß es nicht gut sei, den Leichnam durch die Türe zu tragen. So müssen sie die Mauer durchbrechen, um den Verstorbenen aus dem Haus zur Einäscherung zu bringen. So machen es alle Götzendiener der Region. Aber lassen wir dies Thema beiseite und sprechen wir über eine andere Stadt, die in Richtung des Großen Bären liegt, am anderen Ende der Wüste. [fol. 23v]

57

58

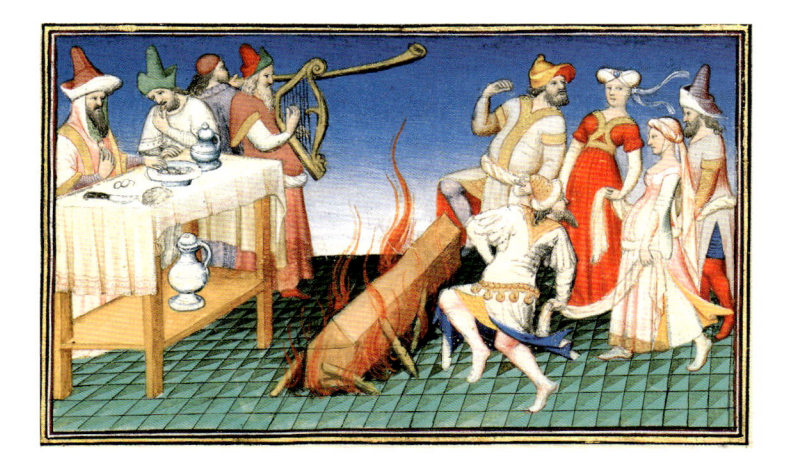

Folio 23
Zum Abschluß des Kapitels über das Königreich Tangut *stellt dieses Bild eine Verbrennungszeremonie dar, wie sie bei den Bewohnern dieser Gegend Brauch ist. In der Mitte ein Sarg auf einem Gluthaufen; rechts tanzen Familie und Freunde zu den Klängen von Harfe und Schalmei. Links, hinter einem Tisch stehend, verzehren zwei Gäste die Vorräte, die für die Seele des Toten bestimmt waren. Der Maler betont hier virtuos den festlichen Charakter dieser Bestattung, von der es abhing, ob die Seele auch gut „in der anderen Welt" empfangen würde.*

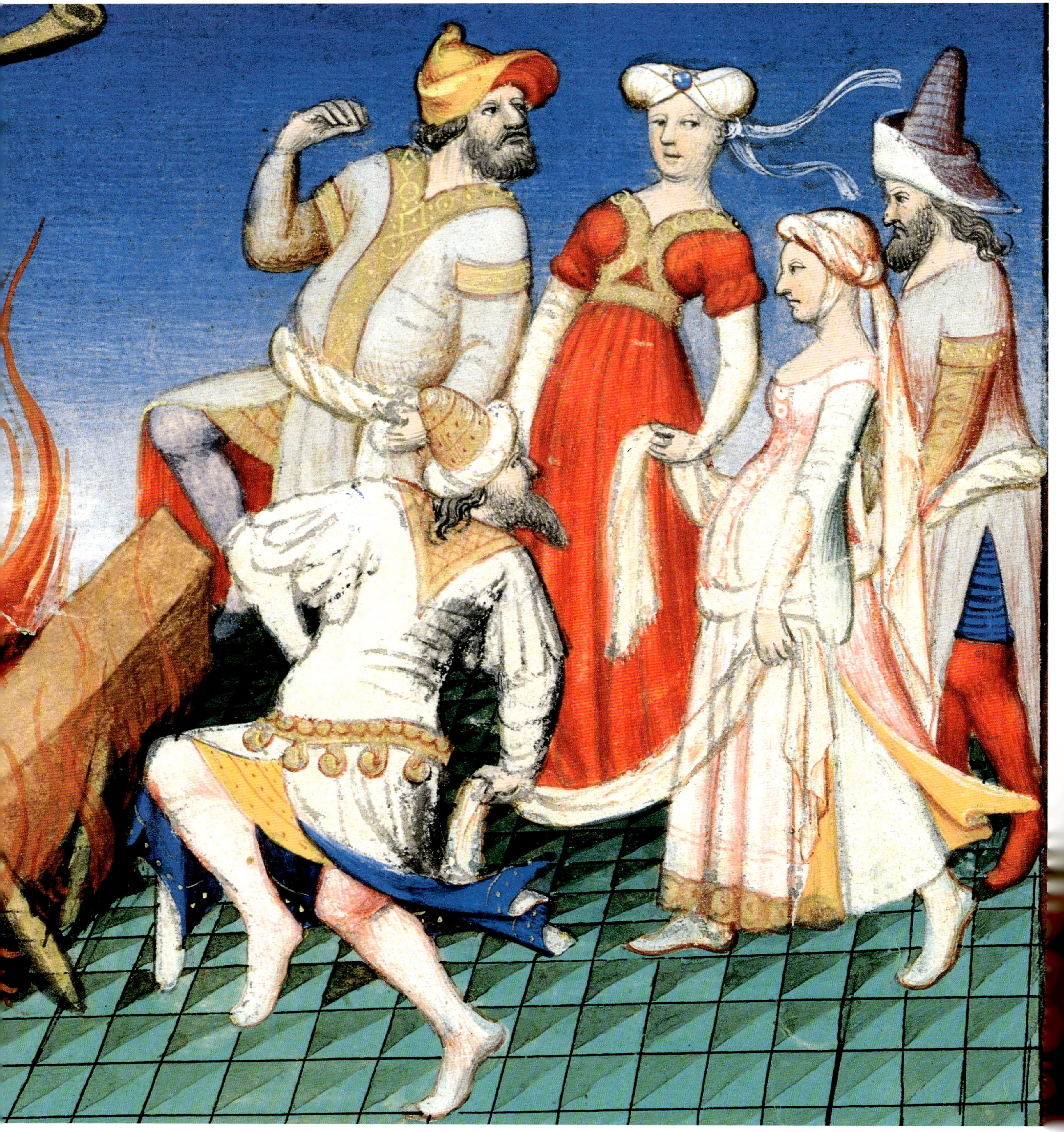

Er berichtet über die Provinz Camul[75]

Die Provinz Camul war einst ein Königreich. Sie zählt viele Städte und Burgen. Ihre Hauptstadt heißt ebenfalls Camul. Sie liegt zwischen zwei Wüsten, der großen Wüste Lop und einer kleinen Wüste, die in vier Tagereisen zu durchqueren ist. Alle Bewohner sind Götzendiener und sprechen eine eigene Sprache. Sie leben von den Früchten der Erde, denn davon gibt es eine ganze Menge. Sie lieben das leichte Leben, spielen Musik, singen, tanzen und sind den leiblichen Genüssen sehr zugetan.

Gelangt ein Reisender in diese Gegend, so empfängt ihn der Hausherr mit großer Freude. Er heißt seine Frau, dem Reisenden in allen Dingen zu Willen zu sein; er selbst geht fort, auf daß dieser sich mit der Frau seines Gastgebers vergnüge. Es sind sehr schöne Frauen, die meinen, daß dieser Brauch ihnen zur Ehre gereiche. Sie empfinden darob keinerlei Scham. So werden alle Männer der Region von ihren Frauen entehrt. Eines Tages erfuhr der Herrscher der Provinz, Mangu Khan, von dieser Sitte und beschloß, sie bei schwerer Strafe zu verbieten. In ihrer Verzweiflung hielten sie Rat und sandten dem Khan ein herrliches Geschenk, auf daß er ihnen gestatte, diesen Brauch, den sie von ihren Ahnen übernommen hatten, auch weiterhin zu pflegen. Ihre Götzen, so sagten sie, gewährten ihnen als Dank für diese Sitte Glück und Reichtum. Darauf erwiderte ihnen der Khan: „Da ihr selbst eure eigene Schande wollt und behauptet, ohne diesen Brauch nicht leben zu können, stimme ich zu." Und seit dieser Zeit konnten sie ihren Brauch unbehelligt ausüben.

Lassen wir Camul hinter uns und wenden wir uns anderen Provinzen zu, die zwischen der Tramontana und dem Großen Bären liegen, und besonders der Provinz Chingny Talas, die dem Großkhan untertan ist.

Folio 23
Zum Abschluß des Kapitels über das Königreich Tangut stellt dieses Bild eine Verbrennungszeremonie dar, wie sie bei den Bewohnern dieser Gegend Brauch ist. In der Mitte ein Sarg auf einem Gluthaufen; rechts tanzen Familie und Freunde zu den Klängen von Harfe und Schalmei. Links, hinter einem Tisch stehend, verzehren zwei Gäste die Vorräte, die für die Seele des Toten bestimmt waren. Der Maler betont hier virtuos den festlichen Charakter dieser Bestattung, von der es abhing, ob die Seele auch gut „in der anderen Welt" empfangen würde.

Sodann berichtet er von der Provinz Chingny Talas[76] [fol. 24]

Chingny Talas ist eine Provinz am äußersten Ende der Wüste, zwischen dem Großen Bären und der Tramontana. Sie erstreckt sich über sechzehn Tagereisen und ist dem Großkhan untertan. Sie zählt viele Städte und Marktflecken sowie mehrere Volksgruppen: Götzendiener, Muslime und Nestorianer. Im äußersten Norden der Provinz erhebt sich ein Berg, reich an Stahl und Magneteisenstein. Dort baut man aus einer Ader Salamander ab (Asbest). Es ist dies nicht, wie oft erzählt wird, ein Tier, sondern ein Erzvorkommen. Und so wird es abgebaut. Jedermann weiß, daß es für ein Lebewesen unmöglich ist, im Feuer zu überleben, denn jedes Lebewesen besteht aus den vier Elementen. Ich, Marco Polo, der ich euch dies berichte, zählte einen sehr gelehrten Türken mit Namen Surficar zu meinen Freunden. Dieser erzählte mir, er habe im Auftrag des Großkhans hier drei Jahre lang Salamander abgebaut. Und so geht man dabei vor. Man schürft eine immer dünner werdende Ader des Berges entlang, wo man eine Art Wollfäden findet, die zum Trocknen aufgelegt werden. Beim Trocknen bildet sich aus dieser Erde eine Art Eisenklumpen. Sodann wird die Erde ausgewaschen. Es bleiben nur die Fäden übrig, ähnlich den Wollfäden, die man verspinnt. Daraus werden Tücher hergestellt. Um sie zu bleichen, führt man sie durch das Feuer. Sie werden sofort weiß wie Schnee. Sobald sie schmutzig werden, führt man sie wieder durch das Feuer, und sie werden wieder ganz weiß. So verhält es sich mit dem Salamander und nicht anders. [fol. 24v] Die Einwohner des Gebietes berichten in ebendieser Art davon, und wer anderes verbreitet, ist vollkommen verrückt. Es gibt in Rom ein großes Tuch, das der Großkhan dorthin sandte, um das Schweißtuch Jesu Christi einzuwickeln. Aber lassen wir diese Provinz hinter uns und wenden wir uns anderen Regionen in nordnordöstlicher Richtung zu.

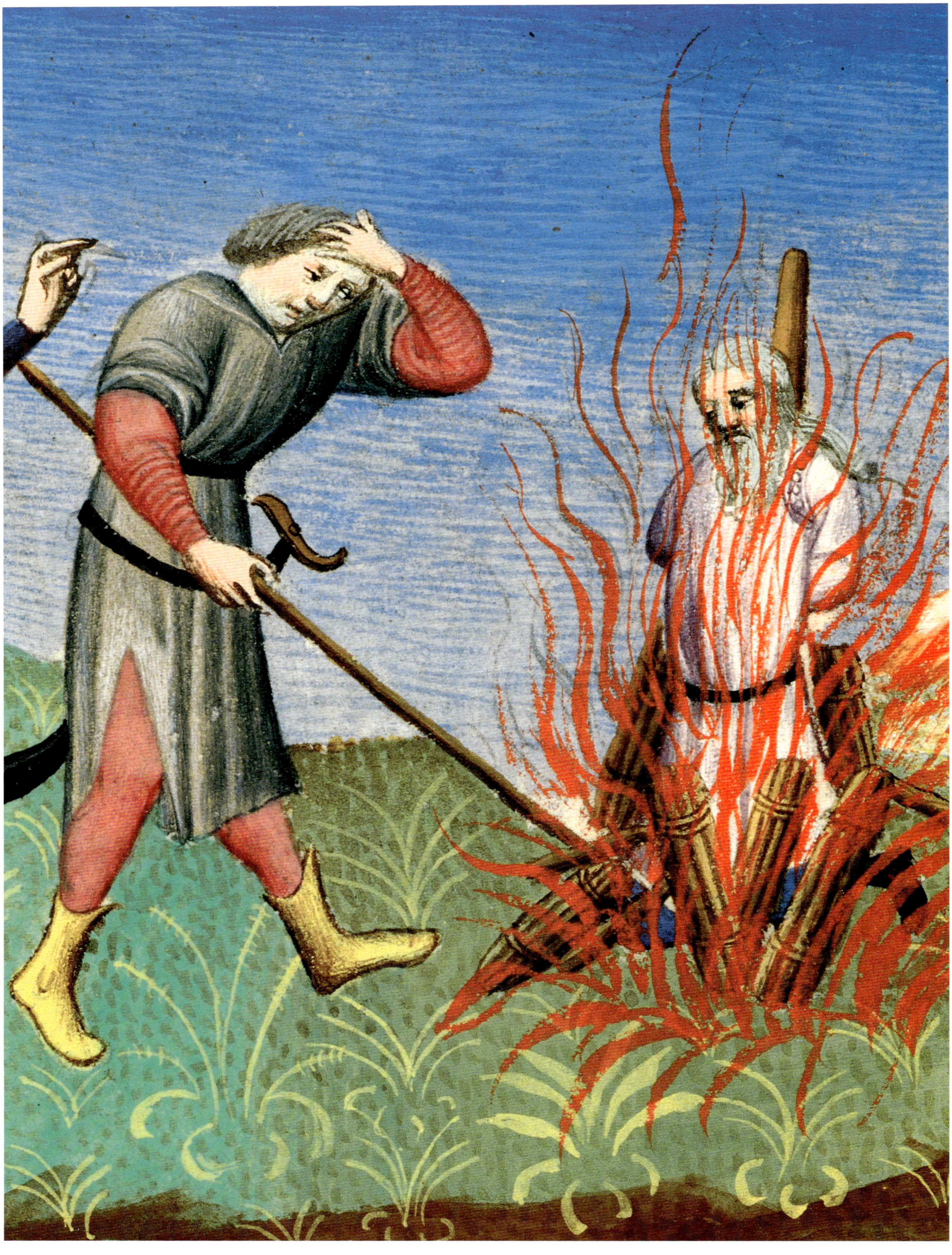

Er berichtet über die Provinz Suctur[77]

Von der Provinz aus, über die ich euch soeben erzählte, reitet man zehn Tage lang in nordöstlicher Richtung durch völlig unbesiedeltes Gebiet. Es gibt also in diesem Buche rein gar nichts darüber zu berichten.
Dann erreicht man die Provinz Suctur, die viele Städte und Marktflecken zählt. Ihre Hauptstadt heißt Sistra.[78] Die Bewohner sind Christen oder Heiden und dem Großkhan untertan. [Wie Camul und Chingny Talas], gehört sie zur Hauptprovinz Tangut. Auf den Bergeshängen wächst dort Rhabarber in großen Mengen. Die Kaufleute decken sich damit ein und verkaufen ihn in die ganze Welt. Man lebt hierzulande von den Früchten der Erde. Aber lassen wir diese Provinz hinter uns und kommen wir auf die Stadt Campicion zu sprechen.

Er berichtet über die Stadt Campicion[79]

Campicion ist eine große und vornehme Stadt des Tangut. Sie ist die Hauptstadt der gesamten Provinz. Die Einwohner sind Götzendiener, Muslime oder Christen. Die Christen verfügen dort über drei große, wunderschöne Kirchen. Aber auch die Heiden haben zahlreiche Abteien und Klöster, wie es bei ihnen Brauch ist. Sie beten eine Vielzahl an Götzen an, die gut zehn Schritt hoch sind. Es gibt aber auch kleinere. Einige sind aus Holz, andere aus Stein, wieder andere aus Ton. Sie sind in Gold gearbeitet und mit Gold bedeckt und von mehreren anderen ziemlich großen umgeben, die ihnen ehrfurchtsvoll ihre Reverenz zu erweisen scheinen.
Ich habe euch noch nicht alles über diese Heiden erzählt. Ihre Ordensbrüder führen ein ehrbareres Leben als die anderen. Sie enthalten sich der fleischlichen Freuden, ohne sie jedoch als eine große Sünde zu betrachten. Aber sie verurteilen all jene zu Tode, die der Natur zuwiderhandeln. Sie haben einen Kalender wie wir. Fünf Tage im Monat achten sie sehr darauf, kein Tier zu töten, kein Fleisch zu essen und in allem Enthaltsamkeit zu üben. Sie können bis zu dreißig Frauen haben, auch mehr oder weniger, je nachdem, was ihr Reichtum ihnen ermöglicht, solange sie sie nur erhalten können. Sie geben jedoch immer der ersten den Vorzug. Ein Mann, der seine Frau böse findet, kann sie aus dem Hause jagen und eine andere heiraten. Diese Männer können auch ihre Cousinen und ihre Schwiegermütter heiraten. Sie leben wie die Tiere. Aber lassen wir dies und sprechen wir über andere, weiter im Norden gelegene Provinzen, [**fol. 25**] wo Messer Maffeo und Marco Polo gut ein Jahr als Gesandte weilten. Begeben wir uns sechzig Tage gen Norden.

Er berichtet über die Stadt Esanar[80]

Von Campicion aus reitet man zwei Tage, bis man die Stadt Esanar am Eingang zur Sandwüste erreicht, in nördlicher Richtung. Sie gehört ebenfalls zur Provinz Tangut. Ihre Einwohner sind Götzendiener. Sie verfügen über eine Unzahl von Kamelen und besitzen viele andere Viehherden. Sie leben von den Früchten der Erde und von ihren Tieren. Es ist dies kein Volk von Kaufleuten. In Esanar angekommen, muß man sich mit Lebensmitteln für vierzig Tage eindecken, denn fortan wird man vierzig Tage gen Norden durch eine Wüste reiten, wo weder Mensch noch Tier Nahrung finden. Nur im Sommer ist sie bevölkert, denn im Winter herrscht dort große Kälte. Da es nicht wenige Pinienwälder gibt, trifft man auf viele wilde Tiere. Nach diesen vierzig Tagen erreicht man im Norden eine Provinz, über die ich euch nun berichten möchte.

Er spricht über die Stadt Caracoron[81]

Caracoron ist eine Stadt, die sich über drei Meilen erstreckt. Sie wurde als erste von den Tataren erobert, als diese ihre eigenen Gegenden verließen. Und so haben sie sich ihrer bemächtigt. Die Tataren lebten im Norden um Ciocia, ein Gebiet der weitgestreckten Ebenen, ohne Städte und Dörfer, jedoch reich an hervorragend fruchtbarem, gut bewässertem Weide- und Ackerland. Sie hatten keinen Herren, bezahlten jedoch eine Art Steuer an einen Herrscher namens Canqui, was auf deutsch „Priester Johannes" bedeutet. Sie schuldeten ihm von zehn Tieren jeweils eines, das heißt, den Zehnten auf alles.
Die Tataren wurden so zahlreich, daß Priester Johannes Angst bekam und sie in mehrere Regionen zerstreuen wollte. Er schickte ihnen einen seiner Fürsten. Die Tataren flüchteten allesamt in eine Wüste weit im Norden, auf daß Priester Johannes ihnen keinen Schaden zufügen könne. Dort blieben sie eine Weile und verweigerten ihm sowohl ihre Ehrerbietung als auch jegliche Rente.

[FOL. 25V]
ER BERICHTET ÜBER DSCHINGIS KHAN, DEN ERSTEN KHAN DER TATAREN

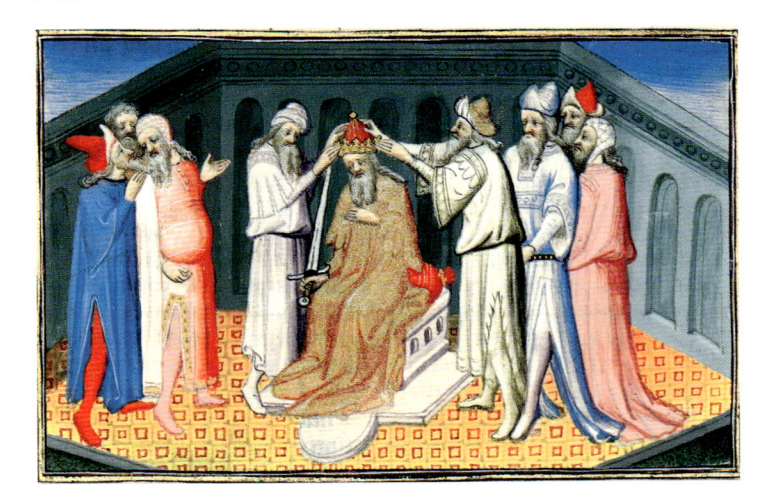

Folio 25v
Ein mehreckiger Saal mit jadefarbenen Wänden bildet den äußeren Rahmen für die Krönungszeremonie Dschingis Khans. Der Maler gab dem Herrscher, der mit einem goldenen Mantel bekleidet ist, das Haupt unter der kaiserlichen Krone schwer gebeugt und den gezogenen Säbel in der Rechten, die Allüre Karls des Großen, Symbol der Kaiserwürde in der westlichen Welt. Die Zahl der acht zelebrierenden Fürsten läßt sich vermutlich auf die acht Provinzen zurückführen, die von Dschingis Khan erobert wurden.

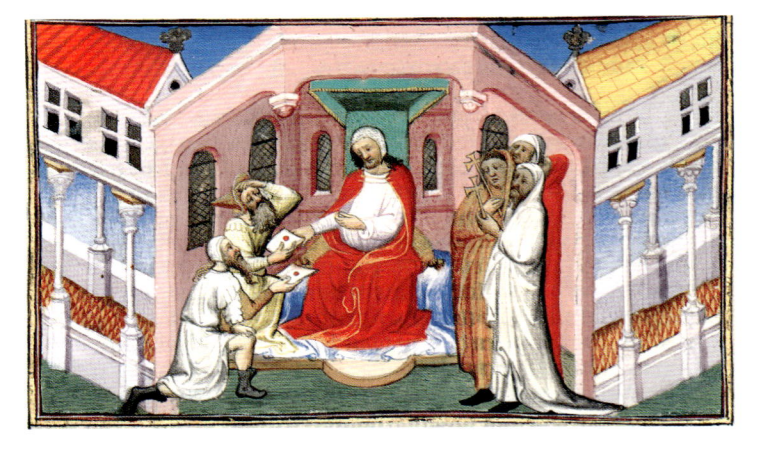

Folio 26
Das Eheanerbieten Dschingis Khans an die Tochter des Priesters Johannes wurde zum diplomatischen Zwischenfall. Der legendäre Abkömmling der Heiligen Drei Könige, dessen Tochter eigentlich dem Sohn des Großkhans in die Ehe folgen sollte, empfängt die Boten Dschingis Khans im Audienzsaal seines Palastes. Diese übergeben ihm die Briefe, in denen er zum Krieg herausgefordert wird. Mit seinem weißen Häubchen und seiner Tunika im selben Farbton unter dem Purpurmantel ähnelt der Priester Johannes mehr einem Kardinal als einem König – wahrscheinlich aufgrund seines Namens –, was auch die kleinen griechischen Kreuze in den Händen der Würdenträger seines Hofes erklärt.

Im Jahre 1187 der Menschwerdung Christi wählten die Tataren einen gewissen Dschingis Khan zu ihrem König. Es war dies ein sehr ehrenwerter Mann, von großer Weisheit und ausnehmendem Mute. Und so liefen alle Tataren aus dem ganzen Lande zusammen, als sie von seiner Wahl hörten, und ehrten ihn als ihren obersten Herrscher. Und er hatte die oberste Befehlsgewalt inne. Was soll ich noch hinzufügen? Es war ein reines Wunder, die Tataren so zahlreich versammelt zu sehen. Dschingis Khan ließ ausgedehnte Kriegsvorbereitungen treffen, ließ Speere, Armbrustbolzen und zahlreiche andere, ihnen vertraute Waffen herstellen und machte sich auf, diese Regionen zu erobern, sieben an der Zahl. Nie fügte er den Bewohnern einer eroberten Provinz irgendein Leid zu, ließ jedoch überall ein paar seiner Leute zurück, [die sie regieren sollten]. Mit dem Rest der Truppe setzte er seine unzähligen Eroberungsfeldzüge fort. Da sie sahen, daß er sie so gut vor den anderen schützte und bewahrte, und da sie selbst keinen Schaden genommen hatten, weil er so gütig war, standen ihm die Bewohner der Provinzen sehr gerne zur Seite und lohnten es ihm mit unverbrüchlicher Treue.

Als das Heer, das er zusammengetrommelt hatte, die ganze Erde bedeckte, sann Dschingis Khan darauf, den Großteil des Erdkreises zu erobern, und schickte seine Gesandten zu Priester Johannes. Zu dieser Zeit, im Jahr 1200 der Menschwerdung Christi [fol. 26], hielt er bei ihm um die Hand seiner Tochter an. Zutiefst beleidigt erwiderte Priester Johannes seinen Abgesandten: „Daß er sich nicht schämt, meine Tochter zur Frau zu begehren! Wo er doch sehr wohl weiß, daß er mir untertan und mein Sklave ist! Geht hin und meldet ihm dies! Lieber ließe ich meine Tochter verbrennen, als sie ihm zur Frau zu geben! Für solches Aufbegehren gegen seinen rechtmäßigen Herrscher gebührt diesem eidbrüchigen Verräter der Tod!" Er verabschiedete die Gesandten von Dschingis Khan, indem er ihnen untersagte, sich je wieder bei ihm blicken zu lassen. Diese ritten auf und davon und begaben sich schnell wie der Wind zu ihrem Meister, dem sie die Worte des Priesters Johannes haargenau übermittelten, ohne auch nur ein einziges Wort auszulassen.

WIE DSCHINGIS KHAN SEINE MÄNNER ZUSAMMENRIEF, UM GEGEN PRIESTER JOHANNES ZU FELDE ZU ZIEHEN

Als Dschingis Khan erfuhr, mit welcher Mißachtung Priester Johannes ihn bedachte, schwoll ihm das Herz im Leib, daß es schier in seiner Brust geplatzt wäre, denn er war ein sehr mächtiger Herrscher. Schließlich sprach er von Verbrechen und rief vor allen, die versammelt waren, aus, daß ihm nie wieder Macht gebühren solle, wenn er sich nicht von dieser

65

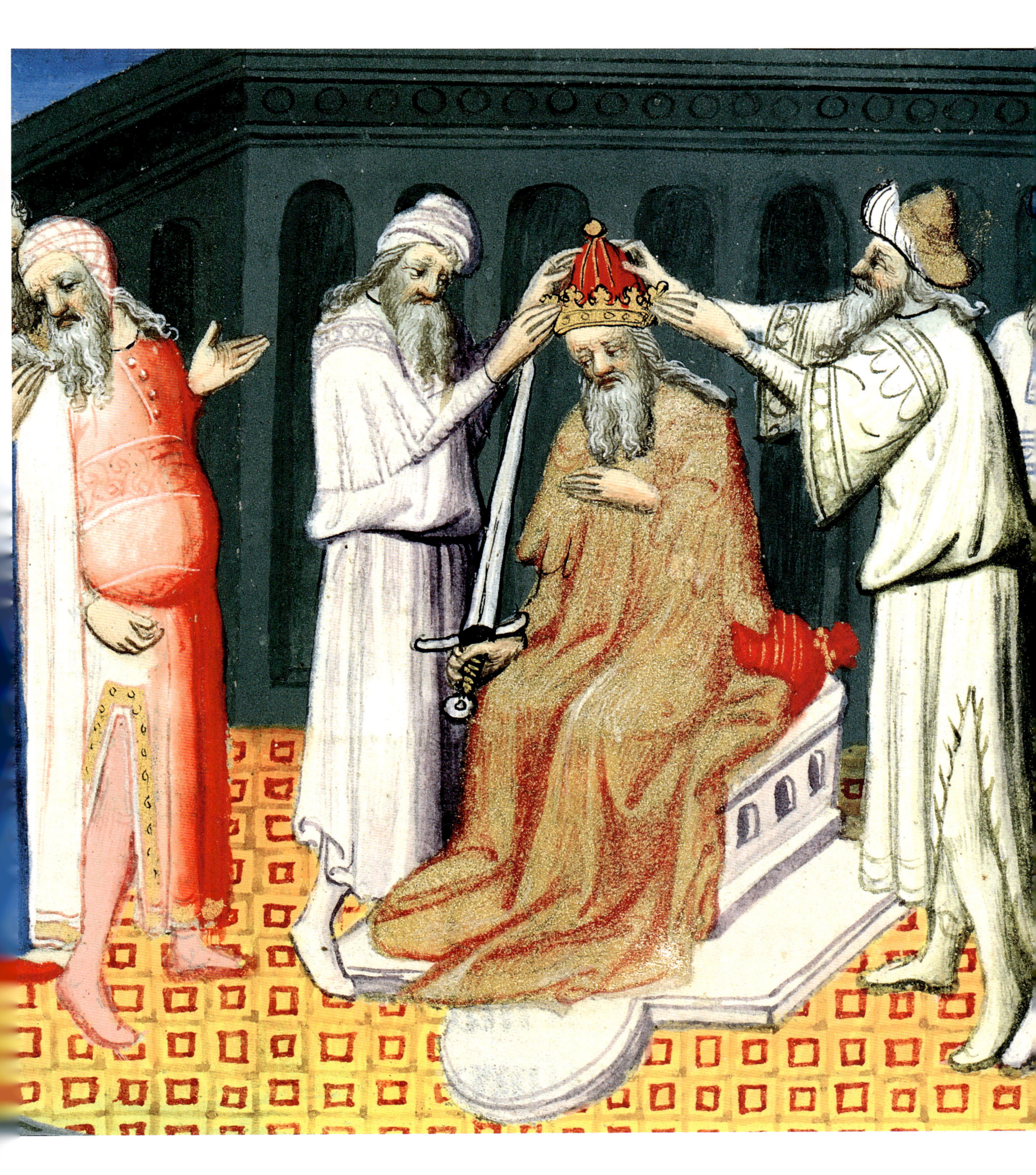

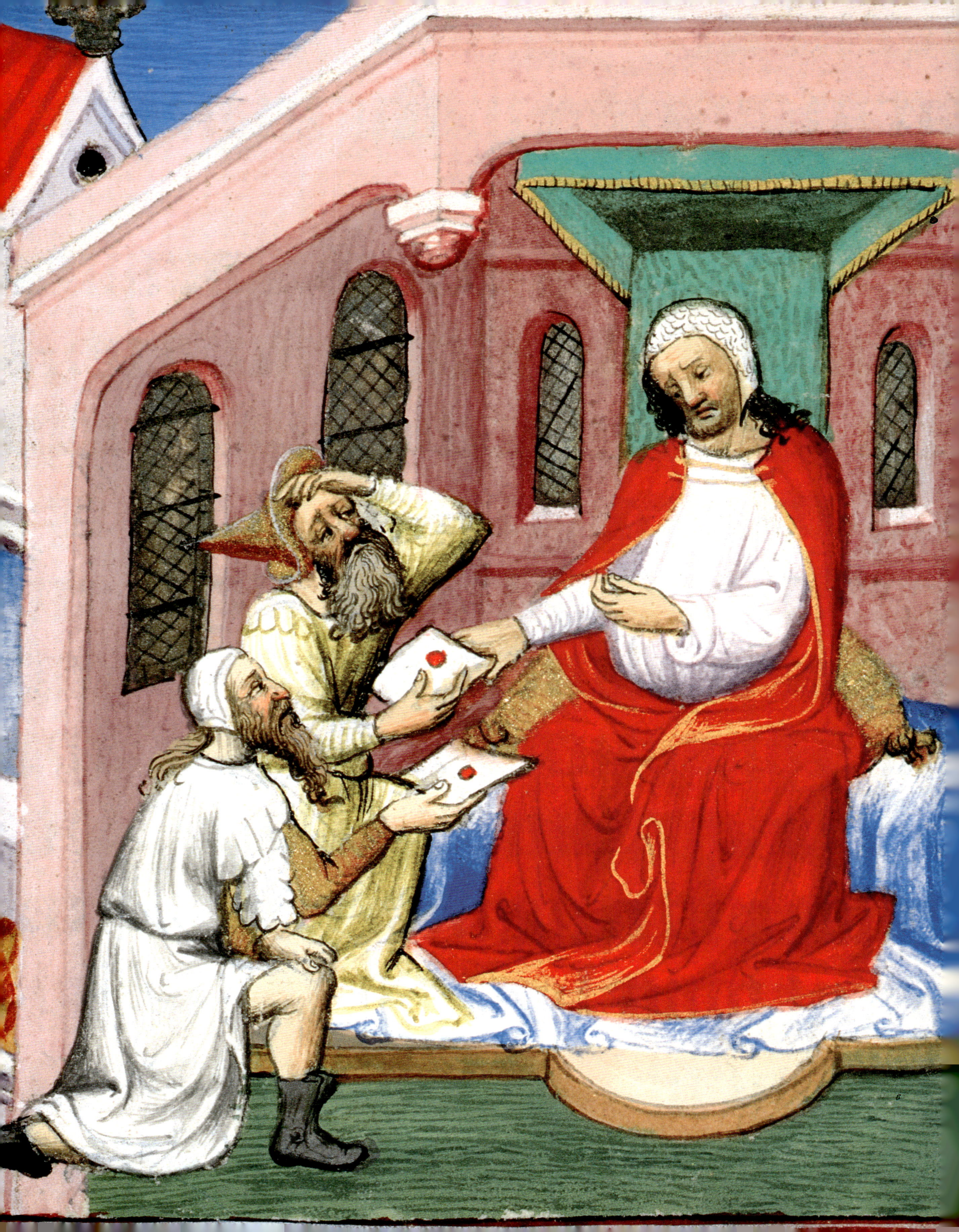

Mißachtung reinwüsche, daß keine andere Schmach so teuer zu stehen käme und daß er ihm sehr bald zeigen würde, wer wessen Sklave sei.

Sodann rief er all seine Streitkräfte zusammen und ließ die umfassendsten Kriegsvorbereitungen treffen, die man je auf Erden gesehen oder gehört hatte. Er forderte Priester Johannes auf, sich zu seiner Verteidigung zu rüsten. Dieser nahm den Vormarsch der Armeen Dschingis Khans gegen ihn als bedeutungslosen Scherz. „Dies ist kein Mann des Krieges", sprach er. [fol. 26v] Er ließ jedoch seinerseits alle Vorkehrungen treffen, um sich seiner zu bemächtigen und ihn zu beseitigen, sollte er es wagen, sich gegen ihn zu stellen. So bewaffneten sich die beiden Lager! Und was soll ich euch noch viel erzählen? Dschingis Khan erreichte mit seiner Armee die wunderschöne Ebene Tenduc,[82] die zum Herrschaftsbereich des Priesters Johannes gehörte. Dort errichtete er sein Feldlager, ein Heer von Soldaten ohne Zahl. Siegessicher und mit Ungeduld erwartete er seinen Feind in dieser weitgedehnten, herrlichen Ebene. Aber lassen wir Dschingis Khan und sein Heer und wenden wir uns Priester Johannes und seinen Männern zu.

WIE PRIESTER JOHANNES GEGEN DSCHINGIS KHAN MARSCHIERTE

So erzählt es die Geschichte. Als Priester Johannes erfuhr, daß Dschingis Khan mit seinem Heer auf ihn marschierte, zog er ihm mit all seinen Männern bis zur Ebene von Tenduc entgegen. Hier schlug er zwanzig Meilen vom Lager Dschingis Khans entfernt sein eigenes Lager auf, und die beiden Armeen sammelten ihre Kräfte. Und so befanden sich also beide Heere in der Ebene von Tenduc. Eines Tages ließ Dschingis Khan seine christlichen und muslimischen Astrologen rufen, um sie zu fragen, wer wohl aus dem Kampfe siegreich hervorgehen würde, Priester Johannes oder er selbst. Die Muslime suchten vergeblich nach einer Antwort. Die Christen dagegen sagten ihm die ganze Wahrheit und führten ihm diese klar vor Augen. Sie nahmen ein Schilfgras und spalteten es in zwei Teile, die sie getrennt voneinander auflegten. [So lagen diese auf der Erde] und niemand hielt sie fest. Die Astrologen nannten eines der Stücke Dschingis Khan, das andere Priester Johannes. „Seht her", sprachen sie, „und ihr werdet den Ausgang der Schlacht erkennen, die der Bessere gewinnen wird. Jenes Stück Schilf, das sich auf das andere legt, wird siegreich sein." Dschingis Khan erwiderte, daß er sehr gerne zusehen werde und daß sie sogleich beginnen sollten. So lasen die christlichen Astrologen einen Psalm aus dem Psalter vor und vollführten gar manche ihrer Hexenkünste. Und vor aller Augen bewegte sich das Stück Schilfgras, auf dem Dschingis Khan geschrieben stand, ohne daß es jemand berührt hätte, zu jenem des Priesters Johannes und legte sich darauf. Dschingis Khan war darüber hocherfreut. Aus diesem Grunde schenkte er den Christen fortan volles Vertrauen und hielt sie in hohen Ehren.

67

[FOL. 27]
ER BERICHTET ÜBER DIE SCHLACHT ZWISCHEN DSCHINGIS KHAN UND PRIESTER JOHANNES

Folio 27
Laut Marco Polo belagerte Dschingis Khan sechs Jahre nach seinem Sieg über Priester Johannes die Festung von Calacuy, *die nicht identifiziert werden konnte. Hier sei er einer Kniewunde erlegen, die ihm ein Pfeil zugefügt hatte. Um die Wirkung des tödlichen Schusses noch mehr hervorzuheben, trifft ihn der Pfeil hier mitten ins Herz, und der Herrscher sinkt seinen Soldaten sterbend in die Arme.*

Die Armeen ruhten sich noch zwei weitere Tage aus, sodann rüsteten sie sich zum Kampfe und lieferten sich eine grausame Schlacht. Es war dies die größte Schlacht, die man je gesehen hatte. Auf beiden Seiten gab es viele Tote. Schließlich ging Dschingis Khan als Sieger hervor, und Priester Johannes mußte sein Leben lassen. Mit diesem Tage verlor er sein gesamtes Land, das nun nach und nach von Dschingis Khan erobert wurde. Nach dieser Schlacht regierte Dschingis Khan noch weitere sechs Jahre und eroberte viele Landstriche. Nach sechs Jahren begab er sich zur Burg Calacuy und starb dort, von einem Pfeil getroffen. Und es war jammerschade um ihn, denn er war ein rechtschaffener, äußerst weiser Mann. Nun, da ich euch von Dschingis Khan, dem ersten Herrscher der Tataren, erzählt habe, und wie dieser Priester Johannes besiegte, will ich über seine Nachfolger und deren Sitten und Gebräuche berichten.

ER BERICHTET ÜBER DIE NACHFOLGER DSCHINGIS KHANS UND DEREN SITTEN UND GEBRÄUCHE

Wisset wahrhaftig, daß nach Dschingis Khan, der der erste war, Cuy Khan regierte, dann Bacuy Khan, der dritte, dann Halacon Khan, der vierte, Mangu Khan, der fünfte, schließlich Kublai Khan, der sechste, der noch viel mächtiger war als seine Vorgänger. Kublai allein hatte mehr Macht, als alle fünf vorigen zusammen. Und ich versichere euch, täten sich alle Menschen der Welt, Christen und Muslime, mit all ihren Kaisern und Königen zusammen, so verfügten sie noch immer nicht über die Gewalt [**fol. 27v**] oder die Macht, die Kublai Khan innehat. Er ist der Herrscher aller Tataren des Erdkreises, jener des Ostens wie jener des Westens, sie sind ihm alle untertan.

Und dies ist ein Beweis seiner riesengroßen Macht. Alle Großkhane und alle Nachkommen ihres ersten Herrschers Dschingis Khan sind auf dem Berge Altai beerdigt. Wo immer ihn der Tod auch ereilt, der Herrscher wird neben den anderen in die Erde dieses Berges gesenkt. Selbst wenn er hundert Tagereisen entfernt zu Tode kommt, trägt man ihn dorthin. Und dies ist etwas ganz und gar Außergewöhnliches: Diejenigen, die seinen Leichnam zu seiner letzten Ruhestatt geleiten, bringen all jene um, die sie unterwegs treffen. „Geht hin und dienet eurem Herrn in der anderen Welt", sagen sie. Und sie sind davon überzeugt, daß die Getöteten ihrem Herrn in der anderen Welt zu Diensten sein werden. Den Pferden ergeht es ebenso. Stirbt der Großkhan, so töten sie sein bestes Pferd, auf daß er es in der anderen Welt zu seiner Verfügung habe. Denn sie glauben fest daran. Und ich versichere euch, als Mangu Khan starb, töteten sie auf ihrem Wege mehr als zwanzigtausend Personen.

Fahren wir mit den Tataren fort. Sie verbringen [den Winter] in der Ebene, an warmen Orten, wo sie genügend Gras und Weideland für ihre Tiere finden. Des Sommers leben sie in kühleren Gefilden, in den Bergen und Tälern, wo sie über Wasser, Holz und Weidegründe verfügen. Ihre runden Behausungen fertigen sie aus langen Stangen, die mit Seilen festgebunden werden. Wohin sie auch ziehen, sie führen sie immer mit sich, indem sie sie wohlgeordnet zusammenbinden. Beim Errichten und Festspannen ihrer Behausungen richten sie die Türe immer gen Süden aus. Sie bedecken ihre Karren mit schwarzem Filz, um sie gegen den Regen zu schützen; diese werden von Ochsen oder Kamelen gezogen; damit befördern sie ihre Frauen und Kinder. Die Frauen kaufen und verkaufen und erledigen allerlei Geschäfte für ihre Männer und für den Haushalt. Die Männer haben keine andere Beschäftigung als die Jagd auf Tiere und Vögel, Falken und Habichte, sowie Waffengeschäfte, wie alle anderen Edelleute der Welt. Sie leben von Fleisch, Milch und der Jagd. Sie essen jegliche Art von Fleisch, vom Pferd, vom Hund, von der Ratte und von Faraonen,[83] ein Tier, das sich im Flachland in Erdbauen aufhält. Sie trinken Stutenmilch.

Um nichts auf der Welt würden sie die Frau ihres Nachbarn begehren, denn dies betrachten sie als schändlich. Die Frauen betragen sich ihren angetrauten Männern gegenüber brav und ehrenhaft, sie erledigen ihre Aufgaben mit großer Sorgfalt. Ihre Ehen sind so geartet, daß ein jeglicher Mann bis zu hundert Frauen haben kann, vorausgesetzt, er ist wohlhabend genug, um für sie alle aufzukommen. Dafür bestreitet er deren Lebensunterhalt wie auch den ihrer Eltern. Jedoch halten sie die erste Frau [**fol. 28**] für die beste und ehrenhafteste. Sie haben mehr Söhne als andere Männer, denn, wie bereits gesagt, sie leben mit vielen Frauen. Sie heiraten auch ihre Cousinen und ihre Stiefmutter, wenn ihr Vater stirbt. Dies gilt für die erstgeborenen Söhne, jedoch nicht für die anderen. Beim Tode ihres Bruders heiraten sie auch ihre Schwägerin. Nehmen sie sich eine Frau, wird ein großes Hochzeitsfest gefeiert.

69

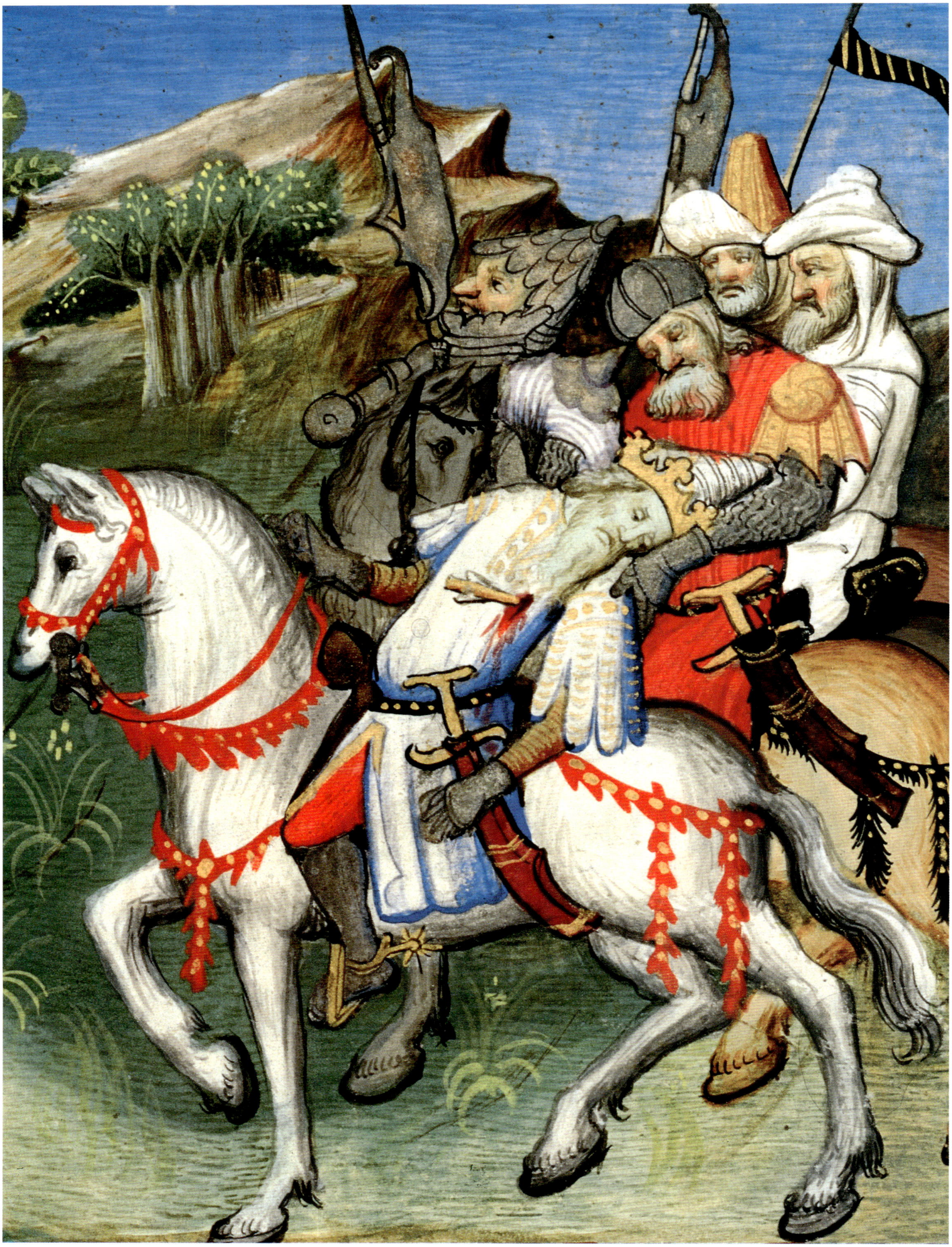

Folio 28
Dieses als Überleitung zwischen zwei Kapiteln plazierte Bild über die Sitten und Bräuche der Mongolen ist nicht sehr aussagekräftig. Vielleicht illustriert es auch die vorhergehende Textpassage, in der es heißt, daß ein heiratslustiger Mann seiner zukünftigen Frau oder deren Mutter ein Schatzkästchen schenken müsse. Dieser Brauch wäre die Erklärung dafür, daß der Mann, der soeben einem Schiff entsteigt, den Bewohnern des Hauses zur Linken der Komposition Schatullen mitbringt, von denen die eine mehrere Goldstücke und die andere einige Silberstücke enthält.

Er berichtet über den Gott der Tataren

Mit ihrer Religion verhält es sich so. Sie haben einen Gott, den sie Natiguay nennen. Es ist dies, so sagen sie, ein Gott der Erde, der ihre Kinder, ihr Vieh und ihre Ernten beschützt. Sie achten und verehren ihn, und jeder von ihnen bewahrt ein Bild von ihm, das aus Filz und Tuch gearbeitet ist; in der gleichen Weise fertigen sie auch seine Frau und deren Kinder, die Frau stellen sie zu seiner Linken auf. Wenn sie essen, salben sie den Mund des Gottes mit fettem Fleisch ein, ebenso den der Frau und den der Kinder. Sodann versprengen sie die Suppe[84] vor ihrer Tür. So hat ihre gesamte Behausung Anteil an der Mahlzeit. Sie trinken Stutenmilch, die nach Weißwein schmeckt und sehr gut ist; diese nennen sie *Quenna*. Ihre Kleidung ist zumeist aus Gold- und Seidenstoffen, reich gefüttert mit Zobel, Hermelin und Eisenhutfeh oder Fuchspelz. Ihre Rüstungen sind wunderschön und von allergrößtem Wert. Mit Geschick handhaben sie Pfeil und Bogen, Armbrust, Schwert und Streitkolben. Am besten gehen sie jedoch mit dem Bogen um, denn sie sind die besten Bogenschützen der Welt. [fol. 28v] Auf dem Rücken tragen sie sehr solide Harnische aus gekochtem Leder. Es sind gute Soldaten, tapfer im Kampf und viel ausdauernder als andere. Sie können, wenn nötig, bis zu einem Monat im Sattel verbringen, ohne Fleisch bei sich zu haben. Dann ernähren sie sich nur von Stutenmilch und der Jagd, während ihre Pferde auf dem Felde grasen. Die Pferde müssen weder Weizen, Heu noch Hafer tragen und gehorchen deshalb weniger gut. Sie können selbst die ganze Nacht in voller Rüstung im Sattel bleiben, während ihre Reittiere weiter grasen. Diese Menschen können vor allen anderen die größten Ermüdungen und die größten Mühen ertragen, ohne sich dabei allzusehr anzustrengen. Sie sind tatsächlich die besten Eroberer: Dieses Buch hat euch dies schon vor Augen geführt und wird es euch noch weiterhin bestätigen. Sie sind heute sicherlich Herren über den größten Teil der Welt.

Mit ihrer Organisation verhält es sich so. Ihr müßt wissen, daß ein Tatarenherrscher, der einen Feldzug plant, hunderttausend Ritter mit sich nimmt. Er stellt einen Kommandeur an die Spitze jeder Zehnerschaft, jeder Hundertschaft, jeder Tausendschaft und jeder Hunderttausendschaft; so hat jeder von ihnen nur zehn Männer unter sich; so fügt sich jeder seinem jeweiligen Kommandeur in solch guter Ordnung, daß es ein wahres Wunder ist, denn sie sind ihrer viele, die dem Herrscher Gehorsam leisten. Eine Kompanie von hunderttausend Männern nennen sie ein *Tut*, eine Kompanie von zehntausend Männern ein *Toman*, sodann folgt eine Tausendschaft, eine Hundertschaft, eine Zehnerschaft. Zweihundert gut gerüstete Ritter traben der im Feld befindlichen Armee voraus, um die Vorhut zu bilden; ebenso verhält es sich mit der Nachhut sowie an den Flanken links und rechts; so reiten an allen Seiten Kundschafter mit, um die Armee vor jedem Angriff zu warnen. Auf langen Ritten führen sie keinerlei Gepäck mit sich; jeder verfügt lediglich über zwei kleine Lederschläuche für die Milch, über einen kleinen Tontopf zum Garen des Fleisches und über ein kleines Zelt, um den Regen abzuhalten. Wenn nötig, reiten sie auch gute zehn Tage ohne Fleisch oder Feuer. Dann leben sie vom Blute ihrer Pferde; [sie stechen eine Ader auf],[85] legen ihre Lippen darauf und tun sich an ihrem Blute gütlich. Sodann verschließen sie sie wieder. Sie führen Trockenmilch in Form einer Paste mit sich. Um diese zu sich zu nehmen, geben sie sie zunächst ins Wasser und schlagen sie so lange auf, bis sie sie in angerührter Form trinken können.

Und so besiegen sie ihre Feinde. Sie sehen keine Schmach darin zu fliehen. Auf der Flucht wenden sie blitzschnell und beschießen ihre Feinde mit unzähligen Pfeilen, die sie verwunden. Ihre Pferde sind an diese Taktik so gewöhnt, daß die Geschwindigkeit, mit der sie ihre Kehrtwendung vollziehen, verblüffend ist, viel schneller als bei einem Hund. Sie kämpfen im Fliehen ebensogut, als ob sie dem Gegner gegenüberstünden. Im Davonreiten lassen sie einen Pfeilhagel auf ihre Verfolger niederprasseln, die schon meinen, sie hätten die Schlacht gewonnen. [fol. 29] Sie töten oder verwunden Mensch und Tier, machen kehrt, um sich wieder zu formieren, und erzeugen so einen solchen Tumult, daß ihre Feinde alsbald auseinanderstieben. Sie sind mutig im Kampfe, tapfer und ausdauernd. So meinen ihre Feinde, die sie auf und davon reiten sehen, die Schlacht bereits gewonnen zu haben, welche sie in Wahrheit jedoch verlieren, denn die Tataren machen im geeigneten Moment kehrt. So waren sie schon unzählige Male siegreich. Was ich euch alles über das Leben, die Gesetze und die Sitten der Tataren erzählt habe, ist heute bereits verdorben, denn diejenigen, die in Catay verkehren, richten sich nach den götzendienerischen Sitten dieser Gegend und haben ihre Religion vergessen. Und jene, die im Osten beheimatet sind, benehmen sich wie die Muslime.

Und so wird bei ihnen Recht gesprochen. Hat ein Mann einen kleinen Diebstahl begangen, so erteilt man ihm auf Befehl des Herrschers sieben Stockschläge, oder siebzehn, siebenundzwan-

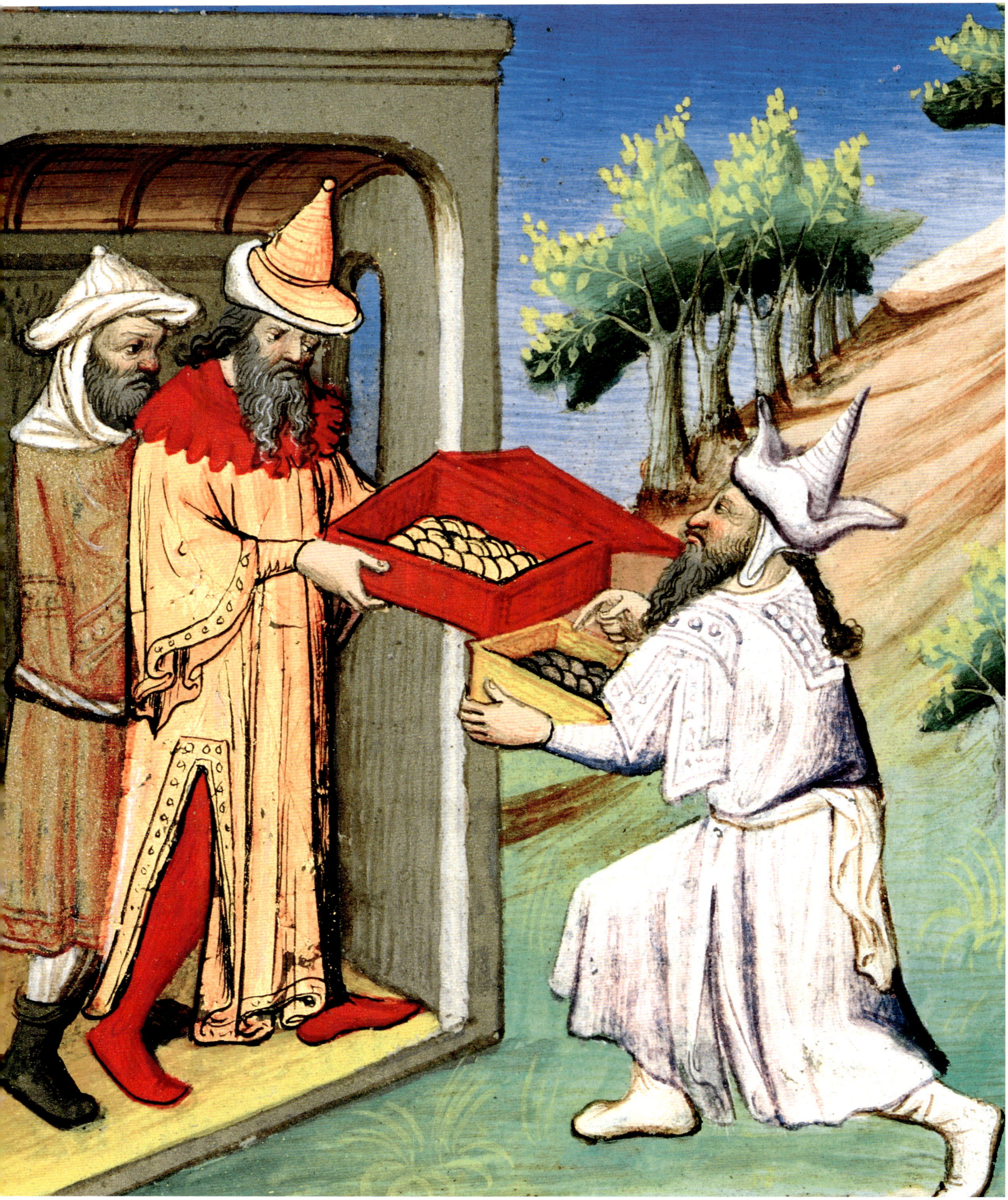

zig, siebenunddreißig, siebenundvierzig, bis zu hundertsieben, je nachdem, wie schwer das Vergehen ist, dessen er sich schuldig gemacht, und die Mehrzahl stirbt daran. Stiehlt er jedoch ein Pferd oder sonst irgendeine wichtige Sache, für die er sterben muß, so töten sie ihn mit einem Schwertstoß. Kann er sich jedoch freikaufen und den neunfachen Preis des Wertes bezahlen, den er gestohlen, so entrinnt er dem Tode. Wer auch immer ein Tier sein eigen nennt, ob Herrscher oder nicht, markiert es mit seinem Zeichen: Pferde, Stuten, Kamele, Ochsen, Kühe und anderes Vieh; und sie lassen sie auf den Weiden grasen, ohne sie zu behüten; sie vermischen sich untereinander; doch jeder bekommt sein Tier aufgrund dieses Zeichens wieder zurück. Sie haben auch sehr viel fettes Kleinvieh; dieses lassen sie von Hirten hüten.

Es gibt noch einen anderen Brauch. Hat ein Mann eine Tochter und stirbt diese vor ihrer Heirat, und hat ein anderer Mann einen Sohn und stirbt dieser vor seiner Heirat, so vereinigen sie die Eltern miteinander und feiern mit ihnen ein großes Hochzeitsfest; auch lassen sie Eheverträge aufsetzen. Diese Verträge lassen sie anschließend verbrennen, auf daß, so sagen sie, die Eheleute in der anderen Welt davon unterrichtet seien, daß sie fortan Mann und Frau sind. Und die Väter und Mütter der Verstorbenen nennen sich Schwiegereltern, als ob ihre Kinder noch am Leben seien. Und alles, was sie dem jeweils anderen als Mitgift zugestehen, lassen sie in den Verträgen festhalten, die sie dann verbrennen, auf daß die Toten in der anderen Welt über all dies verfügen. So habe ich euch nun alles über die Sitten und Gebräuche der Tataren erzählt. Von dem bemerkenswerten Leben des Großkhans, des Herrschers aller Tataren des Erdkreises, wie auch von seinem prachtvollen kaiserlichen Hof werde ich euch jedoch später, zu gegebener Zeit erzählen. Jetzt möchte ich dort anknüpfen, wo ich geendet habe, als ich begann, von den Tataren zu sprechen.

Er berichtet über die Ebene von Caracoron und über die Sitten und Gebräuche ihrer Bewohner

Nach vierzig Tagen Ritt in Richtung Norden von Caracoron und dem Altaigebirge,[86] der Grabstätte der Tatarenherrscher, aus, erreicht man die Ebene von Bargu.[87] Ihre Bewohner, die *Mescript*, sind ein besonders wildes Volk und leben von der Viehzucht. Sie pflegen die Bräuche der Tataren und sind Untertanen des Großkhans. Sie bauen weder Wein noch Getreide an. Des Sommers leben sie von der Jagd auf wilde Tiere und Vögel, jedoch nicht des Winters, da dort eine große Kälte herrscht.

Man reitet vierzig Tage über diese riesige Ebene [**fol. 29v**] von Bargu und erreicht das offene Meer nahe den Bergen, wo die Wanderfalken nisten. Weder Mann noch Frau, weder Tier noch Vogel leben in diesen Bergen, einzig eine Vogelart,[88] die man *Barguelac* nennt, von der sich die Falken ernähren. Sie haben die Größe eines Rebhuhns, die Zehen eines Papageis, den Schwanz einer Schwalbe und sind pfeilschnell. Kein anderes Tier vermag hier zu überleben, denn es ist sehr kalt. Begehrt der Großkhan kleine Wanderfalken, so läßt er sie hier holen. Auf den umliegenden Inseln kommen die Gerfalkenjungen zur Welt. Und dieser Ort befindet sich so weit nördlich,[89] daß der Nordstern dort leicht den halben Tag zu sehen ist. Es gibt dort so viele Gerfalken, daß der Großkhan so viele davon haben kann, wie er nur wünscht. Wenn die Christen Gerfalken ins Tatarenland bringen, so nicht, um sie dem Großkhan zu schenken, wie man meinen könnte, sondern vielmehr, um sie dem Herrscher des Ostreiches anzubieten. Nun habe ich euch die Provinzen in nördlicher Richtung beschrieben, wenden wir uns also jenen zu, die in Richtung des Reiches des Großkhans liegen. Wir kehren in die Provinz Campicion[90] zurück, von der wir bereits gesprochen haben.

Folio 29v
Inmitten einer Landschaft, in der sich bewaldete Hügel und Felsvorsprünge abwechseln, bevölkern drei Sagenwesen, ein Rumpfgesicht, ein Schattenfüßler und ein Zyklop, die im Text kaum erwähnt werden, das wilde Gebiet zwischen der Provinz Campicion *und dem Königreich* Erguiul *in Gansu, „in dem des Nachts viele Geister zu hören sind".*

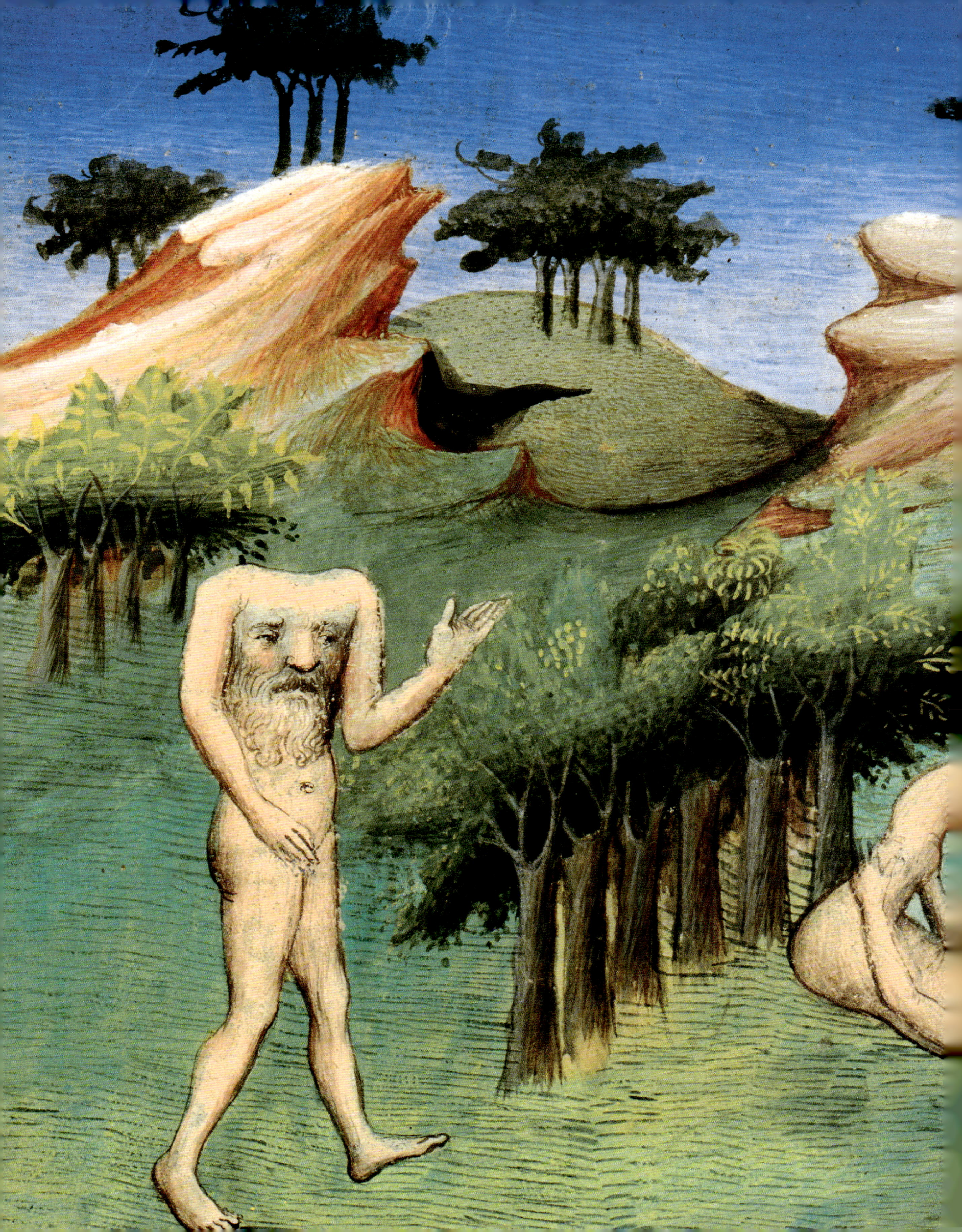

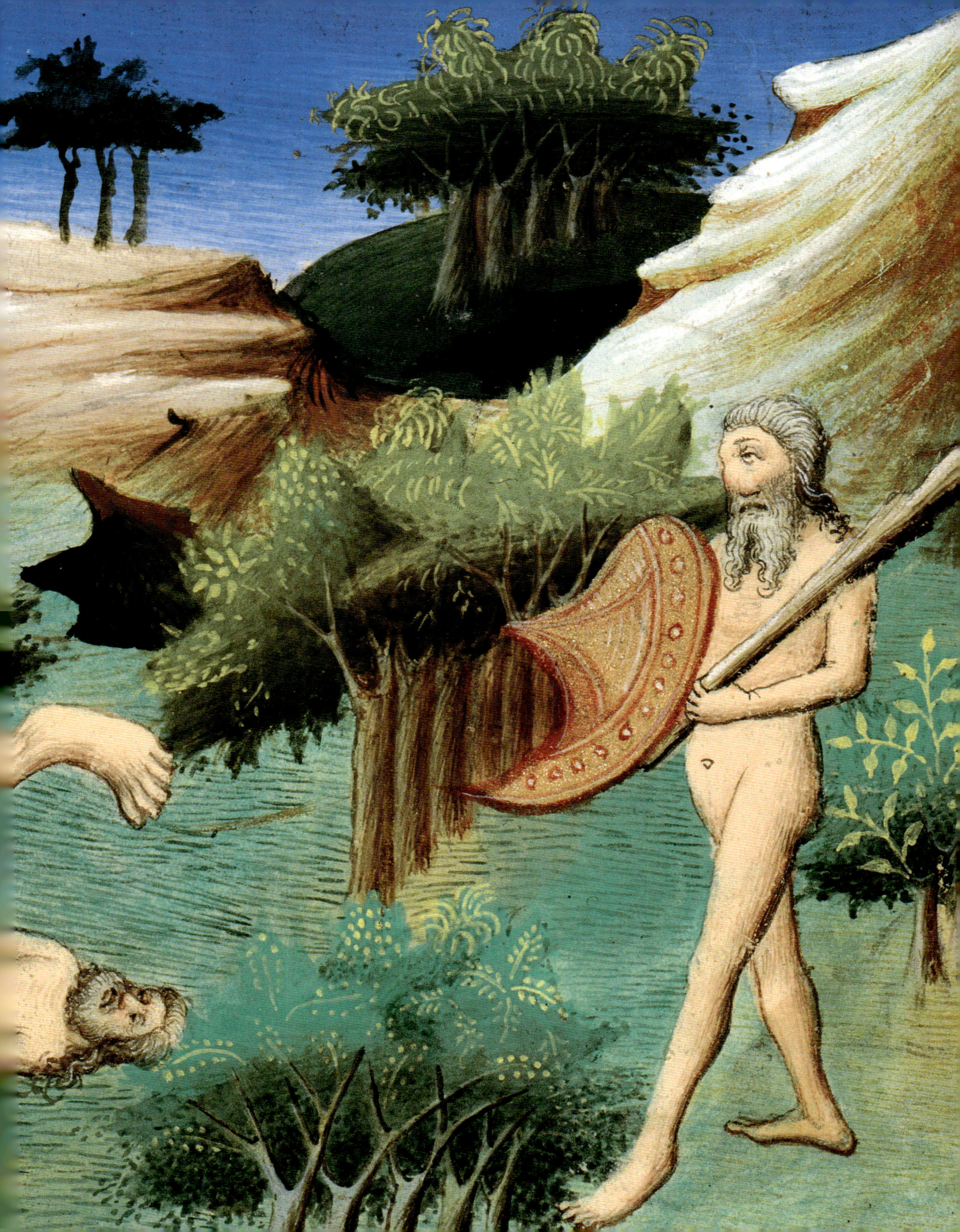

Er berichtet über das Königreich Erguiul
[fol. 30]

Von Campicion aus durchquert man in fünftägiger Reise Richtung Osten eine Region, in der des Nachts immer wieder Geister zu hören sind. Sodann gelangt man in das Königreich Erguiul, das zum Herrschaftsbereich des Großkhans und zur großen Provinz Tangut gehört, die wiederum in mehrere Königreiche zerfällt. Die Bewohner des Reiches sind Nestorianer, Götzendiener oder Anhänger Mohammeds. Das Reich zählt viele Städte; die Hauptstadt heißt Erguiul.[91] Von da aus wendet man sich gen Süden in Richtung Catay. Unterwegs passiert man die Stadt Siguy,[92] die ebenfalls zur Provinz Tangut gehört und dem Großkhan untersteht, sowie eine Anzahl anderer Städte und Burgen. Die Einwohner sind Götzendiener oder Anhänger Mohammeds; es gibt auch Christen unter ihnen. Sie haben vortreffliche wilde Rinder[93] von der Größe eines Elefanten, deren Rücken mit mindestens vier Handbreit langen schwarzen und weißen Haaren bedeckt ist. Diese wilden Rinder sind ausnehmend schön. Die Bewohner haben eine Anzahl davon ganz jung zu sich genommen und sie so domestiziert. Diese domestizierten Rinder tragen Lasten und nehmen ihnen alle Arbeit ab, pflügen ihre Äcker, und das doppelt so schnell wie jedes andere Tier, denn sie sind sehr kräftig.

In dieser Gegend findet man das beste Moschus der Welt. Und so kommt es dazu. Es lebt dort ein Tier, ähnlich einer Gazelle; [sie hat ein dickes Fell wie der Hirsch, Schwanz und Füße sind von der Gazelle, jedoch ohne die Hufe].[94] Es hat vier schmale Zähne, jeder drei Finger lang, zwei oben und zwei unten, die jeweils nach oben und nach unten zeigen. Dieses Tier ist gar wunderbar anzusehen. Und so entnimmt man den Moschus. Hat man es gefangen, zieht man in der Mitte des Nabels, zwischen der Haut und dem Fleisch, einen Blutbeutel hervor, den man mit der Haut durchtrennt. Das Blut in dieser Tasche ist der so wohlriechende Moschus. Diese Gazellen sind in der Region sehr weit verbreitet.

Die Bewohner leben vom Handel und vom Handwerk und haben Getreide im Überfluß. Die Provinz erstreckt sich über sechsundzwanzig Tage Fußmarsch. Man findet hier auch vortreffliche Fasane, doppelt so groß wie bei uns, mit gut zehn Handbreit langen Federn, wie auch andere Vögel aller Art mit dem ausgefallensten Gefieder. Die Bewohner dieser Region sind Götzendiener. Sie sind fett, haben eine kleine Nase und schwarze Haare; bis auf einige Schnurrbarthaare sind sie vollkommen bartlos. Die Frauen sind gänzlich glatt, nur auf dem Kopf haben sie Haare. Sie sind tatsächlich von ausnehmender Schönheit und haben eine ganz weiße Haut. Die Männer geben sich gern leiblichen Vergnügungen hin und haben viele Frauen: Weder ihre Religion noch ihre Gebräuche verbieten es ihnen. Es ist von geringer Bedeutung, ob die Frau von niedrigem Rang ist. Solange sie schön ist, werden sie die Mächtigen des Landes heiraten und die Eltern mit einer solchen Menge Gold beschenken, wie vereinbart ist. Aber lassen wir das und wenden wir uns einer anderen Provinz im Osten zu. [fol. 30v]

Folio 30v
Im Flachland der Mongolei, Tanduc genannt, ernähren sich die Menschen von „Tieren und den Früchten der Erde". Den Stock in der einen Hand und die Peitsche in der anderen, hütet ein Rinderhirt seine Herde von sechs vortrefflichen weißen Rindern.

Er berichtet über die Provinz Egrigaial[95]

Von Erguiul aus reitet man acht Tage in Richtung Osten und erreicht sodann die Provinz Egrigaial mit Städten und Burgen in erklecklicher Zahl; sie gehört zur [großen] Provinz Tangut; die Hauptstadt heißt Calaciam.[96] Die Einwohner sind Götzendiener, es gibt jedoch auch drei sehr schöne Kirchen der Nestorianer. Sie sind Untertanen des Großkhans. Hier webt man große Mengen des schönsten Kamelotts der Welt, er wird aus Kamelhaar gefertigt, selbst weißen gibt es, denn ihre weißen Kamele sind die prächtigsten Kamele der Welt. Ihre Kaufleute verkaufen große Mengen dieser Stoffe nach Catay und in alle Provinzen der Welt. Aber lassen wir diese Provinz hinter uns und wenden wir uns gen Osten, in Richtung der Provinz Tenduc. Wir betreten nun das Königreich des Priesters Johannes.

ER SPRICHT ÜBER DIE PROVINZ TENDUC

Tenduc ist eine Provinz im Osten, mit Städten und Burgflecken in großer Zahl, die alle dem Großkhan unterstehen, denn alle Nachkommen des Priesters Johannes sind dem Großkhan untertan. Die Hauptstadt heißt Tenduc. Ein Nachkomme des Priesters Johannes namens Jorge ist hier König. Er verwaltet das Land im Namen des Großkhans, jedoch nur einen Teil dessen, was [sein Vorfahr], der Priester Johannes, innehatte. Tatsächlich haben alle Könige aus der Verwandtschaft des Priesters Johannes [immer] Töchter aus der Linie der Großkhane geheiratet.
In dieser Provinz findet man die Steine, aus denen Azur[97] gewonnen wird. Man holt sie aus sehr dünnen Adern. Man stellt auch Kamelotts unterschiedlicher Farbe her, die aus Kamelhaaren von seltenster Feinheit gewoben werden. Die Menschen leben von ihrem Vieh und den Früchten der Erde. Sie treiben auch ein wenig Handel und üben sich im Handwerk [fol. 31].
Die Regierung liegt in den Händen der Christen; ich will euch später erzählen, warum dem so ist; man findet jedoch auch Götzendiener und Muslime in großer Zahl. Hier ist eine Gruppe Christen an der Macht, welche man *Argon* nennt, was so viel heißt wie *Gasmul*.[98] Sie sind um einiges schöner und weiser als die Ungläubigen. Aus diesem Grunde sind sie an der Macht; sie sind vortreffliche Händler. Die Stadt Tenduc war einst das Zentrum der Macht des Priesters Johannes, nämlich zu der Zeit, als er über die Tataren herrschte; seine Erben wohnen immer noch dort.
Dieser Jorge, von dem ich euch erzählte, stammt aus der Linie des Priesters Johannes; er ist der sechste Herrscher nach ihm.

77

Die Bewohner dieses Landes werden von uns Gog und Magog genannt, sie aber nennen sie Ung und Rangul,[99] denn in dieser Gegend gibt es zwei Stämme. Bevor die Tataren das Land verließen, hießen die Einwohner Ung, und Rangul war die Bezeichnung für die Tataren; so sagt man auch heute noch manchmal Rangul für die Tataren.

Nach sieben Tagen zu Pferde in Richtung Osten gelangt man in die Nähe der Gegenden von Catay. Auf dem Wege passiert man zahlreiche Städte und Burgflecken. Die Einwohner sind Anhänger Mohammeds; einige von ihnen sind Götzendiener oder Nestorianer. Sie treiben Handel und gehen ihrem Handwerk nach: so weben sie Goldstoffe, *Nascisi*, *Molisin* und *Nac* genannt, Seidenstoffe und noch viel anderes mehr. Denn sie kennen Stoffe aller Art, wie auch uns Seiden- und Wollstoffe bekannt sind. Sie sind alle Untertanen des Großkhans. In der Stadt Sindaciu[100] stellt man Stücke eigens für den Großkhan her. In dieser Provinz gibt es auch einen Berg mit einer sehr ergiebigen Silbermine namens Ydisir. Auch die Jagd auf Vögel und andere Tiere bleibt in dieser Region nicht unbelohnt.

Nach drei Tagereisen zu Fuß erreicht man die Stadt Cyagannor,[101] wo der Großkhan einen großen Palast unterhält. Er verbringt hier mit Vorliebe seine Zeit, denn es gibt eine Vielzahl an Seen und Flüssen und im Flachland Kraniche, Rebhühner, Fasane und viele andere Vögel. Es gehört zu den besonderen Freuden des Großkhans, hier zu jagen; hier lädt er zur Falkenjagd, die ihm großen Spaß macht. Und diese fünf Kranicharten sind hier anzutreffen. Die erste Art ist sehr hochbeinig und rabenschwarz. Die zweite ganz weiß, mit wunderschönen, von rotgoldenen Augenflecken übersäten Flügeln; diese Art ist um einiges größer als die anderen. Die dritte Art ist unseren Kranichen sehr ähnlich. Die vierte ist kleiner, mit herrlich langen, karmesinroten und schwarzen Federn, die von den Ohren herabhängen. Die fünfte Art ist ganz grau und hat einen wohlgeformten, karmesinrot und schwarz gefärbten Kopf, es sind sehr große Tiere. In einem Tal ganz in der Nähe der Stadt hat der Herrscher kleine Häuschen erbauen lassen, wo er Rebhühner in großer Zahl züchten läßt. Es gibt ihrer so viele, daß es ein wahres Wunder ist. Wenn er sich dahin begibt, nimmt er jedesmal so viele mit, wie er nur wünscht. Aber setzen wir unsere Reise noch drei Tage in nordnordöstlicher Richtung fort [**fol. 31v**].

Folio 31v
In Cyandu befindet sich der Palast des Großkhans. Das Gebäude liegt inmitten eines weitläufigen, von Flüssen durchzogenen Parks, in dem zahme Tiere grasen, von denen sich die Raubtiere des Herrschers ernähren. Kublai Khan, einen gezähmten Leoparden auf der Kruppe seines Pferdes mit sich führend, hat gerade einen Gerfalken losgelassen, der sich auf das verängstigte Wild stürzt: Hirsch, Reh und Wildschwein.

Er berichtet über die Stadt Cyandu[102]

Nachdem man von der soeben erwähnten Stadt aus drei Tage lang in nordnordöstlicher Richtung weitergeritten ist, erreicht man Cyandu, eine Stadt, die vom jetzigen Großkhan erbaut wurde. Dort besitzt er einen wunderschönen Marmorpalast. Die Zimmer sind ganz aus Gold, auf den Wänden tummeln sich unzählige Tiere; Vögel, aber auch Bäume und Blumen sind in so natürlicher Weise aufgemalt, daß es eine gar köstliche, wundervolle Augenweide ist. Sechzehn Meilen Land mit zahlreichen Brunnen, Flüssen, Bächen und herrlichen Wiesen umgeben den Palast. Hierhin hat der Herrscher eine Vielzahl ungefährlicher wilder Tiere bringen lassen, die seinen Gerfalken in der Mauser als Nahrung dienen sollen; es sind ihrer zweihundert, die Falken nicht mitgerechnet. Einmal pro Woche begibt sich der Großkhan hierher, gelegentlich auch zu Pferde. Dann nimmt er auf der Kruppe des Pferdes einen Leoparden mit. Gefällt ihm ein Tier, läßt er den Leoparden los, der es für ihn fängt; sodann wirft er dieses seinen Falken und Gerfalken zum Fraß vor. Dies tut er, um sich zu unterhalten.

In dieser grünen Ebene steht ein weiterer Palast ganz aus Bambus, der so gebaut ist: Die Bambusstäbe im Inneren des Palastes sind vergoldet und fein verarbeitet; an der Außenseite sind sie so sorgfältig lackiert, daß sie nicht morschen können. Sie sind gut drei Handspannen breit und zehn bis fünfzehn Handspannen lang. Man spaltet sie in der Mitte, von einem Knoten zum anderen; aus diesen Bambusstücken ist der Palast des Großkhans erbaut. Die Menschen verwenden Bambus auch zu anderen Zwecken und decken ihre Häuser damit. Er wird auf unzählige andere Arten verarbeitet [**fol. 32**]. All dies ist so geschickt gemacht, daß der Palast in kurzer Zeit aufgestellt und ebenso wieder abgebaut werden kann, um ihn dorthin zu befördern, wo der Großkhan sich niederzulassen wünscht. Ist er einmal aufgerichtet, so wird er von mehr als zweihundert seidenen Seilen zusammengehalten.

In den drei Monaten Juni bis August weilt der Großkhan bald in diesen herrlichen Wiesengründen, bald in seinem Marmorpalast, wo es auch herrlich kühl ist. Am achtundzwanzigsten August bricht er auf. Der Großkhan nennt auch ein Gestüt sein eigen, mit mehr als zehntausend makellos weißen Stuten, deren Milch zu trinken einzig er selbst und seine Familie berechtigt sind; und auch die Linie des Oriad, seitdem ihnen Dschingis Khan zum Dank für den Sieg, den sie seinerzeit gemeinsam mit ihm errungen hatten, dazu die Berechtigung erteilte. Jeder

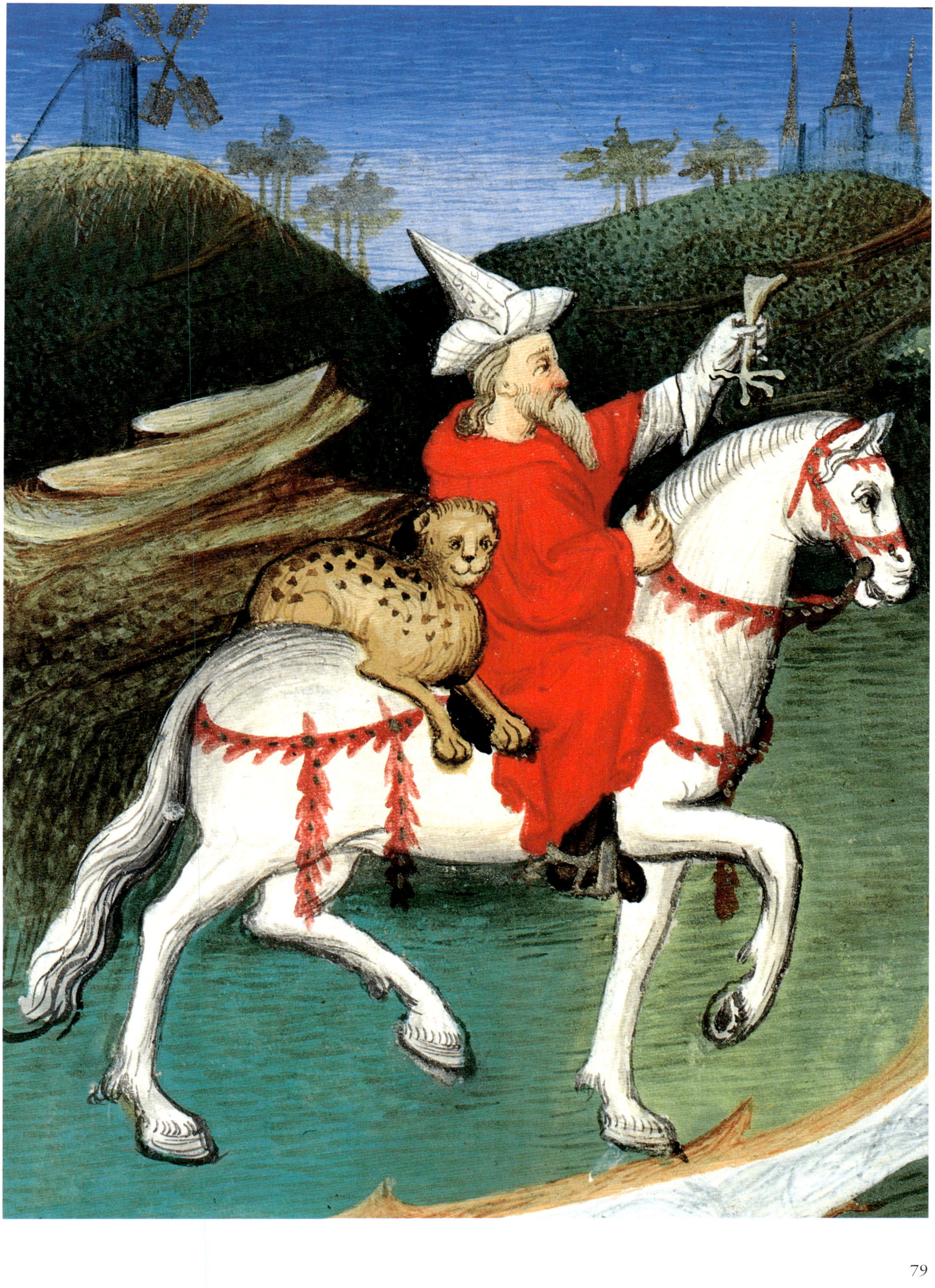

Herrscher, und sei er noch so mächtig, schlägt einen großen Bogen von mindestens einer halben Tagereise, wenn er die Stuten auf der Weide sieht, denn niemand wagt es, ihnen auch nur nahezukommen. Im Gegenteil, man hat ihnen große Ehren zu erweisen. Am achtundzwanzigsten August, wenn der Großkhan Cyandu verläßt, werden sie gemolken und die Erde mit ihrer Milch besprenkelt. Ihre Astrologen und Götzendiener behaupten nämlich, daß diese Milch jedes Jahr am achtundzwanzigsten August auf der Erde verteilt werden soll, auf daß Himmel, Erde und alle Götzen daran teilhaben können; wie auch die Himmel- und Erdgeister, die sie, ihre Frauen und Kinder, ihr Hab und Gut, ihre Landsleute, ihr Vieh und ihre Pferde beschützen sollen. An diesem Tag verläßt der Großkhan die Gegend.

Ich will euch eine andere Geschichte erzählen, die mir entfallen war. Herrscht während des Aufenthalts des Großkhans in Cyandu schlechtes Wetter, so versammelt dieser der Zauberei und Totenbeschwörung kundige Magier und Astrologen um sich, die es so einrichten, daß sich jegliche Wolke und jegliches schlechte Wetter vom Palast fernhält. Es sind dies zwei Familien weiser Männer, die *Debet* und die *Quesimur*; es sind Götzendiener. In Wahrheit sind sie Zauberer, geben sich jedoch als Heilige aus und versichern, ihre Kunst sei Gottes Werk.

Nun zu einem anderen Brauch. Wird ein Verurteilter auf Befehl der Behörden hingerichtet, so kochen sie seinen Leichnam und verzehren ihn. Hier ein weiteres Werk ihrer Zauberkünste. Nimmt der Großkhan in seinem Stadtpalast [die Mittagsmahlzeit] zu sich, so tut er dies an einem [**fol. 32v**] mindestens acht Ellen hohen Tisch, auf welchem zehn Schritte von ihm entfernt Gläser mit Wein und anderen köstlichen Getränken angerichtet sind. Hat der Großkhan Lust, daraus zu trinken, so bewegen sich die Gläser von selbst zu ihm hin, ohne daß sie jemand berühren. Es ist dies eine ihrer kleinen Zaubereien, die mehr als zehntausend Menschen bezeugen können. Denn es ist die reine Wahrheit. Unsere Totenbeschwörer werden es euch bestätigen, daß so etwas möglich ist.

Ist der Moment zur Götzenverehrung gekommen, so sprechen die Magier zu ihrem Herrn: „Es ist das Fest dieses oder jenes Götzen" – und sie nennen ihn mit Namen – „der schlechtes Wetter über uns ergießen wird, wenn wir ihm keine Opfergaben darbringen. Wir flehen euch an, uns so und so viele Schwarzkopfschafe zu geben" – sie nennen die gewünschte Anzahl. „Auch wünschen wir, geehrter Herrscher, eine bestimmte Menge Weihrauch und Aloeholz und auch dies und das" – wie sie es für nötig halten – „um unsere Götzen zu ehren und ihnen große Opfer zu bereiten, auf daß sie uns und unsere Güter schützen mögen." Und der Herrscher befiehlt seinen Vögten um sich, ihnen zu geben, was sie wünschen. Sodann feiern die Magier ihm zu Ehren ein großes Fest mit zahlreichen Lichtern und wohlriechenden Zweigen aller Art. Sie opfern den Götzen das Fleisch, das sie kochen, und versprengen hier und da Suppe, denn sie behaupten, daß ihre Götzen so viel davon nehmen, wie sie wollen. Und so feiern sie ihr Fest. Jeder Götze hat einen Namen und einen Feiertag pro Jahr, wie die Heiligen in unseren Breiten.

Sie besitzen auch riesengroße Abteien und Klöster, richtige kleine Städte mit mehr als zweihundert Mönchen. Diese kleiden sich viel würdiger als die anderen Menschen. Einige von ihnen haben das Recht, Frauen zu nehmen, und haben daher viele Kinder. Es gibt auch andere Ordensbrüder, Männer großer Enthaltsamkeit, die man *Sensin*[103] nennt und die nach äußerst strengen Regeln leben. Sie ernähren sich ausschließlich von Kleie, die sie in heißem Wasser kochen. Sie dient ihnen auch als Fleischersatz, denn sie würden niemals anderes Fleisch als dieses zu sich nehmen und trinken den Urin der Stuten. Dies ist also ihre überaus strenge Lebensart. Sie haben unzählige Götzen. Einige von ihnen verehren das Feuer, und jene Götzendiener, die einer anderen Schule angehören, betrachten sie als Ketzer, weil sie nicht dieselben Götzen anbeten wie sie. Diese würden um nichts in der Welt heiraten. Sie tragen schwarz-weiße Gewänder und schlafen auf Matten. Sie leben ein äußerst strenges Leben. Ihre Götzen sind ausschließlich Frauen; aus diesem Grunde tragen sie Frauennamen. [**fol. 33**] Aber lassen wir dies. Wir werden euch nun die Wundertaten des obersten Herrschers aller Herrscher, nämlich des Tatarenherrschers, des vornehmen und mächtigen Herrn Kublai Khan erzählen.

Folio 33
Die hier dargestellte Schlacht scheint keinen bestimmten Kampf zum Thema zu haben. Es ist vielmehr eine Anspielung auf die zahlreichen Kriege, die Kublai Khan führte, um sich ein riesiges Reich zu schaffen, denn „die Herrschaft ward ihm durch seine Vernunft, seine Heldenhaftigkeit und seine große Tapferkeit zuteil". Bevor er zum Herrscher aufstieg, „ging er mehrmals in den Osten und war ein hoher Ritter".

81

ER BERICHTET ÜBER DIE HEHREN TATEN DES DERZEITIGEN
GROSSKHANS KUBLAI KHAN UND ERZÄHLT ÜBER DEN
PRUNK SEINES HOFES, VON DER GERECHTIGKEIT SEINER
HERRSCHAFT ÜBER DAS LAND UND DIE MENSCHEN

In meinem Buch werden euch nun die hehren Taten und großen Wunder des derzeitigen Großkhans Kublai Khan erzählt. Seinen Namen könnte man bei uns mit „großer Herrscher aller Herrscher und Kaiser" übersetzen. Und er wird zu Recht so genannt, denn er ist an Menschen, Ländereien und Reichtümern der mächtigste Herrscher, den es seit der Zeit Adams bis zum heutigen Tag auf der Welt gegeben hat. Und es ist alles wahr daran. Aus diesem Grunde und auf folgende Weise wurde er zum reichsten Herrscher aller Zeiten.

ER BERICHTET ÜBER DIE RIESIGE SCHLACHT DES
GROSSKHANS GEGEN SEINEN OHEIM NAIAM, UM IN DEN
RECHTMÄSSIGEN BESITZ SEINES KÖNIGREICHS ZU GELANGEN

Es ist gesichert, daß Kublai Khan in direkter Linie von Dschingis Khan, dem ersten Tatarenherrscher der Welt, abstammt. Wie ich bereits erwähnt habe, ist er der sechste Großkhan. Im Jahre 1256 der Menschwerdung Christi hob seine Herrschaft an, und durch seine Weisheit, seine Tapferkeit und seinen Mut eroberte er rechtmäßig [fol. 33v] sein Königreich, das ihm seine Brüder und Verwandten streitig machten. Und es war nur Recht, daß er es durch seinen Mut errang, denn er war der legitime Erbe der kaiserlichen Linie. Als er also an die Macht kam, regierte er zweiundvierzig Jahre lang bis heute, bis ins Jahr 1288 der Menschwerdung Christi, da er wohl an die fünfundachtzig Jahre zählen mag. Mit dreiundvierzig Jahren bestieg er also den Thron. Davor war er mehrmals in den Krieg gezogen; er war ein guter Soldat und Anführer. Während seiner Regierungszeit nahm er jedoch nur ein einziges Mal an einem Kriegszug teil, nämlich im Jahre 1280. Und dies hat sich so zugetragen.
Es gab einst einen mächtigen Tatarenherrscher namens Naiam, der Oheim Kublai Khans. Er war noch sehr jung und herrschte über zahlreiche Ländereien und Provinzen. Seine Jugend und seine Macht – er mochte wohl dreihunderttausend Reiter auf sich vereinigen – erfüllten ihn mit großem Stolz. Dennoch war er der rechtmäßige Untertan des großen Kublai Khan und hätte sich demgemäß gebärden müssen. Von seiner Macht durchdrungen, hielt er es nicht länger aus, dem Großkhan zu dienen, und setzte alles daran, ihm die Herrschaft zu entreißen. Er sandte deshalb Boten zu einem anderen mächtigen Tatarenherrscher, zu Candur, der mit ihm verwandt und der Neffe und Diener des Großkhans war. Candur war seinem Onkel, dem Großkhan sehr übel gesinnt und lehnte sich ständig gegen ihn auf. Naiam ließ ihm also ausrichten, daß er sich mit all seinen Kräften, die nicht gering waren, darauf vorbereitete, seinen Herrn, den Großkhan anzugreifen, und forderte ihn auf, seinerseits dasselbe zu tun. Mit diesem Angriff an zwei Fronten würde es gelingen, ihm die Macht zu entreißen. Candur nahm diese Nachricht mit Begeisterung auf. Er ließ seine Zustimmung mitteilen, traf seinerseits die nötigen Vorbereitungen und rief hunderttausend Ritter zusammen. Aber begeben wir uns nun zurück zum Großkhan, der von diesem Verrat erfuhr.

WIE DER GROSSKHAN GEGEN NAIAM ZU FELDE ZOG

Als ihm zu Ohren kam, daß er verraten sei, traf der Großkhan alle Vorbereitungen für den Krieg; er hatte von seinen Feinden ja nichts zu befürchten, da er im Recht war. Als weiser und mutiger Mann kannte er keine Furcht. Eines stand fest, er würde nie die Krone tragen, wenn er nicht die beiden Tatarenherrscher tötete, die sich so verräterisch und illoyal verhielten, davon war er überzeugt. In zwei – oder in zwölf – Tagen ließ er in aller Stille rasch zum Kampfe rüsten; außer seinen engsten Beratern wußte niemand etwas davon. Er ließ dreihundertsechzigtausend Berittene und hundert Mann Fußvolk ausheben. Dies waren die einzigen Truppen, die ihm zur Verfügung standen, denn die anderen waren zu weit im Felde, um in so kurzer Zeit zurückkehren zu können: [fol. 34] Es war eine riesige, ja unendliche Menschenmenge, die sich in alle Provinzen

Folio 34
Nachdem er die Pläne seines Oheims Naiam, der ihn hinterrücks angreifen wollte, vereitelt hat, bezieht Kublai Khan unter größter Geheimhaltung Stellung und überrascht das gegnerische Lager. Naiam, der sich ein so plötzliches Auftauchen seines Neffen nicht einmal träumen ließ, gibt sich in seinem Zelt mit seiner Frau soeben den Freuden der Liebe hin, „denn er war ihr über alle Maßen zugetan". Der Überraschungseffekt wird durch die Gegenüberstellung der mit voller Wucht heranstürmenden Reiter Kublai Khans zur Rechten und der Ruhe des Soldatenlagers, illustriert durch die schlafende Wache am Fußende des Bettes des königlichen Paares, noch betont.

aufgemacht hatte, um Ländereien zu erobern. Hätte er all seine Truppen um sich versammelt, wäre es unmöglich, sich ihre Zahl auch nur vorzustellen, denn es waren ihrer unendlich viele. Diese sechzigtausend Ritter bestanden aus seinen Vertrauten, Falknern und Oberjägermeistern. Mit einer so bescheidenen Streitmacht ausgerüstet, ließ er seine Astrologen kommen und befragte sie, ob der Sieg sein sei und ob es ihm gelingen würde, seinen Feinden Schaden zuzufügen. Diese boten ihre ganze Kunst auf: Er konnte ohne Furcht in den Kampf ziehen, denn die Ehre des Sieges werde seiner Seite zukommen.
Zuversichtlich brach Kublai Khan mit seinem Heer auf. Zwanzig Tage später erreichte er die wunderschöne Ebene, in der Naiam und seine vierhunderttausend Ritter lagerten. Sie kamen so früh am Morgen und so unauffällig an, daß die Feinde ihrer nicht gewahr wurden. Denn die Vorhut des Großkhans überwachte die Wege und Straßen, und niemand konnte passieren. So war Naiam über seine Ankunft nicht unterrichtet. Seinen Männern fuhr bei dessen überraschender Ankunft der Schreck in die Glieder. Als die Streitmacht des Großkhans jene Naiams erreichte, befand sich dieser mit seiner Frau in seinem Zelt und ließ es sich gut gehen.

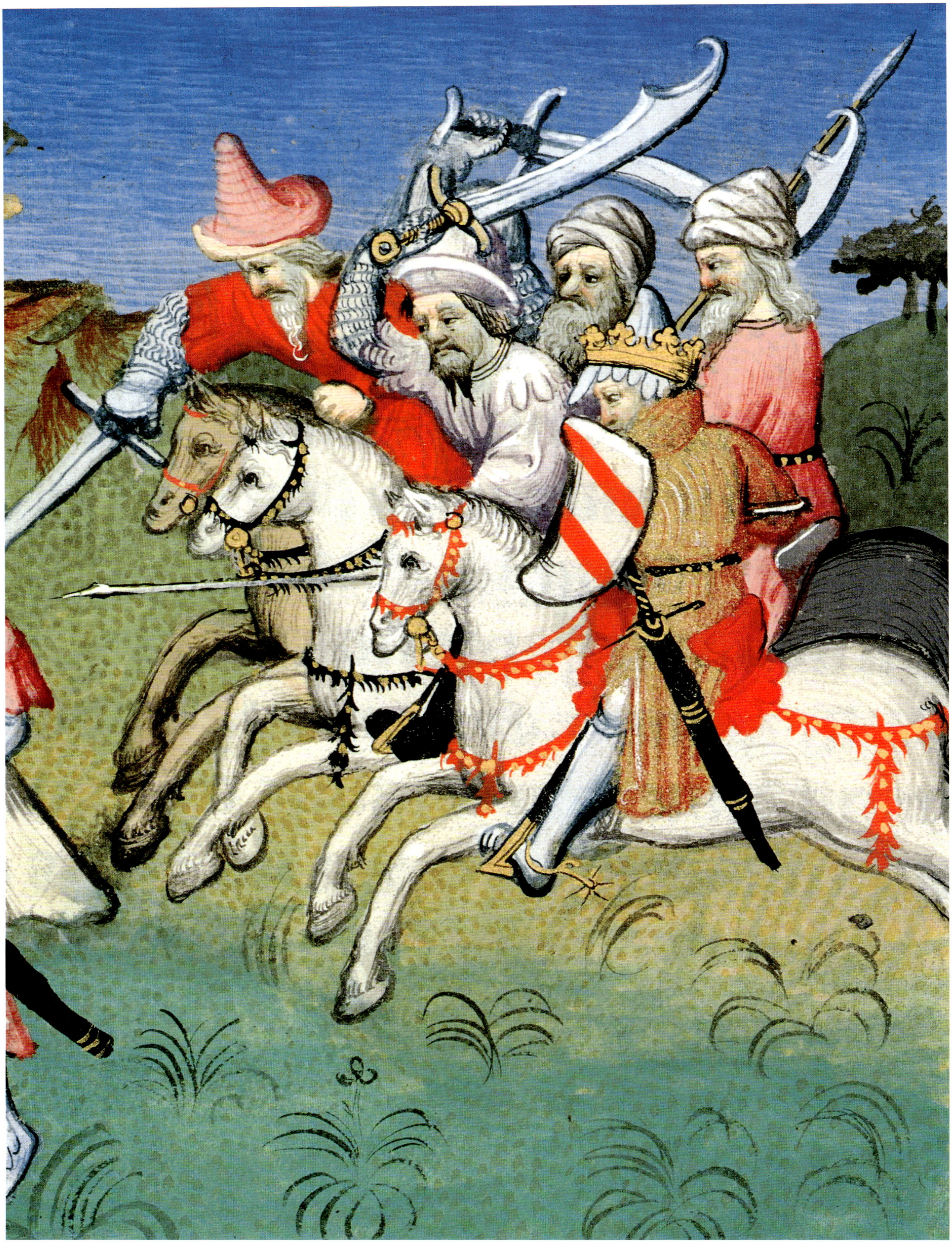

HIER BEGINNT DIE SCHLACHT ZWISCHEN DEM GROSSKHAN UND DEM VERRÄTER NAIAM [FOL. 34V]

Und was soll ich euch viel berichten! Bei Tagesanbruch war die Armee des Großkhans auf einer Anhöhe über der Ebene in Stellung gebracht, in der Naiam in seinem Zelt ruhte und sich keineswegs vorstellen konnte, daß man ihn angreifen würde. Seine Männer fühlten sich absolut sicher, sie hatten nicht einmal Wachposten aufgestellt, denn sie hatten von der Ankunft des Großkhans nicht die leiseste Ahnung. Sie meinten, daß alle Wege und Straßen gut bewacht seien, und lagerten an einem unbewohnten Ort, mehr als dreißig Tagemärsche vom Großkhan entfernt. Aber der Großkhan hatte diese Entfernung in nur zwanzig Tagen zurückgelegt, so eilig hatte er es, sich mit ihnen zu schlagen.

Und was soll ich euch noch viel erzählen! Der Großkhan stand auf der Anhöhe. Er ließ auf einem Elefanten ein solides Kastell errichten, auf dem er seine Feldzeichen so hoch im Winde flattern ließ, daß sie weithin zu sehen waren. Er hatte seine Armee in Schwadronen zu dreißigtausend Männern, zumeist Reitern, zusammengestellt; und jeder Berittene hatte einen Infanteristen mit einer Lanze rittlings hinter sich auf dem Pferde sitzen. So schien die Ebene vor Lanzen schier zu starren.

Das Heer des Großkhans war zum Kampfe bereit. Als sie seiner ansichtig wurden, liefen die Männer Naiams schreckerfüllt zu ihren Waffen. Sie rüsteten sich und bezogen in Kampfordnung Stellung. Der Kampf sollte beginnen, als man vielfältige Instrumentenklänge vernahm und alle aus vollem Halse einen Kriegsgesang anstimmten. Denn so ist es Brauch bei den Tataren, daß alle Soldaten vor dem Kampfe singen und auf ihren zweisaitigen Instrumenten feinste Töne erklingen lassen, bis schließlich die Trommelwirbel des Großkhans zu hören sind. Dies ist das Zeichen, daß der Kampf beginnen kann. Niemand würde sich vorwagen, bevor nicht die dumpfen Schläge der großen Trommel des Großkhans ertönen.

Es begann also, als sie alle in Stellung und zum Kampfe bereit waren, die große Trommel des Großkhans zu wirbeln und jene Naiams ebenso. So ließen beide Lager den Kampf mit Getöse einleiten. Die Fußtruppen ergriffen ihre gefürchteten Bögen, ihre Streitkolben, Lanzen, Schwerter und Armbrüste. Ihr Anblick war ein reines Wunder. Der Himmel verfinsterte sich mit Pfeilen, die von allen Seiten wie dichter Regen niederprasselten. Die Erde war mit Leichen, Bogenschützen oder berittenen Offizieren, die tödlich getroffen waren, nur so übersät. Den Donner Gottes hätte man inmitten dieses Getöses wohl kaum gehört. Es war ein schrecklicher, grauenerregender Kampf, die Männer verschonten einander nicht. Aber was soll ich euch viel erzählen? **[fol. 35]** Es war dies die mörderischste, schrecklichste, grausamste Schlacht, die man in der neueren Zeit gesehen, an der so viele Männer, vor allem Reiter, teilnahmen. Es waren ihrer wohl mehr als siebenhundertsechzigtausend, eine kolossale Menge, ohne die zahllosen Fußtruppen.

Vom Morgengrauen zog sich diese Metzelei nun schon bis zur Mittagsstunde hin. Schließlich errang der Großkhan, wie es Gott wollte, den Sieg. Naiam verlor die Schlacht, seine Truppen wurden aufgerieben. Als sie sahen, in welcher Übermacht ihnen die Männer des Großkhans gegenüberstanden, ergriffen die Männer Naiams die Flucht. Dies kam Naiam keineswegs zugute, er wurde gefangengenommen. Und alle Fürsten an seiner Seite warfen vor dem Großkhan die Waffen nieder.

Naiam war Christ; er war getauft und er ritt unter dem Zeichen des Kreuzes. Aber das half ihm nichts, denn er hatte ein großes Unrecht begangen, seinen Herrn anzugreifen, er, der ein Diener des Großkhans war und sein Land von ihm empfangen sollte, wie alle seine Vorfahren vor ihm.

WIE NAIAM GETÖTET WURDE

Der Großkhan war erfreut, daß man Naiam ergriffen hatte, und erteilte Befehl, ihn unverzüglich hinzurichten. Er richtete es so ein, daß er über jeden Zweifel, er würde ihn aus Gründen des Blutes schonen, erhaben war. Und dies war sein Schicksal. Er wurde in einen Teppich gewickelt und so fest in allen Richtungen durchgerüttelt, daß er starb. So geschah es, denn um der Ehre seines Reiches willen wollte Kublai Khan nicht, daß das Blut seiner Linie verschüttet würde, weder unter dem Himmel noch auf Erden oder im Angesicht der Sonne.

Sobald dieser Sieg errungen war, legten alle Fürsten und Männer der Provinzen Naiams den Treueeid auf den Großkhan ab. Wenden wir uns nun den vier Provinzen zu, die Naiam unterstanden. Die erste hieß Ciorcia,[104] die zweite Cauli,[105] die dritte Brastol,[106] die vierte Sichieigny:[107] Naiam war Herrscher über all diese Provinzen, und das war beileibe keine Kleinigkeit.

Nach der Niederlage Naiams konnten die Götzendiener und Muslime – es gab auch Christen – dieser vier Provinzen nicht umhin, die Christen wegen des Kreuzes auf der Standarte Naiams zu verhöhnen: „Seht nur, wie das Kreuz eures Gottes Naiam geholfen hat, ihm, einem treuen Diener Christi!" Das Gerücht kam schließlich auch dem Großkhan zu Ohren. Er warf es ihnen vor, und das vor den Christen. Sie mußten im Gegenteil froh sein, daß das Kreuz Naiam nicht beschützt habe, und das sei recht so. Es sei eine gute Sache; denn das Kreuz wußte wohl, was es tat, da Naiam ein ruchloser Verräter war, der sich gegen seinen Herrscher erhoben hatte. Er hatte nur bekommen, was er verdiente. „Das Kreuz eures Gottes hat wohl getan, indem es ihm nicht gegen jede Gerechtigkeit geholfen hat!" gab der Großkhan mit lauter Stimme von sich, auf daß es alle hörten. Die Christen aber antworteten ihm: **[fol. 35v]** „Ihr sprecht weise, hoher Herrscher, denn unser Kreuz eilt niemandem, der im Unrecht ist, zu Hilfe; deshalb hat es auch Naiam nicht geholfen, der schlecht und unehrenhaft gehandelt hat; das Kreuz wollte nicht ebenso handeln." Von diesem Tage an sprach sie kein Ungläubiger mehr darauf an, denn sie hatten die Worte des Großkhans wohl verstanden.

Wie sich der Grosskhan wieder in seine Stadt Cambaluc (Peking) begab

Nach seinem Sieg über Naiam begab sich der Großkhan wieder nach Cambaluc und ließ sich dort hocherfreut und zufrieden nieder. Als Candur, der andere Tatarenherrscher, erfuhr, daß Naiam besiegt und getötet sei, schmerzte ihn das sehr. Er stellte seine Kriegsvorbereitungen ein, war jedoch von Furcht erfüllt, ihn könnte das gleiche Schicksal ereilen wie Naiam.
Ihr habt also von dem einzigen Feldzug gehört, den der Großkhan selber führte. Für gewöhnlich überläßt er alle militärischen Angelegenheiten seinen Söhnen und Baronen, diese jedoch wollte er selbst ausführen, so groß erschien ihm die Gefahr, daß Naiam mit dem Leben davonkommen könnte. Aber lassen wir das und wenden wir uns den hehren Taten des Großkhans zu. Wir haben von seiner Familie und von seinem Alter gesprochen, nun aber werde ich euch von der Großmut erzählen, mit der er seine Barone belohnte, die sich im Kampfe tapfer erwiesen hatten. Wer hundert Mann unter sich hatte, sollte fortan tausend befehligen, wer tausend befehligte, sollte fortan zehntausend unter sich haben. So erwies er jedem nach Verdienst und Rang seinen Dank. Und er bot ihnen darüber hinaus feinstes Tafelsilber und alle Arten schönen Hausrats an. Gleichzeitig verlieh er ihnen eine höhere Befehlstafel. Er beschenkte sie auch reichlich mit Gold und Silber, mit Perlen und Edelsteinen und auch mit Pferden. Er überschüttete sie nur so mit Aufmerksamkeiten. Und sie hatten es wohl verdient, denn niemals hat man Männer gesehen, die mit solch großem Mute für die Liebe und Ehre ihres Herrn gekämpft haben, wie diese an jenem Tage.
Mit den Befehlstafeln verhält es sich so: Wer hundert Mann befehligt, verfügt über eine Silbertafel, wer tausend Mann befehligt, erhält eine Tafel aus Gold oder aus vergoldetem Silber, wer zehntausend Mann befehligt, eine Goldtafel mit Löwenkopf. Sie haben folgendes Gewicht und folgende Bedeutung: Die Tafel jener, die hundert oder tausend Männer unter sich haben, wiegt hundertzwanzig [saggi], ebenso wie jene mit einem ziselierten Löwen im Besitze derer, die zehntausend Männer unter sich haben. Alle tragen folgende Inschrift eingraviert: „Durch die Kraft des allmächtigen Gottes und durch die Gnade, die er unserem Reich erweist, gesegnet sei der Name des Großkhans! Wer ihm nicht gehorcht, möge auf der Stelle tot umfallen und vom Erdboden verschwinden!" Die Überbringer dieser Tafeln sind ebenso Nutznießer eines großen Privilegs, das ihnen schriftlich bestätigt, was sie innerhalb ihres Herrschaftsbereiches tun dürfen. Und wisset weiter, daß jene, die hunderttausend Mann befehligen oder [fol. 36] eine große Armee führen, Goldtafeln innehaben, die an die dreihundert [saggi] schwer sind. Sie tragen die gleiche Inschrift wie alle anderen. Unter der Inschrift ist ein Löwe unter dem Zeichen der Sonne und des Mondes eingraviert. Auch sie besitzen große Privilegien, die ihre Ehrentaten und ihre großen Befehle enthalten. Den Inhabern dieser edlen Tafeln muß beim Reiten ein Baldachin, genannt *Ambriel*, schützend über den Kopf gehalten werden, der auf Lanzen zu tragen ist, um ihre Macht zu demonstrieren. Und sie dürfen nur auf einem Silberthrone sitzen. Den größten seiner Fürsten erteilt der Großkhan jedoch die Tafel mit den Gerfalken, dann haben sie so viel Macht und Einfluß wie er. Sendet er Boten aus, so kann der Inhaber dieser Tafel die besten Pferde beanspruchen und dazu alles, was er begehrt. Aber lassen wir dies beiseite und sprechen wir davon, wie der Großkhan aussieht und wie er ist.

Folio 36
Auf einer länglichen Bank mit prallgefüllten Kissen, deren Rückenlehne mit Arkaturen geschmückt ist, sitzen die vier Gemahlinnen Kublai Khans. Sie scheinen miteinander zu plaudern. Jede befindet sich in Begleitung eines ihrer Söhne. Die Mongolenprinzessinnen sind hier als blonde, nach französischer Mode gekleidete Damen dargestellt, auf dem Kopf eine Krone mit feinsten Perlen und Juwelen.

Er berichtet über das Äussere des Grosskhans

Der Großkhan, Herrscher aller Herrscher, Kublai Khan, sieht so aus. Weder groß noch klein, sondern von mittlerem Wuchse, ist er gut gebaut. Er steht gut im Fleische, gerade richtig, und seine Gliedmaßen sind wohlgeformt. Sein Teint ist weiß und karmesinrot, seine Augen grau, seine Nase schön geschnitten. Er hat vier Frauen; es sind alle seine rechtmäßigen Ehefrauen. Der älteste Sohn wird beim Tode des Vaters sein berechtigter Nachfolger und Herrscher über das Reich. Alle Frauen des Großkhans tragen den Titel einer Kaiserin, doch hat jede [fol. 36v] auch einen anderen Namen. Eine jede hält in ihrem Palast prachtvoll Hof, umgeben von dreihundert wunderschönen Jungfrauen, von Eunuchen, Knappen, Männern und Frauen in großer Zahl, insgesamt mindestens zehntausend Personen. Wünscht er, bei einer von ihnen zu schlafen, so läßt sie der Herrscher zu sich kommen, oder er begibt sich selbst zu ihr.
Der Großkhan verfügt jedoch auch über manch andere Freundin, und dies verhält sich so. Die Migeat[108] sind ein Tatarenstamm von ausnehmender Schönheit. Jedes Jahr schicken sie

dem Großkhan die schönsten ihrer jungen Mädchen. Die Anstandsdamen des Palastes wachen über sie, ja sie schlafen sogar in ihrem Bett, um ihren Atem zu kontrollieren und sich zu vergewissern, daß sie gesund sind. Sobald sie sie als schön, brav und in allen Punkten für gesund befunden haben, schicken sie sie zum Herrscher, dem sie in Gruppen zu sechs drei Tage und Nächte lang zu Diensten sind. In seinem Zimmer, in seinem Bett erweisen ihm die Mädchen ihre Dienste und erfüllen ihm jeden Wunsch. Er macht mit ihnen, was er will. Nach sechs Tagen gehen diese jungen Mädchen und sechs neue kommen dafür. Und so geht es das ganze Jahr fort, alle drei Tage und drei Nächte verfügt er über sechs neue junge Mädchen.

Von den Söhnen des Grosskhans

Der Herrscher bekam von seinen vier Ehefrauen vier Söhne geschenkt. Der älteste hieß Dschingis, zu Ehren des hochwürdigen Dschingis Khan, des ersten Herrschers der Tataren. Er sollte nach dem Tode seines Vaters regieren, jedoch erlebte er dies nicht. Dschingis hatte einen Sohn namens Temur, der beim Tode seines Großvaters der legitime Großkhan sein wird, denn er ist der Sohn des ältesten Sohnes des Großkhans. Dieser Temur hat sich schon oft als äußerst wacker und weise erwiesen. Der Großkhan hat noch weitere fünfundzwanzig Söhne von seinen Mätressen, alles gute und tapfere Anführer, allesamt große Fürsten. Und eines steht fest, sieben der Kinder, die er von seinen rechtmäßigen Ehefrauen hat, stehen heute an der Spitze riesiger Provinzen und weitgedehnter Königreiche, die sie ohne Fehl und Tadel regieren. Weise und kühn sind sie, wie es auch ihr Vater, der Großkhan, immer war. Denn er war der klügste und verdienstvollste aller Heerführer, der geschickteste Führer von Menschen und Lenker des Reiches, einen größeren als ihn hat es bei den Tataren nie gegeben. Nachdem ich euch vom Großkhan, seinen Frauen und Söhnen berichtet habe, werde ich euch nun von seinem Hofe erzählen. [**fol. 37**]

Folio 37
Im Januar und Februar residiert Kublai Khan gewöhnlich in seinem Palast zu Peking. Der Maler hat die eher komplexe Beschreibung Marco Polos vereinfacht, indem er ein vierseitiges befestigtes Gebäude darstellt, mit zinnengekrönten Mauern und luxuriös dekorierten Innenräumen. Durch viereckige Glasfenster sind die gold- und silbergezierten Wände der Gemächer zu sehen, auf denen Löwen, Drachen sowie andere Tiere „und viele wunderschöne Dinge mehr" dargestellt sind. Den Krummsäbel im Gürtel und den Streitkolben in der Hand, sind Wachen vor den Toren postiert.

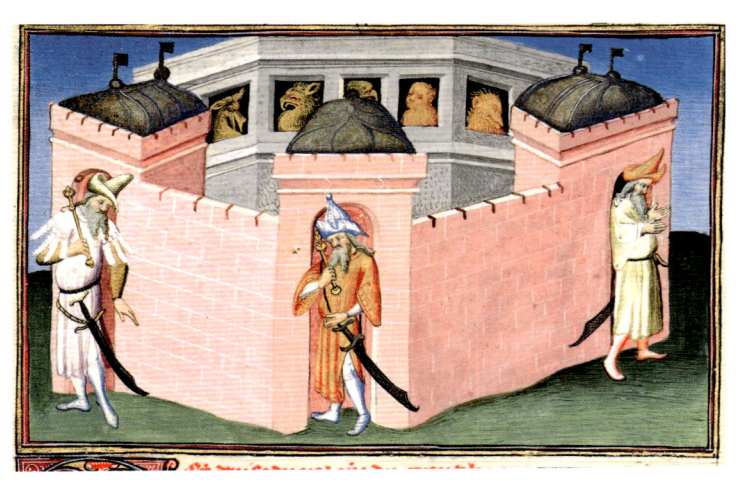

Er spricht über den Palast des Grosskhans

Für drei Monate im Jahr, von Dezember bis Februar, bezieht der Großkhan in Cambaluc (Peking), der Hauptstadt von Catay, seine Residenz. Dort wohnt er in einem herrlichen Palast, der von einer vier Meilen langen Mauer umgeben ist, auf einer Seite jeweils eine Meile. Diese ist ganz weiß, mit Zinnen versehen und wohl an die zehn Fuß hoch. Jede Ecke wird von einem prächtigen Palast eingenommen. Hier bewahrt man das Kriegsgerät des Herrschers auf, Bögen, Köcher, Sättel, Zaumzeug, Taue, Pfeile und alles, was man für einen Feldzug braucht. An der Mitte jeder Seite erhebt sich ebenfalls ein Palast, der jenen an den vier Ecken in allem ähnlich ist. Über die gesamte Länge der Mauer sind demnach acht riesige Paläste verteilt, die bis oben hin mit Kriegsgerät des Herrschers gefüllt sind. Tatsächlich ist in jedem Palast nur jeweils eine Art Gerät untergebracht: in einem die Bögen, in einem anderen die Sättel, im dritten das Zaumzeug und so fort.

In der südseitigen Mauer sind fünf Tore eingelassen. Das mittlere Tor wird nur geöffnet, wenn der Großkhan einen Feldzug unternimmt. Auf jeder Seite dieses Mitteltors gibt es noch zwei weitere, also insgesamt fünf. Durch diese vier kleineren, voneinander völlig getrennten Tore tritt man ein. Zwei befinden sich an den Ecken und zwei weitere zur Mitte hin. Diese Südmauer [**fol. 37v**] ist eine Meile lang.

Im Inneren dieser Mauer erhebt sich eine zweite Mauer, die etwas länger ist als breit, mit weiteren acht Palästen, ähnlich denen der Außenmauer. Auch darin wird Kriegsgerät des Herrschers verwahrt. Auch diese Südseite hat fünf Tore, in gleicher Weise wie die äußere Mauer. Und in gleicher Weise gibt es ein Tor an jeder anderen Ecke. Innerhalb dieser Mauern erhebt sich der Palast des Herrschers. Und so sieht er aus.

Es ist der größte Palast der Welt. Er ist nicht in die Höhe gebaut, es gibt nur ein einziges Geschoß, dessen Kachelboden etwa zehn Handspannen über dem Boden beginnt. Das Dach ist überaus hoch. Die Wände der großen Säle und der Zimmer sind über und über mit Gold und Silber bedeckt und mit Drachen und sonstigem Getier, Vögeln, Reitern, Statuen und vielen anderen Motiven bemalt. Auch das Dach ist so beschaffen, daß es nur aus Gold, Silber und Malereien zu bestehen scheint. Der Palast ist so weitläufig, daß zumindest sechstausend Gäste darin speisen können, und er hat so viele Zimmer, daß es ein wahres Wunder ist. Man könnte sich keinen vollkommeneren Palast vorstellen, so groß und wunderbar ist er. Die Dachträger sind in Rot, Gelb, Grün, Gold und in vielen anderen Farben gehalten. Mit großem künstlerischen Geschick lackiert, glänzen sie wie Kristall und lassen den Palast weithin erstrahlen. Fest und sicher, ist dieses Dach für die Ewigkeit gebaut.

Zwischen den Umfassungsmauern erstrecken sich herrliche Wiesen und erfrischende Gärten, worin sich tausend Tiere, Hirsche, Rotwild, Ziegen, Rehe, verschiedenste Eichhörnchenarten und zahllose Moschustiere tummeln, sowie noch viel anderes Getier, das gar herrlich anzusehen ist. Die Tiere laufen überall frei herum, außer auf der Straße, auf der die Menschen ein und aus gehen. Und von einer Ecke zur anderen erstreckt sich ein äußerst fischreicher See. Der Herrscher hat Fische einsetzen lassen, und wenn ihm der Sinn danach steht, kann er so viele bekommen, wie er nur will. Ein Wasserlauf fließt durch den See, der jedoch vergittert ist, damit kein Fisch aus dem See entkommen kann. Einen Bogenschuß entfernt im Norden gibt es einen Hügel, der

89

von Menschenhand aufgeschüttet wurde. Er ist hundert Fuß hoch und eine Meile lang. Er ist mit immergrünen Bäumen bedeckt, die das ganze Jahr lang belaubt sind. Hört der Herrscher von der Existenz eines Baumes mit besonderen Essenzen, so läßt er ihn alsbald mitsamt der Erde und den Wurzeln auf diesen Hügel verpflanzen. Und sei er auch noch so groß, dann wird er eben von Elefanten hierher gebracht. So besitzt der Großkhan die seltensten Essenzen der Welt. Der Herrscher ließ den Hügel [fol. 38] auch mit grünen [Steinen] bedecken, so daß er jetzt vollständig grün ist. Man nennt ihn deshalb den Grünen Berg. Auf der Spitze des Hügels erhebt sich ein gar herrlicher Palast, außen und innen von grüner Farbe. Der Hügel, die Bäume und der Palast bieten ein Schauspiel von so erlesener Schönheit, so großer Herrlichkeit mit all diesem [Grün], daß allein seine Betrachtung schon Glück und Freude schenkt. Und genau deswegen, der reinen, ausgelassenen Freude wegen, hat ihn der Großkhan erbauen lassen.

Folio 38
In diesem Kapitel erzählt Marco Polo, daß Kublai Khan für seinen Enkel und Thronfolger Temur neben seinem eigenen Palast einen ähnlichen errichten ließ. Die beiden Bauwerke sind durch einen Fluß voneinander getrennt, der im Vordergrund vorüberfließt, vermutlich mit dem Peh Ho, dem „weißen Fluß" zu identifizieren. Unweit dieses Gerinnes hat der Großkhan die Stadt Peking wiedererbauen lassen, die damals Cambaluc hieß. Sie ist als Festung zu erkennen, die der Maler zwischen grüne Hügel gesetzt hat. Von einer mächtigen, zinnengekrönten Mauer umgeben, mit einem Gefängnis am Haupttor, sind neben einem großen Zwiebelturm noch zwei weitere längliche Gebäude zu sehen, deren Treppengiebel an flämische Häuser erinnern. Zwei Wachen unterhalten sich vor dem Gefängnis; zwei weitere patrouillieren zu Pferde durch die nähere Umgebung der Stadt.

Er berichtet über den Palast, der dem Sohn des Großkhans gehört

Neben diesem Palast ließ der Großkhan einen zweiten erbauen, der dem ersten vollkommen gleicht. Nichts fehlt. Dieser ist für seinen Sohn, welcher dereinst als Herrscher regieren wird. Er ließ ihn genau gleich errichten, so daß sein Sohn jetzt schon alles in Anspruch nehmen kann, was ihm nach dem Tode seines Vaters gebühren wird. Er ist vor allen Dingen der Siegelverwahrer des Reiches, jedoch nicht in dem Maße wie der Großkhan, solange dieser noch am Leben ist. Ich habe euch den Palast des Großkhans und den seines Sohnes beschrieben, nun werde ich euch über Cambaluc, die große Stadt Catays, und über ihre Paläste berichten, warum und wie sie erbaut wurde.
Einst erhob sich an diesem Ort eine große Stadt, die Cambaluc hieß, was in unserer Sprache so viel bedeutet wie „Stadt des Herrn". Die Astrologen des Großkhans sagten voraus, daß sie sich abspalten und gegen das Kaiserreich erheben würde. Der Großkhan ließ also [fol. 38v] daneben, auf der anderen Seite des Flusses, eine zweite Stadt, die heutige Stadt Cambaluc, erbauen und siedelte die Einwohner der alten in die neue Stadt um, die er soeben gegründet hatte.
Es ist dies eine riesige Stadt, vierundzwanzig Meilen im Quadrat, mit einer Seitenlänge von sechs Meilen. Sie ist von einem Erdwall umgeben, der mit weißen Kacheln bedeckt ist. Diese Mauer ist mehr als zwanzig Fuß hoch, an ihrer Basis zehn Fuß breit und drei an der Spitze, denn sie verjüngt sich nach oben hin. Die Stadt hat zwölf Tore; über jedem erhebt sich ein herrlicher Palast, ebenso in jeder Ecke. So befinden sich an jeder Seite des Quadrates drei Tore und fünf Paläste. In den weitläufigen Hallen dieser Paläste werden die Waffen der Stadtwächter aufbewahrt. Die Straßen sind absolut rechtwinkelig zueinander; so kann man von einem Tor bis zum anderen blicken. Tausend prachtvolle Paläste, große, schöne Herbergen, gute Gasthäuser und schmucke Villen zählt die Stadt. In ihrem Zentrum erhebt sich ein glänzender Palast. Hat die Turmuhr nachts drei geschlagen, so ist es jedermann verboten, sich in der Stadt zu bewegen. Und tatsächlich traut sich niemand auf die Straße, außer um einer Gebärenden zu Hilfe zu eilen oder um Kranke zu pflegen. [Des Nachts] stehen an jedem Tor tausend bewaffnete Männer Wache. Nicht, daß sie irgend jemanden auf der Welt fürchteten, sondern es ist dies eine Art, ihren Herrscher zu schützen und zu ehren. So vermeiden sie jeglichen Diebstahl in der Stadt. Nachdem ich euch die Stadt und ihre Menschen beschrieben habe, will ich euch nun erzählen, wie der Großkhan Hof hält und noch vieles mehr. So höret zu! [fol. 39]

Wie sich der Großkhan von zwölftausend berittenen Männern, den Quesitan, bewachen lässt[109]

Die Vornehmheit und Größe des Großkhans will es, daß er sich von zwölftausend berittenen Männern, den *Quesitan*, bewachen läßt, was auf deutsch so viel heißt wie „die treuen Ritter des Herrn". Nicht, daß er irgend jemanden fürchtete, es vergrößert sein Ansehen. Vier Kapitäne lenken diese zwölftausend Männer, ein jeder hat dreitausend unter sich. Diese dreitausend Männer kommen für drei Tage und drei Nächte in den Palast, wo sie Speis und Trank erhalten. Danach kommen weitere dreitausend, die für drei Tage und drei Nächte Wache halten, und wieder andere, bis zwölftausend voll sind, dann beginnen sie von vorne. So wird der Palast des Großkhans das ganze Jahr hindurch von dreitausend Berittenen bewacht, die *Quesitan* genannt werden.

Sitzt der Großkhan einem Festmahl vor, so befindet sich seine Tafel auf einem Podest. Er sitzt im Norden und blickt gen Süden. Seine erste Frau sitzt zu seiner Linken, während sich seine Söhne, Enkel und jene aus der kaiserlichen Linie zu seiner Rechten sehr viel weiter unten plazieren. Ihre Köpfe befinden sich so in Fußhöhe der oberen Reihe. Die anderen Barone nehmen noch weiter unten Platz. Das gleiche gilt für die Frauen. Die Ehefrauen der Söhne des Herrschers, die seiner Enkel und Verwandten setzen sich zu seiner Linken etwas weiter unten. Danach kommen die Frauen der Barone und Ritter, die noch etwas weiter unten Platz nehmen. Jeder sitzt an dem Platz, den ihm der Herrscher zugewiesen hat. Wieviele Gäste auch immer zu bewirten sind, die Tische werden immer so angeordnet, daß der Großkhan sie alle überblicken kann. [fol. 39v] Und weitere vierzigtausend Gäste, die dem Herrscher allerlei Geschenke darreichen, speisen draußen vor dem Saal. Es sind dies im allgemeinen Gäste aus dem Ausland, die oft kuriose Geschenke bei sich haben.

In der Mitte des Saales steht ein großer Topf aus feinem Gold, der so viel Wein enthält wie ein Gemeindefaß; an jeder der vier Ecken steht ein weiterer Topf; diese vier kleinen Töpfe sind, wie der große, mit köstlichen Getränken aus wohlschmeckenden, feinen Gewürzen gefüllt. Man schöpft den Wein mit bauchigen Gefäßen aus reinem Gold heraus, von denen eines reicht, um den Durst zweier Gäste zu stillen. Diese Gefäße werden zwischen jeweils zwei Personen auf den Tisch gestellt, die sich daraus in einen Humpen aus Gold mit kleinen Henkeln einschenken. Die Damen besitzen ihre eigenen. Diese Gefäße und Humpen aus reinem Gold sind überaus wertvoll. Wer sie nicht selbst gesehen hat, kann den Reichtum des Großkhans wohl nie ermessen. Dieser ist absolut unfaßbar, so viel Gold- und Silbergeschirr besitzt der Großkhan. So mancher hochrangige Fürst übernimmt es, Fleisch und Getränke zu servieren. Damit ihr Geruch oder ihr Atem die Speisen, die sie auftragen, nicht verderbe, tragen sie Gold- und Seidenservietten schützend vor dem Munde. Will der Großkhan trinken, so beginnen alle Instrumente des Saales zu klingen. Und hält er den Kelch in seinen Händen, so knien all seine Gäste, auch seine Barone, voller Demut vor ihm nieder. Und das jedesmal, wenn er trinkt. Der Großkhan hat großen Überfluß an allen möglichen Sorten Fleisch. Davon berichte ich euch jedoch nichts, das mag wohl jedem einleuchten. Sobald alle, Barone, Ritter, aber auch die Frauen, die an dem Festmahle teilnehmen, gegessen haben, wird die Tafel aufgehoben. Sodann kommen die Jongleure, Artisten und Spaßmacher, die viel Freude daran finden, den Großkhan und seine Gäste zu unterhalten. Es herrscht eitel Wonne, Freude und Vergnügen. Ist das Fest zu Ende, kehren alle wieder nach Hause zurück.

Folio 39
Um die Speisezeremonie des Großkhans zu veranschaulichen, hat der Maler den großen Saal vom Palast getrennt dargestellt, in den kaiserlichen Gärten nahe der Festungsmauer. Aus dem Saal, der im Text nicht beschrieben ist, machte er einen sechseckigen Raum, der die Sitzordnung der Personen laut den Angaben des Erzählers ermöglicht: Im Norden sitzt Kublai Khan, zu seiner Linken seine Ehefrauen, zu seiner Rechten seine Söhne. Die Speisen und Getränke werden von „großen Baronen" – drei tragen zum Zeichen ihres hohen Ranges eine Krone – in Gold- und Silbergeschirr serviert. Die leichten Seidentücher vor Nase und Mund zum Schutze der Speisen sind jedoch nicht zu sehen.

Et des merueilles

Comment le grant kaan se fait garder a xii. mille hommes a cheual q̃ sapelle questhã.

Or sachies que le grant kaan se fait garder par la noblesce et grandesce a xii. mille hommes a cheual et sont appelles questruans. qui vault a dire en francois cheualiers feels au saigñr et ne le fait pas pour doubtance de nul homme mais pour grant haultesce. et ont les xii. mille hommes iiii. cheuetai nes. car chascun est cheuetaine de iii. mille hommes. Et ces iii. demeurent au palais du seigneur trois iours et trois nuis. et mangue et boiuent leans. et puis sen vont et viennent les autres trois mille et garder autant. et puis sen partent et reuienent les autres. Sy que on le garde toutes fois a trois mille hommes a cheual. et sont appelle questhans comme dit est Iusques a xii. mille. et puis recommencent de rechief et ainsi uait tout lan. Et quant le grant kaan tient table pour aucune court quil face. Il assiet en tel maniere. car sa table est plus haulte beaucop que nulle autre de leans. Il siet en tremontaine. si que son vis est contre midy. Et sa premier femme siet de rou ste lui de la senestre partie. Et de la destre partie auecques plus bas sient ses filz et les nepueur auecques toute de lempriai ligne. Et sont si bas que leurs chiefz vienent aux pies du grant sir. Et puis les autres barons sient es autres ta bles plus bas. Et ainsi uait des femmes. Car toutes les femmes aux filz du sei gneur. et de ses nepueur. et de ses parus sient a la senestre partie auecques plus bas. Et apres sient toutes les autres dames des barons. et des cheualiers aug; plus bas. car chascun siet selonc son lieu. qui est ordonne par le seigneur. Et sot les tables en tel maniere que le seigneur les puet tous veoir dun chief a autre

Folio 40
Das „Weiße Fest" zu Jahresbeginn ist so benannt, da jedermann, im Rahmen seiner Möglichkeiten, zu diesem Anlaß weiße Kleidung tragen muß, denn die Farbe gilt als gutes Vorzeichen. Die Untertanen des Großkhans tauschen dabei gute Wünsche aus, die sie während der Zeremonie, die von einem Weisen geleitet wird, an ihren Souverän richten. Auf Geheiß des Weisen werfen sie sich vor dem Herrscher nieder wie vor einem Gott, dann werden die Geschenke dargebracht. Es scheint, als wollte der Maler beim Begriff der Götzendienerei verweilen, indem er die Anbetung des Herrschers als Gottheit dargestellt hat. Am Fuße einer Säule im Inneren des Palastes, auf der ein goldener Götze thront, überreichen die knienden Fürsten einem Weisen Geschenke, die sie für den Großkhan mitgebracht haben.

Er berichtet von dem überwältigenden Geburtstagsfest des Großkhans

Die Tataren feiern jedes Jahr Geburtstag. Der Großkhan ist am achtundzwanzigsten Tage des Septembermondes geboren. An diesem Tage feiert man seinen Geburtstag. Es ist dies das prunkvollste Fest des Jahres, neben dem Neujahrsfest, von dem ich euch sogleich erzählen werde. An diesem Tage kleidet sich der Großkhan in seine schönsten Goldgewänder. Und wohl an die zwölftausend Männer und Ritter kleiden sich ebenso. **[fol. 40]** Ihre Gewänder sind nicht so reich ausgestattet wie die des Großkhans, jedoch alle in derselben Farbe, aus goldgewobener Seide. Auch tragen alle einen goldenen Gürtel. Kleider und Gürtel sind Geschenke des Großkhans. Einige dieser Gewandungen sind mit so vielen Perlen und Edelsteinen bestickt, daß sie gut und gerne zehntausend Goldbyzantiner wert sind. Dreizehn Mal im Jahr beschenkt der Großkhan seine Barone und Ritter mit solch wertvollen Gewändern. Bei jedem Fest kleiden sich alle in der gleichen Farbe, jedesmal in einer anderen. Es ist eine ganz ungewöhnliche Sache, kein anderer Herrscher der Welt könnte sich jährlich solches leisten. Und am Tage seiner Geburt erhält er von allen Tataren des Erdkreises und von den Menschen aus allen Regionen seines Reiches großzügige Geschenke, ein jeder so viel er gemäß seiner Stellung und seinem Reichtum vermag. Wieder andere kommen mit ihren Geschenken und erhalten dafür diese oder jene Gunst. Zwölf ausgewählte Barone des Großkhans sind zugegen und geben jedem, was ihm gebührt. Und an diesem Tage pflegen alle, ob Götzendiener oder Muslime, Christen oder Menschen anderer Konfessionen, das Gebet, alle bitten ihren Gott mit Gesängen, Lichtern und Weihrauch, ihren Herrscher zu beschützen und ihm ein langes, freudvolles Leben in Gesundheit zu gewähren. So dauern die Freudenbezeigungen an seinem Geburtstage den ganzen Tag. Aber genug davon, wir werden euch nun über das große Fest berichten, das sie am Neujahrstage feiern und das sie das Weiße Fest nennen.

[FOL. 40V]
ER BERICHTET ÜBER DAS GROSSE FEST, DAS DER GROSSKHAN ZUM NEUEN JAHR FEIERT

Ihr Jahr endet im Februar. Und dies ist das Fest, das der große Herrscher mit seinen Untertanen feiert. An diesem Tage ist es Brauch, daß sich der Großkhan und alle seine Untertanen von Kopf bis Fuß in weiße Gewänder hüllen. Männer, Frauen, jung und alt, alle sind weiß angezogen. Sie denken, daß dies Glück und Wohlergehen bringen werde. Und so geschieht dies zu Beginn des Jahres, auf daß ihnen das ganze Jahr Glück und Freude beschert sei. An diesem Tage bringen alle Menschen aus allen Provinzen, Regionen, Königreichen und anderen Gegenden dem Großkhan gar herrliche Geschenke dar, Gold und Silber, Perlen und Edelsteine und so manchen wertvollen Stoff. Und dies geschieht darum, daß sich der Herrscher das ganze Jahr über daran erfreue und großes Vergnügen daraus ziehe. Auch tauschen sie untereinander Geschenke von weißer Farbe aus, sie küssen und umarmen sich und sind vergnügt, auf daß sie das ganze Jahr über von Glück und Freude erfüllt seien.

An diesem Tag des Weißen Festes hält man mehr als hunderttausend vortreffliche, äußerst wertvolle Pferde und mindestens fünftausend Elefanten am Hofe des Großkhans; sie sind alle mit reichbestickten, wundervollen Stoffen bedeckt und tragen das Tafelgeschirr des Herrschers und viele andere wertvolle Gegenstände. Auch gibt es eine Menge Kamele, die mit Stoffen und anderem Gepäck herrlich beladen sind. Alle paradieren sie vor dem Großkhan. Es ist das schönste Schauspiel der Welt.

Des Morgens, noch bevor die Tische aufgestellt sind, versammeln sich alle Könige, Herrscher, Grafen und Herzöge, Markgrafen, Barone und Ritter, Astrologen und Philosophen, Ärzte, Falkner und viele andere Offiziere aus den umliegenden Gebieten im großen Saal des Herrschers; wer nicht eintreten kann, bleibt in Sichtweite draußen stehen. Ein jeder hat seinen Platz: Zuerst kommen die Söhne des Herrschers, seine Enkel und die kaiserliche Familie; danach die Könige, Herzöge und jeder nach seinem Rang. Wenn alle sitzen, erhebt sich einer der Ehrenwertesten: „Werft euch nieder und betet an!" ruft er mit lauter Stimme aus. Und sie werfen sich nieder, berühren die Erde mit ihrer Stirn, beten zum Herrscher und verehren ihn wie einen Gott. Und das geschieht viermal hintereinander. Dann schreiten sie vorwärts zu einem festlich geschmückten Altar mit einer purpurnen Tafel, in die der Name des Großkhans eingraviert ist. Dort steht auch ein wunderschönes Weihrauchgefäß aus Gold. Und voll der Verehrung, versprengen sie Weihrauch auf der Tafel und auf dem Altar. Danach kehrt jeder an seinen Platz zurück. Daraufhin reichen sie sich gegenseitig in Gegenwart des Großkhans die herrlichsten Geschenke dar. [fol. 41] Die Tische werden gedeckt und jeder setzt sich an seinen Platz. Nach Beendigung des Mahls erfreuen die Jongleure den Hof, und dann kehrt jeder nach Hause zurück.

Ich habe euch also über das Weiße Neujahrsfest berichtet, nun aber will ich euch von den Gewändern erzählen, die der großzügige Herrscher an seine Barone verschenkt, auf daß sie zu den von ihm festgelegten Anlässen getragen werden.

Folio 41

In einer von zwei Pferden getragenen Sänfte sitzend ist Kublai Khan in Begleitung einiger „Barone" aus seiner Ehrengarde zu sehen. Die vier Männer, einer an jeder Ecke der Sänfte, tragen wertvolle scharlachrote Tuniken, wahrscheinlich eines der dreizehn Gewänder, die der Kaiser in immer anderen Farben an seine zwölftausend Quesitan zu jedem der dreizehn großen Feste des Jahres verschenkt. Nach dem Inhalt der folgenden Kapitel zu schließen, begibt sich der Herrscher wahrscheinlich zur Jagd, wobei der Künstler vielleicht mit Absicht die Quesitan und die Eskorte der Oberjagdmeister verschmelzen ließ. Einige von ihnen sollen eine karmesinrote Uniform getragen haben, wie aus Folio 42, aus der Passage über die mit der Hundehaltung betrauten Fürsten, zu entnehmen ist.

ER SPRICHT VON DEN ZWÖLFTAUSEND BARONEN, VON DENEN JEDER DREIZEHN HERRLICHE ROBEN FÜR DIE PRUNKVOLLEN FESTE ERHÄLT

Jedem der zwölftausend von ihm ernannten Barone, hat der Großkhan dreizehn herrliche Roben vermacht, jede in einer anderen Farbe: zwölftausend sind von einer Farbe, zwölftausend von einer anderen und so weiter, dreizehn Mal im Jahr. Sie sind alle mit Edelsteinen, Perlen und gar wunderbaren, sehr wertvollen Parüren bestickt. Zu jeder Robe hat er ihnen einen wunderschönen unbezahlbaren Goldgürtel geschenkt, dazu ein Paar Lederstiefel, *camut*[110] [genannt]; es ist dies bulgarisches Leder, das mit Silberdrähten fein durchwirkt ist. So kleiden sich diese Barone zu jedem dieser Feste gleich einem König. Auch der Großkhan selbst kleidet sich wie seine Barone, jedoch sind seine Gewänder noch prunkvoller. [fol. 41v] Es ist alles von unschätzbarem Reichtum. So kleiden sich der große Herrscher und seine Barone zu diesen Anlässen in ein und derselben Farbe.

Ich habe euch also von den dreizehn Roben erzählt, die die zwölftausend Barone von ihrem Herrn erhalten – insgesamt hundertsechsundfünfzig [tausend] wertvolle, unschätzbar teure Gewänder, die Gürtel und Stiefel nicht mitgerechnet, die an sich schon einen großen Wert darstellen –, und all dies, damit prunk- und prachtvolle Feste gefeiert werden können.

Hier komme ich nun zu etwas ganz Außergewöhnlichem, das ich vergaß, euch zu erzählen. An diesem Festtage führt man dem Herrscher einen mächtigen Löwen vor. Beim Anblick des Großkhans wirft sich der Löwe diesem in größter Unterwürfigkeit zu Füßen, als ob er ihn als Herrn anerkennen wollte, und bleibt so vor ihm liegen, ganz ohne Ketten. Wer dies nicht mit eigenen Augen gesehen, wird Mühe haben zu glauben, was ich hier erzähle.

Nachdem ich euch diese Feste beschrieben habe, werde ich euch nun von der großen Jagd erzählen, zu der der Herrscher bläst, um in Cambaluc (Peking), seiner Hauptstadt von Catay, Wild zu haben.

WIE DER GROSSKHAN EINEM TEIL SEINER LEUTE BEFAHL, IHM WILD ZU BESCHAFFEN

Während der drei Monate, die der Herrscher in seiner Hauptstadt zubringt, von Dezember bis Februar, ist es Brauch, daß jeder im Umkreis von sechzig Tagereisen für ihn jagt und ihm den besten Teil des Wildes schickt: Wildschweine, Rehe, Rotwild, Hirsche, Löwen, Bären und Bärinnen, wie auch alle anderen Wildtierarten und Vögel. Sie weiden die Tiere aus und schicken sie, auf Karren gebunden, an den Herrscher. So machen es jene, die zwanzig oder dreißig Tage von Cambaluc entfernt jagen, das ergibt eine Menge Wild. Einige Jäger entfernen sich so weit, daß sie kein Fleisch schicken können, vielmehr senden sie ihm die fertig gegerbten Häute; der Herrscher läßt daraus die Ausrüstung seines Heeres fertigen. Danach werde ich euch über die Raubtiere berichten, die der Großkhan aus reinem Vergnügen mit sich führt.

[FOL. 42]
ER BERICHTET ÜBER DIE LÖWEN, LEOPARDEN UND WÖLFE, DIE ER ZUR JAGD ABGERICHTET HAT

Der Großkhan besitzt Leoparden, die gut für die Jagd abgerichtet sind und Wildtiere ergreifen können, wie auch über eine Unzahl von Wölfen für denselben Zweck. Er verfügt auch über Löwen, größer als jene von Babylon, mit einem herrlichen schwarz, rot und weiß gestreiften Fell;[111] sie sind zur Jagd auf Wildschweine, Büffel, Bären und wilde Esel abgerichtet sowie auf viele andere Wild- und Raubtiere. Diese Löwenjagd ist wirklich ein gar wunderbares Schauspiel. Man befördert die

ER SPRICHT VON DEN BEIDEN BRÜDERN, DIE DIE JAGDHUNDE HALTEN

Der Herrscher hat zwei Barone, zwei Brüder namens Baia und Mingam, welche auch die *Cuiuqui*,[112] das heißt „die Jagdhunddiener", genannt werden. Ein jeder von ihnen befehligt zehntausend Männer. Jede Gruppe ist in ein und derselben Farbe gekleidet, die ersten in Karmesinrot, die zweiten in Blau, [fol. 42v] damit man sie voneinander unterscheiden kann. Jeder dieser zehntausend Männer hat wiederum zweitausend Männer unter sich, von denen jeder einen großen Jagdhund hält, manchmal mehrere, womit wohl bewiesen ist, daß sie in großer Zahl vorhanden sind. Geht der Herrscher auf die Jagd, so marschieren die beiden Barone, jeder mit seinen zehntausend Männern, die gut fünftausend Jagdhunde führen, zu seinen Seiten. Alle zusammen nehmen sie wohl eine ganze Tagereise weit des Landes ein, und kein Tier kann ihnen entkommen. Diese Jagd, die Jagdhunde und ihre Jäger sind ein gar herrlicher Anblick. Denn wenn der Herrscher mit seinen bei-

Folio 42
In Begleitung zweier Oberjagdmeister erteilt Kublai Khan, vor seinem Streitroß stehend, einem Diener, der die wilden Tiere für die Großwildjagd an der Leine hält, Befehle. Im Vordergrund erkennt man zwei Löwen – wie sie im Text genannt werden, der Beschreibung nach müßten es jedoch eher Tiger sein – neben einem Jagdhund. Daneben ein Leopard und ein Wolf, denen der Maler einen Bären zugesellt, der jedoch in keiner Textversion vorkommt.

Löwen auf einem gedeckten Karren, jedem von ihnen sitzt ein kleiner Hund zur Seite. Der Großkhan besitzt auch eine große Anzahl Adler, die zur Jagd auf Wölfe, Füchse, Rotwild und Rehböcke abgerichtet sind, und sie erlegen viele davon. Diejenigen, die zur Wolfsjagd abgerichtet sind, sind riesengroß und mächtig; kein Wolf kann ihnen entkommen. Anschließend will ich euch erzählen, wie der Herrscher eine Unzahl sehr großer Hunde halten läßt.

den Baronen so dahinreitet, solltet ihr diese Unzahl an Tieren sehen, die von links nach rechts, von hier nach da springen, um zu jagen und das Wild zu erlegen. Welch erfrischendes und wunderschönes Schauspiel!
Nun habe ich euch über die Hundehalter berichtet, laßt mich davon erzählen, was der Herrscher in den übrigen drei Monaten des Jahres tut. Nachdem er drei Monate, von Dezember bis Februar, in Peking zugebracht hat, verläßt der Großkhan Cambaluc am ersten März in Richtung Süden. Er begibt sich an den zwei Tagemärsche entfernten Ozean. Mit ihm gehen zehntausend Falkner mit ihren Wanderfalken, Sakerfalken und allen anderen Falken- oder Habichtarten, um die Vögel an den Flüssen zu jagen. Aber ihr sollt nicht glauben, daß er alle mit sich nimmt. Er vertraut sie einigen hundert oder zweihundert Personen an, wie er es für richtig hält. Ohne Unterlaß ergreifen die Falkner die Vögel und bringen ihm den besten Teil da-

Folio 42v
Am ersten Tag des Monats März bricht der Großkhan gen Süden auf, um mit zehntausend Falknern in der großen Ebene zu jagen. Dazu nehmen sie Gerfalken mit, Wanderfalken sowie andere Falkenarten und Habichte, um an den Flüssen auf Vogeljagd zu gehen. In Begleitung dreier adeliger Herren in einer Sänfte weilend, einem richtigen „Gemach", das auf den Rücken vierer weißer Elefanten festgezurrt ist, thront der Herrscher auf einem Stuhl, der mit azurblauem, mit kaiserlichen Adlern besticktem Stoff bedeckt ist. Einer der drei Fürsten trägt einen Falken mit einer Haube auf dem Arm. Im Bemühen, den erzählerischen, anekdotischen Aspekt der Szene wiederzugeben, lag dem Künstler wohl daran, die Vielzahl von Jägern und Greifvögeln darzustellen, indem er diese bereits beim Ausreiten über der Jagdgesellschaft dahingleiten läßt.

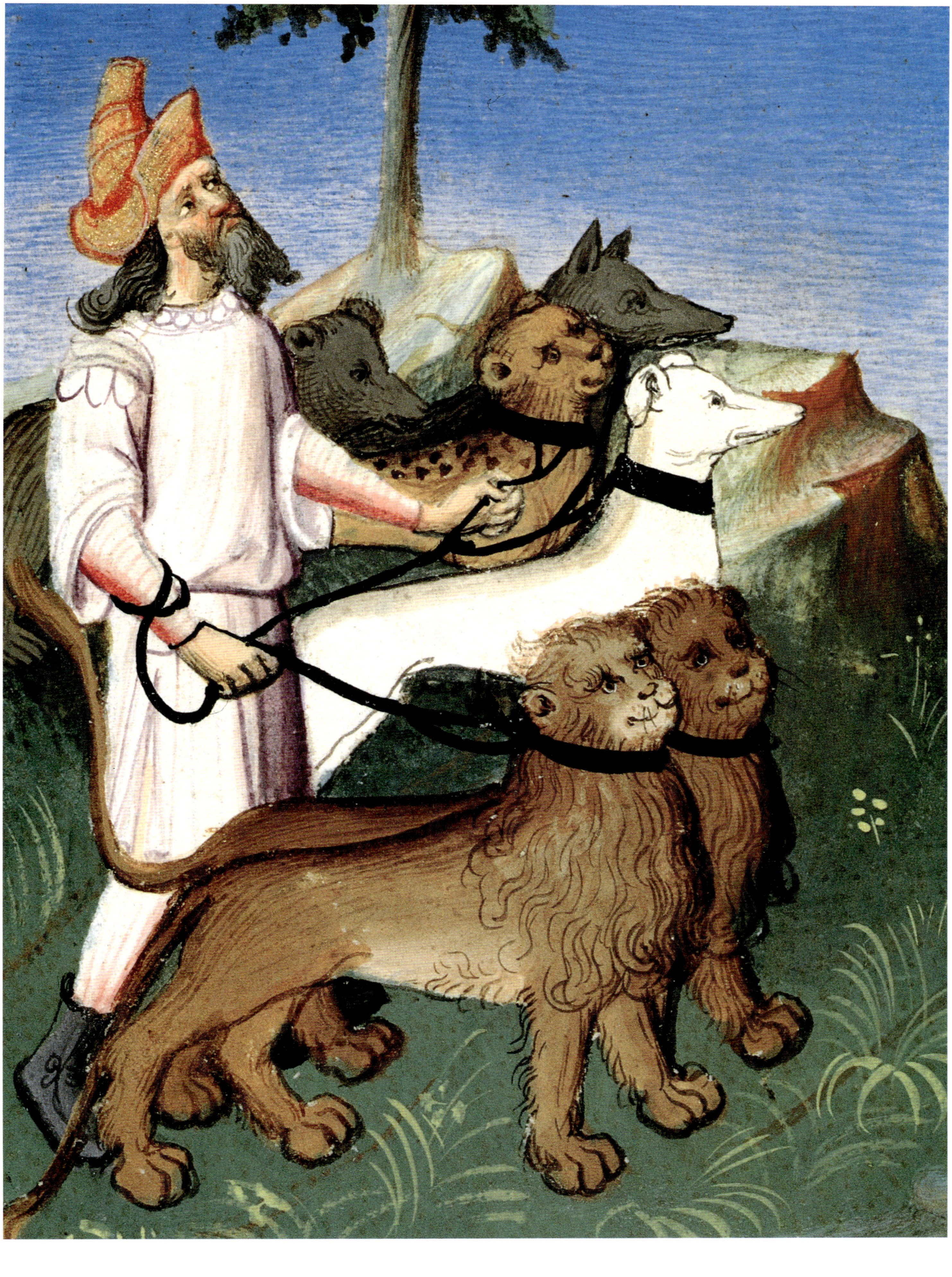

98

99

von. Gut zehntausend Männer begleiten ihn, wenn er mit seinen Gerfalken und anderen Falken auf die Jagd geht. Diese Männer marschieren immer zwei und zwei; sie werden *Tasta-* *on* genannt, was so viel heißt wie „die Männer, die überwachen". Immer zwei und zwei überwachen sie ein ziemlich weitgestrecktes Gebiet.

[FOL. 43]
WIE DER GROSSKHAN DAS WILD AUFSPÜRT

Jeder Falkner hat eine Lockpfeife und einen Helm, um seine Greiftiere zurückzuholen und festzuhalten. Erteilt der Herrscher den Befehl, sie loszulassen, müssen ihnen die Falkner nicht hinterdreinrennen; dies übernehmen die Männer, von denen ich soeben erzählt habe, die *Tastaon*. Überall, wo die Vögel hinfliegen, folgen ihnen diese Männer; und sie kommen ihnen nötigenfalls auch zu Hilfe. Alle Falken des Großkhans tragen ein kleines Kenntäfelchen am Fuß, in dem der Name ihres Herrn und der ihres Falkners eingraviert ist; die Falken der Barone auch. So kann der Vogel, sobald er erfaßt wird, wieder an seinen Herrn zurückgegeben werden. Diese Männer bringen sie zu einem Fürsten mit Namen *Bulargusi*, was so viel heißt wie „der Bewacher der Dinge, die keinen Herrn haben". Denn, wer immer etwas findet, sei es ein Pferd, ein Schwert, einen Vogel, dessen Herrn er nicht kennt, bringt es zu diesem Fürsten, der es in Verwahrung nimmt. Wer immer etwas gefunden und nicht zurückgebracht hat, wird alsbald bestraft und muß die Sache sofort zurückerstatten. Und dieser Fürst steht mit seinem Banner für alle gut sichtbar auf einer Anhöhe. So kann nichts verloren werden, was nicht wiedergefunden und zurückgegeben wird.
Welch herrliche Vielfalt an wunderschönen Vögeln ist zu sehen, wenn der Herrscher zum Ozean reitet! Kein Vergnügen der Welt ist größer! Der Großkhan schreitet von vier Elefanten getragen vorwärts, in einer Holzkammer, die ganz mit Löwenhäuten bedeckt und innen mit goldgewobenen Stoffen ausgelegt ist. Er führt zwölf seiner besten Gerfalken mit sich und wird von meh-

Nach einem langen Marsch erreicht der Großkhan Caccia Modim,[113] wo sich zehntausend schöne, reichgeschmückte Pavillons befinden. Sie gehören ihm, seinen Söhnen, seinen Baronen und seinen Geliebten. Und so sieht der Pavillon des Großkhans aus. Das Zelt, in dem der Herrscher Hof hält, ist so weit gespannt, daß es leicht tausend Männer aufnehmen könnte. [fol. 43v] Es hat nach Süden hin eine Öffnung. Hier halten sich die Ritter und Barone auf. In einem zweiten, im Westen anschließenden Saal weilt der Herrscher; hierher beordert er seine Untertanen, wenn er sich mit ihnen unterhalten will. Und hinter dem großen Saal befindet sich das Schlafgemach des Herrschers. Dazu gibt es noch so manches andere Zelt und gar viele andere Gemächer, die jedoch nicht mit dem großen Saal in Verbindung stehen. Und so sehen die beiden Säle und das Schlafgemach des Großkhans aus. Jedes Zimmer ruht auf drei Holzsäulen; diese sind mit wunderschönen schwarz-, weiß- und rotgestreiften Löwenhäuten bedeckt, die dem Regen und dem Winde standhalten. Das Innere ist mit Hermelin- und Zobelpelzen ausgelegt. Diese beiden Pelze sind die schönsten und wertvollsten, die es gibt; ein Zobelpelz ist soviel wert wie der Pelz eines zweitausend oder zumindest eintausend Goldpfund teuren Mantels; die Tataren nennen sie die „Könige der Pelze". Diese Gemächer, mit so geschickt verarbeiteten Pelzen ausgeschlagen und mit seidenen Seilen angezurrt, sind von einer überwältigenden Schönheit. Sie sind unbezahlbar. Kein anderer König wäre reich genug, um sich auch nur ähnliches zu leisten. Und rundherum sind noch ande-

Folio 44
Von der Jagd zurückgekehrt, läßt Kublai Ende Mai in Peking ein Freudenfest veranstalten. Dieses dauert drei Tage, an deren Ende der Großkhan in seinen Bambuspalast in Cyandu *zieht, um der großen Sommerhitze zu entgehen. Inzwischen „hält er Hof" und „feiert mit seinen Frauen ein großes Fest". Hier werden die Feierlichkeiten durch den Tanz symbolisiert. In einem Saal des Palasts mit scharlachrotem Vorhang spielt ein Musikant auf einer Bank stehend Flöte und schlägt die Trommel, zu deren Klängen drei Männer und zwei Frauen mit pantomimischen Gesten eine Farandole andeuten. Zwei Fürsten sehen ihnen zu, der ältere zur Linken ist vielleicht Kublai selbst. Die Tatsache, daß alle Akteure der Szene weiß gekleidet sind, erklärt sich als Anspielung auf das weiße Fest, von dem bereits zwei Kapitel zuvor die Rede war, auf das Marco Polo jedoch auf Folio 44v nochmals zu sprechen kommt.*

reren seiner adeligen Herren begleitet. Und von Zeit zu Zeit warnen sie ihn, an seiner Seite reitend: „Herr, die Kraniche!" In diesem Moment läßt der Großkhan seine Kammer abdecken und wählt einen seiner Gerfalken aus, um ihn dann loszulassen. Immer wieder ergreift der Raubvogel die Kraniche und erlegt sie vor seinen Augen. Auf seinem Bett, in seiner Kammer liegend, in der Gesellschaft all seiner Barone, hat der Großkhan seine größte Freude und Unterhaltung daran. Niemals, dies ist meine Meinung, gab es und niemals wird es wieder eine solche Freude und solche Zerstreuung geben, wie sie der Großkhan hat oder haben könnte.

re herrliche Zelte in guter Ordnung aufgestellt, in denen die Waffen des Herrschers aufbewahrt werden und der Rest des Hofes Wohnung nimmt. Ferner gibt es auch Zelte für die Vögel und ihre Hüter.
Dieses Lager besteht aus so vielen Zelten aller Art, daß es ein wahres Wunder ist. Es erweckt den Anschein einer richtigen Stadt, so viele Menschen gehen täglich darin ein und aus: Ärzte, Astrologen, Falkner und alle anderen, die einer solchen Population von Nutzen sind. Und es ist Brauch, daß sich ein jeder mit seiner Familie einstellt.
Der Herrscher bleibt hier bis zum Frühjahr und verbringt seine

101

Zeit mit der Jagd auf See- und Flußvögel, die in dieser Gegend zuhauf vorhanden sind, Kraniche, Schwäne und eine Vielzahl anderer Vögel. Und die Menschen der Umgebung jagen ebenfalls Wildtiere und Vögel für ihn und liefern ihm so täglich unzählige Stücke Wild. Wer dies nicht selbst gesehen hat, kann ein solches Wunder wohl nur schwer glauben, so viele Vögel und Wildtiere gibt es und so viel Freude hat der Großkhan daran. Im Umkreis von zwanzig Tagereisen würde es niemand wagen, nur aus Lust mit einem Greifvogel oder einem Jagdhund zu jagen; jenseits dieser Grenze kann jedoch jeder tun und lassen, was er will. Ebenso würde sich kein Mann, und sei er noch so kühn, getrauen, von März bis Oktober eines der folgenden Tiere in den Jagdgründen des Großkhans zu jagen: Feldhase, Hirsch, Rehbock oder Reh. Wer diesen Brauch mißachten würde, müßte Schimpf und Schande über sich ergehen lassen. Die Untertanen des Großkhans erweisen ihm so großen Gehorsam [fol. 44], daß sie diese Tiere um nichts in der Welt, nicht einmal im Schlaf, berühren würden. Daher gibt es sie im Überfluß; das Gebiet ist voll davon, und der Herrscher kann so viele für sich beanspruchen, wie er nur will. Ist der Monat Oktober vorbei, kann ein jeder nach Herzenslust jagen.

Hier weilt der Großkhan von März bis Mitte Mai zu seiner großen Zerstreuung, danach kehrt er auf demselben Wege in Begleitung all seiner Männer nach Cambaluc, seiner Hauptstadt in Catay, zurück. Und auch hier jagt er Wildtiere und Vögel mit dem größten Vergnügen.

WIE DER GROSSKHAN HOF HÄLT, SOBALD ER VON DER VOGELJAGD ZURÜCKGEKEHRT IST, UND WIE ER EIN GROSSES FEST AUSRICHTEN LÄSST

In seiner Hauptstadt Cambaluc angekommen, bleibt der Großkhan höchstens drei Tage dort, hält in seinem Palaste prunkvoll Hof und gibt sich mit seinen Frauen großen Vergnügungen, Festmählern und Zerstreuungen hin. Danach begibt er sich nach Ciandu, in die Stadt, die er, ich erzählte es bereits, erbauen ließ; dort, wo es so schöne Wiesengründe mit Bambuszelten gibt und er seine Gerfalken hält, solange sie sich mausern. Diesen Aufenthaltsort bevorzugt er im Sommer, vom ersten Mai bis zum achtundzwanzigsten August, da es schön kühl ist. An diesem Tage, das heißt an dem Tage, da er die Milch seiner weißen Stuten versprengen läßt, verläßt er Ciandu und kehrt nach Cambaluc zurück. Dort verbringt er den Monat September, um seinen Geburtstag zu feiern, und weiter die Monate Oktober bis Februar. [fol. 44v] Ende Februar feiert er das große Neujahrsfest, welches man das Weiße Fest nennt und das ich euch schon in allen Einzelheiten beschrieben habe. Sodann, vom ersten März bis Mitte Mai, reist er an den Ozean, um Wildtiere und Vögel zu jagen. Schließlich kehrt er, wie bereits erzählt, für drei Tage in seine Hauptstadt zurück.

Drei Tage lang feiert er mit seinen Frauen ein großes Fest und hält Hof und zerstreut sich. Es sind diese drei Tage der Feierlichkeiten, denen sich der Großkhan hingibt, schon etwas Besonderes, dann geht er weg, wie bereits erzählt.[114] Indem er so sechs Monate in Cambaluc, drei Monate auf der Jagd und drei Monate wegen der Hitze in seinem Bambuspalast verbringt, führt der Großkhan ein an Zerstreuungen und Freuden äußerst reiches Leben, ohne jemals in andere Gegenden gereist zu sein.

ER BERICHTET VOM REICHTUM UND VON DER BEVÖLKERUNG DER STADT CAMBALUC

Die Stadt Cambaluc zählt drinnen und draußen so viele Häuser, man kann es kaum glauben. Hier gibt es ebensoviele Marktflecken wie Tore, nämlich zwölf; diese Marktflecken sind riesig, und in den Vorstädten leben noch mehr Menschen als in der Stadt selbst. In den Marktflecken nehmen die Händler und die Reisenden aus fremden Ländern ihren Aufenthalt, die von allen Seiten herbeiströmen, um dem Großkhan ihre Waren feilzubieten und diese am Hof zu verkaufen. So gibt es vor der Stadt ebensoviele schöne und gute Häuser wie innerhalb, von den unzähligen Palästen der Barone und anderen vornehmen Herren ganz zu schweigen.

Folio 45
In diesem Kapitel erklärt Marco Polo das Währungssystem, das der Großkhan eingeführt hat. Er beschreibt die Herstellung von Banknoten aus der Rinde des Maulbeerbaumes. Dieses Papiergeld, mit den Unterschriften der Beamten, die bei der Emission im Amt waren, und mit dem kaiserlichen Siegel als Garantie für dessen Authentizität versehen, war als einziges Zahlungsmittel im gesamten Reich zugelassen. Es diente zur Bezahlung von Waren oder als Tauschmaterial gegen Gold und Silber, das als Bargeld keinen Wert hatte und in der Münze deponiert werden mußte. In Gegenwart von Kublai Khan, der unter einem Baldachin sitzt, bringen Beamte kleine Kästchen herbei, in denen eingerollte Banknoten liegen. Vor ihnen ein chinesischer Bauer – gefolgt von zwei Personen, eine davon scheint ein Jurist zu sein –, einen Sack in der Hand haltend, der mit etwas Weißem, wahrscheinlich Rindenstücken, gefüllt ist. Ein Beamter ist gerade dabei, einen kleinen schwarzen, zylindrischen Gegenstand – wahrscheinlich das kaiserliche Siegel – auf die zukünftigen Banknoten zu drücken, bevor sie offiziell anerkannt und eingerollt werden.

Kein Leichnam darf innerhalb der Stadtmauern bestattet werden; ist der Tote ein Götzendiener, so verbrennt man ihn weit von der Stadt und den Vorstädten entfernt, an einem eigens dafür vorgesehenen Ort. Gehört er einer anderen Religion an, so bestattet man ihn wie einen Christen oder Muslimen; alle

Marktflecken. Dort können die Fremden aus einer so großen Vielfalt auswählen, daß es ein wahres Wunder ist. Mehr als Zwanzigtausend verkaufen auf diese Weise ihren Körper, und sie verdienen damit alle ihren Unterhalt, das zeigt euch, wie viele Menschen in dieser Stadt leben. Hier werden mehr wert-

anderen begräbt man weitab der Marktflecken an einem besonderen Ort. So ist der unverschmutzte Boden nur noch mehr wert, da er noch gesünder ist.
In der Stadt gibt es keinerlei Prostitution, diese beginnt in den

volle und teure Waren umgeschlagen als in irgendeiner anderen Stadt der Welt. Von allen Seiten schafft man sie für den Großkhan herbei, für den Hof, für die riesengroße Stadt, für die Vielzahl der Barone und Ritter, für die Armeen des Herrschers, für die Stadt selbst und den Hof [fol. 45], für diese und jene. Es kommen hier so mannigfaltige Arten von Waren an, daß es keinen Tag im Jahr gibt, an dem nicht zumindest tausend Karren mit Seide zum Weben güldener, seidener Stoffe und vieler anderer Dinge in die Stadt eingelassen werden. Und das ist auch nicht weiter verwunderlich, denn es gibt in der Umgebung kein Leinen, sie müssen deshalb alles aus Seide machen. Wahrscheinlich steht ihnen hie und da auch etwas Baumwolle und Flachs zur Verfügung, aber nicht genug, und sie erzeugen auch nicht mehr davon, da sie ja günstig Seide bekommen können, die viel wertvoller ist als jedes Leinen oder als Baumwolle.

WIE DER GROSSKHAN IM GANZEN LAND BAUMRINDE ALS WÄHRUNG VERTEILT, DIE AN PAPIERGELD ERINNERT

In Cambaluc befindet sich die Münze des Großkhans. [fol. 45v] Dieser zieht aus der Währung, die er dort prägen läßt, offensichtlich einen vorzüglichen und gerechtfertigten Gewinn. Dazu sammeln seine Männer die Rinde des Maulbeerbaumes, dessen Blätter von den Seidenwürmern gefressen werden, von denen es hierzulande zahllose gibt. Sie ziehen die feine Haut zwischen dem Baumstamm und der dicken Außenrinde ab. Es ist dies eine weiße, sehr feine Haut, wie Papier; diese wird geschwärzt. Sodann schneiden sie daraus Papiergeld. Die kleinste Note ist ein halber *Tornesel*; darauf folgt ein *Tornesel*; ein halber Venezianer Silbergroschen, fünf Silberlinge, sechs Silberlinge, zehn Silberlinge sowie ein Goldbyzantiner, zwei Goldbyzantiner, drei, vier und fünf Goldbyzantiner. Und so fort bis zehn Goldbyzantiner. Alle diese Noten tragen das Siegel des Herrschers. Ohne etwas auszugeben, läßt der Großkhan jährlich so viel davon drucken, daß er damit die Reichtümer der gesamten Welt bezahlen könnte. Der Großkahn zahlt all seine Ausgaben mit dieser Währung. In all den Provinzen, Königreichen und Ländereien, die er regiert, muß in dieser Währung bezahlt werden. Niemand, dem sein Leben lieb ist, wagt es, sie abzulehnen, denn ihm droht die Todesstrafe. Übrigens wird die Währung von allen gern angenommen. Auf dem gesamten Territorium des Großkhans verwenden die Leute sie, als sei es das feinste Gold, zur Bezahlung ihrer Waren. Es ist dies ein so leichtes Geld, daß eine Note, die zehn Goldbyzantiner wert ist, nicht einmal so viel wiegt wie ein einziger.
Die Kaufleute aus Indien oder anderen Ländern wagen es nicht, ihr Gold, ihr Silber oder ihre Perlen an jemanden anderen zu verkaufen als an den Großkhan selbst. Um ihre Waren zu bewerten, hat der Großkhan zwölf seiner Barone, alles gelehrte und fachkundige Leute, bestimmt. Diese [kaufen] den Händlern ihr Gold, ihr Silber und ihre Perlen ab, die sie mit diesen Banknoten großzügig bezahlen. Und jene nehmen sie sehr gerne an, denn niemand würde ihnen dafür so viel bezahlen, und sie erhalten Bargeld dafür. Dazu kommt, daß diese Währung überall angenommen wird und daß sie leichter ist. Und der Herrscher kauft jedes Jahr so viel von ihrem Gold, daß er unendliche Summen dieses Geldes bezahlt, das ihn selbst nichts kostet.
Mehrmals im Jahr läßt er in der Stadt ausrufen, daß, wer immer Gold, Silber, Edelsteine oder Perlen besitzt, diese in die Münze bringen solle, er werde dafür großzügig bezahlt. Und die Leute tragen alles gerne hin, denn niemand sonst würde ihnen solche Summen dafür geben; sie bringen alles in märchenhaften Mengen. Nur einige wenige, die sich nicht davon trennen mögen, behalten ihre Schätze. So besitzt der Großkhan alle Reichtümer seines Herrschaftsgebietes.
Wird dieses Papiergeld trotz seiner Festigkeit doch einmal beschädigt, so begeben sich die Leute abermals zur Münze. Gegen drei Prozent des Wertes erhalten sie neue. Wünscht ein Fürst oder sonst jemand Gold, Silber oder Edelsteine [fol. 46] für sein Tafelgeschirr oder andere wertvolle Schmuckgegenstände, so kann er diese gegen Papiergeld von der Münze erwerben. Ich habe euch erklärt, wie und warum der Großkhan mit Sicherheit der reichste Mann der Welt ist. Nun will ich euch über die großen Gebiete berichten, die alle seiner Herrschaft unterstehen.

Rund um diese weitläufige Stadt Cambaluc liegen noch weitere zweihundert Städte in nicht allzugroßer Entfernung verstreut. Sie entsenden allerhand Händler, die hier ihre Produkte verkaufen und dafür andere einkaufen. Und ein jeder von ihnen macht gute Geschäfte, denn die Stadt ist eine blühende Handelsstadt.
Ich habe euch über den Reichtum der Stadt berichtet; nun will ich euch das Haus beschreiben, in dem der Großkhan Münzen prägen läßt. Und so werdet ihr verstehen, welch riesengroße Macht er hat. Seine Macht ist viel größer als ich euch bisher erzählen konnte, auch kann ich sie euch in diesem Buch nicht beschreiben, denn das ist ganz und gar unmöglich. Seid also versichert, daß ich euch die Wahrheit sage.

Folio 46v
Die Szene ist um einen spitzen Felsen angeordnet, der als Achse und auf gewisse Weise als Mittelpunkt des Reisezyklus der Kuriere dient. Links übergibt ein Minister auf Befehl des auf einer Kathedra sitzenden Großkhans einem Boten einen versiegelten Brief, während ein zweiter Bote bereits zu Pferde unterwegs ist und ein dritter hinter dem Berg hervorkommt, einen versiegelten Umschlag in der Hand. Ein Element des Anzugs jedes Kuriers ist im selben Rot gemalt wie der Sitz Kublai Khans, so deutet diese satte Farbe die Richtung des Bewegungsablaufs an.

105

ER SPRICHT VON DEN ZWÖLF BARONEN, WELCHE DIE
GESCHÄFTE DES GROSSKHANS LENKEN

Ihr müßt wissen, daß der Großkhan zwölf große Barone erwählt hat, denen er die Lenkung all seiner Geschäfte, insbesondere die Leitung der vierundzwanzig großen Provinzen, anvertraut hat; und hier sind die Erlässe, mit denen sie ihr Amt ausführen. Seid versichert, daß diese Barone alle in einem wunderschönen, reichgeschmückten Palaste der Stadt Cambaluc residieren, mit vielen Zimmern und Empfangsräumen. Jede Provinz hat ihren Richter und ihre Gerichtsschreiber, sie alle sind in diesem Palast untergebracht, jeder in seinem eigenen Hause. Dieser Richter und seine Gerichtsschreiber tun alles, was in der Provinz, für die sie auf Anordnung des jeweiligen Barons zuständig sind, zu tun ist. In schwierigen Situationen werden die Barone benachrichtigt, dann führt der Richter aus, was er für richtig hält. Die zwölf Barone sind jedoch mit einer so großen Macht ausgestattet, daß sie die Regierenden aller vierundzwanzig Provinzen einsetzen können, von denen ich euch soeben berichtete. Haben sie jemanden Guten und Sachkundigen erwählt, so teilen sie dies dem Herrscher mit; dieser bestätigt ihre Wahl und läßt den Erwählten eine goldene Tafel übermitteln, die ihrem Rang entspricht. Diese zwölf Barone haben solche Macht, daß sie entscheiden können, wohin Heere entsendet werden. Und sie entsenden sie dorthin, wo ihnen dies notwendig erscheint, und auch ihre Zahl bestimmen sie, dies jedoch nur mit Zustimmung des Herrschers. Sie entscheiden nach ihrem Gutdünken, und sie werden Scieng genannt, was so viel heißt wie „der größte Hof". Denn der Palast, in dem sie residieren, heißt ebenfalls „der größte Hof". Und es ist hier wohl die größte Macht am Hofe des Großkhans versammelt, denn sie haben die Macht, dort Recht zu tun, wo sie es wünschen. Ich will euch die vierundzwanzig Provinzen nicht im einzelnen aufzählen, denn ihr werdet darüber in meinem Buch noch in allen Einzelheiten zu hören bekommen. Aber lassen wir dies und berichten wir, wie der große Herrscher seine Boten und Kuriere ausschickt und wie ihre Pferde vorbereitet sind, damit sie rasch vorwärtskommen.

[FOL. 46V]
WIE DIE GESANDTEN DES GROSSKHANS VON CAMBALUC
AUS GAR MANCHE LÄNDER UND PROVINZEN BEREISEN

Zahlreich sind die Straßen, die von Cambaluc aus in die Provinzen des Königreiches führen; eine führt dahin, die andere dorthin. Jede Straße trägt den Namen der Provinz, in die sie führt; dieser Name ist jedoch nicht öffentlich. Fünfundzwanzig Meilen von Cambaluc entfernt verfügen die Gesandten auf jeder Straße über eine Relaisstation, wir würden dies eine Umspannstelle für Postkutschenpferde nennen, bei ihnen heißen sie *Jamb*. Dort finden sie einen herrlichen Palast mit reichgeschmückten Ruhebetten aus Seidenstoffen und allem, was sie für die Ausführung ihres Auftrags benötigen. Käme selbst ein König hierher, so würde auch er in angemessener Weise empfangen! In jeder dieser Poststellen warten je nach Größe zwei- bis vierhundert Pferde, wie es der Großkhan angeordnet hat. Und diese sind Tag und Nacht für die Gesandten, die er durch das ganze Reich schickt, gesattelt. Auf den Hauptstraßen in die Provinzen findet sich alle fünfundzwanzig bis dreißig Meilen so eine Poststelle. Müssen sich die Boten durch schwieriges, unbesiedeltes Gelände schlagen, so läßt ihnen dort der Großkhan unverzüglich eine solche Raststätte erbauen, auf daß die Entfernungen zu Pferde niemals zu lang werden. [fol. 47] Alle fünfunddreißig bis vierzig Meilen ist eine solche zu finden. Und wie die anderen verfügen auch sie über alles Nötige, über Pferde und andere Dinge, so daß die Boten des Herrschers, woher sie auch kommen mögen, alles in der Nähe haben, was sie benötigen. Und dies ist es schon wert, gerühmt zu werden. Denn nie zuvor hat man ähnliches gesehen oder gehört. Niemals hat ein Kaiser, Herrscher oder Baron solche Reichtümer besessen, denn tatsächlich werden mehr als dreihunderttausend Pferde in diesen Relaisstellen einzig und allein für die Gesandten des Großkhans gehalten. Und es sind der Paläste wohl mehr als tausend, alle höchst wertvoll ausgestattet, wie ich euch bereits berichtete. Dies ist von so außerordentlichem Wert, daß er nur schwer ermessen werden kann.

Nun aber will ich euch etwas erzählen, was ich vergessen hatte, ich komme also hier darauf zurück. Auf Befehl des Großkhans ist jeweils zwischen zwei Posten alle drei Meilen ein Weiler mit etwa vierzig Wohnhäusern einzurichten, in dem Menschen leben, die zu Fuß gehen. Auch sie stehen im Dienste des Großkhans. Sie tragen einen breiten, mit weithin hörbaren Glöckchen behangenen Gürtel und laufen wie der Wind von einem Burgflecken zum anderen. Die Menschen des nächsten Weilers hören sie kommen und haben bereits einen anderen Läufer vorbereitet, der seinerseits mit Glöckchen behangen ist. Dieser nimmt das Gebrachte entgegen sowie ein kleines Kärtchen, das ihm der Schreiber des Ortes, der auch allezeit bereit ist, übergibt. Und so läuft er bis zum nächsten Weiler, wo man ihm ebenfalls etwas aushändigt, und kehrt dann zurück. Und so geht es fort, alle drei Meilen wechselt der Läufer. So tragen eine Vielzahl von Läufern die Nachrichten und Botschaften des Großkhans hin und her. Und sie benötigen nur einen Tag und eine Nacht für eine Strecke, die sonst nur in zehn Tagen zu bewältigen wäre, denn sie sind bei Tag und bei Nacht unterwegs. Wenn nötig, können sie – und das ist höchst erstaunlich – eine Strecke von hundert Tagen in nur zehn Tagen und zehn Nächten zurücklegen. Oft reicht ihnen ein Tag und eine Nacht, um dem Großkhan Früchte oder andere Lebensmittel zu überbringen, die zehn Tage entfernt geerntet wurden. Dafür fordert der Großkhan keine Steuer, im Gegenteil, er gibt ihnen von seinem Hab und Gut.

In diesen Weilern gibt es auch andere glöckchenbehangene Männer, die dem Großkhan dringende Nachrichten aus fernen Provinzen überbringen, wie etwa die Nachricht von der Erhebung eines dortigen Herrschers. Diese Läufer können an einem Tag zweihundertfünfzig bis dreihundert Meilen zurücklegen und ebensoviele des Nachts. Und dies geschieht so. Sie besteigen eines der Pferde aus der Relaisstelle, die immer bereit, frisch, ausgeruht und daher schnell sind, und galoppieren mit voller Geschwindigkeit, so weit es das Pferd vermag. Die nächste Relaisstelle hört sie kommen und hält gesattelte Pferde mitsamt den Reitern bereit. Sie tauschen die Botschaften oder andere Dinge aus, [**fol. 47v**] und dann galoppieren die neuen Gesandten bis zur nächsten Relaisstelle, wo ebenfalls schon neue Reiter mit frischen Pferden auf sie warten. So wechseln sie sich von einer Station zur anderen ab. Es ist ein wahres Wunder. Diese Kuriere sind hochgeachtet. Sie winden sich feine Bändchen um Kopf, Brust und Bauch, um sich gegen die Kälte zu schützen. Sie sind Träger der Befehlstafel mit dem Gerfalken. Fällt ihr Pferd während des Rittes erschöpft nieder oder tritt irgendeine andere Behinderung auf, so können sie das Pferd des nächsten Bewohners nehmen, und dieser kann ihnen nichts abschlagen, so daß sie immer frisch ausgeruhte Tiere zu ihrer Verfügung haben. Und es stehen so viele Pferde in den Poststationen, wie ich euch erzählt habe.

Der Großkhan muß keineswegs in die Tasche greifen, weder für die Menschen noch für die Tiere. Und dies verhält sich so. Er erfragt, welche Stadt in der Nähe der Station liegt, und läßt schätzen, wieviele Pferde sie zur Verfügung stellen kann. Sie muß so viele bereitstellen, wie sie abzugeben imstande ist. Ebenso verhält es sich mit den Burgflecken; diese müssen diejenige Anzahl von Menschen und Tieren, die er für sie schätzen läßt, bereitstellen. Damit sind alle Poststationen in der Nähe von Städten, Burgflecken und Märkten ausgerüstet. Bleiben noch die Poststellen in schwer zugänglichen Gebieten, die der Großkhan mit seinen eigenen Pferden bestücken läßt. Aber lassen wir die Boten und Relaisstellen hinter uns, von denen wir euch nun ausführlich erzählt haben, und berichten wir über die Großmut, die der Großkhan zweimal im Jahr seinen Untertanen gegenüber walten läßt.

Folio 47v
Wo immer dies möglich ist, läßt der Großkhan „zwei bis drei Schritte" voneinander entfernt entlang den Straßen Bäume pflanzen, damit die Reisenden und Gesandten die Verkehrswege schon von weitem erkennen können. Kublai selbst überwacht die Pflanzungsarbeiten. Ein Mann auf Knien, der gerade dabei ist, einen Baum einzurichten, lüpft seine Mütze, um den Kaiser zu begrüßen. Im Vordergrund harkt ein anderer Bauer die Erde auf, um ein Loch zu graben, und ein Dritter hinter ihm bindet gerade einen Pfropfen auf.

[FOL. 48]
WIE DER GROSSKHAN SEINEN LEUTEN BEI HUNGER ODER KRANKHEIT BEISTEHT

Der Großkhan schickt Männer aus, die für ihn Ländereien, Königreiche und Provinzen bereisen sollen, um ihm über die Ernten zu berichten. Wurden sie von Unwettern oder anderen Katastrophen beeinträchtigt? So verlangt er keinerlei Steuern von den Landbesitzern. Im Gegenteil, er gibt ihnen von seinem Weizen, auf daß sie ihn aussäen und sich davon ernähren können. Denn er ist groß und gütig. Ebenso läßt er des Winters all jene besuchen, die durch Seuchen oder Katastrophen ihr Vieh verloren haben. In diesem Jahr schulden ihm diese Menschen keine Steuer, im Gegenteil, er gibt ihnen von seinem Vieh. So kommt der Großkhan jedes Jahr den Menschen zu Hilfe.

WIE DER GROSSKHAN ENTLANG DER STRASSEN BÄUME PFLANZEN LÄSST

Entlang den Hauptstraßen, die von den Kaufleuten und seinen Gesandten benützt werden, hat der Herrscher alle zwei oder drei Schrittlängen einen Baum pflanzen lassen. Diese Bäume sind weithin zu sehen. So können die Reisenden weder bei Tag noch bei Nacht, auch nicht in abgelegenem Gebiet, in die Irre gehen. Und dies ist eine große Erleichterung für sie. So befinden sich überall Bäume, wo dies nötig ist.

ER SPRICHT VOM WEINE DER MENSCHEN IN CATAY

Ich will euch vom Wein erzählen, den die Mehrheit der Menschen in Catay trinkt. Es ist dies ein Getränk aus Reis und guten Gewürzen, viel wohlschmeckender als jeder andere Wein. Herrlich, wohlschmeckend und klar, macht dieses Getränk schneller trunken als jedes andere, so viel Hitze ist darin enthalten. Aber lassen wir das und wenden wir uns anderen Dingen zu.

107

WIE STEINE GLEICH HOLZSCHEITEN VERBRANNT WERDEN

Tatsächlich findet sich in der Provinz Catay eine Art schwarzer Steine, die man aus den Bergadern gräbt.[115] Diese Steine brennen wie Holzscheite, jedoch speichern sie die Hitze viel länger als Holz. Wirft man sie des Abends ins Feuer, so brennen sie bis zum Morgen. Gewiß gibt es hier Holz im Überfluß, jedoch bevorzugt man hierzulande diese Steine, da sie besser brennen und wohlfeiler sind als Holz.

WIE DER GROSSKHAN GETREIDE VERTEILEN LÄSST,
UM SEINE LEUTE VOR DEM HUNGER ZU BEWAHREN

Ist Getreide zu einem günstigen Preise auf dem Markt, so erteilt der Großkhan in all seinen Provinzen Befehl, eine große Menge davon anzuhäufen. Er bewahrt es drei bis vier Jahre in großen Speichern auf, wo es nicht verderben kann. [**fol. 48v**] Auf die gleiche Weise bewahrt er auch Weizen, Gerste, Hirse und Rispenhirse auf sowie alle anderen Getreidearten.

Wird eine davon knapp, darf so viel wie nötig aus seinen Speichern entnommen werden. Und ist ein Maß Getreide um einen Byzantiner zu erwerben, so läßt er für den gleichen Preis vier austeilen, damit seine Leute ihren Bedarf decken und Gewinn daraus erzielen können. So richtet er es ein, daß die Menschen weder unter Katastrophen noch an Hunger leiden, und dies in allen Provinzen seines Herrschaftsgebietes. Er läßt überall so viel Getreide einlagern, daß bei Bedarf für alle genug zum Leben da ist.

ER BERICHTET, WIE DER GROSSKHAN DEN ARMEN BARMHERZIGKEIT WIDERFAHREN LÄSST

Nachdem ich euch berichtet habe, wie der Großkhan in Zeiten der Not Mengen an Lebensmitteln austeilen läßt, die er in Zeiten des Überflusses angehäuft hat, will ich euch nun von der großen Barmherzigkeit und von den Almosen erzählen, die er den Armen seiner Hauptstadt Cambaluc zuteil werden läßt. Dazu muß dem Großkhan in der Stadt eine Anzahl notleidender Familien gemeldet werden. Manche leben zu sechst in einem Haus, andere zu acht, zu zehnt, zu zwölft, manchmal sind es mehr, manchmal weniger. Jeder dieser Familien – und es ist eine beträchtliche Zahl – läßt er jedes Jahr Weizen und anderes Getreide für das ganze Jahr zuteilen. Und er tut noch viel mehr. Überall in der Stadt gibt es Almosenspendestellen, wo jeder, der dies wünscht, täglich ein großes, heißes Brot erhält. Niemand wird abgewiesen, so lautet die Anweisung. Mehr als dreißigtausend Menschen nehmen dies in Anspruch, und dies täglich, das ganze Jahr über. Es zeugt von seiner großen Güte und dem Mitleid für sein armes Volk. Dieses ist ihm dafür unendlich dankbar und verehrt ihn wie einen Gott. Nun habe ich euch von den Almosen erzählt, verlassen wir also Cambaluc und wenden uns Catay zu, von dessen Reichtümern ich euch hier berichten will.

[FOL. 49]
ZUNÄCHST BERICHTET ER ÜBER DIE PROVINZ CATAY UND ÜBER DEN FLUSS PULISANGIN[116]

Folio 49
Von Kublai Khan mit einer Mission in den Westen betraut, überquert Marco Polo im Laufe seiner Reise die wunderschöne Brücke, die sich über den Fluß Pulisangin spannt. Obwohl der Maler die vierundzwanzig Bögen, auf denen die Brücke ruht, nicht dargestellt hat, ist es ihm gelungen, ihre imposante Größe und die Breite des Flusses, dessen Wässer im Vordergrund wogen, wiederzugeben. An den äußersten Enden dieser „wunderschönen Steinbrücke" erheben sich befestigte Tore, die Säulen werden von Kapitellen mit gemeißelten Löwen überragt. Hingegen wurden die vierundzwanzig Wassermühlen zugunsten einer kleinen Windmühle übersehen, die sich in der Ferne auf einer Hügelspitze abzeichnet, ein häufig wiederkehrendes Landschaftselement in der Bildersprache der Werkstatt des Boucicaut-Meisters.

Marco Polo, euer Erzähler, wurde vom Großkhan als Gesandter in den Westen geschickt. Von Cambaluc aus war er drei Monate lang zu Pferde unterwegs. Ich will euch nun berichten, was er auf der Hinreise und auf der Rückreise erlebte. Nach etwa zehn Meilen trifft man auf den mächtigen Fluß Pulisangin, der in den Ozean mündet und auf dem unzählige Händler ihre Waren verschiffen. Zahlreiche Steinbrücken spannen sich darüber. [Eine davon ist so schön, daß sie hier erwähnt werden muß].[117]
Diese Brücke ist höchst fachkundig gebaut: dreihundert Schritt lang, acht Schritt breit; zehn Männer zu Pferde können Flanke an Flanke leicht darüberreiten. Sie ruht auf vierundzwanzig Bögen und vierundzwanzig Pfeilern[118] im Wasser und ist ganz aus herrlichem, grauen Marmor gemacht. Sie ist hervorragend gebaut und solide im Flußbett verankert. Auf jeder Seite läuft eine Brüstung aus grauem Marmor. Am Brückenkopf ruht auf einem Löwen eine Marmorsäule, die von einem weiteren Löwen gekrönt ist. Es sind gar wundervolle Skulpturen. Eine Schrittlänge entfernt befindet sich die nächste Säule mit zwei weiteren Löwen. Und so geht es über die gesamte Länge fort. Zwischen den Säulen verläuft die graue Marmorbrüstung, die verhindert, daß jemand ins Wasser fällt. Aber lassen wir diese schöne Brücke hinter uns und wenden wir uns etwas anderem zu.

[FOL. 49V]
ER BERICHTET ÜBER DIE GROSSE STADT GINGNY[119]

Nach dreißig weiteren Meilen Richtung Westen, vorbei an einladenden Herbergen, Feldern, wohlbestellten Wein- und Obstgärten wie auch an herrlichen Brunnen, gelangt man in die große, schöne Stadt Gingny. Dort gibt es zahlreiche Abteien. Die Menschen hier treiben Handel und Handwerk. Sie weben vorzügliche Stoffe aus Seide, Gold und Taft. Es gibt zahlreiche

Herbergen, die Reisenden aufzunehmen. Etwa eine Wegstunde von dieser Stadt entfernt, gabelt sich die Straße; eine Straße führt gen Westen, die andere gen Südosten. Die in westlicher Richtung führt durch Catay, jene in südöstlicher Richtung in die Provinz Mangi.[120] Zehn Tage lang durchquert man die Provinz Catay in westlicher Richtung, vorbei an zahlreichen Städten, Burgflecken und Gutshöfen, die allesamt von Handel und Gewerbe leben, vorbei an den Feldern und gepflegten Weingärten mit ihren freundlichen Menschen. Viel mehr gibt es dazu nicht zu sagen. Laßt mich also über das Königreich Taianfu berichten.

ER SPRICHT VOM KÖNIGREICHE TAIANFU[121]

Zehn Tage nach der Abreise aus der Stadt Gingny erreicht man das Königreich Taianfu. Die Hauptstadt der Provinz trägt ebenfalls den Namen Taianfu. Hier kamen wir schließlich an. Es ist dies eine herrliche Stadt, man treibt allerlei Handwerk und Handel. Auch wird hier Kriegsgerät für die Heere des Großkhans hergestellt. Aus wohlschmeckenden Trauben keltert man in großer Menge einen Wein, der in ganz Catay einzigartig ist. Dann reitet man weitere sieben Tage in westlicher Richtung durch herrliche Gegenden, wo sich Städte an Burgflecken reihen, und auch hier blühen Handel und Handwerk. Hierher stammen die großen Kaufleute, die in Indien und in anderen fernen Ländern Handel treiben und damit große Gewinne erzielen. Sieben Tagereisen von hier entfernt trifft man auf die weitläufige und reiche Stadt Pianfu.¹²² Zahlreiche Händler leben dort von ihren Geschäften und vom Handwerk. Aber lassen wir dies hinter uns und wenden wir uns der großen Stadt Casiauf zu. Zuvor laßt uns jedoch die Geschichte von der vortrefflichen Burg von Catay erzählen.

[FOL. 50]
ER SPRICHT VON DER BURG CATAY¹²³

Nach zehn weiteren Tagen von Pianfu aus in Richtung Westen erreicht man die herrliche Burg Catay, die einst ein König der Gegend, der Goldkönig,¹²⁴ hatte erbauen lassen. In dieser Burg befindet sich ein weitläufiger, wunderschöner Palast, in dem die Portraits der ehemaligen Könige dieser Provinz zu sehen sind. Der Palast selbst ist über und über mit Gold bedeckt und mit gar herrlichen Malereien verziert. Er ist das Werk der Könige, die einst diese Provinz regierten.

Aber nun zu der höchst bemerkenswerten Geschichte vom Goldkönig und dem Priester Johannes, wie sie von den Bewohnern dieser Burg erzählt wird. Einst lag der Goldkönig mit dem Priester Johannes im Kampfe, seine Burg war jedoch so gut befestigt, daß sie der Priester Johannes weder bezwingen noch ihr einen Schaden zufügen konnte. Dies erregte seinen Zorn. Eines Tages begaben sich siebzehn Offiziere seines Hofes zu ihm und boten ihm an, seinen Feind, den Goldkönig, vor ihn herzubringen. –

Folio 50
In der Provinz, die vom Schloß Catay überragt wird, regierte einst der Goldkönig, ein Vasall des Priesters Johannes. Als er sich in den Augen des letzteren zu rebellisch gebärdete, ließ ihn dieser lebend fangen und an seinen Hof bringen, wo er ihm als Strafe auferlegte, zwei Jahre lang das Vieh zu hüten. Der Hirtenkönig, mit gekröntem Haupt und den Hirtenstab in der Hand neben seinem Hund auf einer Böschung sitzend, hütet eine Herde von Rindern, Schweinen und Schafen.

„Gelänge euch dies, würde ich es euch sehr zu danken wissen", erwiderte dieser. Mit seiner Zustimmung ritten sie, von einer vortrefflichen Reiterkompanie begleitet, zuammen los und sprachen beim Goldkönig vor, indem sie vorgaben, aus fernen Ländern zu stammen und ihm dienen zu wollen. – „Ihr seid mir hochwillkommen", antwortete der König ohne Arg. „Es wäre mir sehr angenehm, euch in meine Dienste aufzunehmen." So traten die bösen Teufel in die Dienste des Goldkönigs ein. Da sie ihre Aufgaben auf das trefflichste erfüllten, war ihnen der König sehr zugetan und hielt sie in großen Ehren.

Und dennoch, zwei Jahre nach ihrer Ankunft [**fol. 50v**] dachten diese noch immer an Verrat. Eines Tages begleiteten sie den König und einige seiner Männer auf einem Spazierritt. Der König vertraute ihnen voll und ganz. Jenseits des etwa eine Meile von der Burg entfernten Flusses, da sie mit dem Könige allein waren, sahen sie den Augenblick gekommen, ihren Plan endlich auszuführen. Die Hand am Schwerte befahlen sie dem König, ihnen zu folgen, oder er müsse sterben. Erschrocken sprach der König zu ihnen: „Meine Söhne, was erzählt ihr da? Und wohin soll ich euch folgen?" – „Ob ihr wollt oder nicht, ihr kommt mit zu unserem Herrn, dem Priester Johannes!"

WIE SICH DER PRIESTER JOHANNES DES GOLDKÖNIGS BEMÄCHTIGTE

Der König wäre vor Gram fast gestorben und fügte hinzu: „Um Himmels willen, meine Söhne, habt Mitleid mit mir, habt Erbarmen! Habe ich euch nicht in meinem Hause bewirtet und in höchsten Ehren gehalten, das wißt ihr wohl! Und ihr wollt mich meinem Feinde ausliefern! Damit tut ihr Unrecht, ihr begeht einen hinterhältigen Verrat!" – Aber es mußte sein! Und sie führten ihn bei Priester Johannes vor. Dieser freute sich, ihn zu sehen, und begrüßte ihn mit schlechten Wünschen. Der Goldkönig schwieg, da er nicht wußte, was er antworten sollte. Da erteilte der Priester Johannes seinen Wachen Befehl, ihn zu ergreifen, hinauszuführen und unter Aufsicht das Vieh hüten zu lassen. So ließ er ihn, um ihn zu erniedrigen, die Arbeit eines Hirten verrichten und zeigte ihm damit seine Geringschätzung und Verachtung.

Zwei Jahre gingen ins Land. Dann führte man den Goldkönig abermals vor Priester Johannes hin. Zu seinen Ehren ließ ihn dieser in teure Gewänder kleiden: „So, jetzt ist dir wohl bewußt", sagte er zu ihm, „daß du dich mir nicht widersetzen durftest!" – „Das weiß ich wohl, und das wußte ich damals schon!" antwortete ihm dieser. – Priester Johannes fuhr fort: „Das ist alles, was ich von dir verlange! Ab jetzt sollst du deinem Rang gemäß bedient und geehrt werden." Er ließ ihm Pferde, eine Ausrüstung und eine gute Eskorte geben und schickte ihn wieder nach Hause. Von diesem Tage an war der Goldkönig des Priesters Johannes ergebener Freund. Aber lassen wir dieses Abenteuer und setzen wir unsere Geschichte fort.

[FOL. 51]
ER BERICHTET ÜBER DEN FLUSS CARAMORAN[125] UND DIE GROSSE STADT CASIAUF[126]

Folio 51
Unweit des Gelben Flusses, in einer Gegend, in der es Ingwer und Seide im Überfluß gibt, liegt die bedeutende Stadt Casiauf, die vielleicht mit Huayin zu identifizieren ist. Ihr reges Handelsleben wird hier durch Kaufleute dargestellt, die soeben ihre Waren umgeschlagen haben, um sie den Einwohnern zum Kauf anzubieten. Zwei Männer schlagen sich in die Hände, um einen Handel zu bekräftigen, ein weiterer geht in die Stadt zurück, unter der Last eines schweren Sackes gebeugt.

Die Burg des Goldkönigs hinter sich lassend, erreicht man nach zwanzig Meilen den mächtigen Fluß Caramoran. Er ist so breit und tief, daß keine Brücke ihn überspannen könnte. Er mündet in den Ozean, der den ganzen Erdkreis umfließt. Eine Vielzahl von Handelsstädten und Burgflecken reiht sich an seinen Ufern. In dieser Gegend gibt es in der Tat Ingwer und Seide im Überfluß sowie eine Unzahl von Vögeln aller Art. Drei Fasane sind dort um einen venezianischen Silbergroschen zu erstehen.[127] Zwei Tagereisen von hier entfernt befindet sich in westlicher Richtung die prachtvolle Stadt Casiauf. Die Menschen dort sind Götzendiener, wie übrigens alle Einwohner von Catay. In der Stadt wird vor allem mit goldgewirkten Stoffen und Tüchern aller Art gehandelt. Viel mehr gibt es darüber nicht zu berichten. Setzen wir also unsere Reise fort und sprechen wir von der Hauptstadt des Reiches, von der schönen Stadt Quengianfu.

ER BERICHTET ÜBER DIE STADT QUENGIANFU[128]

Die Stadt Casiauf hinter sich lassend, reitet man acht Tage in westlicher Richtung, durch florierende Handelsstädte und Burgflecken, in denen Handel und Handwerk gedeihen. Es gibt hier eine Vielzahl an Obst- und Gemüsegärten sowie herrliche Felder, auf denen die Maulbeerbäume wachsen, buschige Gewächse, von deren Blättern sich die Seidenwürmer ernähren.

113

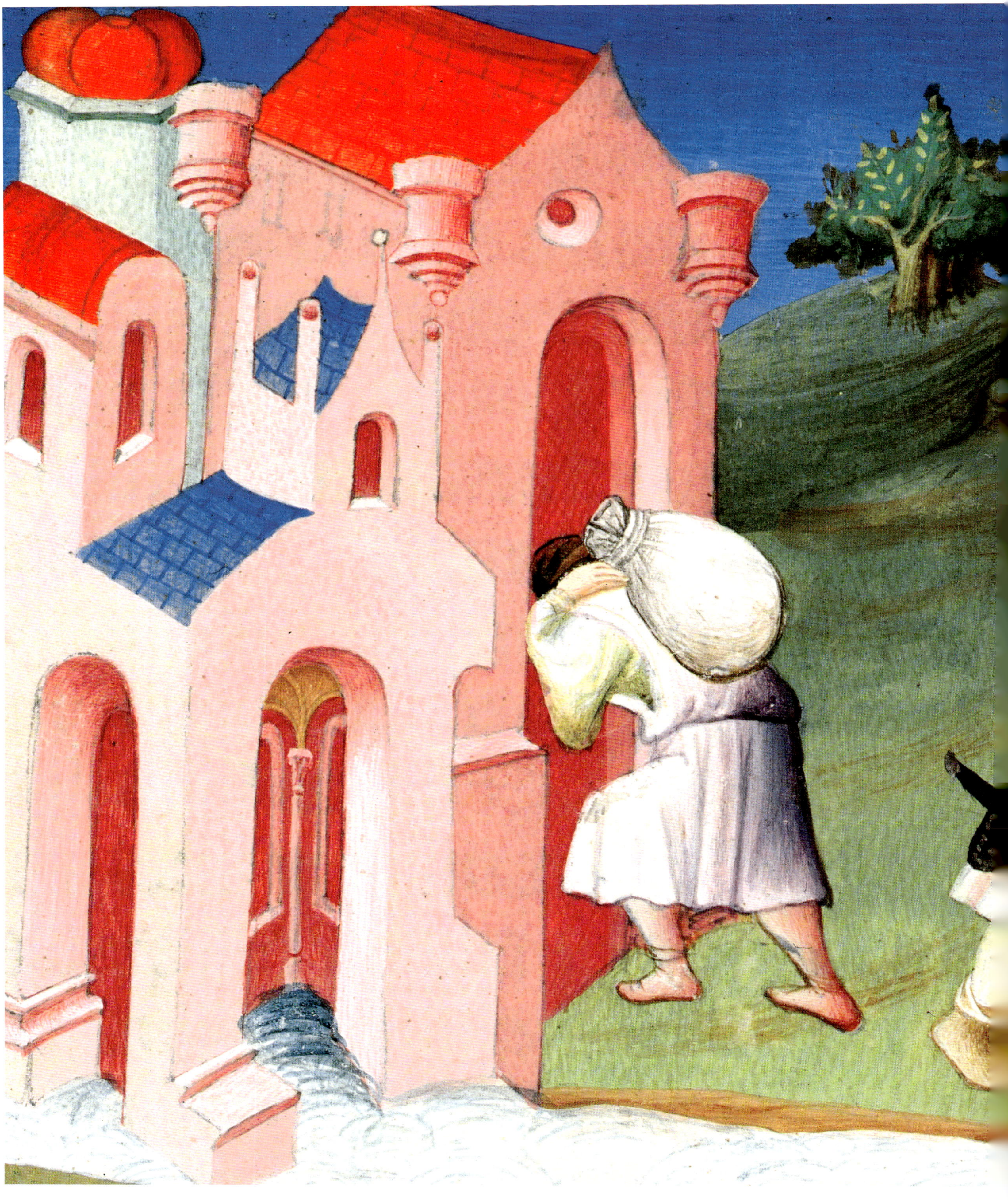

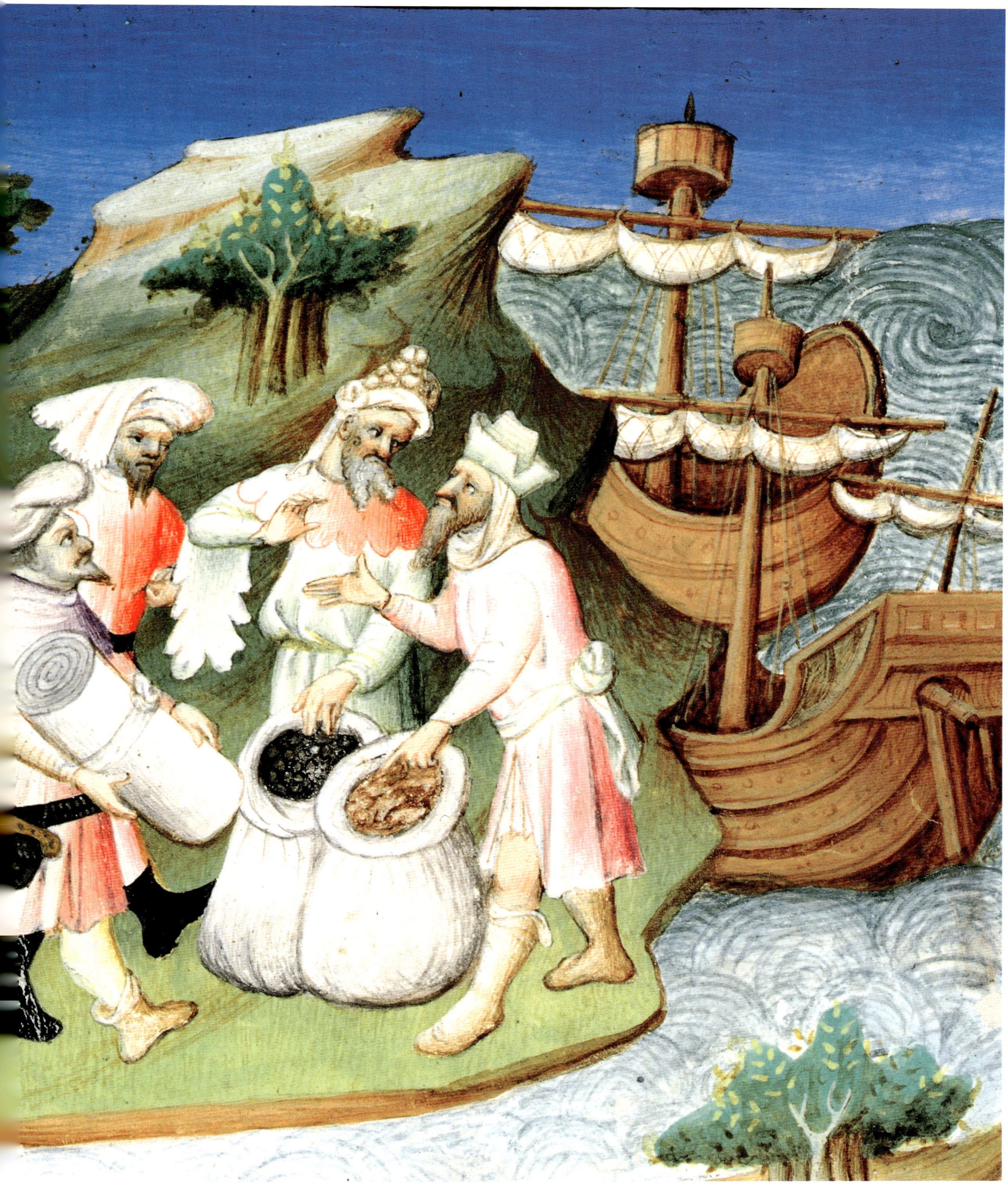

Auch hier sind die Menschen Götzendiener. Man jagt hier Wildtiere und alle Arten von Vögeln im Überfluß. [fol. 51v] Nach achttägiger Reise erreicht man die wunderschöne Stadt Quengianfu. Sie ist die Hauptstadt des Königreiches Quengianfu. Einst war dies ein großes, herrliches Königreich, regiert von tapferen und ruhmreichen Herrschern. Später hat es der Großkhan seinem Sohn Manglay zugewiesen, der heute hier als König herrscht. In der Stadt gedeihen Handel und Handwerk. Ihre Einwohner weben mit der hier reichhaltig vorhandenen Seide mannigfache Gold- und Seidenstoffe. Auch stellen sie Kriegsgerät für die Heere des Großkhans her. Alles, was man so braucht, ist hier zu billigen Preisen zu erstehen. Die Stadt ist nach Westen ausgerichtet. Ihre Einwohner sind Götzendiener. Der Palast des Herrschers Manglay, Sohn des Großkhans, liegt außerhalb der Stadt. Er ist überaus prachtvoll. Er liegt inmitten einer weiten Ebene, wo es an Bächen, Seen und Brunnen nicht mangelt, und ist von einer mächtigen, festen Mauer umgeben, die fünf Meilen mißt und ganz mit Marmor bedeckt ist. Niemand könnte einen schöneren Palast errichten lassen, mit all seinen Sälen und Gemächern, die mit Malereien geschmückt und über und über mit Gold verziert sind. Dieser Manglay lenkt sein Reich mit großer Weisheit und Gerechtigkeit und wird von seinem Volke sehr verehrt. Die Heere sind in der Nähe des Palastes stationiert und geben sich mit großem Vergnügen den Freuden des Waidwerks hin. Aber lassen wir den Palast hinter uns und sprechen wir von der zwischen Bergen eingezwängten Provinz Cuntim,[129] die nur auf gefahrvollen Wegen erreichbar ist.

ER BERICHTET ÜBER DIE PROVINZ CUNTIM, IN DIE MAN NUR ÜBER GEFAHRVOLLE WEGE GELANGEN KANN

Den Palast Manglays hinter sich lassend, reitet man drei Tage in westlicher Richtung durch eine Anzahl von Städten und Dörfern über weites Flachland. Die Menschen leben vom Handel und vom Handwerk und stellen Seide in Mengen her. Nach dreitägigem Ritt erreicht man die hohen Berge und tiefen Täler der Provinz Cuntim mit ihren zahllosen Städten und Dörfern. Die Einwohner sind Götzendiener. Sie leben von der Feldarbeit, der Großwildjagd und von den ausgedehnten Wäldern, wo sie Löwen, Bären, Luchse und viele andere Raubtierarten erlegen, um sie mit Gewinn zu verkaufen. Auf diesem Ritt durch Berg und Tal trifft man auf so manche Stadt, so manches Dorf und auf gute Herbergen. Aber lassen wir diese Provinz hinter uns, ich will euch von einer anderen Gegend erzählen.

ER SPRICHT VON DER PROVINZ ACHALET MANGI[130]

Nach zwanzigtägiger Reise, die Berge von Cuntim hinter sich lassen, [fol. 52] erreicht man die Provinz Achalet, [die sehr flach ist][131] mit ihren unzähligen Städten und Dörfern. Ihre Bewohner sind dem Großkhan untertan. Sie sind Götzendiener und treiben Handwerk und Gewerbe. In dieser Provinz wird viel Ingwer hergestellt und gewinnbringend nach Catay exportiert. Auch Weizen, Reis und andere billige Getreide gibt es in Hülle und Fülle, denn die Erde ist hier sehr fruchtbar. Die Hauptstadt der Provinz nennt sich Ativalet. Nach zweitägiger Reise durch das Flachland, vorbei an so mancher Stadt, so manchem Dorf, erreicht man eine hohe Bergkette, die von tiefen Tälern und finsteren Wäldern durchschnitten wird. Auf diesem Wege reitet man dann gut weitere zwanzig Tage in westlicher Richtung durch Städte und Dörfer, die von Ackerbau und Viehzucht sowie von der Jagd auf Großwild und Raubtiere leben. Es gibt hier eine erkleckliche Anzahl von Moschus-Tieren. Aber verlassen wir diesen Ort und fahren wir fort.

ER SPRICHT VON DER PROVINZ SARDANFU[132]

Nach zwanzigtägigem Ritt durch die Berge in Richtung Westen erreicht man ein Tiefland in der Provinz Sardanfu mit der Hauptstadt Sindifu,[133] an der Grenze zu Mangi. Es war dies einst eine blühende Stadt, die unter der Herrschaft von großen Königen stand. Sie erstreckt sich über etwa zwanzig Meilen [im Umfang], wurde jedoch geteilt, worüber ich euch gerne berichte. Der König dieser Provinz hinterließ drei Söhne und hatte beschlossen, das Gebiet so aufzuteilen, daß ein jeder von ihnen seinen Teil erhielte. Jeder Teil der Stadt ist also für sich abgeschlossen und von Mauern umgeben. So wurde jeder seiner Söhne König über seinen Teil der Hauptstadt und des Königreichs. Alle drei waren große Könige. Der Großkhan jedoch bemächtigte sich ihrer Königreiche und enterbte sie.
Durch die Stadt fließt der Commansin,[134] ein mächtiger Strom. Zahlreiche Fische tummeln sich in dem tiefen Gewässer. In der Breite mißt er gut eine halbe Meile. Etwa achtzig bis hundert Tagereisen entfernt mündet er in den Ozean. Auf ihm verkehren Schiffe in so großer Zahl, daß dies wohl niemand glauben kann, der es nicht mit eigenen Augen gesehen hat. Auch die Vielzahl der Waren, die hier von den Händlern hierhin, dorthin, flußauf, flußabwärts verschifft werden, ist kaum zu glauben. Man könnte meinen, ein Meer, so breit ist er.
Laßt mich jetzt von der großen Steinbrücke erzählen, die sich in der Stadt über den Fluß spannt.[135] Sie ist acht Schrittlängen breit und eine halbe Meile lang, denn das ist, wie bereits gesagt, die Breite des Flusses. Sie ist von einem Ende zum anderen mit Holz verkleidet [fol. 52] und mit herrlichen Malereien verziert. Hier werden Tag für Tag kleine Buden neu aufgebaut und wieder abgebaut, in denen ein reges Geschäftsleben herrscht. Auf der Brücke gibt es auch eine Zollstelle, wo man die Steuern für den Großkhan einzieht. Die Brückenmaut allein wirft für ihn mindestens tausend Maß Feingold pro Tag ab. Fünf Tagereisen von dieser Stadt entfernt, erreicht man eine verwüstete Provinz, die Tibet genannt wird und von der ich euch jetzt erzählen werde.[136]

Folio 52v

Von Tibet erzählt Marco Polo, daß der Wert und die Heiratschancen einer Frau mit der Anzahl der Männer steigt, die ihr den Hof machen. So werden die jungen Mädchen den Reisenden angeboten, die ihnen dafür Juwelen oder Amulette schenken. Je mehr ein Mädchen davon besitzt, desto höher ist ihr Ansehen bei ihrer Familie und bei ihrem zukünftigen Mann. Zwei Männer scheinen sich über die edelsteinbesetzten Goldringe zu freuen, die ihre Töchter von Fremden erhalten, die sich soeben wieder auf den Weg machen.

Fünf Tagereisen also, und man erreicht die vom Kriege Mongu Khans verwüstete Provinz Tibet. Städte, Dörfer und Burgflecken sind dort völlig zerstört und verwüstet. In diesem Lande gibt es Bambusstangen, die drei Handspannen breit und mindestens fünfzehn Schrittlängen hoch sind; der Abstand zwischen zwei Knoten beträgt mindestens drei Spannen. Die Händler und andere Reisende, die nachts hier unterwegs sind, sammeln diese Bambusstangen, um sie zu verbrennen, denn die lauten Knackgeräusche, die dabei entstehen, vertreiben Löwen, Bären und andere wilde Tiere. So schützen sie sich und ihre Tiere vor den Raubtieren, die in der Region ihr Unwesen treiben. Ohne diese Bambusfeuer würde es wohl niemand wagen, dieses Gebiet zu durchqueren.

Und so entsteht der Krach beim Verbrennen der Bambusstangen. Die Reisenden stecken mehrere grüne Bambusbündel, die hier im Überfluß vorhanden sind, in Brand. Nach einer gewissen Zeit [fol. 53] zieht sich der Bambus zusammen und spaltet sich in der Mitte mit einem schrecklichen Knall, der des Nachts über zehn Meilen weit zu hören ist. Wer dies nicht gewöhnt ist, würde vor Angst verrückt werden. Jene, die dieses Geräusch schon einmal vernommen haben, empfinden keine Furcht. Das erste Mal muß man sich die Ohren mit Watte verstopfen, Kopf, Gesicht und den ganzen Körper schützend verhüllen. So kann man sich langsam daran gewöhnen. Wenn Tiere dies zum ersten Male hören, zerbeißen sie ihre Halfter und entreißen sich ihren Fußfesseln. So sind schon viele Tiere verlorengegangen. Um sie daran zu hindern, verschnüren sie die Reisenden und verbinden ihnen die Augen. Nach mehrmaliger Gewöhnung fürchten sich die Pferde schon etwas weniger, denn nur wenn sie diesen Lärm das erste Mal erleben, erscheint er ihnen als das Schrecklichste auf der Welt.

Der Reisende trifft hier auch auf Löwen, Bären und andere wilde Tiere, die in der Region zahlreich vorhanden sind und oft großen Schaden anrichten. Nach zwanzig Tagereisen, für die man genug Proviant bei sich haben muß, da man zudem weit und breit auf keine Ansiedlung trifft, erreicht man schließlich dichtbesiedeltes Gebiet. Die Menschen hierzulande pflegen bei der Verheiratung ihrer jungen Mädchen einen besonderen Brauch. Damit verhält es sich so.

Um nichts in der Welt würden die Männer hier Jungfrauen heiraten, denn, so sagen sie, diese seien nichts wert, da sie nicht gewöhnt sind, Männern beizuschlafen. Kommen Reisende aus fernen Ländern zu ihnen, so machen sich die alten Frauen mit ihren Töchtern oder anderen Mädchen aus der Verwandtschaft auf den Weg und führen sie ihnen zu, auf daß sie ihnen in allem zu Willen seien. Und so geschieht es. Danach werden sie den alten Frauen wieder übergeben, denn diese lassen die jungen Mädchen nicht mit ihnen fortziehen. So haben ganze Karawanen mit zwanzig oder dreißig Reisenden, die durch ein Gut, ein Dorf oder durch irgendeine andere Ansiedlung ziehen, so viele zu ihrer Verfügung, wie sie nur wünschen, denn sie bieten sich ihnen selbst an. Jedoch muß man jener, bei der man geschlafen hat, einen kleinen Ring oder ein anderes Schmuckstück schenken, damit, will sie dereinst heiraten, bewiesen ist, daß sie bereits mehrere Männer gekannt. Übrigens tun sie es nur aus diesem Grunde. So muß jedes junge Mädchen mindestens zwanzig solcher Zeichen vorweisen können, um heiratsfähig zu sein. Denn dort heiratet man jene lieber und erachtet sie als besser, die beweisen können, daß sie hochbegehrt waren, denn dies sind [fol. 53v] die anmutigsten. Haben sie jedoch den Bund der Ehe geschlossen, tragen ihre Männer sie auf Händen und halten den Ehebruch für die niederträchtigste Gemeinheit. Sie sind vor einer solchen Entehrung gefeit, denn ihre Ehefrauen sind vollendet. Ein solcher Brauch verdiente es wohl, erzählt zu werden. Unsere jungen Ritter täten gut daran, dorthin zu reisen, um nach ihrem Gutdünken und ohne jeden Aufwand alle Mädchen zu ihrer Verfügung zu haben, die sie sich nur wünschen.

Die Einwohner der Region sind Götzendiener und sehr böse: Diebstahl oder andere Missetaten sind für sie keine Sünde. Es sind die größten Bösewichter der Welt. Sie leben von der Großwildjagd, von ihrem Vieh und den Früchten der Erde. In der Gegend gibt es auch viele Moschus-Tiere. Moschus heißt in ihrer Sprache *guderi*. Diese bösen Menschen besitzen große Hunde, die darauf abgerichtet sind, diese Tiere zu fangen, daher haben sie Moschus in Hülle und Fülle. Hier wird kein Papiergeld verwendet, sie bezahlen mit Salz. Sie sind sehr ärmlich gekleidet, in Tierfelle, Hanf- oder Bougramtücher gehüllt, und sprechen eine eigene Sprache, das Tibetische. Da Tibet eine sehr weitläufige Provinz ist, will ich euch noch mehr davon erzählen.

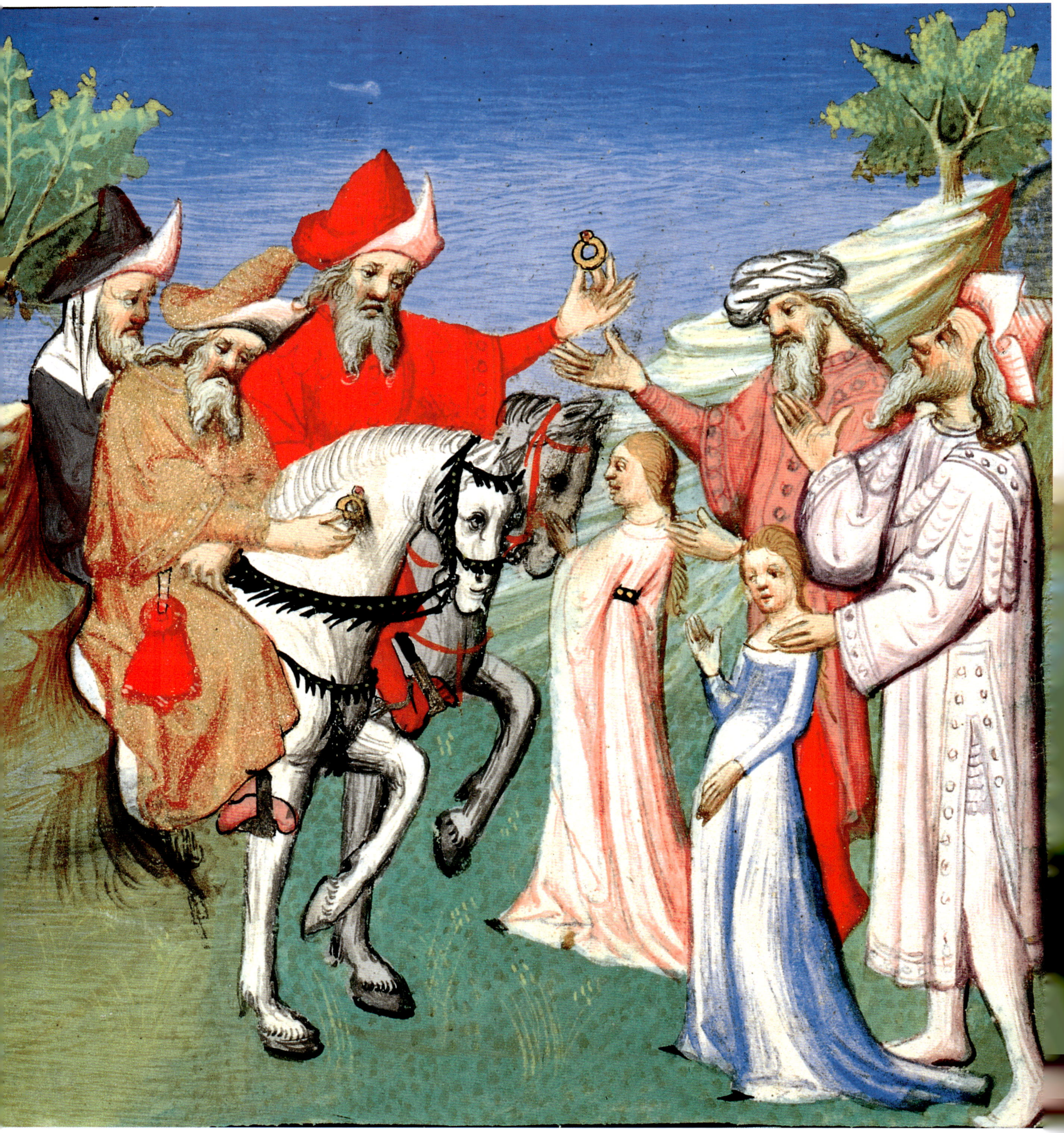

Er berichtet weiter über die Provinz Tibet

Wie ich bereits erwähnt habe, ist Tibet eine sehr große Provinz mit einer eigenen Sprache. Die Menschen dort sind Götzendiener. Sie grenzt an Mangi und an mehrere andere Provinzen. Es sind alles große Diebe. Die Provinz ist so groß, daß in ihr nicht weniger als acht Königreiche und eine Unzahl von Städten und Dörfern Platz finden. Da und dort trifft man auf Seen, die reiche Schätze an Edelsteinen bergen. Auch Zimt wächst hier in Hülle und Fülle. In dieser Provinz werden Korallen als Währung verwendet, und sie sind sehr teuer. Geschickte Goldschmiede stellen daraus Halsketten her, die sie mit Vergnügen ihren Frauen und ihren Göttern um den Hals hängen. Auch andere Gold- und Seidenprodukte werden erzeugt. Es wachsen dort Pflanzen, die man bei uns zu Hause nicht kennt. Sie haben die geschicktesten Magier und die besten Sterndeuter aller Provinzen, die mit ihrer Zauberei gar Wunderbares vollbringen. Es ist dies ganz unerhörte Dinge. Sie tragen schäbige Kleidung. Sie besitzen Hunde von der Größe eines Esels, die darauf abgerichtet sind, herumstreunende wilde Tiere, die die Gegend unsicher machen, zu ergreifen. Auch verfügen sie über mannigfaltige andere Jagdhunderassen.

In ihren Bergen nisten die herrlichsten Jagdfalken, schnell wie der Wind und gut auf den Vogelfang abgerichtet. Damit haben wir euch wohl das Wichtigste über diese Provinz erzählt, lassen wir es dabei und sprechen wir über die Provinz Gaindu. Man muß jedoch wissen, daß diese Provinz Tibet wie auch die anderen in diesem Buch beschriebenen [fol. 54] Königreiche, Provinzen und Regionen alle dem Großkhan untertan sind. Einzig die am Beginn des Buches beschriebenen Königreiche, Provinzen und Regionen unterstehen seinem Sohn Argon, dem Herrscher des Ostreiches, so wie ich es euch erzählt habe. Von dieser Stelle an betreten wir den Herrschaftsbereich des Großkhans, der diese Gebiete ererbt hat. Auch wenn darauf nicht ausdrücklich hingewiesen wird, gehören die folgenden Provinzen zum Territorium des Großkhans. Aber lassen wir diese Provinz hinter uns und wenden wir uns der Provinz Gaindu zu.

Er berichtet über die Provinz Gaindu[137]

Folio 54

In der Provinz Gaindu liegt ein See, in dem man Perlen fischen kann. Niemand ist berechtigt, diese zu gewinnen, außer der Großkhan selbst. Dasselbe gilt für die Türkise, die in den umliegenden Bergen abgebaut werden. Zur Rechten sind zwei Perlentaucher – einer verkörpert den ausgeprägten asiatischen Typ – am Fuße eines zerklüfteten Berges bei der Arbeit zu sehen, auf dem zwei weitere Arbeiter rote und blaue Steine, wohl Türkise, sortieren. Zur Linken werden die Steine und Perlen, sorgfältig nach Größe und Gewicht sortiert und in Körbe eingeordnet, dem Großkhan dargebracht.

Die Provinz Gaindu ist im Westen gelegen und wird von nur einem König regiert. Die Menschen hier sind Götzendiener und dem Großkhan untertan. Es ist eine dichtbesiedelte Provinz. Es gibt hier auch einen See, in dem man Perlen fischen kann. Jedoch untersagt der Großkhan die Perlenfischerei, denn entnähme man ihrer so viele wie darin vorhanden sind, so minderte das ihren Wert. Man fischt dort für ihn, wann immer er es wünscht und so viele er wünscht. Holte man mehr aus den Fluten, so würden sie auf der Stelle zerstört. Es gibt auch einen Berg, in dem man einen Stein findet, der Türkis genannt wird. Es sind dies gar herrliche Steine und es gibt sie in großer Zahl. Auch diese Steine dürfen nur auf Geheiß des Großkhans gewonnen werden.

In dieser Provinz pflegt man einen bestimmten Brauch, über den ich hier kurz berichten will. Er betrifft ihre Frauen. Für den Mann hier ist es keine Niederträchtigkeit, von einem Fremden oder einem anderen Mann mit seiner Frau, Tochter oder Schwester entehrt zu werden, oder auch mit jeder anderen Frau, die bei ihm weilt; [fol. 54v] im Gegenteil, sie heißen es gut, daß diese bei ihm schlafen, denn sie meinen, die Götter und Götzen seien ihnen so nur noch besser gesinnt und würden sie mit großen Reichtümern bedenken. So gehen sie mit ihren Frauen Fremden gegenüber sehr großzügig um, wie ich euch hier erzählen will. Tritt ein Fremder irgendwo ein, um hier einen Ruheplatz zu finden, so verläßt der Mann augenblicklich das Haus und weist seine Frau an, dem Gast alles zuteil werden zu lassen, was er nur wünsche. Er selbst begibt sich auf seinen Weinberg oder in die Felder und erscheint nicht wieder, bis der Fremde fortgezogen ist. Dieser hält sich oft bis zu drei oder vier Tage im Haus des Unglücklichen auf und genießt mit seiner Frau, Tochter oder Schwester, jedenfalls mit der reizendsten von ihnen, alle möglichen Freuden. Solange er dort weilt, hängt er seinen Hut oder irgendeinen anderen Gegenstand ins Fenster, zum Zeichen, daß er noch immer da ist. Solange der Hausherr das Zeichen erblickt, kehrt er nicht zurück. Dieser Brauch ist in der gesamten Provinz lebendig.

Und so verhält es sich mit ihrem Geld. Sie haben Goldbarren, die sie nach dem Gewicht bewerten, denn es gibt keine [großen] geprägten Münzen. Um Kleingeld zu erhalten bringen sie Salz zum Kochen und gießen es in eine Form, die gut ein halbes Pfund wiegen kann. Achtzig Salzstücke ergeben das Gewicht eines Saggio aus feinem Gold. Dieses Kleingeld wird für die täglichen Geschäfte benützt. Es herrscht großer Überfluß an Moschustieren. Auch an Fischen mangelt es nicht in diesem See mit den Perlen, von dem ich euch bereits berichtet habe. Auch trifft man häufig auf wilde Tiere, Löwen, Bären, Rotwild, Wölfe, Hirsche und Kamele, sowie auf eine Unmenge von Vögeln. Wein wird hierzulande nicht aus Trauben gekeltert, sondern aus Weizen und Reis, vermischt mit den köstlichsten Gewürzen. Auch Gewürznelken wachsen hier in großer Zahl, auf Sträuchern mit weißen, dem Lorbeer ähnlichen Blättern, die nur schmäler sind und länger. Man kultiviert auch Ingwer und Zimt wie viele andere Gewürze, die uns ganz und gar unbekannt sind. Deshalb ist es auch nicht notwendig, mehr davon zu erzählen. Wir haben nun viel über die Provinz Gaindu berichtet, lassen wir diese hinter uns und wenden wir uns der Umgebung der Hauptstadt zu, die ebenfalls Gaindu heißt. Dann geht es zehn Tage weiter an Städten und Dörfern vorbei, mit immer gleichen Menschen, die sich von der Vielfalt ihrer Vögel und Wildtiere ernähren. Sodann gelangt man zu dem Flusse Brius,[138] der die Grenze der Provinz Gaindu markiert. In diesem Wasserlauf, dessen Uferböschungen mit Zimt bewachsen sind, finden sich Mengen an Goldplättchen. Er fließt dem Ozean zu. Aber lassen wir diesen Fluß hinter uns, denn es gibt darüber nicht mehr allzuviel zu erzählen. Sprechen wir von der Provinz Caraian.

Er spricht von der Provinz Caraian[139]

Auf der anderen Seite des Flusses betritt man im Westen die weitläufige Provinz Caraian, welche sieben Königreiche in sich vereint. [fol. 55] Ihre Bewohner sind Götzendiener und Untertanen des Großkhans. Sie wird von Essantentur, einem Sohn des großen Herrschers, regiert. Er ist ein hochangesehener König, reich und mächtig, der weise und in vielen Dingen wohlgewandt, mit Gerechtigkeit die Geschicke seiner Stadt lenkt. Über den Fluß, und weiter geht es fünf Tage lang an zahlreichen dörflichen und städtischen Siedlungen vorbei. In der Gegend herrscht Überfluß an vortrefflichen Pferden. Die Leute leben von der Viehzucht und von den Früchten der Erde. Sie sprechen eine eigene, sehr rohe Sprache, die man nur mit Mühe versteht. Nach fünf Tagen erreicht man die große, vornehme Stadt Jacin, die Hauptstadt des Reiches.[140] Hier gibt es Händler und Handwerker zuhauf. Allerlei Menschen leben hier, besonders einige Nestorianer. Man ißt hier hauptsächlich Weizen und Reis, der in großen Mengen vorhanden ist, jedoch kein Weizenbrot, denn das macht diese Leute krank. Dagegen wird viel Reis gegessen. Mit Gewürzen vermischt, ergibt er einen sehr klaren und wohlschmeckenden Wein.

Weiße Porzellanstückchen, [Muscheln] die sie aus dem Meer tauchen und sich schmückend um den Hals hängen, dienen als Zahlungsmittel. Achtzig solcher Porzellanstückchen gelten einen Silbersaggio, das heißt zwei venezianische Groschen oder vierundzwanzig Pfund. Und [VIII] Silbersaggi haben den Gegenwert eines Goldsaggios. Aus Brackwasserstellen gewinnen sie Salz in großer Menge, es ist die größte Einnahmequelle der gesamten Gegend. Und auch der Herrscher zieht großen Gewinn daraus.

Sie haben nichts dagegen einzuwenden, daß ein Mann mit der Frau seines Nachbarn schläft, wenn sie damit einverstanden ist. Ein fischreicher See liegt in der Gegend, der im Umfang wohl an die hundert Meilen mißt. Dieser ist für seine besondere Artenvielfalt bekannt, es sollen dies die besten Fischgründe der Welt sein. Die Bewohner dieses Gebiets essen rohes Fleisch vom Schaf, vom Rind, vom Kalb, vom Federvieh und noch viele andere Sorten. Aus der in kleine Stückchen geschnittenen, frischgeschlachteten Leber des Tieres machen sie eine sehr würzige Soße. Alles Fleisch, das wir gegart essen, nehmen sie roh zu sich. Ich will euch noch mehr von der Provinz Caraian erzählen.

[Fol. 55v]
Er berichtet weiter über die Provinz Caraian

Folio 55v
Nach Marco Polo gehören zur Tierwelt der Provinz Caraian *auch Schlangen und Nattern, die aufgrund ihrer Größe zum Fürchten sind. Diese besonders häßlichen Reptilien, vermutlich eine Gavialart, mit ihren großen Augen und dem riesigen Maul sowie mit kurzen Vorderfüßen – „kleinen Füßchen nahe dem Kopfe" – und den Klauen eines Löwen oder Falken ausgestattet, verwandeln sich unter dem Pinsel des Künstlers in großartige, aber herkömmlich gestaltete, wenn auch farbenfrohe Drachen, wie sie sich die mittelalterliche Phantasie gerne vorgestellt hat, indem Berichte aus der Antike, wie von Plinius oder Solinus, mit Sagenwesen vermischt wurden.*

Reitet man von der Stadt Jacin aus, von der ich euch bereits erzählt habe, zehn Tage gen Norden, so erreicht man Caraian, die Hauptstadt einer Provinz gleichen Namens. Ihre Bewohner sind Götzendiener und dem Großkhan untertan. Und auch hier sitzt einer seiner Söhne, Cogattin, auf dem Thron. In den Wasserläufen dieser Region, in Flüssen und Seen, finden sich Goldblättchen in Hülle und Fülle, ebenso Goldklumpen, die größer sind als anderswo. Es herrscht ein solcher Überfluß, daß die Bewohner dieser Provinz ein Maß Gold gegen sechs Maß Silber tauschen. Als Zahlungsmittel werden auch hier die Porzellanstückchen verwendet, von denen ich bereits gesprochen habe. Diese werden jedoch nicht hier hergestellt, sondern aus Indien eingeführt.

In dieser Provinz gibt es derart schreckenerregende und riesengroße Nattern und Schlangen, daß sie wohl jeden Betrachter, der zu nahe tritt, erschrecken, und jeden, der nur davon Kunde erhält, beeindrucken müssen. Ich will erzählen, wie groß und dick sie sind. Im allgemeinen sind sie gut zehn Schritt lang, manche mehr, manche weniger, und so mächtig wie ein sechs Spannen breites Faß. In der Nähe des Kopfes sitzen zwei Ärmchen, jedoch statt eines Fußes haben sie Klauen wie der Greif eines Falken oder die Krallen eines Löwen.[141] Aus dem riesengroßen Kopf schauen zwei übergroße Augen, und ihr Maul ist so breit, daß sie leicht einen Menschen verschlingen könnten. Kein Mensch noch Tier, die sie nicht fürchten würden, so schreckenerregend häßlich und raubgierig sind sie. Und so fängt man sie. Des Tags bleiben sie aufgrund der Hitze unter der Erde, nur in der Nacht [fol. 56] kommen sie hervor, um sich vollzufressen, und verschlingen alle Tiere, derer sie habhaft werden können, danach stillen sie an den Flüssen, Seen oder an einer Quelle ihren Durst. Sie sind so schwer, daß sie, wenn sie des Nachts aus ihren Löchern kommen, im Sand ein faßgroßes Loch hinterlassen, das von ihrem Schwanz herrührt. Und so können die Jäger sie überwältigen. Sie legen auf der Strecke, die

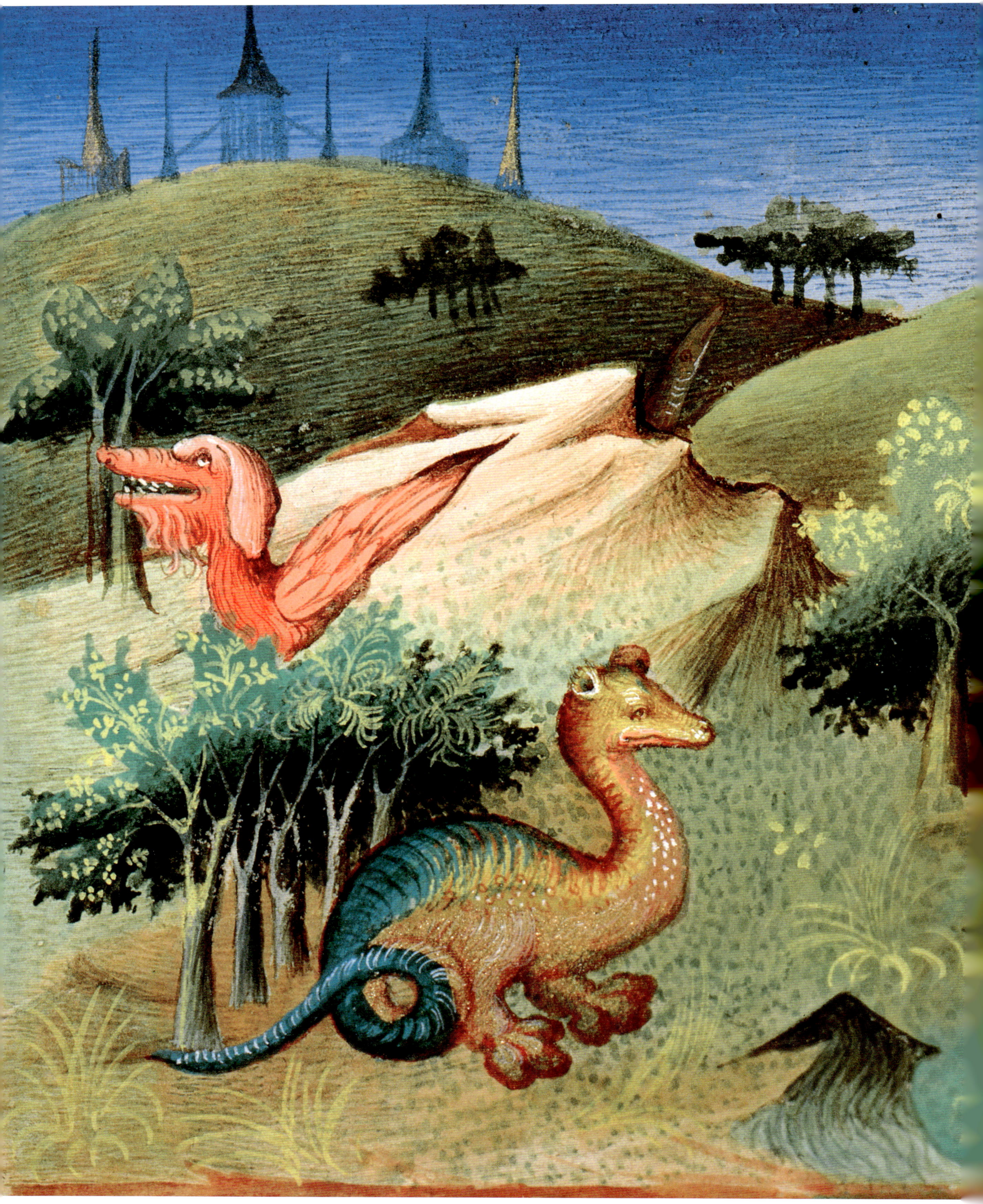

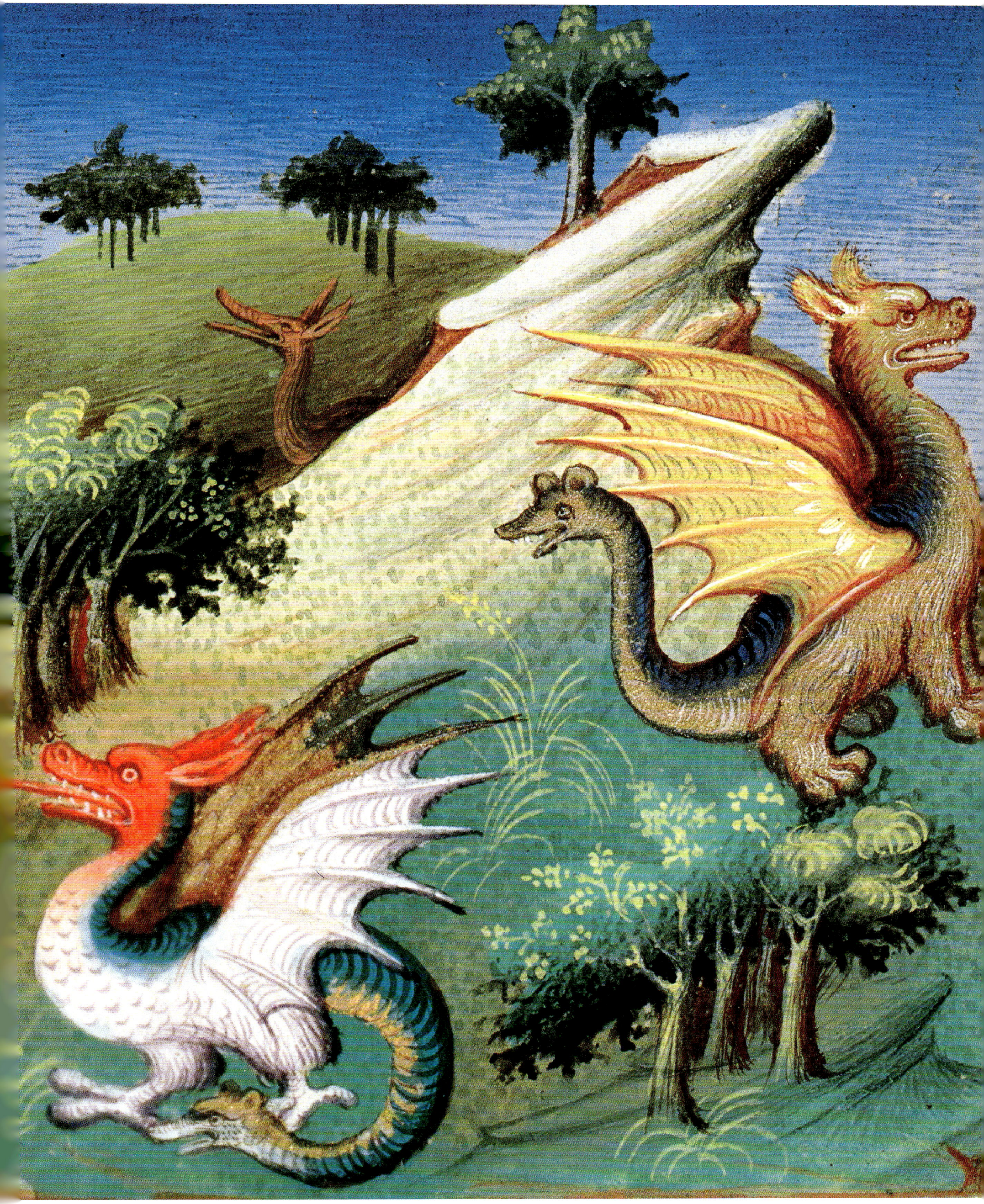

sie benützt haben, eine Falle aus, denn, so wissen es die Jäger, auf demselben Wege werden sie wieder zurückkriechen. Dazu stecken sie einen Holzpflock tief in den Boden, an dem ein schneidend scharfes Stück Metall angebracht ist, und bedecken ihn mit Sand, damit er von den Schlangen nicht gesehen werden kann. Dies geschieht auf der gesamten Strecke, auf der die Schlangen zurückkehren werden. Kriecht eine Schlange darüber, schneidet sie sich an den schneidenden Eisen die Unterseite bis zum Nabel auf und stirbt. Sodann schneiden ihr die Jäger den Bauch auf und entnehmen die Galle, die sie teuer verkaufen. Denn ihr müßt wissen, daß daraus die wertvollste Medizin gemacht wird. Die winzigste Menge genügt, um einen von einem tollwütigen Hund gebissenen Menschen zu heilen, ebenso erleichtert sie den Frauen die Niederkunft. Geschwüre und Wunden, auf die man sie in winzigsten Mengen aufträgt, können ebenso damit geheilt werden. Deshalb wird sie so teuer verkauft. Man handelt hier auch mit dem Fleisch dieser Schlangen, denn es ist sehr saftig und hierzulande hochwillkommen. Hungergeplagte Schlangen greifen die Schlupfwinkel von Löwen, Bären und anderen wilden Tieren an, verschlingen die Jungen, die von den Eltern nicht gerettet werden können, ja sogar wehrlose erwachsene Tiere fallen ihnen zum Opfer.

Er spricht über die Provinz Zardandan[142]

Caraian hinter sich lassend, reitet man weitere fünf Tage in nördlicher Richtung, um die Provinz Zardandan zu erreichen. Ihre Einwohner sind ebenfalls Götzendiener und Untertanen des Großkhans. Die Hauptstadt heißt Vocian.[143] Alle Bewohner dieses Landstriches haben ganz goldene Zähne. Sie lassen sich nach der Form ihrer Zähne einen Goldabguß machen und bedecken damit die obere und die untere Zahnreihe. Alle, das heißt alle Männer, jedoch nicht die Frauen. Hier ist es üblich, daß die Männer alle Reiter sind und keine andere Beschäftigung kennen als den Krieg, das Waidwerk und die Vogeljagd. Die Frauen kümmern sich um alles, und die von den Männern eroberten Sklaven, ob Mann oder Frau, erledigen alle Arbeiten. Nach der Geburt waschen die Frauen das Kind, wickeln es in Windeln, stehen auf und gehen wieder an ihre Geschäfte. In der Zwischenzeit legt sich der Mann zu Bette und behält das Kind bei sich. So ruht er sich vierzig Tage lang aus, empfängt Verwandte und Freunde, um zu feiern und sich zu zerstreuen. Denn, so sagen sie, die Frau hat bereits so viel gelitten, daß es nur recht sei, daß der Mann auch seinen Teil dazu beitrage.
Fleisch ißt man hier roh oder gekocht mit Reis. Man trinkt hervorragenden Wein aus Reis und Gewürzen. Als Zahlungsmittel verwendet man Gold oder Porzellanschnecken. Und das ist die reine Wahrheit, hier tauscht man ein Maß Gold gegen sieben Maß Silber, denn die nächste Silbermine ist fünf Monate entfernt.[144] Die Kaufleute bringen also eine große Menge Silber mit und verkaufen es oder tauschen es in dieser Goldwährung im Verhältnis von sieben Einheiten feinsten Silbers gegen eine Einheit feinsten Goldes.
Die Bewohner dieser Provinz kennen weder Gott noch Götzen oder Kirche. Sie verehren den Herrn des Hauses, denn sie sagen: „Von ihm stammen wir alle ab!" Sie sind des Schreibens nicht mächtig. Und das ist auch nicht weiter erstaunlich, denn sie wohnen sehr abgeschieden und an sehr entlegenen Orten, inmitten von hohen Bergen und riesigen Wäldern. Diese sind absolut undurchdringlich. Die Luft ist dort so ungesund, daß kein Fremder dem Tode entgehen würde. Schließen die Leute

In dieser Provinz kommen auch großartige Pferde zur Welt, die nach Indien verkauft werden. Zuvor jedoch entfernen sie zwei oder drei Knochen aus dem Schweif, auf daß das Pferd seinen Reiter damit nicht schlage, was ganz und gar unerfreulich wäre. Sie reiten sie mit langen Steigbügeln, nach französischer Art. Sie tragen Harnische aus gekochtem Leder und verteidigen sich mit Lanzen, Schilden und Armbrüsten mit vergifteten Bolzen.
Hier der Bericht eines bösartigen Brauches, den man hierzulande pflegte, bevor der Großkhan das Land eroberte. Nahm ein stattlicher Mann oder ein anderer Edelmann zufällig hier Nachtquartier, so ermordeten sie ihn meuchlings oder vergifteten ihn. Nicht, um ihm sein Geld zu rauben, sondern damit der gute Schatten und die Gnade dieses Menschen, seine Weisheit und Gesundheit, für immer im Hause des Gastgebers verweile, bei dem er starb. So begingen sie bis zur Eroberung durch den Großkhan zahlreiche Morde. Heute ist es jedoch schon fünfunddreißig Jahre her, daß man diesem verwerflichen Brauche nicht mehr nachkommt, [fol. 56v] denn der Großkhan untersagt es, und er wird von allen gefürchtet. Nach dieser Gegend wenden wir uns nun einer anderen zu.

hier untereinander Geschäfte ab, so nehmen sie ein rundes oder viereckiges Holzstück und spalten es in zwei Hälften. Dahinein schlagen sie zwei oder drei Kerben. Will einer bezahlen, so stecken sie diesen Stab wieder zusammen und einer von den beiden behält ihn.
In den drei Provinzen, von denen ich euch berichtet habe, Caraian, Betrain[145] und Jacin, gibt es keinen einzigen Arzt. Ist jemand krank, so läßt man einen Magier rufen; diese Magier dienen als Mittelmänner bei den Göttern. Die Kranken erzählen ihnen, woran sie leiden. Sodann lassen die Zauberer ihre Instrumente erklingen und beginnen zu singen und zu tanzen. Und sie tanzen und springen so lange, bis einer von ihnen wie tot erstarrt zu Boden fällt [fol. 57]. Denn der Teufel ist ihm in den Leib gefahren. Sobald sie ihn in einem solchen Zustand sehen, fragen ihn seine Begleiter: „Woran leidet er denn?" – Und er antwortet ihnen: „Er ist von diesem oder jenem Geist befallen, der verstimmt und verärgert ist." – Die anderen Zauberer bestehen darauf: „Wir flehen dich an, ihm zu vergeben! Nimm von seinem Blut und von seinem Hab und Gut, so viel du willst!" – Auf deren Flehen antwortet der böse Geist im Körper des erstarrten Magiers: „Dieser Kranke ist so böse, er hat sich gegen jenen anderen Geist so schlecht benommen, daß dieser ihm um nichts in der Welt vergeben will." Dies ist die Antwort des Magiers, wenn der Kranke sterben muß. Soll der Kranke jedoch gesund werden, so befiehlt er ihnen, drei oder elf Schafe zu holen und zehn oder zwölf scharfe Getränke von großem Wert zu brauen. Der Kopf dieser Schafe muß schwarz sein oder eine bestimmte Farbe haben, wie es der Magier ihnen beschreibt. Sie müssen sie dem Geist opfern, den er nennt. Sie müssen auch soundsoviele Zauberer und Hexen kommen lassen und die Zeremonie mit Lob, Gesang, Lichtern und Wohlgerüchen begehen. Dies antwortet der Geist, soll der Kranke genesen.
Die Verwandten des Kranken tun also alles, was ihnen aufgetragen wurde. Kaum hat sich der Magier, der so zu ihnen gesprochen hat, erhoben, holen die Verwandten des Kranken

schon die Schafe in der beschriebenen Farbe, töten sie und versprengen deren Blut an den von ihm bezeichneten Stellen. Sie laden auch Magierinnen ein, um dem Geiste die nötige Ehre zu erweisen. Dann lassen sie die Schafe im Hause des Kranken zubereiten, und es kommen so viele Magier und Magierinnen, wie der Geist dies gewünscht hat. Sind sie versammelt, so beginnen die Magier und Magierinnen zu singen, zu tanzen und ihre Instrumente zu schlagen, um dem Geiste zu huldigen und ihn zu feiern. Suppe, Fleisch, Getränke und Aloeholz versprengen sie bald an dieser, bald an jener Stelle, zusammen mit etwas Weihrauch. Dies geht lange so, dann fällt wieder ein Magier zu Boden und bleibt dort erstarrt mit Schaum vor dem Mund liegen. Seine Begleiter befragen ihn: „Ist dem Kranken bereits vergeben?" Sodann antwortet er mit Ja oder Nein. Und ist dem Kranken noch nicht vergeben, so fangen sie wieder an, dieses oder jenes zu tun; was der Geist auch immer zu seiner Genugtuung von ihnen verlangt, sie führen es sogleich aus. Und haben sie alle Opfer gebracht, welche ihnen der Geist vorschrieb, so versichert er ihnen, daß dem Kranken nun vergeben sei und daß er bald gesund sein werde. Von dieser positiven Antwort erfüllt, erklären die Magier, daß ihr Geist ihnen wohlgesinnt und vollkommen beruhigt sei. Danach beginnen sie vollauf zufrieden zu essen. Und der Magier, der sich zuvor am Boden krümmte, erhebt sich und ißt mit ihnen. Nach dem Festmahl kehrt jeder wieder nach Hause zurück, und der Kranke erhebt sich, völlig genesen und in bester Gesundheit. So habe ich euch nun das Verhalten und die barbarischen [fol. 57v] Bräuche dieser Menschen nähergebracht. Wenden wir uns nun von dieser Provinz und ihren Menschen ab und kommen wir genauer auf die anderen zu sprechen.

Er berichtet, wie der Grosskhan die Königreiche Mien[146] (Burma) und Bangala (Bengalen) erobert hat

Wir haben vergessen, euch die vortreffliche Schlacht zu erzählen, die im Königreiche Vocian, in der Provinz Zardandan, ausgetragen wurde; hier wollen wir genau darüber berichten. Und so hat es sich zugetragen. Im Jahre 1262 der Menschwerdung Christi schickte der Großkhan ein Riesenheer aus, um seine Königreiche Vocian und Caraian gegen die Bösewichter zu schützen, die ihnen Schaden zufügten. Er hatte noch keinen seiner Söhne dorthin entsandt, wie er es später tun sollte: Sentemer, den Sohn seines verstorbenen Sohnes, krönte er dann zum König. Eines Tages also, als der König von Mien und Bangala – Herrscher über zahlreiche Ländereien, Schätze und Menschen, der noch nicht dem Großkhan unterstand, sondern erst wenig später von diesem erobert werden und seine beiden Königreiche verlieren sollte –, als dieser König also erfuhr, daß das Heer des Großkhans bei Vocian stand, in seinem eigenen Königreiche, beschloß er, ihn zu vernichten, um es diesem zu vergällen, sich bei ihm niederzulassen. Er rief also unverzüglich alle Männer zu den Waffen. Und so ging er dabei vor. Auf jedem seiner zweitausend überhohen Elefanten ließ er ein solides, kampfestaugliches Kastell errichten, in dem jeweils bis zu zwölf oder sechzehn kriegserfahrene Soldaten Platz fanden. Weiter ließ er sechzigtausend Reiter und Fußvolk ausheben. Solche Vorbereitungen wiesen ihn als einen überaus mächtigen Herrscher aus. Was soll ich euch noch viel erzählen! In dieser Aufstellung machte er sich unverzüglich auf in den Kampf. Ohne besondere Zwischenfälle drang er bis zu drei Tagereisen zur Armee des Großkhans vor, die, wie gesagt, in der Stadt Vocian im Königreich Zardandan lagerte. Hier schlug er sein Lager auf und ließ seinen Soldaten etwas Zeit, sich auszuruhen. [FOL. 58]

Er berichtet über die Schlacht zwischen der Armee, dem Marschall des Grosskhans und dem König von Mien

Als der Tatarenmarschall erfuhr, daß der König von Mien ihn mit einer solchen Armee angriff, bekam er Angst, denn er selbst verfügte nur über zwölftausend Reiter. Er war ein wahrhaftig tapferer Soldat, umsichtig und geschult im Kampfe, ein sehr guter Anführer. Sein Name war Nestraidin. Er brachte seine Armee in Stellung, ließ zum Kampfe blasen und war gewappnet, sich mit seinen Männern zu verteidigen, denn er verfügte über eine Menge guter Soldaten. Was soll ich euch noch viel erzählen! Die gesamte Tatarenarmee mit ihren zwölftausend Reitern marschierte im Flachland von Vocian gegen den Feind und rüstete sich zum Kampfe. Ihr hervorragender Anführer lenkte sie mit Umsicht, denn daneben erstreckte sich eine weitere große, baumbestandene Ebene. Die Tataren erwarteten also ihre Feinde. Wir kommen später auf sie zurück; wenden wir uns einstweilen ihren Feinden zu.

Als sie gut ausgeruht waren, machte sich der König von Mien mit seinen Truppen auf den Weg und erreichte alsbald die Ebene von Vocian, wo er von den Tataren bereits erwartet wurde. Als sie bis auf eine Meile an den Feind herangekommen waren, ließ der König seine Elefanten mit den Kastellen und den darin befindlichen Männern in Kampfstellung bringen; seine Reiter und Infanteristen brachte er ebenfalls in Position, denn er war ein kriegsgeübter König. Als er also alles zu seiner Zufriedenheit geregelt hatte, marschierte er gegen den Feind. [fol. 58v] Die Tataren taten so, als ob sie keinesfalls von diesem Anblick überrascht seien; auch sie drangen in wohlgeordneter Stellung gegen den Feind vor. Jetzt waren sie bereit und brauchten nur mehr den Kampf zu beginnen, als ihre Pferde beim Anblick der Elefanten scheuten und nicht mehr weitergehen wollten. Sie wichen zurück. Der König, seine Männer und alle Elefanten zogen nach.

Folio 58

Zwischen Burmesen und Mongolen tobt eine Schlacht. Die letzteren werden von Nestraidin geführt, den der Großkhan nach Zardandan in Yunnan schickte, um die Grenzen dieses abgelegenen Teils seines Reiches zu sichern. Im Glauben, daß er sie erobern wolle, zogen es die Burmesen vor, ihrerseits das Heer der Mongolen anzugreifen. Sie trieben eine beachtliche Menge Elefanten zusammen, in deren Holzkastellen Bogenschützen transportiert wurden, wie links an einem Beispiel zu sehen ist.

Er spricht weiter von dieser Schlacht

Die Tataren waren in heller Aufregung und wußten nicht, wie sie sich entscheiden sollten. Sie konnten ihre Pferde nicht in den Kampf führen, ohne diesen zu verlieren, das wußten sie wohl. In seiner großen Weisheit tat ihr Anführer so, als ob er alles genau geplant hätte. Er ließ seine Reiter absitzen, hieß sie ihre Pferde an den Bäumen des nahegelegenen Waldes festbinden und gab Befehl, die Bögen in Anschlag zu bringen – man muß wissen, daß sie die geübtesten Bogenschützen der Welt sind. Sie erhoben also ihre Bögen und schleuderten so viele Pfeile gegen die auf sie zustürmenden Elefanten, daß innerhalb kürzester Zeit ein Großteil verwundet oder tot zu Boden fiel. Sicherlich schossen auch die Feinde ihre Pfeile auf die Tataren ab, doch diese waren besser gerüstet und viel geschickter dabei. Was soll ich euch noch sagen! Die Elefanten spürten bald die Umklammerung der Pfeile, die nur so auf sie herabprasselten und sie verwundeten, und nahmen Reißaus. Nun stand den Tataren nichts mehr entgegen. Die Elefanten flohen mit so großem Getöse, daß man hätte meinen können, die Welt gehe unter. Sie flohen, nach rechts und links ausreißend, in den Wald, zerbrachen ihre Kastelle und rissen alles mit, was ihnen im Wege stand. Da sie sahen, daß sie die Elefanten wirklich in die Flucht geschlagen hatten, saßen die Tataren wieder auf und ritten schwerter- und streitkolbenschwingend gegen den Feind. So stürmten sie ihnen entgegen und brachten wilde Schläge an, denn die Männer des Königs waren zwar zahlreicher als die Tataren, jedoch nicht so tapfer und nicht so geschickt im Kampf; sonst hätten ihnen die wenigen Tataren wohl kaum Widerstand leisten können. Welch ein Schauspiel, welch ungestüme Hiebe mit Schwertern und Streitkolben, welch Massaker an Fußvolk, Reitern und Pferden, abgetrennte Glieder (Hände, Arme, Schenkel und Köpfe), und Tote, die zu Hunderten zu Boden fielen, und Verwundete, die sich wegen des großen Gedränges nicht mehr erhoben! Auf beiden Seiten ertönte so großes Geschrei, daß Gottes Donner dabei kaum vernehmbar gewesen wäre. Auf beiden Seiten hinterließ die Schlacht grausame, schreckliche, ja tödliche Spuren. Doch die Tataren gewannen die Überhand, während der König und seine Männer den Kampf unter schlechten Vorzeichen begonnen hatten, so viele Tote hatten sie zu beklagen. Nach Mittag hatte die Gewalt der Tataren ihren Widerstand gebrochen [fol. 59]; sie wurden aufgerieben und ergriffen die Flucht. Noch im Fliehen setzten ihnen die Tataren nach und schlachteten sie so grausam ab, daß man sich ihrer erbarmen mußte. Dann ließen sie davon ab und kehrten zurück, um die Elefanten, die im Wald Zuflucht gesucht hatten, zusammenzutreiben. Sie mußten große Bäume fällen, um zu ihnen vorzudringen. Nur den Männern des Königs von Mien, die während der Schlacht in Gefangenschaft geraten waren, gelang es, sie zu bändigen, denn sie kannten sie besser als die Tataren. Und so fingen sie die Elefanten ein, denn diese sind viel klüger als andere Tiere. Es waren ihrer mehr als zweihundert. Seit dieser Schlacht besaß der Großkhan viele Elefanten. Nun habt ihr also vernommen, wie die Weisheit und das große Geschick der Tataren dem König von Mien und von Bangala den Garaus machte.

Folio 59

In diesem Bild werden gleich zwei Kapitel zusammengefaßt, zwischen denen es eingeschoben ist. Im vorhergehenden Kapitel erzählt Marco Polo, wie Nestraidin, Sieger über die Burmesen, die Elefanten verfolgt, die sich in den Wäldern verlaufen haben, um so viele wie möglich einzufangen. Die Darstellung eines unter dem Laubwerk versteckten Einhorns im Hintergrund spielt auf die folgende Passage an, in der es heißt, daß es in Burma „große Sümpfe" gibt, in denen Elefanten, Einhörner und andere Tiere anzutreffen sind.

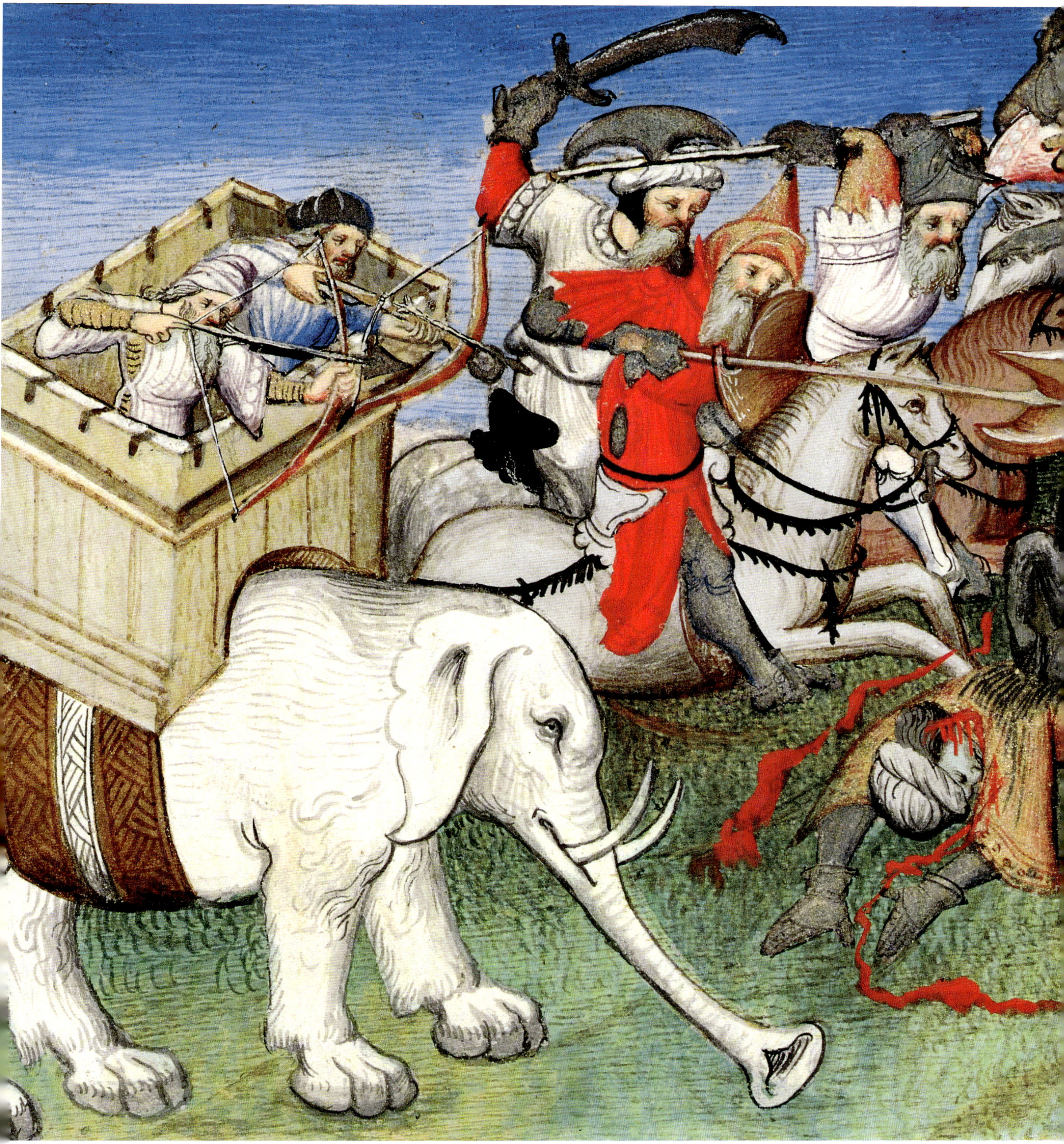

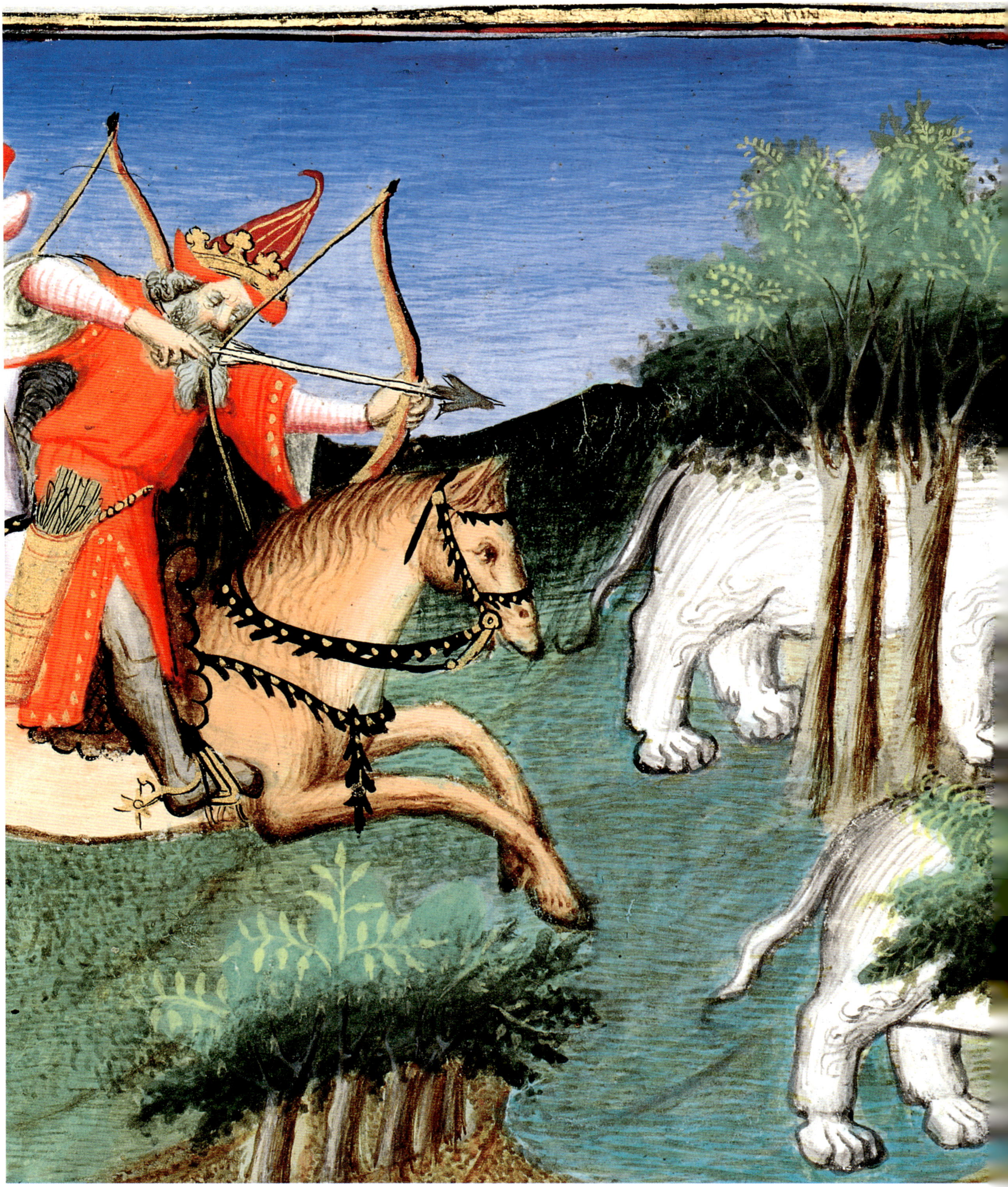

WIE MAN IN DAS GROSSE TAL HINABSTEIGT

Verläßt man diese Provinz,[147] so erreicht man einen stark abschüssigen Abhang, den man gut zweieinhalb Tage hinabreitet. Dazu gibt es nicht allzuviel zu erwähnen, außer einer weiträumigen Fläche, auf der Markt gehalten wird. Hier versammeln sich die Leute aus der ganzen Gegend dreimal pro Woche. Man tauscht hier Gold, das in Hülle und Fülle vorkommt, gegen Silber im Verhältnis von drei Maß Feingold gegen fünf Maß Silber. Händler aus allen angrenzenden Regionen tauschen dort ihr Silber [fol. 59v] gegen das Gold dieser Leute und ziehen großen Gewinn daraus. Keiner weiß jedoch, wo diejenigen wohnen, die das Gold zum Markt tragen. Aus Angst vor übelwollenden Menschen verbergen sie sich an unzugänglichen Orten. Ihre Häuser liegen in der Wildnis und sind natürlich geschützt; so kann ihnen niemand etwas zuleide tun. Und sie richten es immer so ein, daß sie nicht nach Hause begleitet werden, damit auch niemand erfährt, wo sie leben. Nach zweieinhalb Tagereisen talabwärts erreicht man im Süden die Provinz Mien, an der Grenze zu Indien. Man durchquert fünfzehn[148] Tage lang unwegsames Gebiet und riesige Wälder, in denen Elefanten, Einhörner und andere wilde Tiere hausen, bekommt jedoch kein menschliches Wesen zu Gesicht. Nichts anderes gibt es über diese wilde, gar seltsame Region zu berichten. Lassen wir sie also hinter uns und wenden wir uns einem anderen, sehr schmalen Ort zu.

Folio 59v
Am Ende des Kapitels über Amien, *die Hauptstadt Burmas, kommt der Autor wieder auf die Tierwelt zu sprechen. Ein riesenhafter Bär kommt aus einer Höhle hervor, ihm gegenüber ein gigantisches Einhorn hinter einer Baumkrone. Im Vordergrund geht ein kleiner, fast weißer Elefant mit festonierten Ohren an einem stolzen Wildesel vorbei; dieser ist mit gelockter, wehender Mähne und einem langen Schwanz dargestellt, der in einem menschlichen Kopf endet.*

129

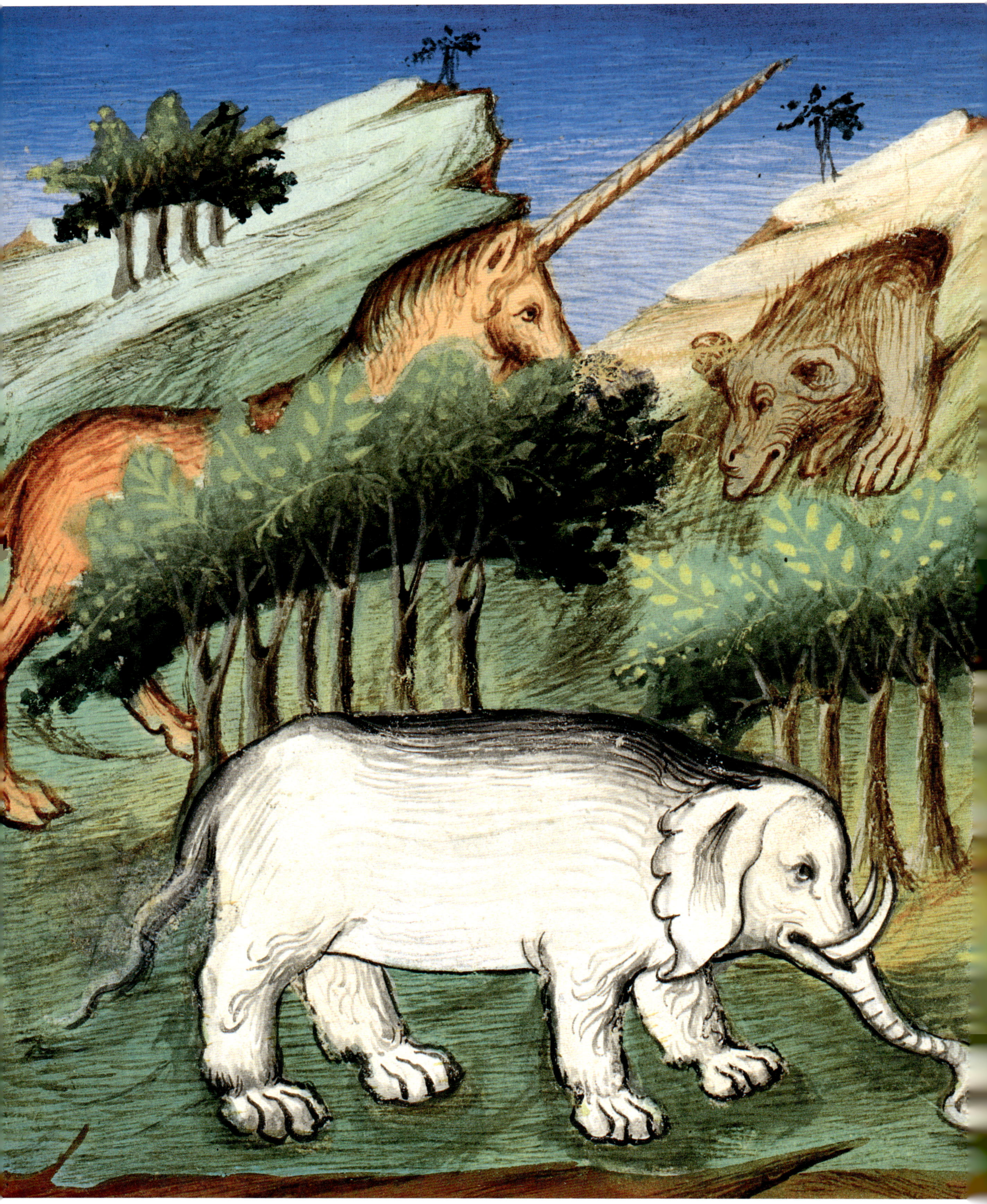

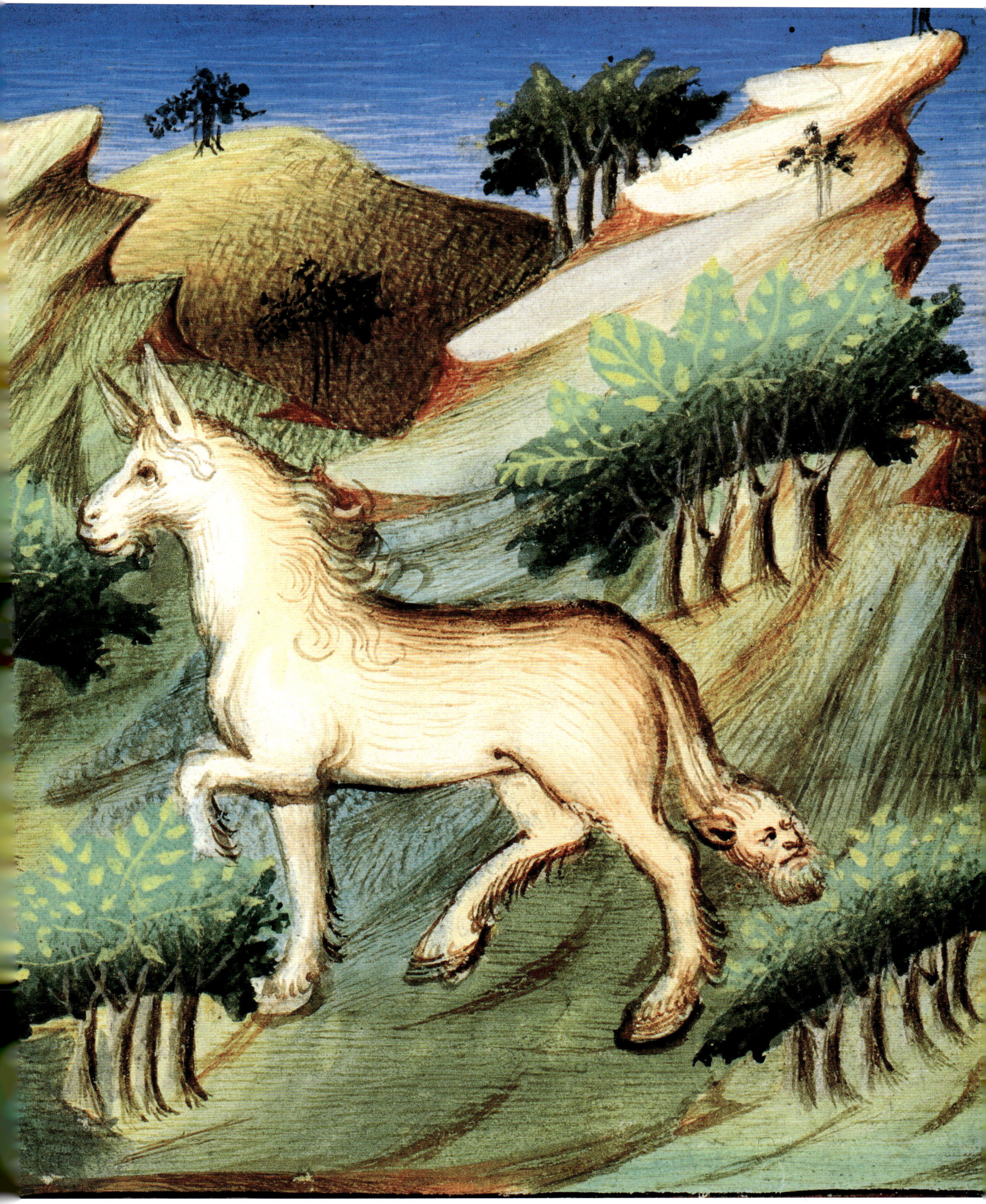

Er spricht von der Stadt Amien mit ihren beiden Türmen aus Silber und Gold

Fünfzehn Tage reitet man durch völlig unbesiedeltes Gebiet ohne Weg und Steg, so daß die Reisenden ihren Proviant selbst mit sich führen müssen, um die prächtige Stadt Amien zu erreichen, die Hauptstadt der Provinz Mien. Die Menschen hier sind Götzendiener und dem Großkhan untertan. Sie sprechen ihre eigene Sprache. In dieser Stadt gibt es ein gar außergewöhnliches Monument, von dem ich euch berichten will.

Einst stand die Stadt unter der Herrschaft eines reichen und mächtigen Königs, der befahl, man möge nach seinem Tode zwei Türme auf seinem Grab errichten, einen aus Gold und einen aus Silber. Jeder ist zehn Schrittlängen hoch [fol. 60] und in der Breite entsprechend proportioniert. Auf ihrer Spitze erhebt sich eine mit mehreren Glöckchen geschmückte Kuppel; die Glöckchen des goldenen Turmes sind vergoldet, jene des silbernen versilbert und erklingen, sobald der Wind weht. Der König ließ sie einzig zu seinem Ruhme errichten. Und es ist dies tatsächlich eines der schönsten Schauspiele der Welt, so herrlich sind sie gebaut. Bei Sonnenschein sind sie von weitem zu sehen. Und so hat sich der Großkhan ihrer bemächtigt.

Am Hofe des Großkhans weilten zahlreiche Jongleure und Akrobaten, die dieser [um sie loszuwerden] ausschickte, die Stadt Mien zu erobern, indem er ihnen Hilfe und Führung zusagte. – „Mit Vergnügen", antworteten sie. Der Großkhan ließ alle notwendigen Vorbereitungen treffen und gab ihnen einen Führer sowie eine Kompanie Soldaten mit. Sie machten sich auf den Weg und erreichten schließlich die Provinz Mien, die sie sogleich einnahmen. Sie waren von den beiden herrlich gestalteten Türmen fasziniert, sowohl von jenem aus Gold wie auch von jenem aus Silber, und fragten den Großkhan, was damit zu geschehen habe. Da er wußte, daß der König sie zum Heile seiner Seele hatte errichten lassen und dafür, daß man sich nach seinem Tode noch an ihn erinnere, verbot er ihre Zerstörung. Sie mußten stehen bleiben. Und das ist nicht weiter verwunderlich, denn die Tataren empfinden Achtung für alles, was mit dem Tode in Zusammenhang steht. In dieser Provinz gibt es eine Anzahl Elefanten, schöne wilde Esel, Rotwild, Hirsche, Pferde und noch andere Wildtiere. Nach der Provinz Mien werden wir euch jetzt über die Provinz Bangala berichten.

Er spricht über die Provinz Bangala

Bangala ist eine Provinz im Süden. Im Jahre 1280 der Menschwerdung Christi, als Marco Polo am Hofe des Großkhans weilte, war sie noch nicht in dessen Besitz, jedoch stand die Eroberung durch seine Truppen unmittelbar bevor. Die Menschen in Bangala sprechen ihre eigene Sprache. Es sind ganz verdorbene Götzendiener, die an der Grenze zu Indien leben. Sie halten eine Menge Sklaven, die von den Fürsten [der Nachbarprovinzen] bei ihnen gekauft werden. Sie erzeugen Baumwolle und treiben ausgedehnten Handel damit. Auch ziehen sie Gewürze, Galanga, Ingwer, Zucker und viele andere Spezereien. Die Inder erstehen bei ihnen die Eunuchen, von denen ich euch bereits erzählt habe, sowie männliche und weibliche Sklaven, die die Bengalen bei ihren Kriegen in den Provinzen gefangengenommen haben. Die Sklavenhändler verkaufen sie auf der ganzen Welt. Zu dieser Provinz gibt es nicht viel mehr zu sagen. Lassen wir sie hinter uns und [fol. 60v] wenden wir uns der Provinz Caugigu zu.

Er spricht von der Provinz Caugigu[149]

Caugigu ist eine Provinz im Osten, die von einem König regiert wird. Die Menschen hier sind Götzendiener und sprechen ihre eigene Sprache. Sie sind Untertanen des Großkhans und entrichten ihm jedes Jahr Tribut. Der König führt ein gar ausschweifendes Leben, er hat nicht weniger als dreihundert Ehefrauen. Jede schöne Frau, die er kennenlernt, heiratet er. In dieser Provinz finden sich viel Gold und mannigfache Gewürze aller Art. Da sie sehr weit vom Meer entfernt ist, gibt es hier nur minderwertige Waren, die sehr billig sind. Es gibt genug Elefanten und gar manch andere Tierart, auch an Wild fehlt es nicht. Man ernährt sich von Fleisch, Milch und Reis. Der Wein wird aus Reis und Gewürzen hergestellt, er ist sehr wohlschmeckend. Man trägt hier vielerorts Tätowierungen auf dem Körper, Löwen, Drachen, Vögel und andere [Motive], die man sich mit einer Nadel beibringen läßt.

Die Zeichnungen sind immer dieselben. Die Leute sind ganz verrückt danach. Sie lassen sich das Gesicht tätowieren, den Hals, die Brust, die Arme, die Hände, den Bauch und alle anderen Körperteile. Es ist dies ein Zeichen großer Raffinesse. Je mehr Tätowierungen, desto schöner der Körper. Lassen wir diese Provinz hinter uns und wenden wir uns der Provinz Amu zu, die weiter östlich liegt.

Er spricht von der Provinz Amu[150]

Amu ist eine Provinz im Osten. Die Menschen hier sind Götzendiener und dem Großkhan untertan. Sie leben von der Viehzucht und vom Feldbau. Sie sprechen ihre eigene Sprache. Ihre Frauen tragen an Armen und Beinen sehr wertvolle Bänder, wie auch die Männer, die noch teureren Schmuck tragen. Sie züchten eine Vielzahl an Pferden, die sie nach Indien verkaufen. Auch an Büffeln und Rindern fehlt es nicht, denn sie verfügen über prächtiges Weideland. Von Amu nach Caugigu sind es fünfzehn Tage, und von Caugigu bis Bangala, der dritten, weiter westlich gelegenen Provinz, sind es weitere dreißig. Verlassen wir nun Amu und ziehen wir in Richtung der Provinz Tholoman weiter, die acht Tagereisen entfernt in östlicher Richtung liegt.

[FOL. 61]
ER BERICHTET ÜBER DIE PROVINZ THOLOMAN[151]

Folio 61
Durch die Provinz Cugny „könnte niemand reisen, da es so viele sehr große und überaus wilde Löwen gibt". Tatsächlich erblickt man die Köpfe der Raubtiere, die hinter den Felsen den Reisenden aufzulauern scheinen. Zwei Männer gehen vorüber, der eine mit einem langen Stock bewaffnet, der andere mit seinem Bündel über der Schulter, jeder ein Paar mächtiger Jagdhunde an der Leine führend, die für ihre Kraft, ihre Geschicklichkeit und ihren Mut im Kampf gegen die Löwen bekannt sind.

Tholoman ist eine Provinz im Osten. Ihre Bewohner sind Götzendiener und sprechen ihre eigene Sprache. Sie sind dem Großkhan untertan. Es sind sehr schöne Menschen, jedoch eher dunkel- als hellhäutig. Sie sind ausgezeichnete Soldaten. Städte und Burgflecken reihen sich aneinander. Man verbrennt hier die Toten, die Knochen [die nicht verbrannt sind] werden in kleinen Kästchen verwahrt, die sie im hintersten Winkel ihrer Berge verstecken, an Orten, in die weder Mensch noch Tier gelangen kann. Die Provinz ist reich an Goldschätzen. Man benützt auch das Porzellanmuschelgeld, das ich euch bereits beschrieben habe. Alle Provinzen, über die ich soeben berichtete, von Bangala über Caugigu bis Amu, verwenden als Zahlungsmittel entweder Gold oder Porzellanmuscheln. Kaufleute gibt es nur wenige, die sind jedoch sehr reich, und ihre Geschäfte gehen gut. Man ernährt sich von Fleisch, Milch und Reis und trinkt Wein aus Reis und Gewürzen. Lassen wir nun diese Provinz hinter uns und wenden wir uns der Provinz Cugny im Osten zu.

ER BERICHTET ÜBER DIE PROVINZ CUGNY[152]

Cugny ist eine Provinz in östlicher Richtung. Tholoman hinter sich lassend, folgt man dem Fluß [Jangtse] zwölf Tage lang [in Richtung Norden], vorbei an zahlreichen Städten und Burgflecken. Dazu gibt es nicht viel zu erzählen. Sodann erreicht man die große und prachtvolle Stadt Fungul.[153] Die Menschen hier sind Götzendiener und dem Großkhan untertan. Es sind fleißige Kaufleute und geschickte Handwerker. Man stellt hier herrliche Stoffe aus Baumrinde her, die man im Sommer trägt. Sie sind gute Soldaten und verwenden Papiergeld. [fol. 61v] Man befindet sich hier nämlich in einem Gebiet, in dem das Papiergeld des Großkhans verbreitet ist.
Es gibt so viele Löwen hier, daß man nachts nicht draußen schlafen kann. Wer des Nachts mit einem Schiff auf dem Fluß unterwegs ist, muß darauf achten, dem Ufer nicht zu nahe zu kommen, da die Löwen sonst bis zum Schiff schwimmen und jeden verschlingen, den sie zu fassen bekommen. Sie sind so groß und fürchterlich, daß niemand sich in diese Provinz wagen würde, gäbe es nicht folgendes Hilfsmittel. Es werden hier riesige wilde und kühne Hunde gehalten, die zu zweit in der Lage sind, einen Löwen anzugreifen. Die Reisenden nehmen also immer zwei davon mit sich; treffen sie auf einen Löwen, so stürzen sich die Hunde auf ihn. Der Löwe mag sich wehren, die Hunde weichen seinen Angriffen geschickt aus. Sie setzen ihm zu, heulen und beißen ihm in den Schwanz, in die Schenkel und fügen ihm auch anderswo Bisse zu. Der Löwe tut, als bemerkte er nichts und dreht sich mit einem Ruck um.
Er würde sie wohl töten, wenn er sie erwischen könnte, die Hunde weichen jedoch aus. Schließlich treibt ihn ihr Geheul in die Flucht. Der Löwe flüchtet sich in einen Wald und sucht einen Baum, wo er vor ihren Angriffen sicher ist. Sodann bringen die Männer ihre Bögen in Anschlag – es sind sehr gute Bogenschützen – und fügen ihm tödliche Wunden zu. So werden die Reisenden die Löwen los.
Sie haben eine Menge Seide und anderer Waren, die sie auf dem großen Fluß und seinen Zuflüssen talauf und talab verschiffen. Zwölf Tage gleitet man auf dem Fluß dahin, vorbei an unzähligen Städten. Die Menschen hier sind Götzendiener und dem Großkhan untertan. Sie zahlen mit Papiergeld, Handel und Handwerk gedeihen. Nach zwölf Tagen erreicht man die Stadt Sindifu, von der wir euch bereits berichteten. Danach reitet man noch siebzig Tage durch Provinzen, Städte und Burgflecken, die wir bereits zu gegebener Zeit besichtigt und näher beschrieben haben. Sodann erreicht man Cugny, das wir auch schon kennen. Danach reitet man weitere vier Tage durch viele Städte und Burgflecken. Die Menschen hier sind Götzendiener und verwenden das Papiergeld des Großkhans, ihres Herrschers. Schließlich erreicht man Cacanfu im Süden, das zur Provinz Catay gehört und das ich euch an dieser Stelle näher beschreiben will.

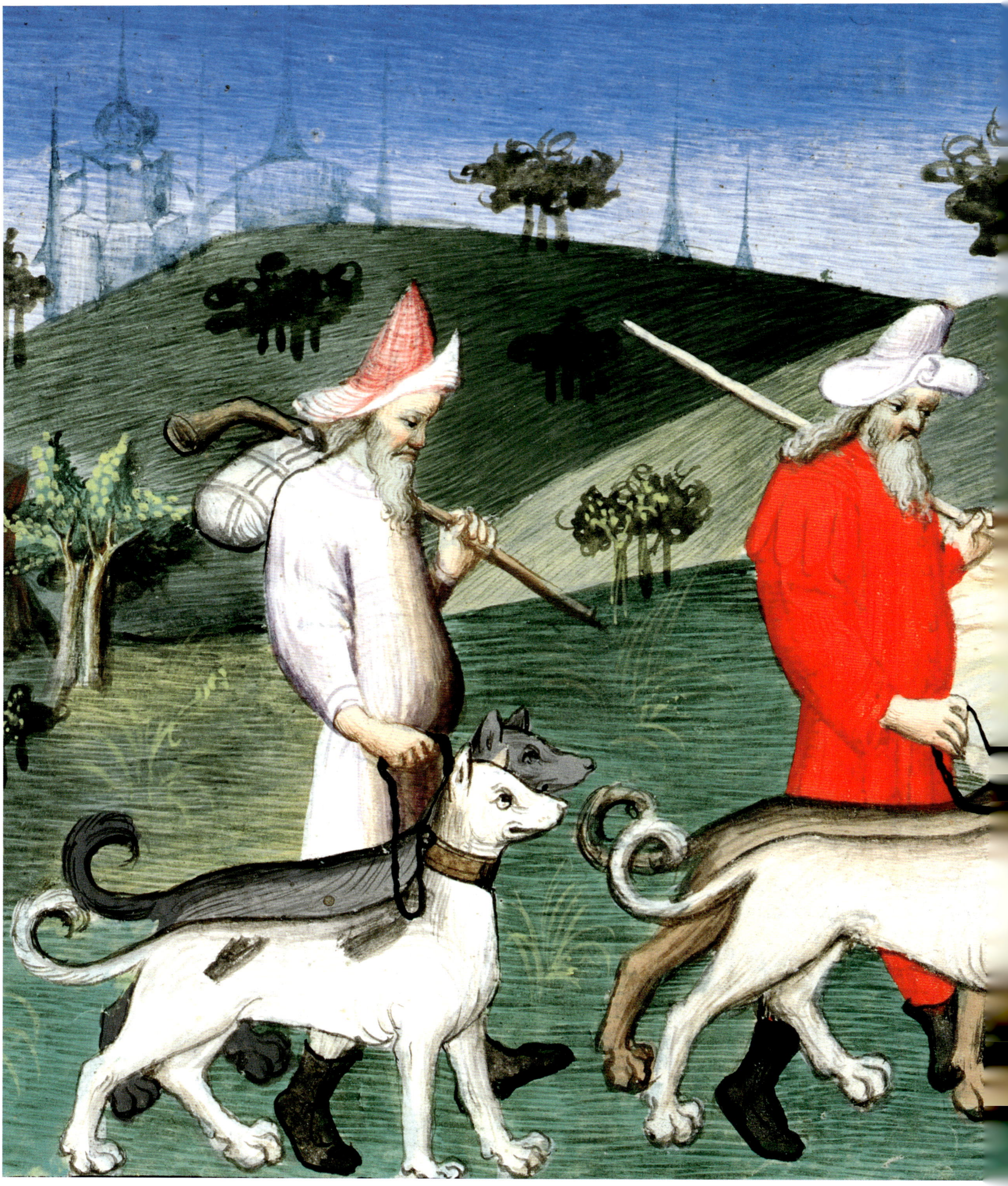

Er spricht über das weiter südlich gelegene Cacanfu[154]

Cacanfu ist eine prachtvolle Stadt. Die Menschen hier sind Götzendiener und verbrennen ihre Toten. Sie verwenden Papiergeld, und Handel und Handwerk blühen. Sie stellen eine Menge Seide her, woraus sie Gold-, Seiden- und Taftstoffe weben. Es gibt hier eine Unzahl an mächtigen Städten und Burgflecken. Lassen wir diese Stadt hinter uns und reiten wir weitere drei Tage gen Süden; dort trifft man auf die Stadt Cyanglu, von der ich euch näher berichten will.

[FOL. 62]
Er spricht über die Stadt Cyanglu[155]

Cyanglu ist eine ebenso weitläufige Stadt in südlicher Richtung. Sie untersteht dem Großkhan und gehört zur Provinz Catay. Ihre Bewohner verwenden Papiergeld. Sie sind Götzendiener und verbrennen ihre Toten. In der Stadt werden riesige Mengen an Salz erzeugt, und das geschieht so. Man häuft große Mengen salziger Erde an, die dann mit viel Wasser getränkt wird. Das Wasser fließt hindurch. Danach wird es aufgefangen und in großen Eisenkesseln abgekocht. Sobald es ausgekühlt ist, setzt sich ein weißes, hochfeines Salz am Boden ab. Dies wird in alle umliegenden Provinzen exportiert und mit großem Gewinn verkauft. Sonst gibt es weiter nichts zu erzählen. Begeben wir uns also fünf Tagereisen weiter in die Stadt Siangly, von der ich euch nun erzählen will.

Er berichtet über die Stadt Siangly[156]

Siangly ist eine Stadt im Süden der Provinz Catay. Sie untersteht dem Großkhan. Die Menschen dort sind Götzendiener und zahlen mit Papiergeld. Durch die Stadt fließt ein breiter Fluß.[157] Darauf werden flußaufwärts und flußabwärts große Gütermengen verschifft, Seide, Gewürze und Nahrungsmittel von hohem Wert. Sechs Tagereisen von Siangly gen Süden gelangt man in die Stadt Tundinfu.

Er berichtet über die Stadt Tundinfu[158]

Von Siangly aus reitet man noch fünf Tage in Richtung Süden, durch zahlreiche prachtvolle Städte und Burgflecken. Die Bewohner sind Götzendiener und dem Großkhan untertan. Sie verbrennen ihre Toten. Alle Güter sind hier im Überfluß vorhanden. Viel mehr gibt es darüber nicht zu erzählen. Wenden wir uns nun der Stadt Tundinfu zu. Es ist dies eine große

135

Stadt, die einst an der Spitze eines Königreichs stand, bis sie von der Armee des Großkhans erobert wurde. Dennoch ist sie die schönste aller Städte in dieser Gegend. Viele reiche Kaufleute, die mit Seide handeln, gibt es hier, denn Seide ist im Übermaß vorhanden. Auch findet man herrliche Gärten voller köstlicher Früchte. Der Stadt Tundifu unterstehen elf besonders reiche kaiserliche Handelsstädte, die durch den Verkauf übermäßiger Mengen Seide äußerst viel einbringen. Im Jahr 1273 der Menschwerdung Christi entsandte der Großkhan Hycan Sangon, einen seiner Barone, und an die achtzig Ritter zum Schutze der Stadt und der gesamten Provinz hierher. Der Baron verhielt sich aber als Verräter, indem er die Stärksten dazu anstachelte, sich gegen den Großkhan zu erheben. Sie erhoben sich also, wollten keineswegs mehr gehorchen und erwählten besagten Hycan zu ihrem Anführer [**fol. 62v**], denselben, den der Großkhan ausgeschickt hat-

te, sie zu beschützen. Der Großkhan entsandte daraufhin zwei weitere Barone, namens Eguit und Montagay, mit hunderttausend Reitern und einem Riesenheer an Fußvolk. Diese beiden griffen Hycan und seine Mitkämpfer an, die zusammen auch über hunderttausend Reiter und eine Menge Fußvolk stellten. Hycan und seine Männer wurden jedoch vernichtend geschlagen, und die zwei Barone des Großkhans errangen den Sieg. Über diese Nachricht hocherfreut, ließ der Großkhan die Aufrührer und ihre Rädelsführer ohne Gnade hinrichten, die kleinen Leute ließ er ziehen. Also ordneten die beiden Barone an, die Anführer des Aufstandes hinzurichten, und den kleinen Leuten wurde verziehen. So würden sie sich in Zukunft bessern und sich nur noch redlich gegenüber ihrem Herrscher verhalten. Aber lassen wir dieses Thema und sprechen wir über die Region von Singuy Matu, die weiter im Süden liegt.

Folio 62v
Die Umgebung der Stadt Singuy Matu *ist überaus fruchtbar und wildreich. Zwei Einwohner, die von der Jagd zurückkehren, sind bei der Ankunft an der Brücke zu sehen, die sich am Fuße der Stadt über den Fluß spannt. Der vorausgehende Jäger trägt einen Stock auf der Schulter, an dem zwei Wildhasen aufgehängt sind. Ein kleinwüchsiges Pferd, auf dem Rücken einen erlegten Hirsch, geht vor dem zweiten Jäger einher, der mit Jagdattributen ausgestattet ist: Lanze, Taue und Olifant.*

ER BERICHTET ÜBER DIE PRACHTVOLLE STADT SINGUY MATU[159]

Tundifu hinter sich lassend, reitet man drei Tage gen Süden, durch herrliche Städte und Burgflecken, in denen ein reges Geschäftsleben herrscht. Auch gibt es hier viele Arten Wild, und alles ist im Übermaß vorhanden. [**fol. 63**] Sodann erreicht man die glänzende, wunderschöne Stadt Singuy Matu, die für blühenden Handel und Gewerbe bekannt ist. Ihre Bewohner sind Götzendiener. Sie unterstehen dem Großkhan und zahlen in Papiergeld. Sie ziehen enormen Gewinn aus dem breiten Fluß, an dem sie wohnen. Er fließt vom Süden her in die Stadt und wurde in zwei

Arme geteilt, deren einer in östlicher und der andere in westlicher Richtung weiterfließt, nämlich in Richtung Mangi und Catay. Es verkehren so viele Schiffe auf dem Fluß, daß es kaum zu glauben ist, außer man hat es selbst gesehen. So werden unzählige Waren nach Mangi und nach Catay verschifft. Auf der Rückreise werden zahlreiche Nahrungsmittel mitgeführt. Es ist eine wahre Augenweide, dieses Kommen und Gehen der Güter auf den beiden Flüssen zu beobachten. Nach Singuy Matu wenden wir uns der weiter südlich gelegenen Provinz Ligny zu.

ER BERICHTET ÜBER DIE PROVINZ LIGNY[160]

Singuy Matu hinter sich lassend, reitet man acht Tage in südlicher Richtung, vorbei an einer Menge herrlicher Städte und Burgflecken voller Handels- und Handwerksbetriebe. Die Menschen dort verbrennen ihre Toten. Sie unterstehen dem Großkhan und zahlen mit Papiergeld. Nach acht Tagen also erreicht man die Stadt Ligny, die denselben Namen trägt wie die Provinz, deren Hauptstadt sie ist. Es ist eine herrliche Stadt mit einer vornehmen Geschichte. Ihre Bewohner sind gute Soldaten. Handel und

Handwerk gedeihen. Wild ist im Übermaß vorhanden, wie auch die Vögel und andere Tiere. Alles, was man zum Leben braucht, haben sie im Überfluß, und alles kommt über den großen Fluß, von dem ich bereits erzählt habe. Sie verfügen über eine Unzahl an Schiffen, die größer sind als anderswo, auf denen sie gar manche wertvolle Spezereien transportieren. Aber lassen wir diese Provinz und diese Stadt hinter uns und wenden wir uns anderen, gar seltsamen Dingen zu.

137

Er spricht über die Stadt Pigny[161]

Von der Stadt Ligny aus, von der ich gerade berichtete, reitet man drei Tage weit in Richtung Süden, vorbei an vielen schönen Städten und herrlichen Schlössern. Sie gehören zu Catay. Die Bewohner sind Götzendiener und verbrennen ihre Toten wie in Catay. Wie auch dort, sind sie hier dem Großkhan untertan. Sie haben das Papiergeld des großen Herrschers, nämlich des Großkhans, dem alles gehört. Man jagt hier in großen Mengen das beste Wild der Welt. Auch ist sonst alles, was man zum Leben braucht, im Überfluß vorhanden. Nach diesen drei Tagen erreicht man die prachtvolle Stadt Pigny, belebt von Handel und Handwerk. Es wird dort sehr viel Seide hergestellt. Pigny liegt am Eingang der großen Provinz Mangi. Hier leben zahlreiche Kaufleute, die schwungvollen Handel [**fol. 63v**] mit Waren betreiben, die sie nach Mangi und in andere Städte und Burgflecken liefern sowie in so manch andere Gegend. Pigny bringt dem Großkhan sehr viel ein. Sonst gibt es jedoch nichts darüber zu erzählen. Lassen wir diese Stadt hinter uns und wenden wir uns der Stadt Signy zu, die ebenfalls in südlicher Richtung liegt.

Er spricht über die Stadt Signy[162]

So reitet man also von Pigny aus in Richtung Süden, durch reiche, herrliche Landstriche, in denen es an Wild und an anderen Tier- und Vogelarten nicht mangelt. Schließlich erreicht man die prachtvolle Stadt Signy, die vor Stoffen und anderen Gütern nur so überquillt. Ihre Bewohner sind Götzendiener und verbrennen ihre Toten wie jene, von denen wir soeben gehört haben. Sie zahlen in Papiergeld und sind dem Großkhan untertan. Diese Provinz ist reich an herrlichen Feldern und weiten Ebenen, auf denen Weizen und anderes Getreide in Menge gedeiht. Zu dieser Provinz ist nicht viel mehr zu sagen. Lassen wir sie also hinter uns und sprechen wir von weiter entfernten Ländern.

Signy hinter sich lassend, reitet man drei Tage in südlicher Richtung, vorbei an wunderschönen Städten, Schlössern, Gütern und fruchtbaren Äckern. An Wild und an Getreide ist hier kein Mangel. Die Menschen sind Götzendiener und dem Großkhan untertan. Nach diesen drei Tagen erreicht man den großen Fluß Caramoran, der im Land des Priesters Johannes entspringt. Er ist sehr lang und gut eine Meile breit und dabei so tief, daß er auch für große Hochseeschiffe zu befahren wäre. Man fängt hier sehr große Fische. Auf diesem Fluß sind wohl an die fünfzehntausend Schiffe unterwegs, die alle dem Großkhan gehören. Sie transportieren seine Truppen bis zu den Inseln im Indischen Ozean, wenn dies nötig ist, denn das Meer ist nur eine Tagesreise von hier entfernt. Auf jedem Schiff sind im Durchschnitt zwanzig Seeleute beschäftigt, fünfzehn Männer mit Pferden und Proviant, mit Waffen und Rüstzeug können an Bord genommen werden. Auf beiden Seiten der Flußmündung stehen sich zwei Städte gegenüber. Es sind dies Cogingangny[163] und Cagny,[164] eine kleine und eine große Stadt. Hat man über den Fluß gesetzt, befindet man sich in der Provinz Mangi. Nun will ich euch erzählen, wie der Großkhan diese erobert hat.

[Fol. 64]
Wie der Grosskhan die Provinz Mangi eroberte

Die Provinz Mangi wurde einst von einem König regiert, einem gewissen Faesur.[165] Er war ein edler König, besaß herrlichste Schätze und hatte viele Männer unter sich. Neben dem Großkhan war er der mächtigste Herrscher der Welt. Es waren aber keine Männer des Kampfes. Nichts war ihnen angenehmer als die Gesellschaft einer Frau, besonders dem König ging es so. Für sie gab es nichts Wichtigeres, als den Frauen zu gefallen und den Armen Almosen zu geben. Kein Pferd gab es im ganzen Königreich, denn sie waren weder gewöhnt zu kämpfen noch Waffen zu tragen und in den Krieg zu ziehen. Die Provinz Mangi ist nämlich sehr sicher, denn all ihre Städte sind von einem tiefen Wassergraben umgeben, mehr als einen Schuß von einer Armbrust breit. Nie hätten sie ihre Provinz verloren, wenn sie gute Soldaten gewesen wären. Aber so ging es, sie waren keine und verloren sie. Man gelangt in ihre Städte nur über eine Brücke... Und so hat sich dies zugetragen.

Im Jahre 1268 der Menschwerdung Christi entsandte der jetzige Großkhan einen seiner Barone dorthin, einen gewissen

Folio 64
Die Bewohner der sehr reichen Provinz Mangi, anders gesagt, Südchinas, waren genausowenig wie ihr König im Krieg geübt und kümmerten sich wenig um den alten Orakelspruch, der die Eroberung des Reiches durch einen „Mann mit hundert Augen" voraussagte. Indes, der Großkhan entsandte einen seiner „Barone" mit einem großen Heer in dieses Land. Dieser erreichte, ohne einen Schwertstreich tun zu müssen, Quinsay, die Hauptstadt, von wo der König die Flucht ergriff und den Oberbefehl seiner Königin überließ. Als diese von ihren Astrologen erfuhr, daß der Name des gegnerischen Heerführers „Baian mit den hundert Augen" sei, ergab sie sich auf der Stelle. Auf einem Apfelschimmel reitend, überquert die Herrscherin den Wassergraben der Stadt und übergibt Baian in Anwesenheit seiner Soldaten die Schlüssel.

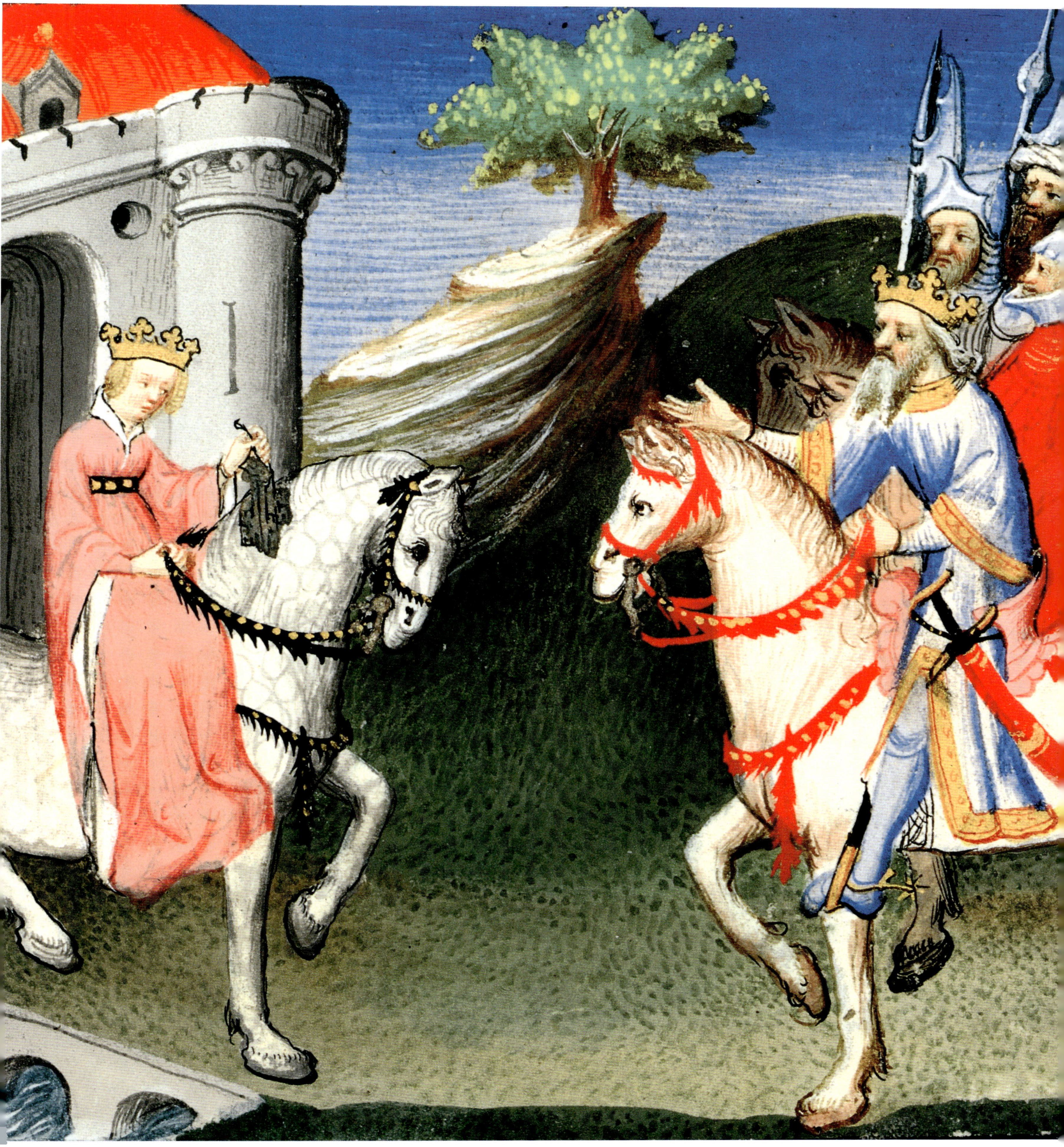

Baian Tuiesan, was so viel heißt wie Baian mit den hundert Augen. Dem König von Mangi war von seinem Sterndeuter prophezeit worden, daß niemand sich seines Reiches bemächtigen könne, es sei denn ein Mann mit hundert Augen. Da sich der König nicht vorstellen konnte, daß ein Mensch hundert Augen hätte, wähnte er sich in Sicherheit. Er irrte sich, denn er hatte nicht bedacht, daß jemand einen solchen Namen tragen könnte. So erreichte Baian mit den hundert Augen, gefolgt von einer Unzahl an Reitern und Fußsoldaten, die ihm der Großkhan zur Verfügung gestellt hatte, die Provinz Mangi. Er beschaffte sich zahlreiche Schiffe, um seine Truppen überzusetzen, [fol. 64v] falls dies notwendig würde. In der Provinz Mangi, genauer gesagt, in Cogingangny angekommen, wo wir uns gerade befinden und von dem wir euch sogleich berichten wollen, forderte er die Bewohner auf, sich seinem Herrn, dem Großkhan, zu ergeben. Diese lehnten ab. Baian drang weiter vor. Auch die folgende Stadt weigerte sich, sich zu ergeben. Und Baian drang noch weiter vor, wohl wissend, daß ein noch größeres Heer des Großkhans ihm folgen würde.

Was soll ich euch noch viel erzählen! Baian ging so fünf Städte an, die weder kämpfen noch sich ergeben wollten. Schließlich gelang es ihm, die sechste einzunehmen, daraufhin auf dem Rückweg die fünfte, die dritte, die vierte und so fort. So nahm er ihrer zwölf ein. Sodann marschierte er auf Quinsay, die Hauptstadt des Reiches, wo sich der König und die Königin von Mangi aufhielten.[166] Als er das große Heer Baians sah, packte den König große Angst. Er verließ die Stadt, schiffte sich mit zahlreichen seiner Untertanen auf tausend Schiffen ein und floh auf den Ozean hinaus. Die Königin, eine beherzte Frau, die in der Stadt geblieben war, leistete nach Kräften Widerstand. Sie befragte die Sterndeuter, um zu wissen, wer wohl als Sieger aus dem Kampfe hervorgehen werde. Man antwortete ihr, daß der Sieger Baian mit den hundert Augen hieße. Da wußte sie, daß er ihr das Königreich nehmen würde. Ohne jeglichen Widerstand überließ sie es ihm mit all seinen Städten. Dies war für den Großkhan keine geringe Eroberung, denn kein Königreich der Welt war so viel wert. Es war von gar wunderbarem Reichtum.

Da sie nicht einmal ihren Lebensunterhalt bestreiten konnten, versuchten die Armen dieser Provinzen, ihre Kinder loszuwerden. Also übernahm sie der König und ließ sie mal hier, mal da aufziehen, nachdem ihr Sternzeichen und ihr Geburtsplanet aufgezeichnet worden war. Wollte ein reicher, kinderloser Mann welche haben, so begab er sich zum König, und dieser erfüllte seinen Wunsch. Sobald die Kinder groß waren, richtete der König Ehen zwischen ihnen ein, für die er ihnen eine große Mitgift gab.

Und er tat des Guten noch viel mehr. Wurde er beim Durchreiten der Stadt einer kleinen Behausung ansichtig, so fragte er beunruhigt danach. Und antwortete man ihm, daß sie einem armen Manne gehöre, der nicht genug habe, um sie zu vergrößern, so schenkte ihm der König das nötige Geld. So kam es dazu, daß es in ganz Quinsay, der Hauptstadt des Königreiches Mangi, kein Haus gab, das nicht schön gewesen wäre.

Der König ließ sich von tausend reich gekleideten Pagen und Zofen bedienen. Er regierte sein Reich mit so großer Gerechtigkeit, daß es niemanden gab, der Böses tat. Die Stadt war so sicher, daß man nachts nicht einmal die Häuser oder Geschäfte abschließen mußte, obwohl sie vor wertvollen Stoffen schier übergingen. Alle Einwohner der Stadt waren unschätzbar reich und von bemerkenswerter Güte. Nach dem Könige will ich euch nun von der Königin erzählen.

Baian mit den hundert Augen nahm sie mit zum Großkhan, der sie ehren [fol. 65] und bedienen ließ wie eine hohe Dame, die sie ja auch war. Ihr Mann, der König, lebte fortan bis ans Ende seiner Tage auf einer Inselgruppe, [auf die er sich geflüchtet hatte]. Aber lassen wir dies und nehmen wir unsere Geschichte von Cogingangny da auf, wo wir sie unterbrochen haben, um euch über die große Provinz Mangi, ihre Sitten und Gebräuche zu berichten.

Er spricht über die Stadt Cogingangny

Cogingangny ist, wie bereits gesagt, eine überaus große Stadt. Sie liegt am Eingang der Provinz Mangi. Die Menschen dort sind Götzendiener und verbrennen ihre Toten. Sie sind dem Großkhan untertan. Zahlreiche Schiffe verkehren auf dem Flusse Caramoran, und Mengen von Waren werden verschifft. Cogingangny ist die Hauptstadt dieses Teils des Königreichs; durch die Lage des Ortes am Fluß bedingt, bringen viele Städte ihre Nahrungsmittel hierher an diesen Umschlagplatz. Die Stadt selbst stellt viel Salz her, das sie in mehr als vierzig umliegenden Städten verkauft, zum Gewinne des Großkhans. Nun aber will ich euch von der Stadt Pauchin erzählen.

Er spricht über die Stadt Pauchin[167]

Von Cogingangny aus reitet man einen Tag lang durch die Provinz, auf einer Straße, die am Eingang von Mangi liegt. Sie ist mit schönen Steinen gepflastert und auf beiden Seiten von einem Wasserlauf gesäumt. Es ist der einzige Zugang zu dieser Provinz. Sodann erreicht man die herrliche Stadt Pauchin. Viel mehr gibt es darüber nicht zu erzählen. Wenden wir uns nun der Stadt Cayu zu.

Er spricht über die Stadt Cayu[168]

Eine Tagesreise zu Pferde von Pauchin entfernt, trifft man auf die Stadt Cayu. Die Menschen hier sind Götzendiener. Sie zahlen in Papiergeld und leben als Kaufleute und Handwerker. Für einen venezianischen Silbergroschen ersteht man hier drei gute Fasane. Weiter geht es in die Stadt Tigny.

ÜBER DIE STADT TIGNY[169]

Eine Tagesreise nach Cayu erreicht man die Stadt Tigny, eine nicht allzugroße Ansiedlung. Die Menschen hier sind Götzendiener. Sie zahlen ebenfalls in Papiergeld. Waren gibt es in großer Menge. Drei Tage von hier entfernt in östlicher Richtung beginnt der Ozean. Weiter trifft man auf die herrliche Stadt Signy,[170] in der das Salz für die gesamte Provinz erzeugt wird, auch hier zum Nutzen des Großkhans. Die Menschen hier sind Götzendiener. Sie unterstehen dem Großkhan und haben Papiergeld. Lassen wir aber diese Stadt hinter uns und kehren wir zurück nach Tigny, das ich euch schon ausführlich beschrieben habe. Nun will ich euch von der Stadt Jangny berichten.

[FOL. 65V]
ER BERICHTET ÜBER DIE STADT JANGNY[171]

Eine Tagereise von Tigny entfernt, gelangt man in die sehr mächtige Stadt Jangny, der siebenundzwanzig reiche Städte unterstehen. Sie wird von einem Baron des Großkhans regiert. Die Menschen sind Götzendiener. Sie zahlen in Papiergeld. Marco Polo selbst leitete drei Jahre lang die Geschicke dieser Stadt. Hier wird Kriegsgerät für das Heer erzeugt, das hier stationiert ist. Fahren wir fort. Nun will ich euch von zwei anderen großen Provinzen von Mangi erzählen, die weiter westwärts liegen. Zunächst einmal zur ersten, zu Manghin.

ER SPRICHT ÜBER DIE PROVINZ[172] MANGHIN[173]

Manghin ist eine herrliche Provinz im Westen. Ihre Bewohner sind Götzendiener. Sie leben vom Handwerk. Hier wird in großen Mengen Seide erzeugt, aus der sie Stoffe aller Art weben. Auch an Getreide und Wild herrscht kein Mangel. Aber lassen wir diese Provinz hinter uns und wenden wir uns der prachtvollen Stadt Sayanfu zu.

ER BERICHTET ÜBER DIE PRACHTVOLLE STADT SAYANFU[174]

Sayanfu ist eine weitläufige Stadt, der wiederum zwölf andere große und reiche Städte unterstehen. Handel und Handwerk blühen und gedeihen. Die Menschen hier sind Götzendiener. Sie zahlen in Papiergeld. Sie verbrennen ihre Toten und sind Untertanen des Großkhans. Sie erzeugen große Mengen Seide, aus der sie prächtige Stoffe weben. Auch Wild gibt es in gar großer Zahl. In dieser Stadt findet man alles, was man in einer solchen zum Leben braucht. Drei Jahre hindurch leistete sie dem Großkhan Widerstand, nachdem sich Mangi bereits ergeben hatte. Und ohne Unterlaß liefen die Bewaffneten des Großkhans gegen die Stadt, ohne sie jedoch belagern zu können, denn sie ist von tiefen Wassergräben umgeben. Hätten sie nicht etwas gehabt, von dem ich euch nun gleich erzählen will, so wäre sie ihnen wohl niemals erlegen.
Die Bewaffneten des Großkhans umlagerten Sayanfu, es gelang ihnen jedoch nicht, es einzunehmen. Dies verdroß sie sehr. Also schlugen Messer Niccolò und Maffeo Polo dem Großkhan vor, Maschinen zu bauen, die die Stadt zur Aufgabe zwingen sollten. Der Großkhan nahm ihr Angebot mit Freuden an. Die beiden Brüder ließen also riesige Steinkatapulte und Holzgerüste errichten, die die Stadt einkreisten. Daß diese Maschinen in der Lage waren, einen wahren Steinhagel über der Stadt niedergehen zu lassen, rang dem König und seinen Baronen tiefste Bewunderung ab. Sie waren von diesem Wunder ganz fasziniert. Nie zuvor hatten sie so etwas gesehen oder auch nur davon gehört. Die Kriegsmaschinen schleuderten ihre Steine gegen die Stadt, ließen die Häuser einstürzen und töteten die Menschen. Neugierig und durch solche Unbill, die sie nicht verstanden, zugleich verängstigt, fragten sich die Bewohner, was das wohl sein könnte. Es kam ihnen nur Zauberei in den Sinn, und sie meinten, daß sie alle unter diesem Steinhagel umkommen würden.
[fol. 66] Gemeinsam einigten sie sich darauf, sich zu ergeben. Sie schickten ihre Gesandten zum Heerführer und ließen ihm mitteilen, sie wollten sich dem Großkhan ergeben, wie es schon die anderen Städte der Gegend vor ihnen getan hatten. So ergaben sie sich schließlich wie viele andere Städte zuvor, aus Angst vor den Maschinen. Diese Stadt Sayanfu und ihre Umgebung gehören wohl zum Besten, was der Großkhan besitzt. Sie bringt ihm großen Nutzen und unermeßlichen Gewinn.

ER SPRICHT ÜBER DIE STADT SINGNY[175]

Fünfzehn Meilen von Manghin entfernt, erreicht man die Stadt Singny. Sie ist nicht allzugroß, jedoch eine blühende Handelsstadt und verfügt über eine große Flotte. Die Menschen hier sind Götzendiener und dem Großkhan untertan. Sie zahlen in Papiergeld. Singny liegt am Flusse Hyam,[176] dem größten Fluß der Welt. Er ist an keiner Stelle schmäler als zehn Meilen und mehr als hundert Tagereisen lang. Waren aus allen Teilen der Welt werden über diesen Fluß verschifft und in der überaus reichen Handelsstadt umgeschlagen, was dem Großkhan ein unermeßliches Einkommen verschafft. Der Lauf des Hyam ist so lang und durchquert so viele Länder, Gebiete und Städte, daß darauf mehr Schiffe mit wertvollen

Spezereien verkehren und mehr Reichtümer befördert werden als auf allen Flüssen und Meeren der Christenheit. Es ist dies kein Fluß, sondern eher ein wahrhaftiges Meer. Vom Zolleintreiber des Großkhans selbst erfuhr Marco Polo, daß wohl an die hunderttausend Schiffe im Jahr den Fluß hinaufführen, ohne jene, die hinunterfahren und hier nicht mitgezählt werden. Ihr könnt euch wohl vorstellen, welche Ausmaße dies annimmt. Nicht weniger als vierhundert Städte liegen an diesem Fluß, ohne die kleineren Städte und Burgflecken zu zählen, die alle ihre eigene Flotte besitzen.

Und so sind ihre Schiffe gebaut. Sie sind sehr groß. Ein jedes kann wohl an die elf bis zwölf Zentner Ware laden. Es gibt nur einen Mast und eine Brücke. Sonst gibt es darüber nichts zu erzählen. Wenden wir uns nun der Stadt Cutuy zu.

Zuvor jedoch noch eine Kleinigkeit, die wir vergessen haben. Um flußaufwärts zu fahren, lassen sich die Schiffe ziehen, denn es herrscht eine starke Strömung. Die Taue, mit denen man sie zieht, sind an die dreihundert Schritt lang und aus Bambus. Dazu nehmen sie Bambusstangen – ihre Bambusstangen sind wohl an die fünfzehn Schritt lang –, spalten sie in der Mitte durch, drehen sie zusammen und fertigen so daraus sehr solide Taue in jeder gewünschten Länge.

SODANN BERICHTET ER ÜBER DIE STADT CUTUY[177]

Cutuy ist eine kleine Stadt. Ihre Einwohner sind dem Großkhan untertan und bezahlen in Papiergeld. Auch diese Stadt liegt am Fluß Hyam, von dem ich euch bereits erzählt habe. Es ist dies die Getreide- und Reiskammer von Cambaluc, dem Hofe des Großkhans, denn die *Granti*, die Lieferanten des Hofes, stammen aus dieser Provinz. [fol. 66v] Der Großkhan ließ große Kanäle anlegen, welche die Flüsse und Seen bis nach Cambaluc untereinander verbinden; so können auch schwer beladene, große Schiffe bis in die Hauptstadt fahren und die Versorgung sichern. Cutuy gegenüber liegt in der Mitte des Flusses auf einer Felseninsel ein heidnisches Kloster, in dem gut zweihundert Ordensbrüder leben. Diese Abtei steht vielen anderen Klöstern vor, was bei uns einem Erzbistum entspräche.

ER BERICHTET ÜBER DIE STADT CHINGIANFU[178]

Chingianfu ist eine Stadt der Provinz Mangi. Die Menschen dort sind Götzendiener und dem Großkhan untertan. Auch sie bezahlen mit Papiergeld, Handel und Handwerk gedeihen. Sie erzeugen große Mengen an Seide, aus der sie Gold- und Seidenstoffe aller Art weben. Bedeutende und reiche Kaufleute haben hier ihren Sitz. An Wild und allem Lebensnotwendigen besteht kein Mangel. Seit dem Jahre 1278 der Menschwerdung Christi verfügt die Stadt über zwei Kirchen der Nestorianer. Und dies kam so. In diesem Jahr entsandte der Großkhan einen seiner Barone in die Stadt, einen gewissen Morsaignis,[179] der selbst Nestorianer war. Er ließ diese beiden Kirchen in den drei Jahren seiner Amtszeit bauen, und seither stehen sie dort. Davor gab es keine einzige.

ER SPRICHT ÜBER DIE STADT CHINGINGNY[180]

Drei Tagereisen von Chingianfu entfernt, erreicht man die herrliche Stadt Chingingny. Ihre Einwohner sind Götzendiener. Sie zahlen mit Papiergeld und sind Untertanen des Großkhans. Ihr Einkommen bestreiten sie aus Handel und Handwerk. Seide, leicht zu jagende Vögel und Nahrungsmittel aller Art sind in übergroßen Mengen vorhanden, denn die Erde ist dort besonders fruchtbar.

Ich will euch von einer üblen Tat erzählen, die diese Menschen eines Tages begingen und die sie teuer bezahlten. Als die Stadt Mangi und ihr Umland von Baian im Namen des Großkhans eingenommen wurden, schickte dieser Baron einen Teil seiner Truppen los, um die Stadt Chingingny zu erobern. Es waren Alanen, sie waren Christen. Sie ritten in die Stadt, und als sie der feinen Weine ansichtig wurden, tranken sie nach Herzenslust davon, bis sie berauscht waren. Danach fielen sie in einen tiefen Schlaf und schnarchten wie die Schweine. Noch in derselben Nacht wurden sie bis auf den letzten Mann getötet. Von diesem Massaker zutiefst betroffen, sandte Baian einen seiner Kommandanten aus, um die Stadt abermals einzunehmen, und alle Einwohner fanden den Tod durch das Schwert. Sie wurden alle erschlagen. Aber lassen wir dies und sprechen wir von etwas anderem.

ER SPRICHT ÜBER DIE STADT SIGNY[181]

Signy ist eine gar prachtvolle Stadt. Ihre Bewohner sind Götzendiener und dem Großkhan untertan. Auch hier zahlt man in Papiergeld und lebt vom Handwerk und vom Handel. Es werden große Mengen Seide geerntet, aus der allerlei goldge-

Folio 67
Quinsay, die „Stadt des Himmels", war die „schönste (Stadt), die auf der Welt besteht". Diese weitläufige Stadt, von einem Wasserlauf umgeben und von zahlreichen Kanälen durchzogen, zählte nach Marco Polo zwölftausend Steinbrücken, die hier zwischen Häusern und Palästen zu sehen sind. Um die enorme Größe der Stadt besser wiederzugeben, hat der Maler bewußt einen Ausschnitt gewählt, der andeuten soll, daß sich die Stadt über die Grenzen des Satzspiegels hinaus fortsetzt.

Et des merveilles

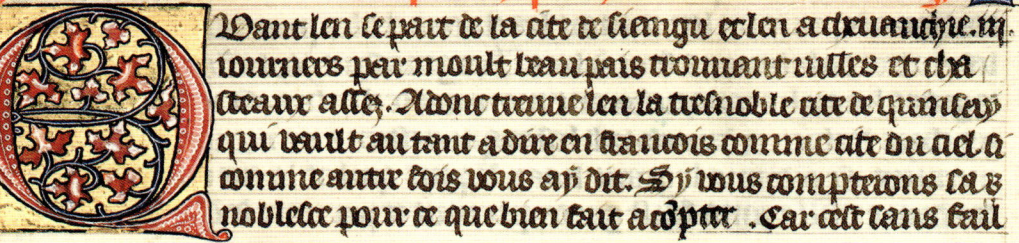

de celle cité, et ceulx de la contrée du mangny fussent gens d'armes ilz conquesteroient tout l'autre monde. Mais ilz ne le sont point ains sont marcheans et gens moult soubtilz de tous mestiers. Et là a en ceste cité moult de philosophes et de mires. Et sachiés que en ceste cité a vi.xx ponts tous de pierre, et passe bien soubz chascun pont une galée ou deux. Et aux montaignes de ceste cité croist de rouarbe gingembre aussi a grant plenté. Car pour un gros venisien en auroit on bien .lx. livres. Et a ceste cité soubz la seigneurie .xvi. grans cités, qui sont moult bonnes et bien marcheandes. Et le nom de ceste cité singuy vault a dire en françois la terre. Et une autre cité qui est près de ceste cy, qui a a nom quinsay vault a dire le ciel, de la quelle nous vous compterons cy avant. Et ces noms ont elles pour leur grant noblesce. Or nous partirons de singuy et yrons avant a un autre cité qui a nom vinguy. Et est loings de singuy une journée et est moult grant cité et bonne et de grans marchandises, et de plusieurs mestiers. Et pour ce qu'il n'y a autre chose qui a compter face nous yrons avant pour compter de la tresnoble cité de quinsay, qui est la maistre cité de toute la province du mangy.

Cy devise de la tres noble cité de quinsay qui est chief de la contrée de mangy.

Quant l'en se part de la cité de siengu ce len a chevauchié .iij. journees par moult beau païs trouvant villes et chasteaux assez. Adonc treuve l'en la tresnoble cité de quinsay qui vault autant a dire en françois comme cité du ciel, comme autre fois vous ay dit. Si vous compterons sa noblesce pour ce que bien fait a compter. Car c'est sans fail

stickte Stoffe gewoben werden. Es ist eine sehr weitläufige Stadt, mit einem Umfang von gut sechzig Meilen. Sie beherbergt unendlich viele Menschen. Wären die hier ansässigen Männer [fol. 67] Soldaten wie die von Mangi, so könnten sie den gesamten Erdkreis erobern. Aber es sind keine Soldaten, sondern Händler und Handwerker, die in allerlei Berufen kundig sind. Zahlreiche Philosophen und Ärzte sind ebenfalls hier zu Hause. Die Stadt zählt wohl an die sechstausend Brücken, alle aus Stein, unter denen eine oder gar zwei Galeeren hindurchfahren können. In den Bergen der Umgebung wachsen Rhabarber und Ingwer im Überfluß. Für einen venezianischen Groschen ersteht man gut sechzig Pfund Ingwer. Der Stadt Signy unterstehen sechzehn weitere reiche, blühende Handelsstädte. Auf deutsch bedeutet Signy so viel wie „die Erde". Der Name der Nachbarstadt Quinsay bedeutet „der Himmel". Davon will ich euch nun kurz berichten. Diese Namen rühren von ihrer großen Ehrbarkeit und ihren alten Wurzeln her. Aber lassen wir Signy hinter uns und begeben wir uns weiter nach Vunguy. Diese herrliche Stadt liegt eine Tagereise entfernt, Handel und Handwerk blühen und gedeihen. Viel mehr gibt es darüber nicht zu sagen. Weiter geht es nach Quinsay, der Hauptstadt der Provinz Mangi.

ER SPRICHT ÜBER DIE HERRLICHE STADT QUINSAY, DIE HAUPTSTADT VON MANGI

Nachdem man von Siemgu aus drei Tage zu Pferde zurückgelegt hat, durch eine wunderschöne Landschaft, in der sich Städte und Schlösser abwechseln, erreicht man die prachtvolle Stadt Quinsay, was, wie gesagt, auf deutsch soviel heißt wie „die Himmelsstadt". Ihre Pracht ist bemerkenswert, denn zugegebenermaßen ist dies [fol. 67v] die prachtvollste und herrlichste Stadt der Welt. So hatte sie schon die Königin von Mangi ihrem Eroberer Baian beschrieben. Und er selbst hat dem Großkhan darüber Bericht erstattet, damit dieser ihren Prunk bewahre und davon Abstand nähme, die Stadt verwüsten zu lassen. Wir werden sie nun für euch beschreiben, nach dem Wortlaut dieser Botschaft, die Marco Polo selbst in Händen hielt.
Und so lautete die Botschaft. Die Stadt Quinsay ist so weitläufig, daß ihr Umfang gut hundert Meilen beträgt. Es gibt hier zwölftausend Steinbrücken, die hoch genug sind, um Hochseeschiffe hindurchzulassen. Die Anzahl dieser Brücken ist nicht weiter verwunderlich, denn die Stadt ist am Wasser gebaut und auf allen Seiten von Wasser umgeben. Über diese Brücken gelangt man in die Stadt. Und so heißt es weiter. In der Stadt gibt es zwölf verschiedene Zünfte, und jede Zunft besitzt zwölftausend Häuser, in denen die Handwerker Quartier nehmen und arbeiten, hier sind es ihrer zehn, dort zwanzig, dreißig oder vierzig. Dazu zählen die Meister, aber auch Arbeiter und Lehrburschen, die ihnen untergeordnet sind. All diese Berufe sind notwendig, denn alles, was in die Städte der Umgebung geliefert wird, wird in der Hauptstadt hergestellt. Und weiter heißt es in dem Papier: Eine unbeschreiblich zahlreiche Kaufmannschaft wickelt unzählige Handelsgeschäfte ab. Weder die Handwerksmeister, das heißt die Hausherren, noch ihre Frauen leben von eigener Hände Arbeit. Sie pflegen eine so feine Lebensart wie die Könige. Ein königlicher Erlaß besagt, daß niemand einen anderen Beruf ausüben darf als den seines Vaters, nicht um alles Gold der Welt.
In der Stadt gibt es einen wunderschönen See von etwa dreißig Meilen Umfang. An seinen Ufern reihen sich herrliche Paläste an prächtige Häuser, die den reichen Edelleuten oder den Mächtigen dieser Stadt gehören, sowie zahlreiche Heidenklöster und Gebetsstätten. In der Mitte des Sees liegen zwei Inseln, auf jeder erhebt sich ein Palast, der selbst einem Kaiser angemessen wäre. Diese beiden Paläste stehen den Einwohnern der Stadt für ihre Empfänge zur Verfügung. Alles ist vorhanden, Geschirr und so fort, mit einem Wort alles, was zur Ausrichtung eines Banketts notwendig ist. Der König hat dies zu Ehren seiner Untertanen so eingerichtet. Alle können sie benützen, denn diese Paläste stehen jedem zu, der darin ein Fest geben will.
Einige Häuser waren mit hohen Steintürmen versehen. Aus Furcht vor Bränden bewahrte man darin die Wertsachen auf. Alle anderen Behausungen waren aus Holz gebaut.
Die Einwohner von Quinsay sind Götzendiener. Seit der Eroberung durch den Großkhan ist auch hier Papiergeld im Umlauf. Man ißt das Fleisch der Hunde und vieler anderer Tiere, die man als Christenmensch nie anrühren würde.
Sobald er die Stadt in Besitz genommen hatte, ordnete der Großkhan an, daß alle zwölftausend Brücken Tag und Nacht von zehn Soldaten bewacht sein sollten, [fol. 68] auf daß allen die Lust vergehe, sich übel zu benehmen oder die Kühnheit zu haben, ihn zu verraten oder sich gar gegen ihn aufzulehnen.
In der Stadt findet sich auch ein Hügel, auf dessen Spitze ein Turm thront. Dort steht ein Mann Wache. Bricht in der Stadt ein Feuer aus oder wird sie Beute eines Aufstandes, so schlägt die Wache mit einem Holzhammer so laut auf ein Brett, daß dies weithin hörbar ist. Diese Schläge kündigen der ganzen Stadt eine Feuersbrunst oder eine andere Notlage an.
Es steht fest, daß der Großkhan alles tut, um diese Stadt, die Hauptstadt der Provinz Mangi, zu bewahren, denn sie ist ihm durch die Besteuerung des Handels, der dort betrieben wird, von großem Nutzen. Niemand kann sich vorstellen, wie groß dieser ist. Alle Straßen der Stadt sind gepflastert, wie auch alle Straßen der Provinz Mangi. Hier kann man sich überall zu Pferde fortbewegen, ohne sich zu beschmutzen. Ohne dieses Pflaster wäre es schlicht unmöglich, die Provinz [bei Regen] zu durchqueren, denn der Boden ist sehr tief und man sinkt bei Regen stark ein. Die Stadt verfügt über mindestens dreitausend natürliche Bäder, in denen die Einwohner gerne ein Bad nehmen und sich waschen. Der Hafen Ganfu[182] am Ozean ist fünfundzwanzig Meilen von hier entfernt. Hier legen zahlreiche, mit allerlei Waren beladene Schiffe von und nach Indien sowie anderen fernen Ländern an und ab. Die Stadt Quinsay ist über einen Fluß mit diesem Seehafen verbunden.
Der Großkhan ließ die Gegend von Mangi in neun Teile unterteilen, neun Königreiche, davon untersteht jedes einem König. Alle Menschen sind ihm untertan. Jedes Jahr erstatten die Könige über ihre Königreiche Bericht, damit die Abrechnung über das gesamte Gebiet erstellt werden kann. Einer dieser Könige, der hundertvierzig gar herrliche Städte unter sich hat, lebt in Quinsay. In der gesamten Provinz Mangi gibt es mehr als tausendzweihundert gar prachtvolle Städte, ohne die zahlreichen Städtchen und Burgflecken mitzurechnen. Eine jede wird von mindestens tausend Männern des Großkhans bewacht, mal sind es zehntausend, mal zwanzigtausend, ein anderes Mal dreißigtausend. Es sind ihrer unschätzbar viele. Es sind alles gute Soldaten aus Catay. Sie bewachen die Städte hoch zu Roß oder zu Fuß, wie es eben für notwendig erachtet wird. Die Märkte, die

die Stadt beleben, sind so groß, daß sie dem Großkhan jedes Jahr unermeßliche Einnahmen einbringen. Niemand würde dies glauben, hätte er es nicht selbst gesehen.

Die Einwohner von Quinsay pflegen den Brauch, den Tag, die Stunde, den Planeten und das Sternzeichen der Geburt eines jeden Kindes aufzuschreiben. So weiß jeder, wann er geboren wurde. Hat jemand vor zu verreisen, so erkundigt er sich bei den Sterndeutern, ob der Moment günstig für ihn ist. Je nachdem, was sie antworten, wird er auf Reisen gehen oder zu Hause bleiben. Falls ja, macht er sich auf den Weg, [fol. 68v] falls nein, kehrt er nach Hause zurück und verschiebt die Reise auf einen günstigeren Tag. Die Astrologen sind besonders in ihrer Kunst geschult, deshalb bringen ihnen auch alle Bewohner volles Vertrauen entgegen. Stirbt einer von ihnen, so tragen seine Verwandten große Trauer. In Hanftücher gehüllt, begleiten sie den Leichnam, dabei singen und beten sie zu ihrem Gott und spielen Musik. Am Scheiterhaufen angekommen, wo der Leichnam verbrannt werden soll, schneiden sie aus Pergament Pferde, Sättel, Kriegsgerät und eine Menge Goldstoffe aus und werfen sie zu dem Toten ins Feuer. So hat der Tote diese Güter zur Verfügung, wenn er sie in der anderen Welt benötigt. So werden ihn auch die Melodien und Gesänge, die sie für ihn erklingen lassen, in der anderen Welt empfangen, und der Gott wird persönlich kommen, ihm zu huldigen.

In der Stadt Quinsay kann man noch den Palast des Königs von Mangi bestaunen, welcher einst die Flucht ergriff. Es ist dies der schönste Palast der Welt. Und so sieht er aus: Er erstreckt sich über einen Umfang von mehr als zehn Meilen und ist von zinnenbekrönten Wehrmauern umgeben. Hinter diesen hohen Mauern verbergen sich wunderschöne Gärten, die herrlichsten der Welt, übervoll der köstlichsten Früchte und mit Quellen und fischreichen Seen nur so übersät. In der Mitte erhebt sich ein prachtvoller Palast mit zwanzig gar herrlichen Sälen. In einem davon, der größer ist als alle anderen, könnte man Gäste ohne Zahl bewirten. Seine Decke und die Wände sind über und über mit Gold bedeckt. Er ist überaus prunkvoll. Auch zählt der Palast tausend wundervolle Zimmer, allesamt goldgeziert und in den verschiedensten Farben bemalt.

Durch die Stadt zieht sich ein Netz von nicht weniger als hundertsechzig breiten Straßen, an jeder von ihnen reihen sich zehntausend Häuser, also insgesamt sechzehntausend,[183] darunter eine Menge gar herrlicher Paläste. Es steht nur eine Nestorianerkirche in der Stadt.

Nun aber zu etwas anderem. Es ist dort Brauch, daß alle Bewohner der Stadt, Bürger oder andere, ihren Namen auf die Türe schreiben, ebenso die Namen ihrer Frau, ihrer Kinder, ihrer Sklaven und all jener, die bei ihnen wohnen. Sie führen auch an, wieviel Vieh sie besitzen. Stirbt jemand, so wird sein Name gestrichen, wird ein Kind geboren, fügt man dessen Namen hinzu. So weiß der Herrscher genau, wieviele Menschen und Tiere in seiner Stadt leben. In ganz Mangi und Catay geschieht dies so. Selbst die Kaufleute aus fernen Ländern, die in den Herbergen absteigen, werden so gemeldet. Man notiert Namen, Vornamen sowie das Datum ihrer Ankunft und Abreise. So ist es dem Herrscher jederzeit möglich, über das Kommen und Gehen in seinem Reich unterrichtet zu sein. Dies ist sicherlich eine kluge, umsichtige und wohldurchdachte Vorgehensweise. Aber wenden wir uns jetzt den Einkünften zu, die der Großkhan aus Quinsay und den dazugehörigen Ländereien bezieht.

[FOL. 69]
ER SPRICHT ÜBER DIE RIESIGEN EINKÜNFTE, DIE DER GROSSKHAN JÄHRLICH AUS DER PRÄCHTIGEN STADT QUINSAY UND DEN DAZUGEHÖRIGEN LÄNDEREIEN BEZIEHT

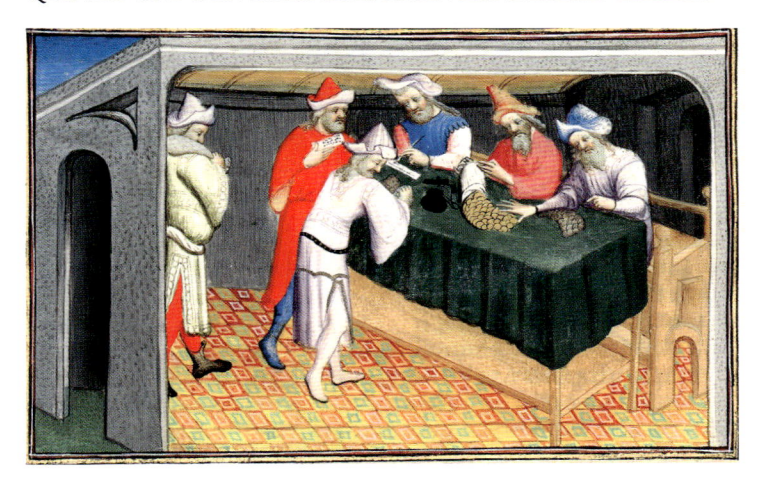

Folio 69
Der Handel mit Salz, Reis, Zucker, Kohle und verschiedenen anderen Erzeugnissen der Region um Quinsay *stellte für den Großkhan eine bedeutende Einnahmequelle dar. Mit zufriedener Miene empfangen die Steuereintreiber die Händler, die ihnen einen Anteil am Gewinn abliefern. Ein Kaufmann hat bereits eine Quittung erhalten, während zwei Beamte den Sack entleeren, den ein Bewohner soeben vor sie hingestellt hat, und die Goldstücke zählen; gleichzeitig stellt ein Sekretär eine Empfangsbestätigung aus, und ein dritter Bürger tritt auf, einen Sack voller Goldstücke auf der Schulter tragend.*

Nun also zu den riesigen Einkünften, die der Großkhan jährlich aus Quinsay und den umliegenden Ländereien bezieht, welche zusammen ein Neuntel der Provinz Mangi ausmachen. Zunächst einmal zum Salz, denn dieses ist eine enorme Geldquelle für den Herrscher. Das Salz bringt jährlich achtzig Goldtoman.[184] Gibt man siebzigtausend Gold*saggi* für einen Toman, so macht dies fünftausendsechshundert *Saggi* oder Goldmaße. Da jedes Goldmaß mehr als einen Gulden wert ist, ergibt dies eine unermeßliche Summe.

Nun aber zu den anderen Gütern und den Steuern, die darauf zu leisten sind. In Quinsay und den dazugehörigen Ländereien wird Zucker in großen Mengen geerntet, ebensoviel wie in ganz Mangi. Ich glaube, daß man auf der ganzen Welt zusammen nicht so viel Zucker erntet wie hier. Manche meinen sogar, daß dies nicht einmal die Hälfte der hiesigen Menge ausmachen würde. Hersteller und Kaufleute treten dem Großkhan drei Prozent des Herstell- oder Verkaufspreises ab. Zehn Prozent für Seide oder Kohle, die auch in großen Mengen vorhanden sind. All dies ergibt jährlich eine so unermeßliche Summe, daß es schier unmöglich ist zu glauben, dies sei nicht mehr als ein Neuntel von Mangi.

Messer Marco Polo, euer Erzähler, wurde selbst mehrmals dorthin entsandt, um die Steuern für den Großkhan abzurechnen. Ohne die [fol. 69v] Salzsteuer mitzuzählen, die wir soeben bewertet haben, fallen in diesem Teil des Landes Steuern in einer Höhe von zweihundert[zehn] Goldtoman[185] an, die [vierzehntausend mal tausend und siebenhunderttausend][186] Goldmaße wert sind. Und dabei handelt es sich hier um die niedrigste Summe, die jemals eingenommen wurde. So könnt ihr euch wohl vorstellen, welch unglaublich hohe Summen er aus den neun Teilen der gesamten Provinz Mangi bezieht. Dies ist tatsächlich der größte Teil der Provinz, und somit zieht er daraus den größten Gewinn. Deshalb zieht er ihn auch den anderen vor, achtet sehr darauf und ist überaus bemüht, die Einwohner in Frieden leben zu lassen. Aber verlassen wir diesen Teil und wenden wir uns den anderen zu.

Er berichtet über die Stadt Tarpigny[187]

Eine Tagereise hinter Quinsay erreicht man die wundervolle Stadt Tarpigny. Sie wird von Quinsay aus regiert. Ihre Einwohner unterstehen dem Großkhan und zahlen in Papiergeld. Sie sind Götzendiener und verbrennen ihre Toten, wie ich euch bereits erzählte. Sie leben als Kaufleute und Handwerker. Die Dinge des täglichen Lebens sind hier im Überfluß und zu billigen Preisen zu haben. Darüber hinaus gibt es nichts zu berichten. Fahren wir also fort und wenden wir uns der Stadt Vigny[188] zu, die drei Tagereisen von Tarpigny entfernt ist. Auch hier sind die Menschen Götzendiener und dem Großkhan untertan. Sie erledigen ihre Geschäfte mit Papiergeld. Auch sie werden von Quinsay aus regiert. Sie sind Händler und Handwerker. Mehr gibt es darüber nicht zu erzählen. Fahren wir also weiter fort. Zwei Tagereisen von hier trifft man auf die herrliche Stadt Giugny.[189] Ihre Bewohner sind dem Großkhan untertan. Sie sind Götzendiener und zahlen mit Papiergeld. Sie ernten Mengen an Seide und leben von Handel und Handwerk. Alles Lebensnotwendige ist im Überfluß vorhanden. Hier, in der Umgebung von Giugny, wachsen die längsten Bambusstangen der Provinz Mangi. Sie sind gut vier Spannen dick und fünfzehn Fuß lang. Mehr gibt es darüber nicht zu erzählen. Wir reisen also weiter.
Vier Tagereisen hinter Giugny liegt die wunderbare Stadt Cyanciam.[190] Diese ist auf einem Hügel in der Mitte eines Flusses erbaut, der in den Ozean mündet. Auch sie untersteht Quinsay. Wenn es auch kein einziges Schaf in Mangi gibt, so züchtet man doch große Mengen Ziegen, Ochsen und Kühe. Die Leute hier sind Götzendiener. Sie treiben Handel und sind gute Handwerker. Sie unterstehen dem Großkhan und bezahlen mit Papiergeld. Es gibt nicht viel mehr zu berichten. Fahren wir also fort. Drei Tagereisen von Cyanciam entfernt liegt die Stadt Cugny.[191] Die Menschen hier sind Götzendiener. Sie unterstehen dem Großkhan und bezahlen mit Pa-

piergeld. Sie leben vom Handel und vom Handwerk. Dies ist eine gar prachtvolle, vornehme und reiche Stadt. Auf dieser Seite ist es die letzte Stadt, die Quinsay untersteht. Danach beginnt ein anderes Königreich, das Königreich Fugny, ein weiteres Neuntel von Mangi, ebenso wie Quinsay. Mehr gibt es darüber nicht zu erzählen, [fol. 70] wir werden also weiter fortfahren.

Er berichtet über das Königreich Fugny[192]

Hat man Signy, die letzte Stadt des Königreichs Quinsay, hinter sich gelassen, so erreicht man das Königreich Fugny. Sodann reitet man sechs Tage durch schöne Städte und Burgflecken, in denen Wildbret und anderes Haar- und Federwild im Überfluß vorhanden sind. Auch riesige, starke Löwen gibt es hier zuhauf. Die Einwohner von Signy ernten unglaubliche Mengen Ingwer und Galanga.[193] Für einen venezianischen Silbergroschen ersteht man gut vier Pfund starken Ingwer. Sie haben auch eine Art Frucht, die dem Safran ähnlich ist und die sie in der gleichen Weise verzehren. Man ißt hier jegliche Art von Fleisch, selbst menschliches Fleisch, unter der Bedingung, daß der Mensch keines natürlichen Todes gestorben ist. Aus diesem Grunde sind sie im ganzen Land auf der Suche nach Ermordeten, und sie finden dieses Fleisch sehr wohlschmeckend. Und so sieht die Aufmachung jener aus, die durch die Lande ziehen. Sie lassen sich von der Stirn bis zu den Ohren rasieren und mit Azurpuder eine Lanze darauf zeichnen. Alle gehen zu Fuß, bis auf den Anführer. Mit Lanzen ausgestattet, sind dies die grausamsten Soldaten der Welt. Sie treiben sich im ganzen Land umher, um Menschen zu töten, deren Blut sie trinken und deren Fleisch sie essen. Aber wenden wir uns anderen Dingen zu.

Nach drei der sechs erwähnten Tage erreicht man die prachtvolle Stadt Quelifu.[194] Ihre Bewohner sind dem Großkhan untertan und zahlen in Papiergeld. Es sind Götzendiener. In dieser Stadt gibt es drei Steinbrücken, es sind die schönsten der Welt. Jede ist wohl eine Meile lang und zwanzig Fuß breit und mit wunderschönen Säulen ganz aus Marmor geschmückt. Handel und Handwerk gedeihen. Man stellt Mengen an Seide und Galanga her. Ihre Frauen sind sehr schön. Noch eine Besonderheit gilt es zu vermerken. Man findet hier Hühner, die anstelle des Gefieders Haare haben. Sie sind ganz schwarz und legen Eier wie die unsrigen. Ihr Fleisch ist wohlschmeckend. Sonst gibt es jedoch nichts mehr zu erzählen. Berichten wir also über etwas anderes.

Nach weiteren drei Tagereisen, fünfzehn Meilen von Quelifu, erreicht man die Stadt Vuguen,[195] in der sehr viel Zucker hergestellt wird. Die Menschen hier sind Götzendiener, sie zahlen mit Papiergeld. Sonst gibt es nichts weiter zu berichten. Wenden wir uns also der prachtvollen Stadt Fugny zu.

Er beschreibt die Pracht der Stadt Fugny

Fugny ist die Hauptstadt des Reiches Choucha,[196] ein weiterer der neun Teile des Königreichs Mangi. Hier gedeihen Handel und Gewerbe in besonderem Maße. Die Menschen sind Götzendiener und dem Großkhan untertan. Da es in der Stadt oft zu Aufständen kommt, hat der Großkhan hier zahlreiche Männer stationieren lassen. So ist das Königreich gut bewacht. Die Stadt liegt an einem großen, mindestens eine Meile breiten Fluß. [fol. 70v] Hier wird viel Zucker erzeugt. Auch zahlreiche wertvolle Güter und Edelsteine[197] wechseln den Besitzer. Unzählige Schiffe bringen nämlich kostbare Nahrungsmittel aller Art aus Indien dahin. Unweit der Stadt liegt der Hafen Kaycen (Sarcon) am Ozean. Die Stadt ist voll von Lustgärten, sie ist wunderschön und gut angelegt. Man findet alle Dinge des täglichen Lebens im Überfluß und zu billigen Preisen. Viel mehr gibt es dazu nicht zu sagen. Laßt uns also fortfahren.

Er spricht über die Insel Sarcon[198]

Fugny hinter sich lassend, über den Fluß und durch wunderschöne Landschaften, erreicht man nach fünf Tagen zu Pferde die prächtige Stadt Sarcon, die von Fugny aus regiert wird. Sie ist dem Großkhan untertan. Ihre Bewohner zahlen in Papiergeld. Es sind Götzendiener.

Sarcon ist ein Hafen, in dem viele Schiffe aus Indien anlegen, die allerlei Gewürze und Spezereien bringen. Hier werden auch alle Waren aus Mangi umgeschlagen. Es sind hier so viele Güter, Perlen und Edelsteine zu sehen, daß es ein wahres Wunder ist. Diese werden dann in der Gegend von Mangi verkauft. Und für jedes Pfefferschiff, das nach Alexandrien oder in irgendeine andere Gegend des Abendlandes ausläuft, legen hundert andere im Hafen an. Der Großkhan zieht sehr hohe Steuern ein: zehn Prozent auf die eingehenden Waren, Edelsteine und feine Spezereien; vierundvierzig Prozent auf Pfeffer; fünfzig Prozent auf Aloe- und Sandelholz und auf schwere Waren. In dieser Stadt ist alles im Übermaß vorhanden.

Neben Sarcon liegt die Stadt Tyungny,[199] in der Gefäße aus feinstem Porzellan hergestellt werden. Nirgendwo sonst werden solche erzeugt. Sie sind zu sehr billigen Preisen zu erstehen. In dieser Stadt spricht man eine eigene Sprache. In diesem Königreich Choucha zieht der Großkhan tatsächlich hohe Steuern und Zölle ein. Viel mehr noch nimmt er jedoch im Königreich Quinsay ein. Bisher haben wir euch nur von drei Königreichen der Provinz Mangi berichtet, von Quinsay, von Jangny[200] und von Fugny. Wir könnten euch auch von den sechs anderen erzählen, dies würde jedoch zu lange dauern, deshalb verzichten wir darauf.

So habe ich euch von Catay, von Mangi und gar manch anderen Gegenden voller Gold, Silber und anderen Reichtümern erzählt. Dieses Buch ist noch nicht zu Ende, denn wir werden euch noch über die Inder und deren große Reichtümer berichten, die wundervoll sind. Und ich lüge nicht, denn dies ist wahr. Ich werde alles niederschreiben, wie es mir Messer Marco Polo erzählt. Er kannte sie gut, er, der so lang in Indien weilte, das ganze Land bereiste und den Indern allerlei Fragen über ihre Lebensart und ihre Bräuche gestellt hat. Denn eines steht fest, kein Mensch hat so viel gesehen wie er.

147

[FOL. 71]
ER BEGINNT VON DEN WUNDERN INDIENS ZU ERZÄHLEN

Wir haben euch über die Länder Catay und Mangi berichtet, laßt uns nun über Indien und seine Wunder sprechen. Und zuerst über die Schiffe, welche die Kaufleute auf die indischen Inseln befördern. Sie sind aus Tannenholz gebaut, haben nur eine einzige Brücke und fünfzig bis sechzig Kajüten, in denen sich die Kaufleute bequem aufhalten können. Es sind Viermaster mit einem Steuer, zwei weitere Masten können bei Bedarf aufgestellt werden. Sie sind mit eisernen Nägeln zusammengenagelt, die zwei Lagen kalfaterter Planken zusammenhalten. Diese sind nicht mit Pech, sondern mit einer Mischung aus Harz und Hanf bestrichen. Auf jedem dieser Schiffe sind zweihundert Seeleute beschäftigt. Da sie sehr ausladend sind, können sie mindestens fünf- bis sechstausend Ladungen Pfeffer an Bord nehmen. Bei Flaute werden sie gerudert. Diese Ruder sind so riesengroß, daß vier Mann nötig sind, um nur ein einziges davon zu bewegen. Jedes Schiff führt zwei Barken mit sich, in denen je vierzig oder fünfzig Mann rudern, um es abzuschleppen. Zehn weitere Boote dienen dazu, Anker zu werfen, für die Mannschaft zu fischen und für den gesamten Lebensunterhalt zu sorgen. Ist das Schiff unter Segel, werden die Boote an den Flanken mitgezogen. Einmal pro Jahr, vor der Abreise, wird das Schiff ausgebessert, indem eine zusätzliche, gut gehobelte Holzplanke, die in derselben Weise wie die vorigen gestrichen ist, hinzugefügt wird. Das gleiche geschieht mit den Barken, [fol. 71v] die unter Segel fahren. Nicht alle führen solche Reparaturen durch, und dann nur sechsmal; anschließend werden sie auf andere Weise repariert. Denn wenn der Rumpf bereits aus sechs übereinandergenagelten Planken besteht, wird das Schiff nicht mehr auf hoher See eingesetzt, sondern so lange wie möglich in der Küstenschiffahrt; später wird es abgewrackt. Nachdem wir euch also die Schiffe beschrieben haben, die auf den indischen Inseln unterwegs sind, kommen wir nun zu den Wundern Indiens.

Folio 71

An den Anfang des Buches über die Wunder Indiens gesetzt, bezieht sich die Illustration auf das Kapitel, in dem von der Insel Sapangu, das heißt von Japan und seinen Schätzen, die Rede ist. Da Marco Polo in seiner Erzählung angibt, der Großkhan hätte daran gedacht, diese Insel zu erobern, scheint der Maler den Kaiser in einem Palast darstellen zu wollen, dessen prachtvolle Elemente (eine goldene Decke, luxuriöse Fliesen, Edelsteinintarsien) dem Prunk der Behausung des japanischen Fürsten entsprechen mußte. Zwei Könige bringen Kublai Khan goldene Vasen dar, Symbole des Reichtums, welche dieser übrigens nicht zu sehen scheint, da seine Aufmerksamkeit auf zwei weiße Hühner mit roten Kämmen gerichtet ist, die ebenfalls eine Besonderheit darstellen: rote Haselhühner, „die ganz vorzüglich zu essen sind".

Folio 72

Von den Schätzen Japans ganz angetan, entsendet der Großkhan zwei Heerführer mit einer großen Anzahl von Soldaten zu einer Expedition auf die Insel. Es zieht jedoch ein gewaltiges Unwetter auf, in dem ein Teil des Heeres Schiffbruch erleidet. Wer sich retten kann, flüchtet auf eine einsame Insel, der Rest der Truppe läßt die Schiffbrüchigen aufgrund der Unstimmigkeiten zwischen ihren Heerführern im Stich. Als die Japaner davon erfahren, greifen sie die schiffbrüchige Armee an. Die Mongolen tun so, als wollten sie fliehen, umrunden die Insel und besteigen im Schutze eines hohen Berges die Schiffe der Japaner. Ein Kriegsbeil in der Hand, betritt ein Mongole den Steg eines leeren Schiffes, während die japanischen Bogenschützen mit ihren Pfeilen in die Gegenrichtung zielen.

ER BEGINNT MIT DER INSEL SAPANGU[201]

Sapangu ist eine große Insel mitten im Meer, fünftausend Meilen östlich des Festlandes gelegen. Die Menschen hier sind hellhäutig und wohlgebildet. Sie sind Götzendiener. Man erzählt, daß sie auf ihrer Insel unendlich viel Gold zusammenraffen. Die Insel ist so weit vom Festland entfernt, daß kaum ein Kaufmann dorthin fährt. Deshalb gibt es dort Gold in solchem Übermaß. Wenden wir uns jetzt einem großen Wunder zu, nämlich dem Palaste des Herrschers von Sapangu. Das Dach dieses weitläufigen Palastes ist über und über mit feinstem Gold überzogen, ganz wie unsere Kirchen mit Blei gedeckt sind. Dies ist von unschätzbarem Wert. Der Boden, die Wände der Zimmer und die Fenster sind aus Goldsteinen geschnitten, die mindestens zwei Finger stark sind. Der Reichtum dieses Palastes ist ganz und gar unvorstellbar. Man züchtet hier eine Menge roter Hühner, die äußerst köstlich sind. Auch gewinnt man hier unzählige Edelsteine.

Angesichts solcher Reichtümer beschloß Kublai Khan, diese zu erobern. Er schickte zwei seiner Barone mit einer Unzahl von

Schiffen, ebenso unzähligen Reitern und Soldaten aus. Einer hieß Abatan, der andere Jousamchin. Es waren weise und kühne Männer. So stachen diese beiden mit ihrer Mannschaft in Sarcon und Quinsay in See und erreichten schließlich die Insel Sapangu. Kaum waren sie an Land gegangen, hatten sie die Ebene mit ihren Dörfern erobert. Aber anfangs wollte es ihnen nicht gelingen, auch nur eine einzige Burg oder Stadt einzunehmen. Denn ihnen widerfuhr folgendes Mißgeschick. Es kam ein starker Nordwind auf, der die ganze Insel verwüstete. Da es nicht genügend Häfen gab und der Sturm tobte, konnte die Flotte des Großkhans nicht anlegen. Als sie gewahr wurden, daß ihre Flotte, blieben sie dort, völlig zerstört würde, beschlossen sie, sich einzuschiffen und die Insel zu verlassen. Etwas weiter jedoch liefen sie auf eine kleine Insel auf, an der sie zerschellten. Ihre Flotte erlitt Schiffbruch und ein Großteil des Heeres ging unter. Keine dreißigtausend Mann überlebten und flüchteten auf die Insel. Sie glaubten sich schon verloren, da weder Proviant da war noch jemand, der sie anführte. Und was noch viel ärger war, sie sahen, daß einige Schiffe dem Sturm entkamen und nach Indien zurücksegelten, ohne sich darum zu kümmern, was wohl aus ihnen würde. [fol. 72] Denn die beiden Heerführer waren verfeindet. Und so beging der eine am anderen ein Verbrechen. Derjenige, der entkommen war, drehte nicht um, als sich der Sturm nach nicht allzulanger Zeit wieder gelegt hatte. Die Insel, auf die sich die Schiffbrüchigen gerettet hatten, war unbewohnt. Kein menschliches Wesen außer ihnen. Was war jedoch aus dem Herrn und der entkommenen Flotte geworden? Auch von den Überlebenden auf der Insel werden wir Näheres erzählen.

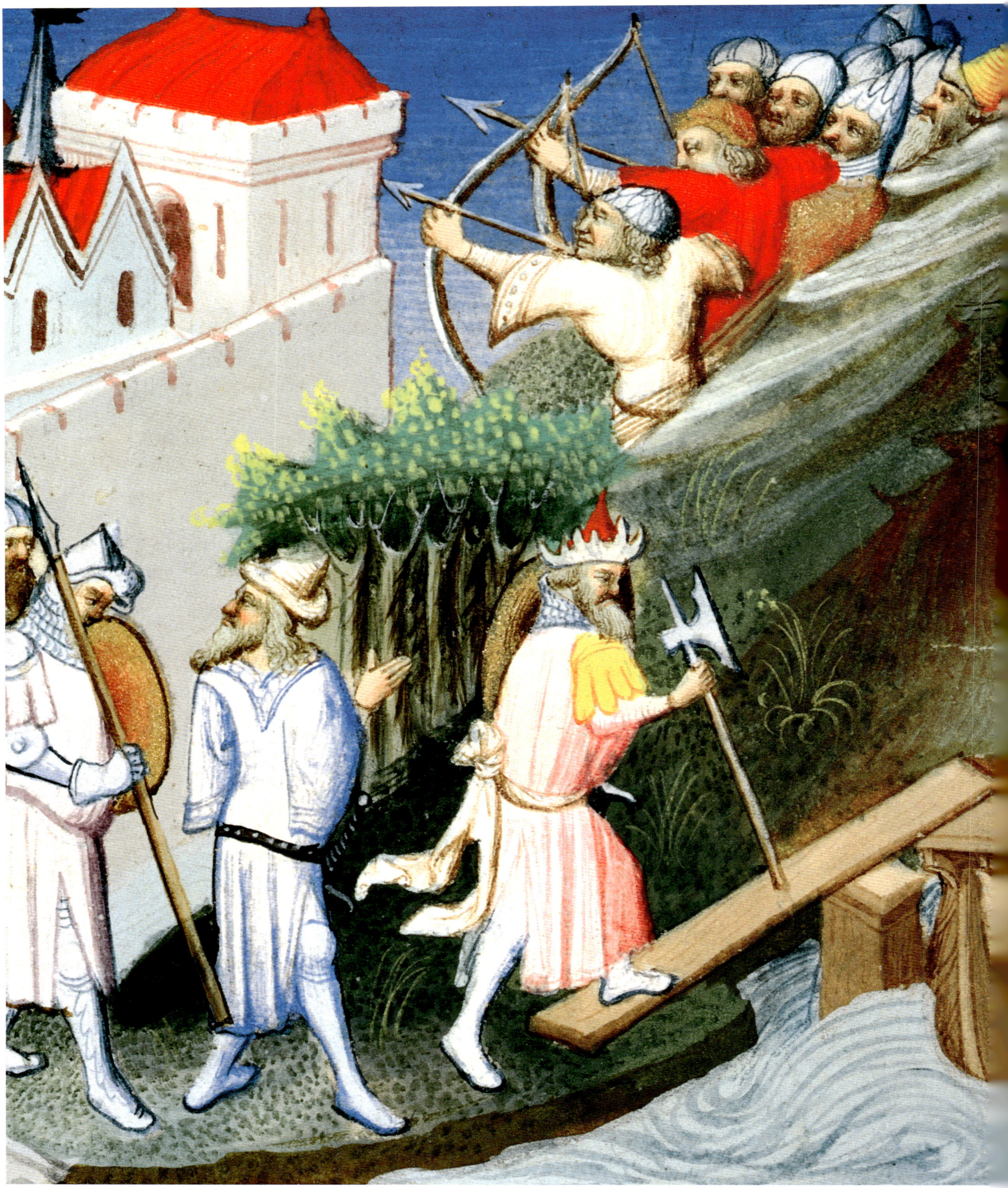

WIE DIE MÄNNER DES GROSSKHANS AUF DER INSEL DIE STADT IHRER FEINDE EINNAHMEN

Die dreißigtausend Mann des Großkhans, von denen ich sagte, sie hätten auf der Insel Schiffbruch erlitten, hielten sich bereits für tot, denn sie wußten nicht, wie sie entkommen könnten. Als der König der großen Insel erfuhr, daß sich Schiffbrüchige auf der kleinen Insel befanden und der Rest abgedreht hatte und geflüchtet war, ließ er voller Freude all seine Schiffe auftakeln, um auf die kleine Insel zu fahren und dort anzulegen. Die Tataren sahen sie kommen und an Land gehen, ohne Wachen auf ihren Booten zurückzulassen, da sie an Kriege nicht gewöhnt waren. Die Tataren jedoch waren geübt darin, gaben vor, sich zu erheben, und flohen in Windeseile zu den Booten ihrer Feinde, die sie rasch und unschwer bestiegen, da sich ihnen niemand entgegenstellte. Sobald sie alle an Bord waren, legten sie ab, hielten auf die große Insel zu und gingen unter dem Banner [**fol. 72v**] und dem Zeichen des Herrschers der großen Insel an Land. Die Bewohner der Stadt, die ihre Heerzeichen zurückkehren sahen, schöpften keinen Verdacht und meinten, daß die Ihren den Booten entstiegen. Kaum waren sie angekommen, brachten die Tataren die Festung in ihre Gewalt und verjagten alle, bis auf die schönen Frauen, die behielten sie bei sich. Und so bemächtigten sich die Männer des Großkhans der Stadt. Als sie einsahen, daß sie die Stadt samt der Flotte verloren hatten, waren der König der großen Insel und die Seinen zutiefst bedrückt. Sie begaben sich auf die wenigen Schiffe, die ihnen geblieben waren, und gingen auf der großen Insel an Land. Der König versammelte seine Männer um sich und belagerte die Stadt. Keiner durfte hinein, keiner hinaus. Die belagerten Tataren hielten sich sieben Monate lang und unternahmen alles, um dem Großkhan Kunde über ihr Schicksal zukommen zu lassen. Als sie nicht mehr konnten, ergaben sie sich und erhielten ihr Leben geschenkt gegen das Versprechen, die Insel niemals wieder zu verlassen. Dies geschah im Jahre 1268 unseres Herrn. Der Großkhan ließ den Baron, der sich in so verräterischer Weise davongemacht hatte, enthaupten. Er erteilte Befehl, auch den anderen, der sich auf die Insel retten konnte, zu beseitigen, denn auch er hatte sich keineswegs wie ein Ehrenmann verhalten.

Jetzt aber zu einer anderen wunderbaren Sache, die ich vergaß, euch zu erzählen. Ganz zu Anfang, als die Armee des Großkhans auf der großen Insel anlegte und das Flachland in ihre Gewalt brachte, nahmen ihre Soldaten auch einen Turm ein, in den sich einige Männer geflüchtet hatten, die sich nicht ergeben wollten. Sie enthaupteten sie alle, bis auf acht, die einen Stein am Arm trugen, zwischen der Haut und dem Fleische. Dies war so gut gemacht, daß man es von außen nicht erkennen konnte. Es waren magische Steine, die den Träger vor dem Tode durch das Eisen beschützten. Als die Herren dies erfuhren, ließen sie die Unglücklichen mit Stockschlägen töten. Sodann nahmen sie die Steine heraus und behielten sie für sich. Aber lassen wir das und kehren wir zu unserem Bericht zurück.

ER BERICHTET ÜBER IHRE GÖTZEN

Die Götzen von Catay und Mangi und die von Indien sind alle gleich. Die einen haben einen Stierkopf, die anderen den eines Schweins, eines Hundes oder eines Schafes oder einer anderen Art. Manche haben vier Köpfe, wieder andere nur drei, einen normalen und je einen auf jeder Schulter. Manche haben vier Hände, andere zehn, wieder andere tausend. Denjenigen mit tausend Händen wird mehr gehuldigt als den anderen. Und fragt sie ein Christenmensch, warum sie sie so ausstatten und warum sie sich von denen anderer Länder unterscheiden, so antwortet man ihm, daß sie sie so von ihren Vorfahren übernommen haben und daß sie sie so ihren Kindern überlassen werden, und ihre Kinder [fol. 73] wieder deren Kindern. Und so fort. Diese Götzen treiben so teuflische Dinge, daß sie hier lieber nicht erzählt werden sollten. Lassen wir also diese Götzen und sprechen wir von etwas anderem.

Nun zu einer weiteren Geschichte über die Einwohner dieser Insel und Indiens. Kann ein Gefangener das Lösegeld nicht bezahlen, so gibt derjenige, der ihn gefangennahm, für all seine Freunde und Verwandten ein Fest und tötet ihn. Sodann wird sein Leichnam gekocht und gegessen. Menschenfleisch, so sagen sie, ist das wohlschmeckendste der Welt. Aber lassen wir das und wenden wir uns anderen Dingen zu. Dieses inselreiche Meer ist das Meer von Cim,[202] das heißt das Meer von Mangi, denn in ihrer Sprache heißt Cim Mangi. In diesem Meer von Cim, von dem Fischer und weise Seeleute behaupten, es läge im Osten, gibt es siebentausendvierhundertneunundfünfzig Inseln, die von den Seeleuten angelaufen werden. Sie, die ständig auf den Meeren unterwegs sind, sind darüber gut unterrichtet. All diese Inseln sind mit herrlichen, wohlriechenden Bäumen bestanden, mit Aloebäumen oder anderen, noch besseren Arten. Auch erntet man dort mannigfaltige Gewürze und ganz besonders Pfeffer, der weiß wie Schnee ist. Diese Inseln mit ihrem Gold, ihren Edelsteinen und ihren Gewürzen sind von unermeßlichem Reichtum. Sie sind jedoch schwer zugänglich, da sie so weit vom Festland entfernt sind.

Die Schiffe aus Sarcon und Quinsay, die dorthin segeln, kehren mit großem Gewinn zurück. Ihre Fahrt dauert ein ganzes Jahr. Sie fahren im Winter ab und kehren im Sommer zurück. Denn auf diesem Meer wehen nur zwei Winde, derjenige, der sie fortbläst, nur des Winters, und derjenige, mit dem sie zurückkehren, nur des Sommers. Diese Gegend ist so weit von Indien entfernt, daß man sie nur nach langer Zeit erreichen kann. Dieses Meer von Cim ist das große Meer des Westens, wie man in England sagen würde, die Englische See. Anderswo wird es Indischer Ozean genannt, es handelt sich jedoch nur um das Meer des Westens. Verlassen wir also diese ebenso unzugängliche wie seltsame Gegend. Marco Polo war selbst nie dort, denn der Großkhan hat damit nichts zu tun. Die Menschen dort zahlen ihm keine Steuern und tun auch sonst nichts für ihn. Kehren wir nach Sarcon zurück, das an der Schwelle zu Kleinindien liegt.

ER BERICHTET ÜBER DAS LAND CYAMBA[203]

Fährt man von Sarcon aus tausendfünfhundert Meilen gen Westen nach West-Südwest, so erreicht man das überaus reiche Land Cyamba. Die Menschen dort sprechen eine eigene Sprache. Sie werden von einem König regiert. Sie sind Götzendiener. Jedes Jahr liefern sie dem Großkhan ihren Tribut ab, eine bestimmte Anzahl von Elefanten, nichts weiter. Und dies ist der Grund. Im Jahre 1278 der Menschwerdung Christi sandte der Großkhan einen seiner Barone, einen gewissen Sagatu, mit einer großen Kompanie Reiter und Fußvolk gegen den König von Cyamba aus. Er lieferte ihm eine riesige Schlacht. Der König [fol. 73v] war bereits ein alter Mann. Es schmerzte ihn sehr, sein Land so verwüstet zu sehen. Also ließ er dem Großkhan durch Boten folgende Nachricht überbringen: „Der König von Cyamba, unser Herrscher, entbietet euch als euer Diener seinen Gruß. Er läßt euch mitteilen, daß er sehr alt ist und sein Königreich lange Zeit in Frieden regiert hat. Es ist sein Wunsch, euch zu Diensten zu sein. Er ist bereit, euch jedes Jahr so viele Elefanten zu geben, wie ihr wünscht. Dafür bittet er euch untertänigst, von der Verwüstung seines Landes abzulassen und euren Baron und seine Männer abzuberufen. Dieses Land soll fortan euch gehören, wie euer eigenes. Er wird es von euch erhalten." Den Großkhan rührte dieses Anerbieten, und er befahl seinem Baron, das Königreich Cyamba zu verlassen und seine Eroberungen anderswo fortzusetzen. Und so geschah es. So wurde der König von Cyamba der Diener des Großkhans und schickte ihm jedes Jahr zwanzig der vortrefflichsten Elefanten seines Reiches als Tribut. Aber lassen wir das und berichten wir über den König von Cyamba selbst.

Keine Frau des Königreichs darf sich verheiraten, ohne daß der Großkhan sie gesehen hat. Und findet er Gefallen an ihr, so nimmt er sie zur Frau. Gefällt sie ihm nicht, gibt er ihr so viel von seinem Vermögen, daß sie sich verheiraten kann. Im Jahre 1285 unseres Herrn[204] kam Messer Marco Polo in diese Gegend. Zu dieser Zeit hatte der König dreihundertsechsundzwanzig Söhne und Töchter, von denen hundertfünfzig im waffenfähigen Alter waren. Es gibt sehr viele Elefanten in diesem Königreich. Man schlägt auch sehr viel Holz von einem schwarzen Baum, ibanus genannt,[205] aus dem sie ihre Bogen schnitzen. Aber fahren wir fort, denn es gibt sonst nichts mehr darüber zu erzählen.

Folio 73v
Das Sujet dieses schönen Bildes stimmt nicht mit dem Begleittext überein. Es soll wahrscheinlich den Schiffbruch darstellen, in dem ein Teil des Mongolenheeres während des Feldzuges gegen die Japaner umkam, von dem soeben die Rede war. Ein Schiff entfernt sich auf hoher See, während drei Männer gegen die Macht der Wellen im Sturm ankämpfen. Sie versuchen, sich an jene, die im Boot geblieben sind, anzuklammern, diese unternehmen jedoch nichts, um sie zu retten. Der undurchdringliche Blick des Greises, der auf seinem ertrinkenden Waffenbruder ruht, verstärkt das Pathos der Szene.

[FOL. 74]
ER SPRICHT ÜBER DIE GROSSE INSEL JAVA

Tausendfünfhundert Meilen südlich von Cyamba liegt die große Insel Java. Dies, so sagen die Seeleute, sei die größte der Welt. Sie hat einen Umfang von gut fünftausend Meilen. Sie gehört einem großen König und ist unabhängig, denn sie ist niemandem gegenüber tributpflichtig. Die Menschen dort sind Götzendiener. Diese Insel ist von unermeßlichem Reichtum. Es gibt hier schwarzen Pfeffer, Muskatnüsse, Galanga, Kubebenpfeffer, Gewürznelken und allerlei andere Gewürze. Zahlreiche Kaufleute kommen auf die Insel, um Waren mit großem Gewinn zu kaufen und zu verkaufen. Dem Großkhan ist es nie gelungen, sich ihrer zu bemächtigen, weil sie so weit entfernt ist und der Preis für die Überfahrt so hoch. Die Händler von Sarcon und Mangi ziehen jedoch jedes Jahr große Gewinne daraus. Lassen wir diese Insel hinter uns und fahren wir fort.

ER BERICHTET ÜBER DIE STÄDTE SANDUR UND CONDUR[206]

Nach sieben Meilen Seefahrt mit Kurs auf Süd-Südwest trifft man auf die beiden Inseln Sandur und Condur. Die eine ist groß, die andere klein. Sonst gibt es darüber nichts zu berichten. Wir begeben uns nun in eine fünfhundert Meilen von Sandur entfernte Gegend, Sontat[207] genannt. Sie wird von einem König regiert. Die Menschen hier sind Götzendiener und sprechen ihre eigene Sprache. Sie schulden niemandem Tribut, da ihr Eiland so entlegen und unzugänglich ist, daß niemand es wagt, es anzugreifen. Sonst hätte sie der Großkhan schon lange seinem Reiche einverleibt. In dieser Gegend wächst Brasiltabak, dem wir sehr oft zusprechen. Auch Gold gibt es im Überfluß sowie unzählige Elefanten und Wild. Aus dieser Region stammen die Porzellanschnecken, die in den anderen Ländern, von denen ich euch berichtete, als Zahlungsmittel im Umlauf sind. Sonst gibt es weiter nichts zu bemerken, außer daß dies ein sehr seltsamer Ort ist, an den sich so gut wie niemand anzulegen getraut. Und der König selbst ist von Besuchen nicht sehr angetan, denn niemand soll von seinen Schätzen und von seinem Lebenswandel erfahren. Wenden wir uns nun der Insel Poutain zu.

ER BERICHTET ÜBER DIE INSEL POUTAIN[208]

Nach fünf [hundert] Meilen in südlicher Richtung erreicht man die Insel Poutain. Es ist eine sehr wilde Insel, mit wohlriechenden Bäumen bestanden. Sonst gibt es weiter nichts zu berichten. Wir fahren noch sechzig Meilen zwischen den Inseln hindurch, von denen ich euch bereits erzählt habe. Das Meer ist dort nicht mehr als vier Schritt tief, so müssen die großen Schiffe ihre Ruderpinne einziehen. Nach dreißig Meilen läuft man die Insel Maliair[209] an. Sie hat ihren eigenen König und ihre eigene Sprache. Die Stadt ist wunderschön, es herrscht ein reges Handelsleben. Allerlei Gewürze gibt es hier und auch sonst alles, was man zum Leben braucht. Dazu ist nicht viel mehr zu sagen, fahren wir also fort.

[FOL. 74V]
ER BERICHTET ÜBER DIE KLEINE INSEL JAVA[210]

Achtzig Meilen von der Insel Maliair entfernt liegt die kleine Insel Java. Wenn sie auch noch so klein ist, so mißt sie doch zwei [tausend] Meilen im Umfang. Von dieser Insel will ich euch berichten. Sie zählt acht Königreiche, die von acht Königen regiert werden. Die Bewohner sind Götzendiener, in jedem Königreich wird eine eigene Sprache gesprochen. Auf der Insel werden große Mengen Gewürze produziert. Ich werde euch von den Bräuchen erzählen, die fast auf der ganzen Insel gepflegt werden. Zuvor will ich jedoch von etwas anderem berichten. Die kleine Insel Java liegt so weit südlich, daß der Nordstern hier nie zu sehen ist. Kehren wir jetzt zu unserem Thema zurück und sprechen wir über das Königreich Falet.[211] Die Muslime sind so oft in dieses Königreich gekommen, daß sie dessen Bewohner schließlich bekehrten. Das heißt, nur die Städter, denn die Leute in den Bergen leben noch wie die Tiere. Sie essen Menschenfleisch und allerlei andere Fleischsorten. Sie beten verschiedene Dinge an.
Nach dem Königreich Falet will ich euch nun über das Königreich Basman[212] berichten, das ebenfalls ein Reich für sich ist. Die Menschen hier sprechen eine eigene Sprache und leben wie die Tiere, denn sie unterwerfen sich keinem Gesetz. Sie geben vor, dem Großkhan zu dienen, dieser ist jedoch so weit entfernt, daß sie ihm keinerlei Tribut zahlen. Es gibt zahlreiche Elefanten und auch Einhörner.[213] Diese sind fast genausogroß wie die Elefanten; sie haben das Fell eines Büffels und die Hufe eines Elefanten. Mitten auf der Stirn [fol. 75] tragen sie ein weißes Horn. Von diesem Horn geht jedoch keine Gefahr aus, gefährlich ist vielmehr ihre Zunge, die mit vielen großen, langen Zacken gespickt ist. Ihr Kopf erinnert an den eines Wildschweins, sie tragen ihn immer zu Boden geneigt. Die Einhörner leben gerne in sumpfigem Gebiet an den Ufern eines Sees. Sie sind überaus häßlich. Mit jenen, von denen es bei uns heißt, man fände sie im Schoße der Jungfrauen, haben diese hier gar nichts zu tun. Ganz im Gegenteil. Man findet auch unzählige Affenarten. Ebenso gibt es rabenschwarze Habichte, sehr große Vögel, die sich gut für die Jagd eignen.
Jene Kaufleute, die vorgeben, kleine Menschen aus Indien einzuführen, sind Lügner. Es handelt sich dabei nicht um Menschen, sondern um Affen. Und damit verhält es sich so. Sie fangen eine kleine Affenrasse, die man hier auf der Insel findet, es sind ganz kleine Affen mit einem Menschengesicht. Sodann reißen sie ihnen am ganzen Körper die Haare aus, außer an Brust und Kinn, lassen sie austrocknen und behandeln sie mit Safran und anderen Salben, so daß sie das Aussehen eines Menschen bekommen.

154

155

Es sind jedoch keine. In ganz Indien und auch in keinem anderen, noch so wilden Land hat man je solche Menschen gesehen. Wir werden über dieses Königreich Basman nicht mehr viel der Worte verlieren. Wir wollen euch jedoch die anderen Königreiche, eines nach dem anderen, beschreiben.

Zunächst trifft man auf derselben Insel auf das Königreich Samara.[214] Messer Marco Polo selbst hat sich fünf Monate dort aufgehalten, da die Witterung so schlecht war, daß er seine Reise nicht fortsetzen konnte. Weder der Nordstern noch der große Bär [der große Wagen] sind dort zu sehen. Laut den Aussagen der Einwohner unterstehen sie dem Großkhan. Da sie fünf Monate auf dieser Insel bleiben mußten, ließen sich Marco Polo und seine Männer Schlösser mit Holzpalisaden bauen, wohin sie sich aus Furcht vor den Kannibalen zurückzogen. Man findet hier die besten Fische der Welt. Die Menschen kultivieren keinerlei Getreide, sondern leben vom Reisanbau. Wein gibt es hier nicht. Und so behelfen sie sich. Wenn sie Wein trinken wollen, schneiden sie den Ast eines bestimmten Baumes ab und stellen einen großen Topf darunter. Binnen eines Tages und einer Nacht füllt sich der Topf mit einem köstlichen Getränk. Manchmal ist es weiß, manchmal rot. Die Bäume, die ich meine, sehen aus wie kleine Dattelpalmen mit vier Ästen. Gibt der Ast keine Flüssigkeit mehr ab, so begießen sie die Wurzeln des Baumes, und wieder fließt diese Art Wein daraus hervor. Es gibt hier auch große Mengen an dicken indischen Nüssen, die herrlich frisch sind. Nun haben wir euch genug über dieses Königreich berichtet. Wenden wir uns anderen Dingen zu.

Nach Samara erreicht man das Königreich Bangroian.[215] Es ist ebenfalls ein Königreich für sich. Seine Einwohner sind Götzendiener und sehr klug. Sie geben an, dem Großkhan treu ergeben zu sein. Hier ist einer ihrer üblen Bräuche. Wird einer von ihnen krank, so schicken sie nach einem Magier. [fol. 75v] Diesen befragen sie. Wird der Kranke genesen oder nicht? Antwortet dieser, daß er genesen werde, so warten sie, bis er gesund ist. Antwortet er jedoch, daß er denke, er müsse sterben, so lassen sie die Henker holen, die jene zu Tode bringen, deren Tod die Magier geweissagt haben. Diese Männer ersticken sie unter einer Decke. Danach lassen sie den Leichnam kochen, und die Verwandten des Toten kommen zusammen, um ihn gemeinsam zu verzehren. Sie saugen die Knochen aus bis auf das Mark und geben vor, daß sonst Würmer angelockt würden, die schließlich doch aus Mangel an Nahrung sterben müßten, und daß die Seele des Toten für den Tod dieser Würmer verantwortlich wäre. So essen sie also alles, was zu essen ist. Danach sammeln sie alle Knochen in schönen Kästen, die sie in Berggrotten in solcher Höhe aufhängen, daß sie weder Mensch noch Tier erreichen kann. Und nähmen sie einen Fremden gefangen, der sein Lösegeld nicht bezahlen könnte, so würden sie ihn töten und auf die gleiche Weise verzehren. Dies ist ein sehr böser und gefährlicher Brauch. Nun will ich euch von den anderen Königreichen erzählen.

Zunächst gelangt man in das Königreich Lambry.[216] Die Einwohner geben an, dem Großkhan zu unterstehen, und sind Götzendiener. Sie stellen Kampfer und allerlei Gewürze her. Auch Brasiltabak gibt es in Hülle und Fülle, der von ihnen ausgesät wird. Sobald er die Höhe eines kleinen Stämmchens erreicht hat, pflanzen sie ihn um und lassen ihn drei Jahre wachsen, dann reißen sie ihn mit allen Wurzeln aus. Ihr müßt wissen, daß Marco Polo Brasilsamen nach Venedig mitgebracht hat, um sie dort auszusäen. Aber nichts wuchs. Wahrscheinlich war es in Venedig zu kalt.

Manche Männer in diesem Königreich, die in den Bergen zu Hause sind, haben einen Schwanz, der mindestens eine Spanne lang, jedoch unbehaart ist. Es sind Wilde mit einem Schwanz gleich dem eines Hundes. In diesem Königreich gibt es auch Einhörner und allerlei Wild. Nach Lambry wollen wir uns noch weitere Königreiche ansehen.

Nach Lambry gelangt man in das Königreich Fansur.[217] Seine Bewohner sind Götzendiener und geben an, dem Großkhan zu unterstehen. Hier wächst der beste Kampfer der Welt, der Fansurykampfer genannt wird. Er wird in Gold aufgewogen. Man erzeugt keinen Weizen, jedoch Reis, der wie Milch und Fleisch als Grundlage ihrer Nahrung dient. Auch sie entziehen den Bäumen Wein auf die Weise, die ich euch bereits schilderte. Und hier ein weiteres Wunder. Es wächst hier eine Baumart, die ein Mehl gibt, welches zum Verzehr geeignet ist. Es sind dies große, mächtige Bäume mit einer feinen Rinde [fol. 76], in der sich das Mehl befindet. Messer Marco Polo, der dies selbst gesehen, erzählte mir, wie sie das Mehl walkten, um daraus ein gar wohlschmeckendes Brot zu machen. Sonst gibt es darüber nicht viel zu erzählen. Von den acht Königreichen haben wir euch nun die sechs geschildert, die auf der einen Seite der Insel liegen. Über die anderen werden wir euch nichts berichten, denn Marco Polo hat sie nicht bereist. Lassen wir also die Insel Java hinter uns, von der wir euch das Wichtigste erzählten, und wenden wir uns nun zwei kleiner Inseln zu, Gavenispola und Necovran genannt.

Folio 74v
Auf der kleinen Insel Java, das heißt auf Sumatra, ist die Bevölkerung heidnisch, und die Menschen in den Bergen „leben wie die Tiere".
Indem er beide Termini auf einmal aufgreift, hat der Maler zur Rechten am Fuße eines zerklüfteten Berges zwei Personen dargestellt, von denen die eine ein Pferd, die andere einen Jagdhund anbetet. In einem Haus zur Linken frönen die Stadtbewohner der Anthropophagie, denn „sie essen menschliches Fleisch". Sie nehmen gerade ein Mahl aus Füßen und Händen zu sich, die auf einer großen Platte angerichtet sind.

Le Livre

Cy dit de la meneur isle de Janua.

Quant l'en se part de l'isle de Maliaur et on nage. iiij. lieues a donc treuue l'en l'isle de Janua la meneur. mais elle n'est mie si petite qu'elle n'ait de tour. ij.m. et si vous compteray de ceste isle l'affaire. Sachez que sus ceste isle a .viij. royaumes et viij. roys couronnez. ilz sont tout ydolatres. et si a chascun royaume son langaige par soy. il y a en ceste isle grant quantite d'espices. Et si vous compteray la maniere de la plus grant partie de ces .viij. royaumes. mais ie vous diray auant une chose. Et sachez que ceste isle est si vers midy que l'estoille tremontaine n'y appert. Or nous retournerons a nre matiere et vous conterons tout avant du royaume de Falec. Sachez que en ce royaume l'en tient si couvient ly sarrazin. qu'ilz ont convertis ceulx du pays a la loy ma hommet. mais ce sont ceulx de la cite. car ceulx des montaignes vivent comme bestes. Et mengeunt char d'omme et de toutes autres chars. et aourent diuerses choses. Et quant ilz se lieuent a matin la premiere chose que ilz a ourent ilz aourent celluy iour. Or vous ay compte du royaume de Falec. Sy vous conteray de l'autre apres. qui a nom Basman. Quant on se part du royaume de Falec. a entre on ou royaume de Basman. qui est aussi roy annees par luy. ilz ont langaige par aulx et sont comme bestes. Car ilz ne tiennent nulle loy. Et se appellent pour le grant kaan. mais ilz ne luy sont nul tret pour ce qu'ilz sont si loings. ilz ont oliphans assez. et vnicornes aussi qui ne sont gueres grandes d'un oliphant. Et ont le poil autel comme buffle. et les pies comme oliphant. et ont une corne enmy le front blanche

ER BERICHTET ÜBER GAVENISPOLA UND NECOVRAN[218]

Die Insel Java und das Königreich Lambry hinter sich lassend, fährt man zwei Meilen nach Norden und läuft die Inseln Gavenispola und Necovran an. Ihre Bewohner leben wie die Tiere, ohne König oder irgendeinen anderen Herrscher. Sie leben in völliger Nacktheit und sind Götzendiener. Es gibt hier ganze Wälder voller wertvoller Hölzer, wie Sandelholz, indisches Nußholz, Gewürznelken, Brasilholz und noch andere, sehr seltene Arten. Sonst gibt es dazu nichts zu sagen. Begeben wir uns auf die Insel Angamanam.

ER SPRICHT ÜBER DIE INSEL ANGAMANAM[219]

Angamanam ist eine sehr große Insel, deren Einwohner wie die Tiere leben, ohne einen König, der sie regiert. Sie sind Götzendiener. Alle Menschen dieses Eilands haben einen bösen Hundskopf, mit Augen und Zähnen wie Hunde. Sie ernten allerlei Gewürze. Es sind äußerst wilde Menschen, die alle verschlingen, die nicht zu ihnen gehören. Sie ernähren sich von Reis, Milch und Fleisch. Es wachsen dort Früchte, die den unseren ganz unähnlich sind. Ich habe euch diese Menschenrasse beschrieben, da sie in diesem Buch erwähnt werden mußte. Aber wenden wir uns nun der Insel Ceylon zu.

[FOL. 76V] ER BERICHTET ÜBER DIE INSEL CEYLON

Folio 76v
Die Bewohner der Angamanam-*Inseln „haben alle einen Hundekopf, Zähne und Augen wie Hunde". Hier ist das hundsköpfige Volk beim Handel mit Früchten und Getreide zu sehen, „denn dort gibt es alle Arten von Spezereien im Überfluß".*

Verläßt man die Insel Angamanam und fährt man etwa tausend Meilen nach Westen, ohne auf Land zu stoßen, und dann weiter in Richtung Süd-Südwest, so trifft man auf die Insel Ceylon, die herrlichste Insel des ganzen Erdkreises. Sie erstreckt sich über zweitausendvierhundert Meilen. Die Seeleute meinen, einst sei sie noch größer gewesen, nämlich dreitausend Meilen lang. Der Nordwind blies so stark, daß ein Teil der Insel überschwemmt wurde, daher ist sie heute kleiner als früher. Dort, wo der Nordwind bläst, ist die Insel flach und niedrig. Und kommt man von hoher See, so sieht man kein Land, ehe man dort angelangt ist.
Laßt mich nun von dieser Insel berichten.
Die Einwohner werden von einem König regiert, den sie Sendeinam nennen. Sie zahlen an niemanden Tribut und leben in beinahe völliger Nacktheit. Sie erzeugen kein Getreide, jedoch Reis und Sesam, aus dem sie Breie kochen. Auch Fleisch, Milch und der Wein von den Bäumen zählen zu ihren Nahrungsmitteln. Sie haben den besten Brasiltabak der Welt.
Aber lassen wir das und wenden wir uns dem Wertvollsten zu, was es auf der ganzen Welt gibt. Hier und nur hier sind Rubine zu finden. Man findet auch Saphire, Topase, Amethyste und allerlei andere Edelsteine. Hier befindet sich der größte und prächtigste Rubin der Welt. Und so sieht er aus. [fol. 77] Er ist eine Spanne lang und armdick. Er ist von so hohem Glanz wie kein anderer und völlig makellos. Er ist feuerrot. Dieser Stein ist so teuer, daß es kein leichtes wäre, ihn zu erstehen. Der Großkhan schickte einst einen Gesandten zum König, um ihn zu fragen, ob er die Höflichkeit besitze, ihm diesen Stein zu verkaufen. Der Gesandte des Großkhans flehte den König an, er gäbe ihm dafür eine ganze Stadt oder so viel Geld, wie er nur wollte. Der König aber antwortete ihm, daß er ihn um nichts in der Welt verkaufen würde, denn es sei dies ein Gut, das von seinen Vorfahren auf ihn gekommen sei.
Die Einwohner von Ceylon sind keine Soldaten. Sie sind klein und eher schwach. Wenn sie Krieger brauchen, lassen sie sie von woandersher kommen. Auf Ceylon gibt es auch einen gar hohen und steil abfallenden Berg, der nur mit Hilfe von Stahlseilen, die ineinandergesteckt werden, bestiegen werden kann. Hier befindet sich auch das Grab von Adam, unser aller Urvater. Dies behaupten jedenfalls die Muslime. Die Götzendiener jedoch sagen, es sei das Grab ihres ältesten Vorfahren, des Sergamon Bortan. Sie sagen, er sei der beste Mensch der Welt gewesen. Er war ein Heiliger, der Sohn eines großen, reichen Königs. Er war so ehrenhaft, daß er von den Gütern dieser Welt nichts wissen wollte. Er wollte kein König sein. Als der Vater sah, daß sein Sohn das Königreich ausschlug, war er zutiefst bedrückt. Er machte zahlreiche Versprechungen, doch der Sohn wollte nichts davon hören. Der Vater war darob sehr beküm-

159

mert, um so mehr, als dies sein einziges Kind war. Also ließ der König für seinen Sohn einen riesigen Palast errichten, in dem dieser von einer Anzahl der schönsten Mädchen der Welt bedient wurde. Sie waren geheißen, mit ihm zu spielen, ihm Tag und Nacht vorzusingen und zu tanzen, um ihn für die weltlichen Genüsse einzunehmen. Doch nichts half. Er sagte, er wolle dem folgen, der unsterblich sei, denn er wußte wohl, daß alle, ob jung oder alt, sterben müssen. Schließlich verließ er eines Nachts heimlich den Palast und zog sich in die hohen, unzugänglichen Berge zurück. Dort lebte er ein anständiges, wenn auch rauhes Leben in großer Enthaltsamkeit, wie ein Christ. Wäre er Christ gewesen, so wäre er wohl ein Heiliger, solch ein anständiges Leben führte er. Eines Tages fand man ihn tot und brachte den Leichnam zu seinem Vater. Als er ihn, den er mehr liebte als sich selbst, tot sah, wurde der Vater fast verrückt vor Schmerz. Nach dem Bild seines geliebten Sohnes ließ er eine Statue aus Gold und Edelsteinen fertigen, die alle Bewohner der Gegend anbeten sollten wie einen Gott. Und noch heute sagen sie, daß dies ihr Gott sei. Sie behaupten, [fol. 77v] er sei vierundachtzig Tode gestorben. Bei seinem ersten Tod war er Mensch, später ein Ochse, dann ein Pferd... Und so fort, vierundachtzigmal; jedesmal nahm er die Gestalt eines anderen Tieres an. Bei seinem letzten Tode wurde er ein Gott. Sie halten ihn für den größten ihrer Götter. Und so entstand die erste Statue, die die Götzendiener jemals anbeteten. Und alle anderen gehen darauf zurück. Dies geschah vor langer, langer Zeit auf der Insel Ceylon in Indien. Aus aller Welt kommen Pilger hierher, in der Meinung, es sei Adam, unser aller Urvater. Auch die Götzendiener kommen hierher, um ihm zu huldigen, wie die Christen nach Santiago de Compostela ziehen. Sie nennen ihn den heiligen Sergamon, er sei ein Königssohn gewesen und man könne in den Bergen seine Haare sehen, seine Zähne und seine Eßschale. Nur Gott weiß, wer er wirklich war. Laut unserer Schrift ist das Grab Adams jedoch nicht in diesem Teil der Welt zu finden.

Als man dem Großkhan sagte, daß sich auf diesem Berg die Grabstätte Adams befinde und daß seine Haare, seine Zähne und die Schale, aus der er aß, noch zu sehen seien, wollte er dies alles haben, komme, was da wolle. Im Jahr 1284 der Menschwerdung Christi schickte er eine überaus zahlreiche Gesandtschaft zu diesem Zwecke dahin. In Ceylon angekommen, taten die Gesandten, was sie konnten, und erreichten, daß ihnen der König gegen Gold zwei Backenzähne – es sind dies die größten Zähne –, etwas von seinem Haar und die mit Grün feingezierte Schale überließ, aus der er aß. Voller Freude kehrten die Gesandten zum Großkhan zurück. Sie waren nicht mehr weit von Cambaluc entfernt, da ließen sie dem Großkhan die Nachricht über den Erfolg ihrer Mission ankündigen. Dieser war entzückt und hieß seine Männer den Reliquien ihre Aufwartung machen, denn man hatte ihm gesagt, es seien jene Adams. Zahllose Menschen liefen ihnen in demutsvoller Geste entgegen. Und der Großkhan selbst empfing sie mit allen Ehren und ließ ein großes Fest feiern. Es hieß, diese Schale sei ein wahres Wunderding. Täte man Essen für einen Mann hinein, so fände sich darin alsbald Nahrung für fünf Personen. Der Großkhan hat dies selbst ausprobiert. Nun wißt ihr, wie der Großkhan diese Reliquien erlangte, die er um sehr viel Geld erwarb. Weiter ist dazu nichts zu sagen. Fahren wir fort und sprechen wir über Maabar.

[FOL. 78]
ER BERICHTET ÜBER DIE PROVINZ MAABAR, DIE GROSSINDIEN BILDET UND ZUM FESTLAND GEHÖRT

Folio 78
An der Südostküste Indiens, in der Provinz Maabar, *können die Menschen aufgrund des milden Klimas in fast völliger Nacktheit leben. Der König am Eingang seines Palastes trägt eine breite Kette mit Rubinen und Saphiren um den Hals, ganz wie es Marco Polo berichtet. Mit der Linken scheint er auf eine junge Frau zu weisen, die mit zwei Männern im Gespräch ist. Vermutlich handelt es sich um Gesandte des Königs, der, sobald er eine schöne Frau erblickt, diese zum Weibe nimmt. Die an der Seite der Einheimischen weidenden Schafe sind eine Anleihe aus dem folgenden Kapitel, das dem Königreich* Mutfili *gewidmet ist, wo man die größten Schafe der Welt züchtet.*

Sechzig Meilen westlich der Insel Ceylon trifft man auf die weitläufige Provinz Maabar,[220] auch Großindien genannt, die Teil des Festlandes ist. Diese Provinz wird von fünf Königen, fünf Brüdern, regiert. Über einen jeden von ihnen will ich hier erzählen. Es ist dies die prachtvollste Provinz des ganzen Erdkreises. Am äußersten Ende dieser Provinz regiert einer dieser fünf Brüder, namens Soudar Baudi Devar. In seinem Königreich finden sich sehr schöne, überaus große Perlen. Und so sammelt man sie ein. Zwischen diesem Königreich und der Insel Ceylon liegt ein Golf von zehn bis zwölf Schritt Tiefe. An einigen Stellen ist er nicht mehr als zwei Schritt tief. Von April bis Mitte Mai begeben sich die Perlenfischer hierher, an einen Ort namens Betelar,[221] und von dort aus sechzig Meilen auf das Meer hinaus. Sie legen ihre großen Boote vor Anker und steigen in kleine Barken. Dabei tun sich mehrere Kaufleute zusammen und heuern für diese Zeit Leute an. Dem König schulden sie auf alles, was sie fischen, den Zehnten. Und den Zwanzigsten den Magiern, welche die Gefahr der großen Fische bannen. [fol. 78v] Diese Magier nennt man Brahmanen. Sie können Vögel und Tiere und jegliches lebendige Wesen verzaubern. Jedoch hält ihr Zauber nur einen Tag an. Die Fischer steigen in die kleinen Barken und tauchen in zehn bis zwölf Schritt Tiefe, so lange sie können. Dort raffen sie am Meeresgrund Muscheln zu-

161

sammen, ähnlich den Austern, in deren Fleisch große und kleine Perlen eingebettet sind. Auf diese Art und Weise holen sie riesige Mengen heraus. Hierher kommen alle Perlen der Welt. Der König dieser Provinz zieht eine bedeutende Steuer auf diese Reichtümer ein. Auch in dreihundert Meilen Entfernung sind welche zu finden, diese jedoch von September bis Oktober.

In dieser Provinz Maabar gibt es keinen einzigen Schneider, weder für Frauen noch für Männer, denn Männer und Frauen, arm und reich leben hier fast völlig nackt. Ebenso der König, der jedoch etwas trägt, von dem ich euch sogleich berichten will. Um seinen Hals prangen Edelsteine von überaus hohem Wert: Rubine, Saphire, Smaragde und andere Steine. Auf seiner Brust trägt er einen überaus feinen Seidenfaden, auf dem hundertvier dicke Perlen und gar mancher Rubin aufgefädelt sind. Mit diesen hundertvier Perlen kann er seine hundertvier Gebete pro Tag an seine Götzen richten. Denn dies ist ihr Glaube. So taten es seine Ahnen, und diese Pflicht haben sie ihm weitergegeben. Der König schmückt sich weiter mit drei Armbändern aus Gold und Perlen von unschätzbarem Wert, ebenso an den Knöcheln und an den Füßen. Mit all dem Gold und den Edelsteinen, die er an seinem Körper trägt, ist der König allein mehr wert als eine ganze Stadt. Aber dies ist nicht weiter verwunderlich, denn er ist steinreich und sein Königreich auch.

Niemand wagt es, Perlen im Wert von mehr als vier Maß Gold aus dem Königreich zu schaffen, außer er tut dies heimlich. Denn der König bewahrt alle für seinen eigenen Gebrauch. Es ist schier unvorstellbar. Und dabei läßt er noch jedes Jahr im ganzen Land verkünden, daß jeder, der eine Perle oder einen Stein von großem Wert besitzt, diese zu ihm bringen möge, er gebe ihm das Doppelte dafür. Und so häuft der König alles an, was ihm seine Untertanen zutragen. Und er bezahlt dafür.

Dieser König verfügt über mindestens fünfhundert Frauen. Sobald er von einem hübschen, jungen Mädchen hört, nimmt er es auch schon zur Frau. Eines Tages vollbrachte er eine böse Tat. [fol. 79] Sein Bruder hatte eine sehr schöne Gemahlin. Er nahm sie ihm mit Gewalt und behielt sie für sich. Sein Bruder ertrug solche Schmach, ohne ein Wort zu sagen, denn er war klug und weise. Der König hat zahlreiche Kinder und Barone, die ihm dienen, ihn auf seinen Feldzügen begleiten und im Land über eine große Befehlsgewalt verfügen. Man nennt sie die Getreuen des Herrschers. Wie das auch bei allen anderen der Fall ist, wird der Leichnam des Königs verbrannt. Die Getreuen des Königs werfen sich lebend auf seinen Scheiterhaufen, denn, so ihre Meinung, sie sind ihm auf dieser Welt Gefährten gewesen, nun ist es nur recht und billig, dies auch in der anderen Welt zu sein und ihn dorthin zu begleiten. Keines der Kinder wagt es, den Schatz des Königreichs anzurühren, wenn der König stirbt; im Gegenteil, sie sagen, nachdem ihr Vater solch einen Schatz angehäuft hat, müßten sie nun einen ebenso großen zusammentragen. So gibt es in diesem Königreich große Reichtümer. Da es kein einziges Pferd gibt, wird der größte Teil des Schatzes darauf verwendet, diese einzukaufen. Die Kaufleute von Quis,[222] von Hormes,[223] von Far und aus manch anderen Provinzen beschaffen Pferde für dieses Königreich und für die der vier Brüder. Ein Pferd ist gut fünfhundert Goldmaße wert, mehr als hundert Mark Silber. Die Händler verkaufen ihnen jedes Jahr große Mengen davon; der König allein mag wohl zweitausend erstehen, und jeder seiner Brüder ebenso viele. Und das, weil die Pferde, die sie kaufen, nicht älter werden als ein Jahr, denn sie verstehen sich nicht auf ihre Pflege; auch gibt es keine Hufschmiede, sie zu beschlagen. Und die Kaufleute untersagen ihren Hufschmieden hinzugehen, damit sie nicht um ihren jährlichen Verkauf gebracht werden. Die Pferde werden auf Schiffen hierher gebracht.

Dies ist ein anderer Brauch, der in diesem Königreich gepflegt wird. Ist ein Mann wegen eines Verbrechens zum Tode verurteilt, so sagt er, er werde sich zu Ehren eines Gottes selber töten. Daraufhin geben ihm seine Verwandten und Freunde zwölf Messer und führen ihn auf einem Karren durch die ganze Stadt; dabei verkünden sie laut, daß sich dieser mutige Mann um der Liebe zu diesem Gotte willen den Tod geben wolle. Am Ort des Opfers angekommen, verwundet sich der Mann mit dem Messer den Arm und schreit: „Ich sterbe um der Liebe dieses Gottes willen!" Darauf verwundet er sich mit dem anderen Messer den zweiten Arm, sodann sticht er sich mit einem weiteren Messer solange in den Bauch, bis er sein Leben aushaucht. Sobald er tot ist, verbrennen seine Verwandten den Leichnam und veranstalten ein großes Fest. Viele Frauen werden dabei mitverbrannt oder werfen sich selbst zum Leichnam ihres toten Mannes ins Feuer. Diese Frauen verdienen höchstes Lob. Die Einwohner dieses Königreichs sind Götzendiener, viele von ihnen beten den Ochsen an. Dies ist, so sagen sie, ein sehr gutes Tier. Um nichts in der Welt würden sie ihn töten oder essen. Es gibt auch eine andere Art von Menschen, *Govy* genannt, die sehr wohl [fol. 79v] Rindfleisch essen. Jedoch wagen sie es nicht, Ochsen zu töten, sondern essen nur davon, wenn diese eines natürlichen Todes oder durch einen Unfall gestorben sind. Die Bewohner des Landes bedecken ihre Häuser mit Ochsendung.

Der König und seine Herrscher, ob groß oder klein, sitzen immer auf dem Boden. Auf dem Boden zu sitzen, so sagen sie, sei edel und gut, denn wir sind aus der Erde geboren und werden alle wieder zu Erde werden. Niemand könne die Erde genug ehren, sagen sie. Niemand dürfe sie verachten. Um nichts in der Welt beträte einer der *Govy* das Grab des heiligen Apostels Thomas, welches sich in einer kleinen Stadt der Provinz Maabar befindet. Denn selbst wenn er von zwanzig oder dreißig Personen gehalten würde, könnte kein einziger von ihnen an diesem Ort verweilen, so groß ist die Tugend des Heiligen, der von ihren Ahnen getötet wurde; davon will ich euch sogleich erzählen.

In dieser Provinz wird an Getreide nur Reis angebaut. Kein Pferd kann in dieser Provinz zur Welt kommen. Diese Erfahrung hat man hier gemacht. Selbst wenn sie von guten Hengsten besprungen werden, bringen die Stuten nur Fohlen mit krummen Beinen zur Welt, die man nicht reiten kann. Die Männer sind schlechte Soldaten, sie kämpfen ohne Speer und Schild. Sie töten kein Tier, keinen Vogel und kein anderes Lebewesen. Muslime oder andere Menschen, die nicht ihrer Religion angehören, schlachten die Tiere, von denen sie sich ernähren. Eine andere Regel ist es, sich zweimal täglich zu waschen. Wer dies nicht tut, gilt als Ketzer. Verbrechen werden streng bestraft. Auch Wein trinken sie keinen. Trinker oder Seeleute dürfen nie als Zeugen aussagen, denn alle, die zur See fahren, halten sie für Verzweifelte. Die Wollust ist bei ihnen keine Sünde. In diesem Königreich herrscht eine außergewöhnliche Hitze, und es regnet nur drei Monate des Jahres, im Juni, Juli und August. Wäre nicht dieser Regen, der das Land drei Monate lang erfrischt, herrschte dort eine solche Dürre, daß sie nicht überleben könnten.

In diesem Königreich gibt es Menschen, die in der Kunst der Physiognomie sehr gelehrt sind und vom Gesicht auf die Persönlichkeit eines Menschen schließen können. Sie verstehen sich auch auf das Lesen von Zeichen. Mehr als alle anderen Menschen der Welt achten sie auf jeden Vogel und jedes Tier, dem sie begegnen. Hören sie unterwegs jemanden niesen und erscheint ihnen dies als gutes Zeichen, so setzen sie entweder ihren Weg fort oder sie setzen sich einen Moment, oder aber kehren um, wenn ihnen dies vorteilhafter erscheint. Sie führen Aufzeichnungen über den Tag und die Stunde der Geburt eines jeden Kindes. Dies tun sie, weil die Wahrsagekunst ihre Handlungen bestimmt. [**fol. 80**] Sie sind der Magie, der Totenbeschwörung und so manch anderer Zauberei mächtig.

In diesem Königreich und in ganz Indien leben Tiere und Vögel, die ganz anders aussehen als die unsrigen. Einige sehen aus wie hier. Auch andere Dinge sind völlig verschieden. So gibt es einen Nachtvogel, der Fledermaus genannt wird und einem Habicht ähnlich ist. Ihre Habichte sind schwarz wie die Raben und viel größer als die in unseren Ländern. Sie sind schnelle, gute Jäger. Die Menschen hierzulande füttern ihre Pferde mit Reis, gekochtem Fleisch und anderen gekochten Nahrungsmitteln. Dies ist übrigens der Grund, warum diese Tiere hier nicht lange leben.

[FOL. 80V]
ER ERKLÄRT, WO SICH DIE STERBLICHE HÜLLE DES HEILIGEN THOMAS BEFINDET, UND BERICHTET ÜBER DIE WUNDER, DIE DIESER WIRKT

Die sterbliche Hülle des heiligen Thomas befindet sich in einer kleinen Stadt der Provinz Maabar. Die Stadt hat nicht sehr viele Einwohner und wird von nur wenigen Kaufleuten aufgesucht, da sie sehr schwer zu erreichen ist. Christen und Muslime pilgern jedoch in großer Zahl dorthin. Tatsächlich verehren die Muslime den heiligen Thomas, denn sie behaupten, er sei einer der Ihren gewesen. Sie sagen, er sei ein großer Prophet. Sie nennen ihn Avarian, was auf deutsch „heiliger Mann" bedeutet. Die christlichen Pilger wiederum nehmen ein wenig von der Erde, auf der der Heilige starb, und geben sie jenen zu trinken, die an Tertiana oder an Quartana leiden. Durch die göttliche Gnade und die Tugend des Heiligen wird der Kranke gesund.

Und dieses große Wunder hat sich dort im Jahre 1288 der Menschwerdung Christi zugetragen. Ein Herr der Gegend hatte alle Häuser um die Kirche des Heiligen mit seinen Reisernten gefüllt. Die Christen, die für die Kirche verantwortlich waren, waren darüber verärgert, denn die Pilger fanden keinen Platz mehr zum Ausruhen. Mehrmals baten sie den götzendienerischen Herrscher, seine Kornspeicher zu entleeren, jedoch vergebens. Eines Nachts erschien ihm der heilige Thomas mit einem Stock in der Hand: „Laß diese Häuser leeren, auf daß sich meine Pilger ausruhen können, oder du wirst eines bösen Todes sterben!" Am nächsten Tage ließ der Herrscher seine Speicher leeren und erzählte allen, was ihm widerfahren war. Die Christen dankten es Gott über alle Maßen und widmeten dem heiligen Thomas für dieses schöne, große Wunder viele Dankessegen. Der heilige Thomas wirkt auch andere Wunder, heilt Kranke und Krüppel und befreit sie von gar manchem Übel.

Und so hat es sich beim Tode des heiligen Thomas zugetragen, wie die Brüder erzählen, die seine Grabeskirche bewachen. Während der heilige Thomas in seiner Klause im Walde betete, umringt von Pfauen – denn in dieser Region gibt es davon so viele wie nirgends sonst –, hatte es ein Götzendiener, einer dieser *Gavi*, von denen ich euch berichtete, darauf angelegt, die Pfauen rund um den Heiligen mit seinem Bogen zu erlegen. Mit dem Ziel, die Pfauen zu treffen, verletzte er den Heiligen an der rechten Seite. Dieser war auf der Stelle tot.

Vor seinem Tode war der heilige Thomas ausgezogen, die vielen Muslime in Nubien zu bekehren. Die Kinder, die dort zur Welt kommen, sind ganz schwarz. Je schwärzer, desto mehr schätzen sie sie. Jede Woche reibt man die Kleinkinder mit Sesamöl ein, um sie noch schwärzer zu machen. Sie sehen aus wie Teufel. Übrigens sind auch ihre Götter schwarz, und ihre Teufel sind weiß. Auch ihre Heiligen sind schwarz. Wenn sie zu Felde ziehen, [**fol. 81–82**] schmücken sie, die den Ochsen zutiefst verehren, den Zaum ihrer Pferde mit dem Fell wilder Rinder. Die Fußsoldaten bedecken damit ihre Schilde oder ihre eigenen Haare. Dieses Fell ist teuer. Keiner von ihnen wird kämpfen, wenn er nicht von Rinderhaaren beschützt wird. Nun habe ich euch einen Großteil der Provinz Maabar geschildert. Ziehen wir weiter und wenden wir uns dem Königreich Mutfili zu.

Die Eltern weihen ihre Söhne und Töchter den Göttern und Göttinnen, die sie besonders verehren. Zum Fest ihres Gottes schicken die geistlichen Frauen nach den jungen Mädchen, die diesem geweiht sind. Sie singen und tanzen vor ihm, unterhalten sich und feiern ausgelassen. Sie bringen ihrem Gotte Speiseopfer dar. Dazu stellen sie sie zu seinen Füßen nieder und lassen sie eine Weile dort stehen. Dann nehmen sie sie weg, denn dann hat der Gott die Essenz daraus entnommen. Sodann verzehren sie sie. Dies tun die jungen Mädchen jedes Jahr, bis sie heiraten. Nun habe ich euch über das Königreich in der Provinz Maabar berichtet. Über die anderen will ich hinweggehen. Ich will euch jedoch von ihren Bräuchen erzählen.

Folio 80
In der Provinz Maabar *gibt es auch zahlreiche Klöster, in denen Mönche und Klosterschwestern ihre Götter verehren. Beim Fest zu Ehren einer weiblichen Gottheit, deren Bildnis einer westlichen Märtyrerin und Heiligen bis auf den fehlenden Nimbus in allen Einzelheiten entspricht, bringt ein junges Mädchen im Nonnengewand der Statue ein Fleischopfer dar. Zur Rechten vollführen sechs ihrer Mitschwestern, die wie sie in Zisterziensertracht gekleidet sind, in unvergleichlicher Anmut einen heiligen Tanz zu Ehren der Göttin. Die weiche und majestätische Anmut der Gesten steht im Widerspruch zur offensichtlich mißglückten Perspektive im Dekor des Bodenbelags.*

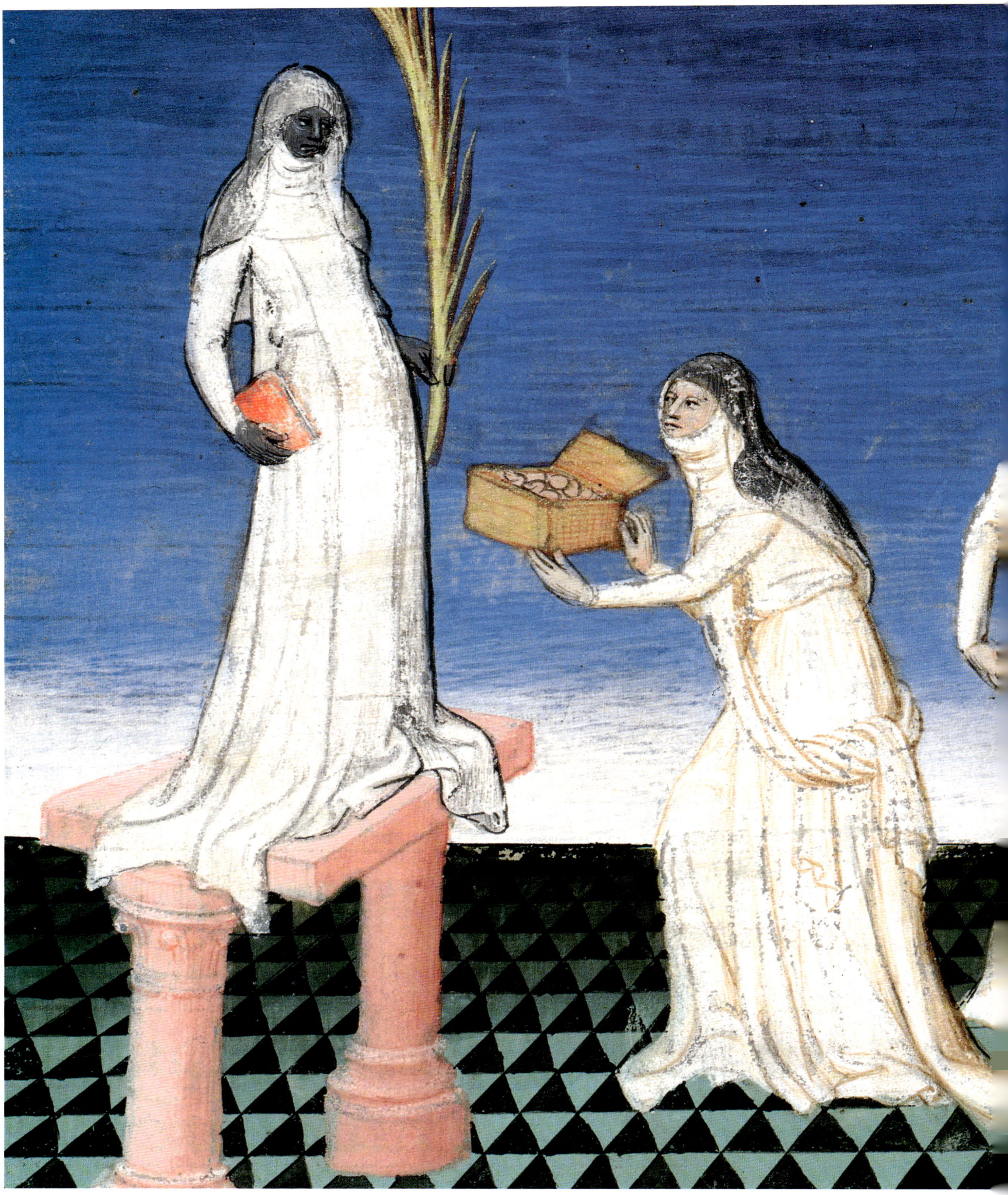

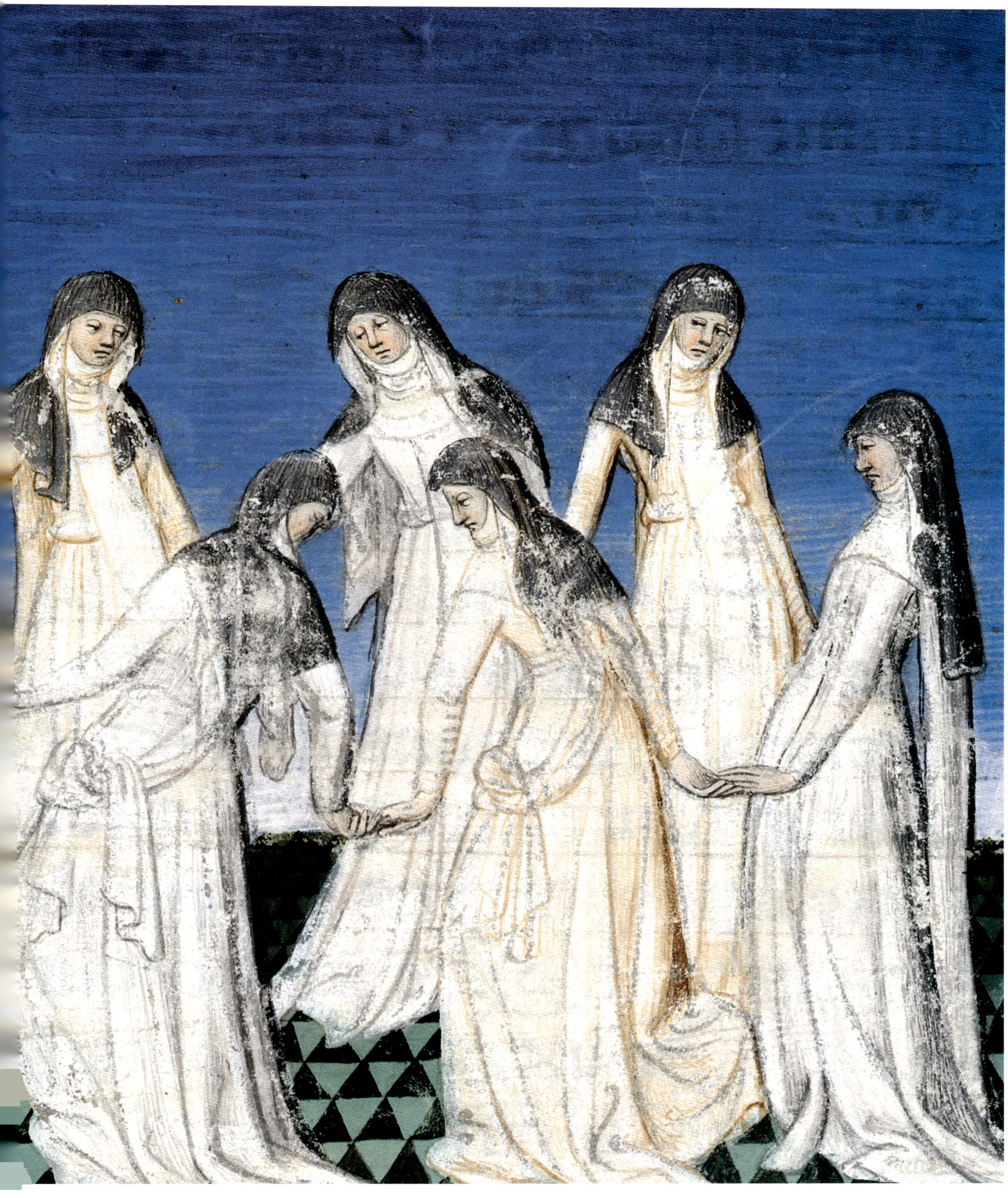

Folio 82

Die Königin von Mutfili, *in Begleitung einer Zofe, ordnet die Gewinnung von Diamanten (hier rot dargestellt!) an, die in großen Mengen in den Flußbetten zu finden sind. Die Arbeiter in den Bergen sind „in großer Gefahr" und „haben große Angst", denn der Ort wird von mächtigen Giftschlangen heimgesucht, die als zwei Drachen dargestellt sind, der eine grün, der andere rosa. Diese werden wiederum die Beute von hoch oben nistenden „weißen Adlern", die nur darauf warten, auf die Fabeltiere hinabzustoßen.*

ER BERICHTET ÜBER DAS KÖNIGREICH MUTFILI[224]

Reitet man von Maabar aus etwa tausend Meilen gen Norden, so erreicht man das Königreich Mutfili. Das Königreich untersteht einem König, der vor vierzig Jahren starb. Seine Frau liebte ihn so sehr, daß sie sich stets weigerte, wieder zu heiraten. Und vierzig Jahre hindurch regierte sie das Land so gut, ja noch besser, als ihr Mann es zuvor getan hatte. Da sie das Gute, die Gerechtigkeit und den Frieden liebte, war sie bei allen hochgeschätzt. Die Menschen dort sind Götzendiener und zahlen niemandem Tribut. Sie ernähren sich von Fleisch, Reis und Milch. In diesem Königreich finden sich gar herrliche Diamanten, und dies geht so vor sich. Im Winter fallen starke Regengüsse auf die hohen Berge nieder, und breite Bäche stürzen als tosende Wildbäche zu Tal. Sobald das Wasser abgeflossen ist, gehen die Menschen hin und lesen Diamanten in Hülle und Fülle auf. [fol. 82v] Die drückende Hitze und die Trockenheit hindern sie daran, im Sommer in die Berge zu gehen. Auf Grund der großen Hitze leben hier auch große, dicke Schlangen, die giftigsten der Welt, sowie allerlei anderes Getier. Die Menschen betreten dieses Gebiet nur unter großen Gefahren und voll Furcht. Viele wurden bereits von diesen bösen Tieren verschlungen. Es gibt dort tiefe Schluchten, in die niemand hinabsteigen kann. Die Diamantensucher nehmen also das magerste Fleisch mit, das sie finden können, und werfen es in diese tiefen Täler hinab. Dort leben viele weiße Adler, die ihrerseits die großen Schlangen fressen, wenn sie sie fangen. Sobald sie dieses Fleisch fallen sehen, nehmen sie es in ihre Klauen und bringen es auf ihren Felsen, um es aufzupicken. Dort lauern ihnen die Männer auf, stellen ihnen nach und entreißen ihnen das Fleisch, das jetzt mit Diamanten aus den Schluchten gespickt ist. In diesen Schluchten gibt es so viele Diamanten, daß es ein wahres Wunder ist. Man kann jedoch nicht hinabsteigen. Übrigens kriechen dort so viele Schlangen, daß jeder,

167

der hinabstiege, sogleich verschlungen würde. Die Diamanten können auch noch auf eine andere Art und Weise gesammelt werden. Die Männer klettern zu den zahlreichen Adlerhorsten hinauf und wühlen aus dem Dung der Vögel die Diamanten hervor, die diese zuvor mit den Schlangen verschluckten. Und gelingt es ihnen, einen Adler zu fangen, so finden sich auch in dessen Magen Diamanten. So besitzen diese Menschen eine Menge großer Diamanten. Was man bei uns verkauft, sind nur Reste davon. Denn die Blüte der Diamanten, die größten Perlen und Edelsteine werden dem Großkhan und den anderen Fürsten und Königen dieses Reichs gebracht, welche die größten Reichtümer der Welt besitzen. Nirgendwo auf der Welt findet man schönere Diamanten als in diesem Königreich Mutfili.

Hier webt man die feinsten und edelsten Bougrams der Welt, und auch die wertvollsten. Sie haben die größten Schafe der Welt. Auch an anderen Dingen herrscht kein Mangel. Weiter gibt es dazu nichts zu erzählen. Nun will ich euch von der Provinz Lar berichten, aus der die Brahmanen stammen.

[FOL. 83]
ER SPRICHT ÜBER DIE PROVINZ LAR, AUS DER DIE BRAHMANEN STAMMEN

Lar[225] ist eine Provinz westlich des Grabes des heiligen Thomas. Alle Brahmanen der Welt stammen von dort. Es sind die besten und redlichsten Kaufleute des gesamten Erdkreises. Nie würden sie die Unwahrheit sagen. Sie essen kein Fleisch und trinken keinen Wein. Sie führen ein absolut ehrbares Leben und schlafen nur bei ihren eigenen Frauen. Ihre Religion untersagt es ihnen zu stehlen. Sie tragen Baumwollkordeln auf Brust und Schulter, damit man sie erkenne. Sie werden von einem reichen und mächtigen König regiert, der gerne alle großen Edelsteine und Perlen von Wert ersteht. Er schickt seine Brahmanen überallhin aus, auf daß sie ihm alle herbeischaffen, die sie nur finden können. Dafür bezahlt er ihnen den doppelten Preis. Deshalb besitzt er auch einen so großen Schatz.

Diese Brahmanen sind Götzendiener und achten mehr als alle anderen Menschen der Erde auf Vorzeichen. Sie wählen einen bestimmten Tag der Woche zur Abwicklung ihrer Geschäfte. Am Morgen dieses Tages, beim Ankleiden, betrachtet derjenige, der das Geschäft abschließen will, seinen Schatten in der Morgensonne. Ist sein Schatten so lang wie er selbst, so schließt er den Handel sofort ab. Ist er nicht lang genug, so rührt er den ganzen Tag kein Geschäft mehr an. Soll bei ihnen im Hause ein Handel abgeschlossen werden und sie sehen eine Spinne auf der Seite, die sie für günstig halten, über eine Mauer laufen, so schließen sie auch diesen auf der Stelle ab. Kommt sie aber von der falschen Seite, [fol. 83v] ließen sie sich durch nichts in der Welt dazu bringen. Hören sie jemanden niesen, wenn sie aus dem Hause treten, und erscheint ihnen dies als gutes Vorzeichen, so setzen sie ihren Weg fort, wenn nicht, bleiben sie so lange sitzen, wie sie dies für notwendig erachten. Desgleichen setzen sie beim Anblick einer Schwalbe ihren Weg fort, wenn sie sie als gutes Omen betrachten, wenn nicht, kehren sie um. So sind sie noch abergläubischer als die Ketzer. Sie leben in großer Enthaltsamkeit und essen sehr wenig. Sie sind streng gegen jeden Aderlaß.

Folio 83
Die linke Hälfte der Illustration zeigt den König der Provinz Lar *in Indien, der „reich und mächtig" ist, beim Handeln um Perlen und Edelsteine, die er überaus liebt. Seine Brahmanen, die im Ruf stehen, die „besten Kaufleute der Welt" zu sein, schaffen sie aus allen Gegenden herbei, und er kauft sie ihnen großzügig zum doppelten Preis ab. Die rechte Hälfte des Bildes spielt bereits auf das Kapitel über das Königreich* Coilun *an, in dem die Menschen schwarzhäutig sind. Während die beiden Paare völlig nackt dargestellt sind, wie hier die Brahmanen, tragen die drei Männer bei der Ernte wie auch auf dem folgenden Bild einen Lendenschurz.*

Folio 84
Über Büsche gebeugt, ernten die Bewohner der Region Coilun *die wertvollen, reifen Pfefferkörner. Sie füllen große Körbe und Bottiche, die sie dann in einen Zuber entleeren. Ein stehender Mann, auf den Rand dieses riesigen Behälters gestützt, bietet einem Käufer, der eine Schote kostet, die Ware an. Das vorherrschende Ocker verleiht der Szene eine warme Atmosphäre, wodurch der Kontrast zwischen der dunklen Haut und den weißen Lendenschurzen und auch das heiße Klima dieses Landes sehr gut spürbar werden.*

Es gibt bei ihnen eine Art Menschen, die ebenfalls Brahmanen sind und *Taiguy*²²⁶ genannt werden. Sie sind so etwas wie Mönche, die ihren Göttern dienen. Sie erreichen ein sehr hohes Alter, hundertfünfzig bis zweihundert Jahre. Sie ernähren sich mit wenig, aber sehr gutem Fleisch, Reis und Milch. Sie trinken ein sonderbares Getränk, ein Gemisch aus Quecksilber und Schwefel, von dem sie behaupten, es verlängere ihr Leben. Dieses nehmen sie von ihrer Kindheit an zweimal im Monat zu sich. Einige ihrer Mönche führen ein überaus strenges Leben. Sie gehen ganz nackt und beten den Ochsen an. Die meisten von ihnen tragen einen kleinen Ochsen aus Erz, Messing oder Gold auf der Stirn. Sie verbrennen die Knochen der Rinder und zermahlen sie zu Staub. Daraus stellen sie Pomaden her, mit denen sie sich als Zeichen der Verehrung einreiben.

Diese Menschen essen weder aus Schalen noch auf Tischen, sondern richten ihre Nahrungsmittel auf großen Blättern von Paradiesapfelbäumen oder anderen Bäumen an. Dazu verwenden sie jedoch nur getrocknete Blätter, da sie meinen, die grünen Blätter hätten eine Seele, und sie stürben lieber, als ihrer Religion zuwiderzuhandeln. Fragt man sie, warum sie ohne Scham völlig nackt gehen, so antworten sie, daß sie rein gar nichts von dieser Welt begehren und so auf die Welt gekommen seien. „Wir sind gerecht und ohne Sünde", sagen sie. „Da wir mit unserem Geschlecht keine Sünde begehen, können wir es auch so zeigen wie die anderen Teile unseres Körpers. Ihr, die ihr der Wollust zuneigt, ihr schämt euch und müßt es bedecken." Um nichts in der Welt würden sie ein Tier töten, nicht einmal einer Fliege oder einem Floh oder irgendeinem anderen Lebewesen würden sie etwas zuleide tun, denn sie glauben, daß jedes Lebewesen eine Seele hat. Und das wäre Sünde. Sie essen keinerlei grüne Pflanzen, es sei denn in trockenem Zustand. Sie schlafen ganz nackt auf dem Boden, ohne Unterlage und ohne sich zu bedecken. Und es ist schier unglaublich, daß sie davon nicht sterben. Sie leben das ganze Jahr über so. Sie trinken nur Wasser.

Wollen die Mönche jemanden in ihre Gemeinschaft aufnehmen, so empfangen sie ihn in ihrem Kloster und heißen ihn das gleiche Leben führen wie sie. Und wollen sie ihn auf die Probe stellen, so lassen sie eines der schönen Mädchen kommen, die ihren Göttern geweiht sind, damit er es berühre und küsse. Reagiert sein Geschlecht nicht darauf, so nehmen sie ihn auf. Wenn doch, so verstoßen sie ihn aus ihrer Gemeinschaft, [**fol. 84**] denn sie wollen keinen ausschweifenden Mann bei sich haben. Sie sind solch grausame und perfekte Götzendiener, daß dies nur ein Werk des Teufels sein kann. Sie verbrennen den Leichnam ihrer Toten, denn, so sagen sie, sonst kämen Würmer auf, um diesen zu fressen. Und hätten diese Würmer nichts mehr zu fressen, so stürben sie, und die Seele des Toten mache sich einer großen Sünde schuldig. Aus diesem Grunde verbrennen sie ihre Leichen. Wir haben euch nun einen großen Teil der Sitten dieser Menschen erzählt, die in der Provinz Maabar leben. Nun werden wir über andere Dinge in dieser Provinz berichten. Zuvor wollen wir jedoch über die Stadt Cail berichten, die in ebendieser Provinz Maabar liegt.

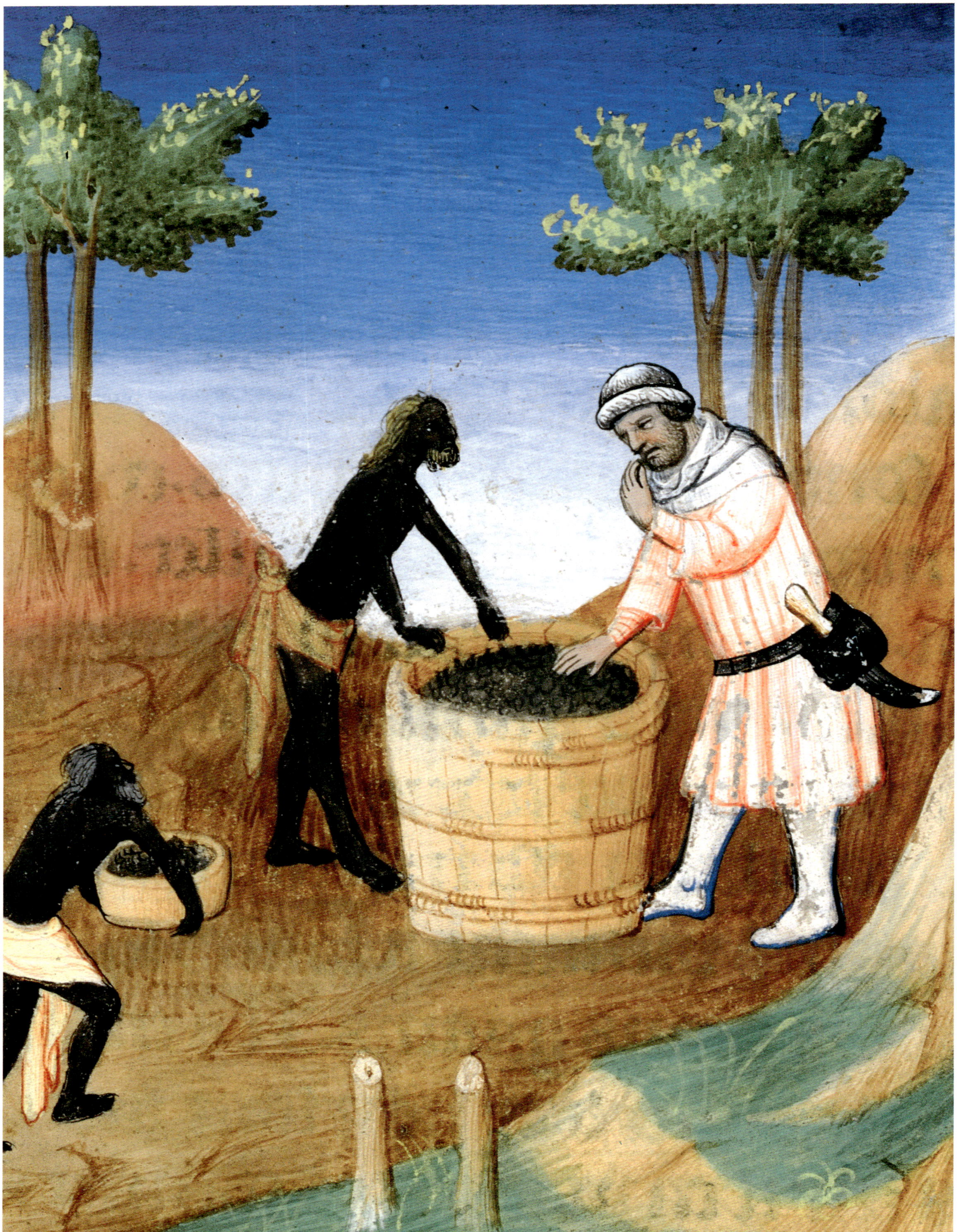

ER BERICHTET ÜBER DIE STADT CAIL.²²⁷

Cail ist eine prächtige Stadt, die von Atiax, einem der fünf Brüder, die die Provinz Maabar beherrschen, regiert wird. Hier legen alle Schiffe aus dem Westen, aus Hormes, aus Quis, Aden, und aus ganz Nubien mit ihren Pferden und gar vielen anderen Waren an. Hierhin kommen auch alle Händler aus der Umgebung. Cail ist demnach eine Stadt mit einem blühenden Geschäftsleben. Der König dort besitzt einen großen Schatz und schmückt sich mit einer Unzahl von Edelsteinen. Er verhält sich sehr ehrenhaft und regiert sein Land mit großer Gerechtigkeit. Händler und Kaufleute aus fremden Ländern sind ihm hochwillkommen. Der König hat wohl an die dreihundert Ehefrauen. Viele Frauen zu haben ist hierzulande sehr ehrenhaft. Die Provinz Maabar wird von fünf Königen regiert. Dieser ist einer der fünf. Ihre Mutter ist noch am Leben. [fol. 84v] Geraten sie in Streit und sind kurz davor sich zu schlagen, so tritt ihre Mutter dazwischen, um sie daran zu hindern. Und wollen sie sich trotzdem bekämpfen, so bewaffnet sie sich mit einem Messer und droht, sich die Brust abzuschneiden, die sie nährte, oder sich den Bauch zu öffnen, aus dem sie einst geboren wurden. So hat sie sie schon oft beruhigt. Nach ihrem Tode jedoch werden sie einander sicher umbringen. Aber lassen wir das und wenden wir uns dem Königreich Coilun zu.

ER BERICHTET ÜBER DAS KÖNIGREICH COILUN.²²⁸

Fünfhundert Meilen südwestlich von Maabar liegt das Königreich Coilun. Die Bewohner sind Götzendiener. Auch gibt es hier einige Christen. Sie sprechen eine eigene Sprache und werden von einem König regiert. Sie zahlen keine Steuern. Es wächst hier ein sehr feiner Brasiltabak, der aufgrund seiner Herkunft Koilum-Brasil genannt wird. Auch Ingwer gibt es hier, den Koilum-Ingwer.
Pfeffer wächst hier ebenso in großen Mengen. Und damit verhält es sich so. Es sind Kulturbäume, die angepflanzt werden, um im Mai, Juni und Juli davon den Pfeffer zu ernten. Auch Indigo gibt es im Überfluß, den man in der Sonne trocknen läßt. Man muß nämlich wissen, daß die Hitze in diesem Lande beinahe unerträglich ist. Die Sonne ist so heiß, daß man in den Flüssen dort Eier kochen könnte. Die Kaufleute aus Mangi, aus dem Osten und aus Arabien kommen in großer Zahl hierher, um ihren Geschäften nachzugehen.
In diesem Königreich leben allerlei verschiedene Tiere. Die Löwen hier sind schwarz. Es gibt alle Arten von Papageien. Einige sind weiß wie Schnee und haben einen roten Schnabel und rote Zehen. Andere sind ganz rot. Wieder andere – und das sind die schönsten der Welt – sind weiß. Es gibt auch sehr schöne kleine Papageien und ganz grüne. Wundervolle Pfauen leben hier, die sich von den unseren unterscheiden, da sie größer sind. Ihre Hühner sehen auch nicht aus wie bei uns. Sie sind schöner und viel wohlschmeckender. Die Bewohner dieses Landes ziehen gar seltsame Früchte. Wegen der großen Hitze gibt es an Getreide nur Reis. Sie stellen auch einen köstlichen Wein aus Zucker her, an dem man sich leicht berauschen kann. Und alles, was man zum Leben braucht, ist hier wohlfeil zu erstehen.
Ihre Astrologen und Ärzte genießen hohes Ansehen. Männer, Frauen und Kinder, alle sind schwarz und leben in völliger Nacktheit, bis auf ihre natürlichsten Teile, die sie mit wertvollen Stoffen bedecken. Für sie gibt es keine Sünde. Es ist den Männern nicht verboten, ihre leiblichen Cousinen zu heiraten. Nach dem Tod ihres Bruders heiraten die Männer auch ihre Schwägerinnen. Alle Einwohner Indiens pflegen diesen Brauch. Sonst gibt es nichts weiter zu bemerken. Verlassen wir diese Gegend und wenden wir uns einer anderen zu, die man Courmary nennt.

[FOL. 85]
ER BERICHTET ÜBER DIE REGION COURMARY.²²⁹

Folio 85
Das Umland der Stadt Ely, vermutlich in der Gegend um den Berg Delly, besaß eine sehr reiche Tierwelt. Da gab es Vögel, Löwen und „viele wunderschöne und giftige Tiere". Zwei Schwäne gleiten auf einem Fluß dahin, der zwischen steil abfallenden Bergen hindurchfließt. In diesem tummeln sich wilde Tiere: Löwen, Einhörner, Wildschwein, Bär und Wolf.

Courmary ist eine Gegend in Indien, von der aus man weiter als bis zur Insel Java blicken kann. Will man diese sehen, so fährt man dreißig Meilen auf das Meer hinaus und sieht die Insel etwa eine Elle hoch aus dem Wasser hervorragen. Courmary ist eine sehr wilde Region. Es gibt hier allerlei Getier, vor allem Affen, die den Menschen sehr ähnlich sind.
Es finden sich auch Löwen, Leoparden und Bären. Weite Sümpfe durchziehen die Landschaft. Sonst gibt es dazu nicht viel mehr zu sagen. Wenden wir uns also der Gegend von Ely zu.

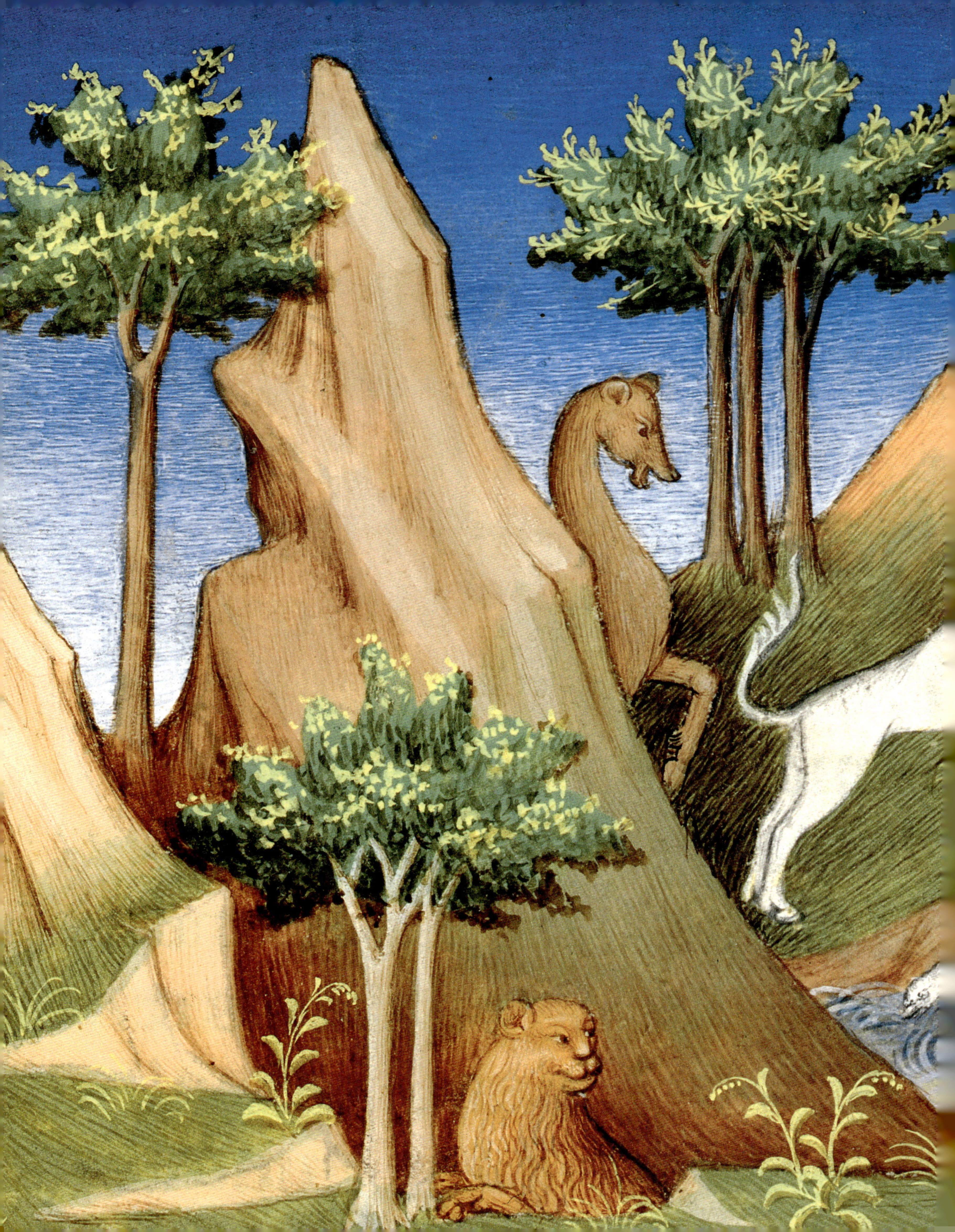

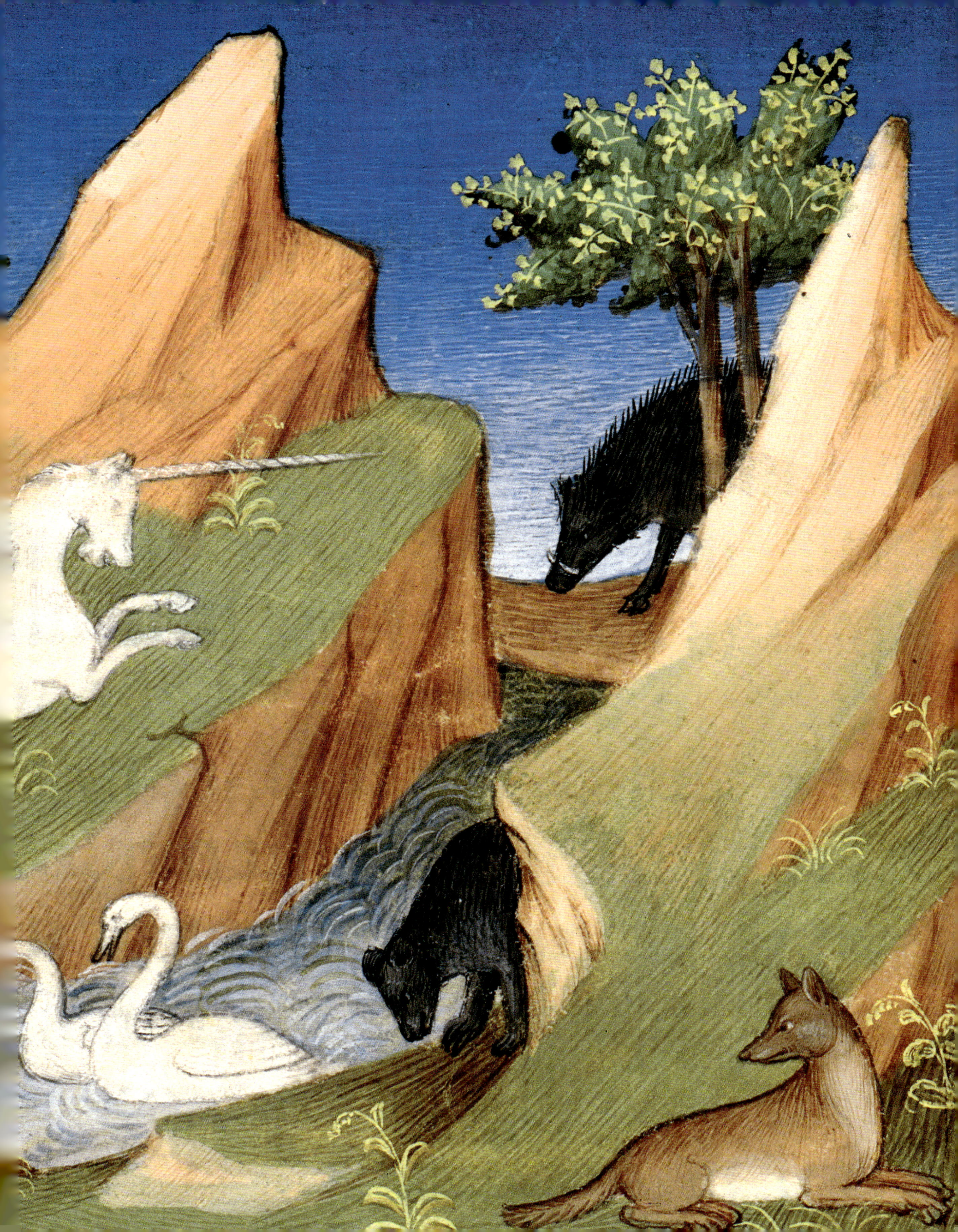

ER SPRICHT VOM KÖNIGREICH ELY[230]

Ely liegt dreihundert Meilen westlich von Courmary. Die Bewohner dieses Königreichs sind Götzendiener. Sie unterstehen einem König und zahlen keine Steuer. Sie sprechen eine eigene Sprache. Es gibt keinen Hafen in der Provinz, dafür breite Flüsse mit weiten, tiefen Mündungen. Hier wachsen Pfeffer, Ingwer und andere Gewürze im Überfluß. Der König ist reich und mächtig, sein Land jedoch nicht sehr dicht besiedelt. Das Königreich ist auf natürliche Weise so gut geschützt, daß kein Feind hier einzudringen vermag und der König niemanden zu fürchten hat.

Geht zufällig ein Schiff, das nicht für sie bestimmt ist, in ihrer Flußmündung vor Anker, so beschlagnahmen sie seine Ladung, indem sie sagen: „Ihr wolltet zwar an einen anderen Ort segeln, aber die Götter haben euch zu uns geführt! So gehört ihr uns!" Darin sehen sie nichts Schlechtes. Ist das Schiff jedoch für sie bestimmt, so empfangen sie es in großen Ehren und geben ihm Geleit. [fol. 85v] Dieser bösartige Brauch ist in ganz Indien verbreitet; die Bewohner des Landes bemächtigen sich der Ladungen aller Schiffe, die durch das schlechte Wetter vom Kurs abkommen. Die Schiffe aus Mangi und anderen Gegenden werden dort in fünf oder sechs Tagen beladen. Sodann kehren sie auf dem schnellsten Wege zurück, denn es gibt hier keinen Hafen, nur Strände und Sand, in dem man versinken kann. Die Schiffe aus Mangi sind jedoch mit großen Holzankern ausgerüstet, die allem Unbill widerstehen, das ihnen auf den Sandstränden widerfahren kann. In diesem Land gibt es eine Menge Löwen und andere, ungewöhnliche wilde und giftige Tiere. Allerlei Wild und Vögel leben hier im Überfluß. Sonst gibt es weiter nichts zu berichten. Wenden wir uns nun dem Königreich Melibar zu.

ER BERICHTET ÜBER DAS KÖNIGREICH MELIBAR[231]

Melibar ist ein großes Königreich im Westen. Seine Einwohner sprechen ihre eigene Sprache. Sie werden von einem König regiert und zahlen keine Steuern. Von dort ist der Nordstern schon besser zu sehen. Er erscheint zwei Ellen über dem Wasser. Über hundert Schiffe laufen jedes Jahr aus dem Königreich Melibar und dem benachbarten Königreich Gazurat[232] aus, zu Raubfahrten mit Frauen und Kindern, und das den ganzen Sommer lang. Zwanzig oder dreißig Schiffe tun sich zusammen, um fünf bis sechs Meilen voneinander entfernt das Meer zu kontrollieren und jedes Schiff, das passieren will, aufzuhalten. Sobald ein Segel auftaucht, teilen sie sich dies gegenseitig durch Rauchzeichen oder irgendein anderes Signal mit. Dann greifen sie gemeinsam an, rauben die Kaufleute aus, um sie dann wieder freizulassen mit den Worten: „Zieht hin und betreibt weiter eure Handelsgeschäfte, es kann gut sein, daß eure Waren bald wieder bei uns landen!" Jene Kaufleute, die selbst schon in diese Falle gingen, sind zu mehreren auf gut bewaffneten und gut besetzten Schiffen unterwegs. Sie fürchten die Piraten nicht. Doch natürlich kann es immer wieder Zwischenfälle geben.

In der Region werden große Mengen an Pfeffer, Ingwer, Zimt, Turbit[233] und indischen Nüssen erzeugt. Auch webt man herrlich feine Bougrams. Die Schiffe aus dem Osten bringen ihnen Kupfer, das sie als Ballast für ihre Schiffe verwenden. Sie bringen auch Ladungen an Goldstoffen, Taft, Seide, Gold, Silber, Gewürznelken und was es sonst noch an feinsten Gewürzen gibt, die sie verkaufen, wenn die Bewohner dort selbst keine haben. Und wieder andere erstehen sie von ihnen. So werden Gewürze dieses Königreichs in Mangi verkauft, gehen aber über diese Kaufleute auch in den Westen, nach Aden und von dort aus nach Alexandria, jedoch nur zehn Prozent davon. Die meisten werden in den Osten verschickt. Aber fahren wir fort und wenden wir uns dem Königreich Gazurat zu. Wir wollen euch nur die Hauptstadt beschreiben. Die zahlreichen anderen Städte werden wir übergehen, denn dies würde zu viel Zeit in Anspruch nehmen.

[FOL. 86]
ER BERICHTET ÜBER DAS KÖNIGREICH GAZURAT

Gazurat ist ein weitläufiges Königreich, dessen Einwohner Götzendiener sind. Sie sprechen ihre eigene Sprache. Sie werden von einem König regiert und sind niemandem steuerpflichtig. Dieses Königreich liegt in westlicher Richtung. Von hier aus ist der Nordstern noch besser zu sehen, er erscheint fünf Ellen hoch über dem Meer. Die Bewohner dieses Reiches stehen im Rufe, die größten Piraten der Welt zu sein. Und so stellen sie es an. Sie geben den Kaufleuten, die sie gekapert haben, ein Getränk namens Taramarandi zu trinken, von dem sie sofort Durchfall bekommen. Denn bevor die Kaufleute ergriffen werden, schlucken sie noch rasch alle Perlen und Edelsteine, deren hoher Wert ihnen bekannt ist. Und auf diese Weise holen sich die Piraten trotzdem.

In dieser Provinz wachsen Mengen an Ingwer, Pfeffer und indischen Nüssen sowie Baumwolle. Die Baumwollpflanzen werden sechs Schritt hoch. Diese Bäume sind bis zu zwanzig Jahre alt. Die Baumwolle von so alten Bäumen eignet sich nicht mehr so gut zum Spinnen, dient jedoch anderen Zwecken. Die Bewohner der Region gerben Leder auf alle möglichen Arten und in großer Menge, sei es von der Ziege, vom Rind, vom Büffel, vom Wildrind, vom Nashorn oder von anderen Tieren. Damit beladen sie mehrere Schiffe im Jahr, die nach Arabien oder in andere ferne Länder gehen. Sie fertigen Gegenstände aus rotem Leder, die sie mit Vogel- und anderen Tiermotiven verzieren und mit solchem Geschick nähen, daß es ein wahres Wunder ist. Einige sind bis zu zehn Mark Silber wert. Sonst gibt es dazu nichts weiter zu berichten. Nun will ich euch aber vom Königreich Tanamy erzählen.

Er spricht über das Königreich Tanamy[234]

Tanamy ist ein großes, reiches Königreich im Westen. Hier regiert ein König. Seine Einwohner sind niemandem steuerpflichtig. Sie sind Götzendiener und sprechen ihre eigene Sprache. Hier wächst weder Pfeffer noch irgendein anderes Gewürz. Dagegen stellen sie Mengen braunen Weihrauchs her, mit dem sie schwunghaften Handel treiben. Sie bearbeiten Leder und weben schöne Bougrams. Auf Anordnung des Königs betreiben sie auch die Piraterie und berauben die Kaufleute. Sie haben mit ihrem König eine Vereinbarung geschlossen, wonach alle Pferde, die sie stehlen, ihm gehören sollen und der Rest der Waren unter ihnen aufgeteilt wird. Dies tut der König, weil er keine Pferde besitzt und viele in Indien verkauft werden. Es gibt kein Schiff, das nicht mit Pferden beladen wäre. Es ist dies eine miserable Haltung, die eines Königs nicht würdig ist. Sonst gibt es nichts weiter zu erwähnen. Wir wollen euch nun vom Königreich Cambaet erzählen.

[FOL. 86V]
Er spricht über das Königreich Cambaet[235]

Folio 86v

Das Löschen der Schiffsladungen illustriert die regen Handelsgeschäfte der Stadt Cambaet. *Zwei Bewohner betrachten die Szene, zwei weitere plaudern am Ufer links der Stadt, die, von beeindruckender Größe, den Rest der gesamten Komposition einnimmt. Die wuchtige Silhouette der beiden olivfarbenen Türme, die vermutlich links und rechts von einem Portal errichtet sind, erinnert an die Türme von Notre-Dame in den Darstellungen von Paris aus der Werkstatt des Boucicaut-Meisters.*

Cambaet ist ein weitgedehntes Königreich in westlicher Richtung. Seine Einwohner sprechen ihre eigene Sprache. Sie sind Götzendiener und zahlen niemandem Steuern. Von diesem Königreich aus ist der Nordstern noch besser zu erkennen, denn je weiter man sich nach Westen begibt, desto höher steht er über dem Meeresspiegel. Es ist ein florierender Handelsplatz. Indische Nüsse gibt es hier im Überfluß und man webt Mengen feinster Bougrams. Auch Baumwolle wird geerntet und hierhin und dorthin verkauft. Die Bewohner treiben auch Handel mit schön gegerbten Ledererzeugnissen. Piraten gibt es keine. Die Menschen sind ehrenhaft, sie leben von Handel und Handwerk. Sonst gibt es nichts weiter zu berichten. Wir wenden uns dem Königreich Semenat zu.

Er berichtet über das Königreich Semenat[236]

Semenat ist ein Königreich in westlicher Richtung. Seine Einwohner sind strenge Götzendiener. Sie sprechen ihre eigene Sprache und sind niemandem tributpflichtig. Sie leben nicht von der Piraterie, sondern sind bedeutende Kaufleute. Weiter gibt es nichts zu sagen. Wenden wir uns nun dem Königreich Quesmaturan zu.

Er berichtet über das Königreich Quesmaturan[237]

Folio 87

Vor der Küste von Quesmaturan *liegen zwei Inseln, von denen die eine „Insel der Frauen", die andere „Insel der Männer" genannt wird. Diese sonderbare Bezeichnung rührt daher, daß auf der einen nur Frauen leben, die mit der Ernährung und der Erziehung ihrer Kinder beschäftigt sind, und auf der anderen nur Männer, die, nachdem sie die Monate März, April und Mai bei ihren Ehefrauen verbracht haben, auf der Nachbarinsel weilen, um dort zu arbeiten und so den Lebensunterhalt ihrer Familien zu sichern. Links, in der Stadt der Frauen, stillt eine junge Mutter ihren Säugling; drei andere gehen mit ihren Kindern auf dem Arm spazieren. Rechts sind die Männer in ihrer Stadt mit Handelsgeschäften zugange.*

175

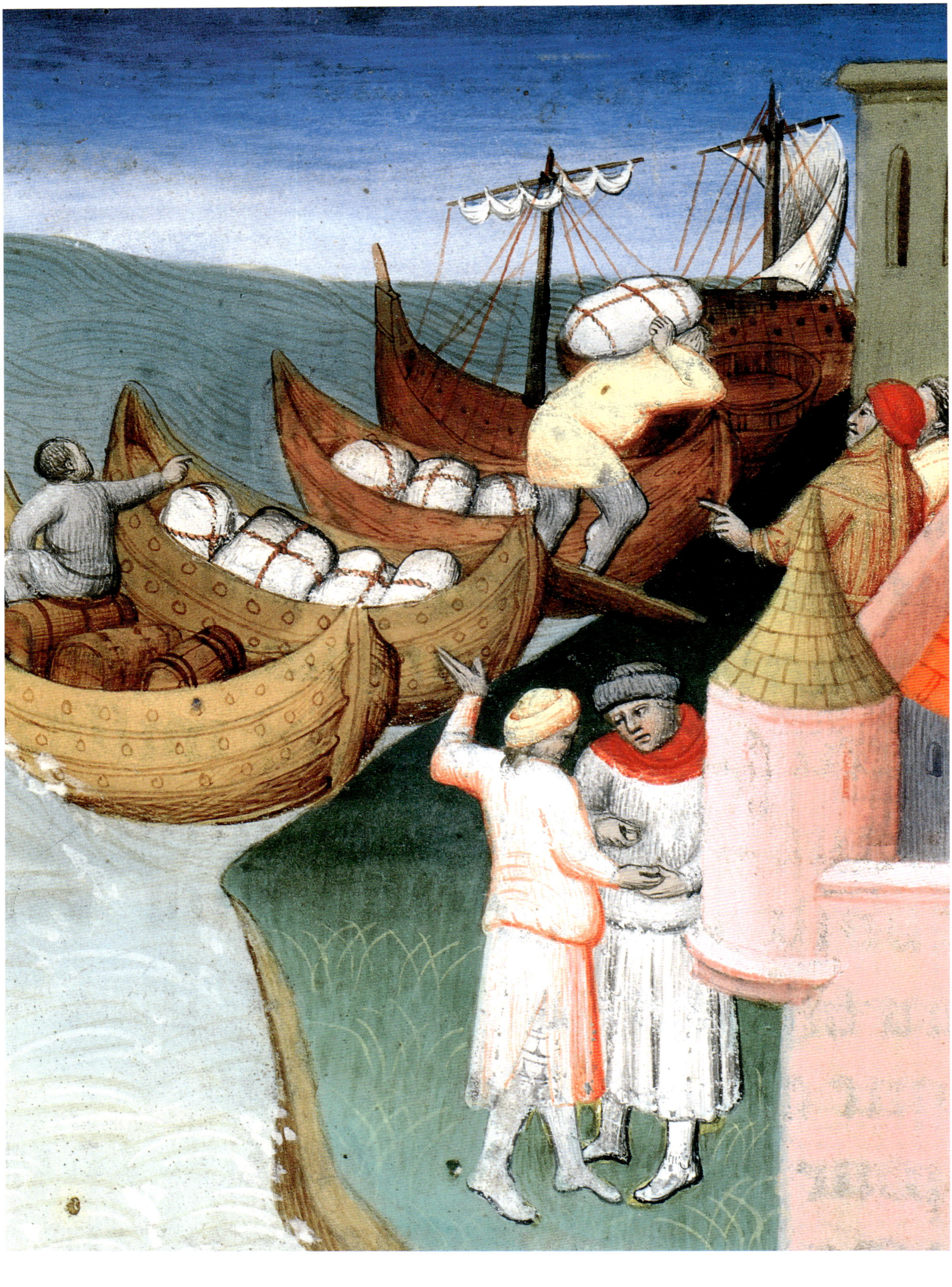

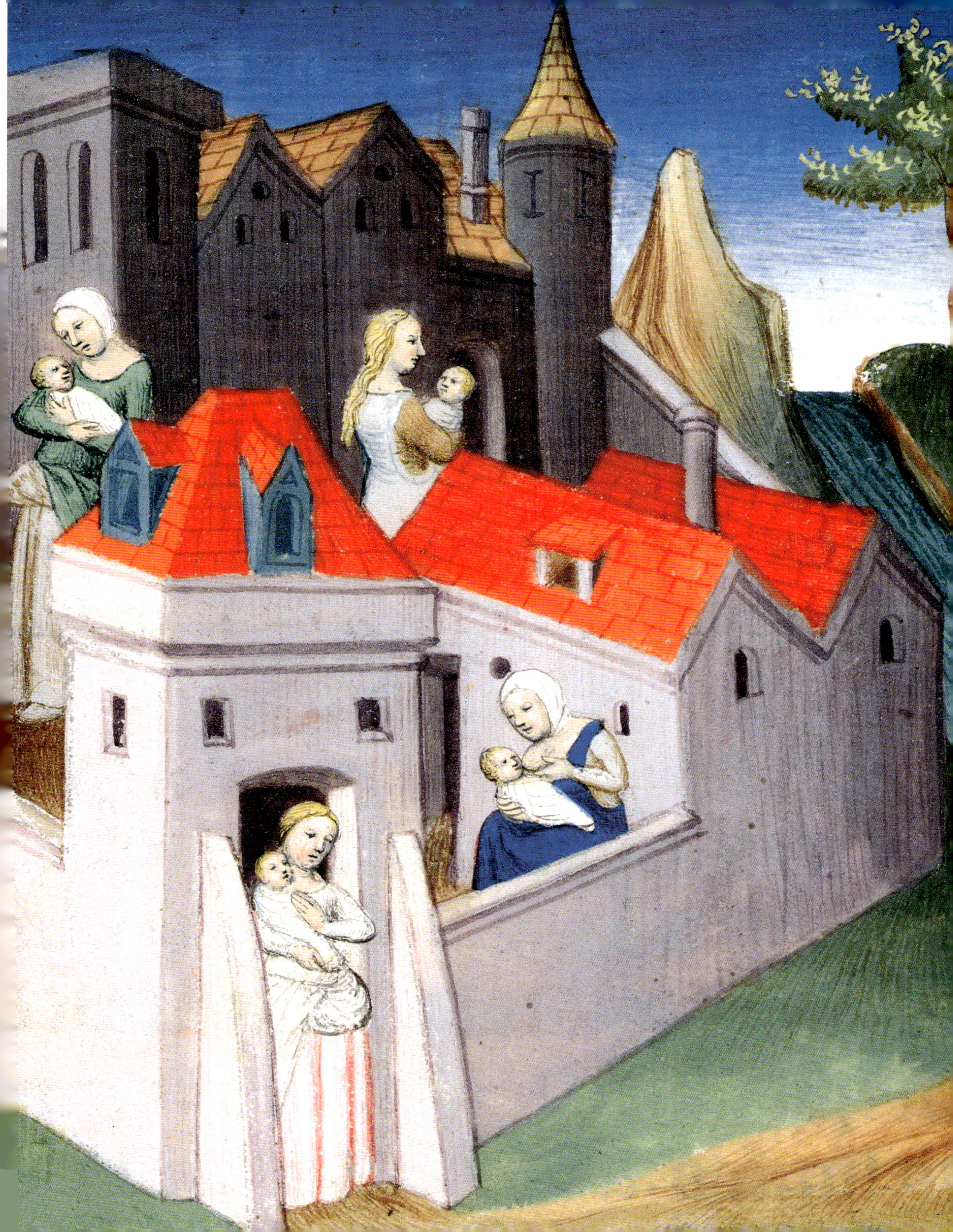

Das Königreich Quesmaturan wird von einem König regiert. Die Bewohner sprechen ihre eigene Sprache. Es sind Händler und Handwerker. Die Waren kommen aus aller Herren Länder auf dem Seewege oder auf dem Landwege hierher. Sie ernähren sich von Fleisch, Reis und Milch. Sonst gibt es darüber nichts zu sagen. [**fol. 87**] Es ist dies die am weitesten westlich und nordwestlich gelegene indische Provinz. Von Maabar bis zu dieser Provinz reicht Großindien, der schönste Teil Indiens. Wir haben euch die kleinen und großen Küstenstädte Großindiens beschrieben. Über die Städte im Landesinneren werden wir euch nichts berichten, denn dies würde zu lange dauern. Fahren wir also fort und wenden wir uns den Indischen Inseln zu, beginnend bei der Insel der Männer und jener der Frauen.

Er spricht über die Insel der Männer und die Insel der Frauen, die so heissen, weil auf der einen nur Männer und auf der anderen nur Frauen leben

Fünf Meilen südlich von Quesmaturan trifft man im Meer auf diese beiden Inseln, die Insel der Männer und die Insel der Frauen, die fünf [hundert] Meilen voneinander entfernt liegen. Die Einwohner sind getaufte Christen. Sie leben nach den Regeln des Alten Testaments, die besagen, daß ein Mann seine schwangere Frau nicht berühren darf und nach der Geburt eines Mädchens noch weitere vierzig Tage damit warten muß. Die Männer leben auf der Insel der Männer. Im März verlassen sie ihre Insel und begeben sich zur Insel der Frauen, auf der sie drei Monate mit ihnen zusammenleben, danach kehren sie nach Hause zurück. In den folgenden neun Monaten arbeiten sie auf dem Felde und wickeln ihre Handelsgeschäfte ab. Auf dieser Insel [**fol. 87v**] findet sich der feinste Amber. Sie ernähren sich von Fleisch, Milch und Reis. Sie sind auch gute Fischer. Sie holen Mengen von kleinen und großen Fischen aus dem Meer, um sie zu trocknen; sie reichen für das ganze Jahr aus. Den Händlern verkaufen sie davon. Sie haben keinen Herrscher, sondern einen Bischof, der dem Erzbistum der Insel Scaira untersteht, von dem wir euch berichten wollen. Man spricht hier eine eigene Sprache. Kommt ein kleines Mädchen zur Welt, so bleibt es bei der Mutter auf der Insel der Frauen. Ist es ein kleiner Junge, so wird er von der Mutter bis zu seinem vierzehnten[238] Lebensjahr aufgezogen, danach von seinem Vater. Die Frauen haben keine andere Aufgabe, als die Kinder aufzuziehen und die Früchte der Bäume zu sammeln. Die Männer bringen ihnen alles, was sie brauchen. Weiter gibt es darüber nichts zu erzählen. Wenden wir uns nun der Insel Scaira zu.

Er berichtet über die Insel Scaira[239]

Fünf Meilen weiter südlich trifft man auf die Insel Scaira. Ihre Bewohner sind Christen, die die Taufe erhalten haben. Sie haben einen Erzbischof. Dort finden sich sehr viel Amber, Baumwollstoffe und zahlreiche andere Waren, besonders große, sehr wohlschmeckende Fische. Die Bewohner der Insel ernähren sich von Fleisch, Milch und Reis, denn andere Getreidearten werden nicht angebaut. Sie leben ganz nackt, wie auch die anderen Bewohner Indiens. Es herrscht ein reges Handelsleben auf der Insel, denn die Kaufleute kommen aus aller Herren Länder und verkaufen ihre Ladungen mit großem Gewinn gegen Gold. Alle Schiffe, die nach Aden unterwegs sind, müssen hier vor Anker gehen. Ihr Erzbischof ist nicht dem Papst verpflichtet, sondern dem Erzbischof von Baudas (Bagdad), der ihn ernennt wie auch viele andere in diesem Teil der Welt, ganz so, wie der Papst dies im Abendland tut. Zahlreiche Piraten siedeln sich hier an, um ihr Beutegut loszuwerden. Die Christen erstehen es von ihnen für teures Geld, da sie wissen, daß die Güter von Muslimen oder Götzendienern stammen.

Auf dieser Insel finden sich die besten Zauberer der Welt. Der Erzbischof verbietet ihnen ihre Zauberei. Doch sie geben vor, daß ihre Vorfahren sich bereits in der Zauberei geübt haben und sie diese deshalb weiter pflegen werden. Hier ist eine dieser Zaubereien. Sie können ein Schiff dazu zwingen, kehrtzumachen, das bisher gut vor dem Winde lag, indem sie die Windrichtung umdrehen. Sie sind in der Lage, Stürme und schwere Unfälle zu verursachen und noch ganz andere Hexenwerke zu vollbringen, die wir in diesem Buch besser unerwähnt lassen. Sonst gibt es dazu nichts weiter zu bemerken. Fahren wir fort und berichten wir über die Insel Madagaskar.

[**FOL. 88**]
Er spricht über die Insel Madagaskar[240]

Madagaskar ist eine Insel gut tausend Meilen südlich von Scaira. Ihre Bewohner sind Muslime und verehren Mohammed. Die Stadt wird von vier Greisen regiert. Es ist eine der schönsten und größten Inseln, die es auf dem gesamten Erdenrund gibt. Sie erstreckt sich über einen Umfang von mindestens dreitausend Meilen. Ihre Bewohner sind Handwerker und tüchtige Kaufleute. Auch gibt es hier mehr Elefanten als anderswo auf der Welt. Es gibt sie auch noch auf einer weiteren Insel, von der ich euch erzählen werde, der Insel Sansibar. Der Handel mit Elefanten ist auf diesen beiden Inseln besonders schwunghaft. Die Bewohner dieser Insel ernähren sich ausschließlich von Kamelfleisch. Sie schlachten davon täglich so viele, daß es kaum zu glauben ist, außer man hat es mit eigenen Augen gesehen. Sie behaupten, dies sei das beste und gesündeste Fleisch der Welt. Aus diesem Grunde essen alle Menschen hier solches Fleisch und ernähren sich ausschließlich davon.

Es wachsen dort Unmengen roter Sandelholzbäume von sehr guter Qualität. Es sind ihrer so viele, daß alles Holz hier von diesen Bäumen stammt. Auch gibt es ganz viel Amber, denn vor ihren Küsten fangen sie jede Menge Wale sowie riesige Pottwale, welche ebenso Amber produzieren. Weiter gibt es auf der Insel unzählige Leoparden, Bären, Löwen und allerlei anderes Getier. Aus diesem Grunde kommen sehr viele Kaufleute hierher. Sie können jedoch nicht weiter südlich als bis zu diesen In-

Folio 88
Vier Reisende sind gerade an der somalischen Küste in Madagaskar an Land gegangen. Vorsichtig steigen sie einen Bergpfad hinan. Am Horizont wird die Silhouette der bewaldeten Berge von den Mauern dreier Städte überragt, die gleichzeitig schillernd und nuanciert dargestellt sind. Zur Rechten beobachten zwei Männer aufmerksam wilde Tiere, die in einer Art Vertiefung in der Mitte versammelt sind, die an eine Löwengrube erinnert. Darin bewegen sich Elefanten, ein Adler pickt auf einem Stück Aas herum, und ein Greif richtet sich mit ausgebreiteten Flügeln auf den Hinterbeinen auf, ein Schaf in seinem Schnabel haltend.

seln Madagaskar und Sansibar segeln, denn [**fol. 88v**] dort herrscht eine so starke Südströmung, daß die Schiffe, die dorthin fahren würden, nicht mehr zurückkämen. Von Maabar bis Madagaskar ist man kaum zwanzig Tage auf See, in der entgegengesetzten Richtung sind es jedoch mehr als drei Monate, so stark ist die Gegenströmung nach Süden. Und das zu jeder Jahreszeit, was höchst außergewöhnlich ist.

Es wird erzählt, daß man auf diesen Inseln, die man nicht anlaufen kann, da die Strömung die Rückkehr unmöglich macht, zu bestimmten Jahreszeiten Greife findet. Sie sind anders als die unsrigen. Manche, die sie gesehen, haben Marco Polo erzählt, sie sähen aus wie Adler, nur viel größer. Ihre Spannweite beträgt mehr als dreißig Schritt, ihre Schwanzfedern sind über zwölf Schritt lang. Sie sind so stark, daß sie selbst einen Elefanten mit ihren Krallen ergreifen, ihn in den Himmel hinauftragen und schließlich zur Erde fallen lassen, um ihn zu töten. Danach stoßen sie hinab und verschlingen ihn. Die Inselbewohner nennen sie *rut*. Ich könnte euch nun nicht sagen, ob es wirklich Greife sind oder eine andere Art von Vögeln. Fest steht, daß sie nicht halb Vogel und halb Löwe sind, wie wir es von den Greifen immer sagen. Sie sind riesig und sehen genauso aus wie Adler. Der Großkhan entsandte einst Leute dorthin, die ihm von diesen Wundertieren Kunde bringen sollten, und dies haben sie ihm erzählt. Er schickte sie auch hin, einen seiner Gesandten zu befreien, der auf der Insel zurückgehalten wurde. Sie befreiten ihn und brachten dem Großkhan gar seltsame Nachrichten. Sie brachten zwei Wildschweinzähne mit, von denen jeder mehr als vierzehn Pfund wog – ihr könnt euch vorstellen, wie groß die Wildschweine waren –, und erklärten, sie hätten Wildschweine gesehen, so groß wie Büffel. Man findet auch Giraffen dort und Wildesel sowie allerlei andere, überaus außergewöhnliche wilde Tiere. Sonst gibt es dazu nicht viel mehr zu sagen. Fahren wir fort und berichten wir über Sansibar.

Er berichtet über die Insel Sansibar[241]

Sansibar ist eine ganz wundervolle Insel mit einem Umfang von etwa zweitausend Meilen. Ihre Bewohner sind Götzendiener. Die Insel ist ein unabhängiges Königreich, in dem eine eigene Sprache gesprochen wird. Ihre Bewohner sind niemandem steuerpflichtig. Sie sind groß und stämmig, jedoch nicht so hoch wie breit, denn sonst erschienen sie uns wohl als Riesen. Sie sind so stark, daß sie die Last von vier unserer Männer tragen können, und essen für fünf. Sie sind schwarz und gehen fast ganz nackt [**fol. 89**]. Sie haben krause Haare, schwarz wie Pfeffer. Ihr Mund ist breit, die Nase stumpf, die Lippen wulstig, und ihre Augen sind so blutunterlaufen und rot, daß man meinte, es seien Teufel. Sie sind so grauenerregend häßlich, daß sie wohl nichts an Greulichkeit übertrifft.

Sie besitzen eine überaus große Anzahl Elefanten und Löwen, die anders aussehen als die unsrigen und ganz schwarz sind. Ihre Hammel und Schafe sind alle gleich, mit einem weißen Körper und schwarzen Köpfen. Es gibt dort nur diese Art. Auch haben sie viele herrliche Giraffen. Nun aber eine Gewohnheit der Elefanten. Die Elefanten paaren sich in einem tiefen Graben, die Kuh auf dem Rücken liegend, der Bulle darauf, wie bei den Menschen. Die Frauen dieser Insel sind die häßlichsten, die es auf der ganzen Welt gibt. Ihre Brüste sind viermal so groß wie die anderer Frauen.

Die Einwohner von Sansibar ernähren sich von Reis, Fleisch, Milch und Datteln. Sie erzeugen einen herrlich wohlschmeckenden Wein aus Datteln, Reis, Gewürzen und Zucker. Die Geschäfte gehen hier hervorragend. Und die Kaufleute kommen in großer Zahl hierher, handeln jedoch meist mit Elefantenzähnen und Amber, von dem sie sehr viel haben, da viele Wale in der Gegend leben.

Es sind kampftaugliche Männer, die keine Angst vor dem Tod haben. Sie besitzen keine Pferde, kämpfen aber vom Rücken der Kamele aus, welche Holzkastelle mit zehn bis sechzehn lanzen-, stein- und schwertbewehrten Personen tragen können. Diese Soldaten schlagen sich äußerst tapfer. Sie haben keine Rüstung, sich zu schützen, sondern Lederschilde; sie verteidigen sich mit Lanzen und Steinen und schlagen sich gegenseitig ohne Gnade tot. Bevor die Elefanten in den Kampf geführt werden, berauschen sie sie halb, denn dies macht sie grausamer und kämpferischer, und sie greifen besser an. Weiter gibt es darüber nichts zu erzählen. Sprechen wir nun von der Provinz Albasien oder Mittelindien sowie von Indien selbst.

Wir haben euch nicht alle Inseln beschrieben, sondern nur die wichtigsten und größten Provinzen und Königreiche, denn kein Mensch könnte sie alle schildern. Ich habe euch jedoch das Beste davon erzählt, das Schönste sozusagen. Im übrigen unterstehen die meisten anderen Inseln jenen, von denen ich bereits berichtete. Laut den Karten der Seefahrer von Sansibar gibt es wohl an die zweitausendsiebenhundert [**fol. 89v**] bewohnte In-

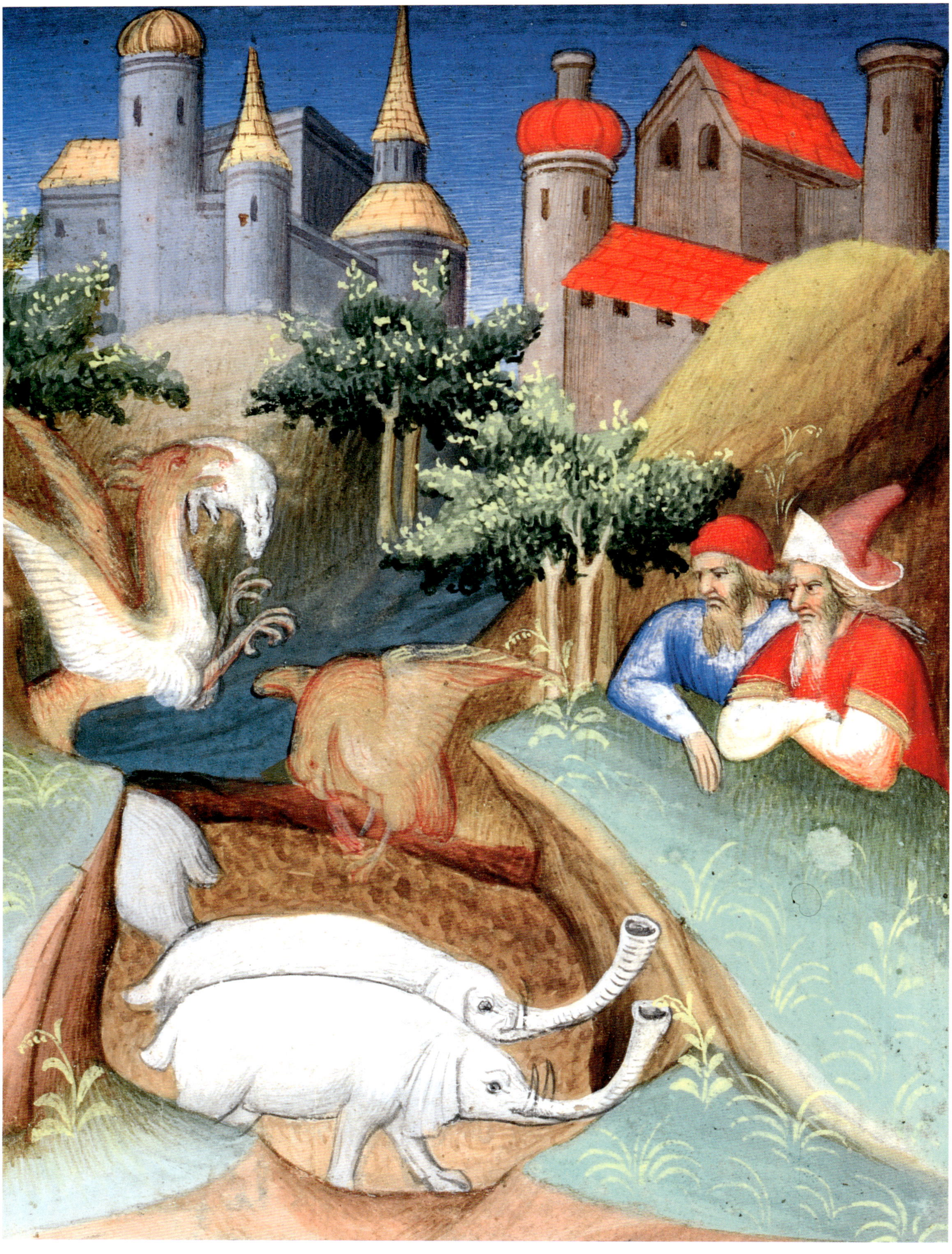

Folio 89v

In einer von Felsen umgebenen Ebene liefern sich eine christliche Streitmacht und ein Sarazenenheer, beide geführt von ihrem Herrscher, eine heftige Schlacht. Es handelt sich hierbei um eine Episode aus den Kriegen, in denen sich der König von Äthiopien (in der Handschrift: Albasie) Yagbea-Sion (1285–1299) und das muslimische Reich Adal, das hier fälschlicherweise mit Aden verwechselt wird, gegenüberstanden. In der Erzählung des Marco Polo erklärt sich der Konflikt aus der Schmach, die einem äthiopischen Bischof widerfuhr, als er von seinem Herrscher auf Wallfahrt zum Heiligen Grab entsendet wurde und auf dem Rückweg dem König von Aden in die Hände fiel, der ihn mit Gewalt beschneiden ließ, bevor er ihn in sein Land zurückschickte. Um den Bischof zu rächen, zog der König von Äthiopien gegen den König von Aden zu Felde.

seln, ohne die unbekannten mitzuzählen, auf die kein Mensch einen Fuß setzt. Es sind ihrer überaus viele. Manche davon sind riesengroß. Die Seefahrer wissen darüber gut Bescheid, denn in der Navigation kennen sie sich aus.
Großindien erstreckt sich von Maabar bis nach Quesmaturan und zählt dreizehn große Königreiche. Zehn davon haben wir euch beschrieben. Nun wollen wir kurz über die drei anderen berichten, denn sie befinden sich auf dem Festland. Kleinindien reicht von Cyamba bis Mutfili und zählt acht Königreiche, alle auf dem Festland. Die unzähligen Inseln habe ich unerwähnt gelassen.

VON DER GROßEN PROVINZ ALBASIEN[242] ODER MITTELINDIEN

Albasien ist eine weitläufige Provinz. Sie gehört zu Mittelindien und liegt auf dem Festland. Sie zählt sechs Königreiche, die von sechs Königen regiert werden. Drei davon sind Christen, drei Muslime. Der größte der sechs Könige ist Christ, die anderen sind von ihm abhängig. Die Christen tragen drei Zeichen im Gesicht, eines auf der Stirn bis zur Mitte des Nasenbeins, die beiden anderen auf den Wangen. Diese Zeichen erhielten sie anläßlich der Wassertaufe. Es sind edle Zeichen, die beweisen, daß sie getauft sind. Der große König lebt in der Mitte des Königreichs, während die Muslime gen Aden hin wohnen. Der heilige Apostel Thomas hat diese Provinz christianisiert [fol. 90]; er machte sich dann in Richtung Maabar auf, wo er starb. Dort befindet sich auch sein Grab, wie ich euch bereits erzählt habe. Die Bewohner des Königreiches Albasien sind hervorragende Soldaten. Ihre Reiter verfügen über gute Pferde. Und solche können sie gut brauchen, da sie mit dem Sultan von Aden häufig Kriege austragen, wie mit den Nubiern und mit vielen anderen Völkern auch.
Diese schöne Geschichte hat sich im Jahre 1288 der Menschwerdung Christi zugetragen. Der christliche König, der die große Provinz Albasien regierte, beschloß, sich nach Jerusalem auf Pilgerfahrt zu begeben, um dem Heiligen Grabe unseres Herrn und Retters Jesus Christus zu huldigen. Seine Barone schilderten ihm die Gefahren einer solchen Reise und schlugen vor, einen Bischof oder anderen Prälaten an seiner Statt hinzuschicken. Der König befolgte ihren Rat und entsandte einen Bischof, der ein heiliges Leben führte. Der Bischof kam also am Heiligen Grabe an und erwies diesem als guter Christ alle Ehren. Er brachte im Namen seines Königs Opfer dar und machte sich, sobald er seine Mission erfüllt hatte, rasch wieder auf, zurück nach Aden. In diesem Königreich sind die Christen verhaßt, denn die Bewohner sind Muslime und halten die Christen für ihre Todfeinde.
Als er erfuhr, daß der Bischof Christ und ein Gesandter des Königs von Albasien war, ließ ihn der Sultan von Aden ergreifen und befragen, ob er wirklich Christ sei. Er erwiderte, ja, er sei Christ. Da forderte ihn der Sultan auf, sich zum Glauben Mohammeds zu bekehren, sonst würde ihm ein großes Unglück widerfahren. – „Lieber sterben, als den Schöpfer verleugnen!" entgegnete der Bischof. Der Sultan war darob sehr erzürnt. Er ordnete an, den Bischof wie die Muslime beschneiden zu lassen. Sodann schickte er ihn zurück und erklärte, er habe aus Haß gegen den König von Albasien so gehandelt. Den Bischof schmerzte dieses Unglück sehr, er tröstete sich jedoch damit, daß er diese Schmach ertragen habe, um den Glauben seines Herrn zu verteidigen, und daß ihm dies als Verdienst angerechnet würde. Als es ihm wieder besser ging, machte er sich rasch nach dem Königreich Albasien auf. Bei seiner Ankunft empfing ihn der König mit übergroßer Freude und fragte ihn um Neuigkeiten vom Heiligen Grabe. Der Bischof erzählte ihm davon, und der König hielt ihn fortan für einen großen Heiligen. Nachdem er ihm Jerusalem beschrieben hatte, berichtete der Bischof von dem Unglück, das ihm in Aden widerfahren war und das der Sultan von Aden nur aus Haß gegen ihn begangen hatte. Der König von Albasien war darob sehr erzürnt und tobte. Es fehlte nicht viel, und er wäre vor Wut und Schmerz gestorben.
Nach einer Weile rief er so laut aus, daß jedermann es hören konnte, daß er niemals wieder seine Krone tragen und sein Königreich regieren wolle, bevor er sich am Sultan von Aden gerächt hätte. Jeder sollte dies wissen, auf daß solche Schmach [fol. 90v] gesühnt werde. Kurz, er ließ seine Reiter und Fußtruppen bewaffnen und eine Menge Elefanten mit Kastellen zusammentreiben. Mit dieser Begleitung machte er sich auf den Weg und fiel ohne viel Federlesens mit seiner gesamten Armee in das Königreich Aden ein. Als der Sultan von Aden von diesem Angriff hörte, bereitete er sich darauf vor, einen der befestigten Engpässe des Reiches mit einer großen Anzahl Soldaten zu verteidigen, um den Feinden den Zutritt zu verwehren. Der König von Albasien und sein Heer marschierten auf, und es entspann sich ein schrecklicher, ja grausamer Kampf. Aber es war Christi Wille, daß die Muslime dem Angriff der Christen nicht standhalten konnten. Es sind nicht so gute Soldaten wie die Christen. Unzählige kamen zu Tode. Darauf drang der König von Albasien mit seinem

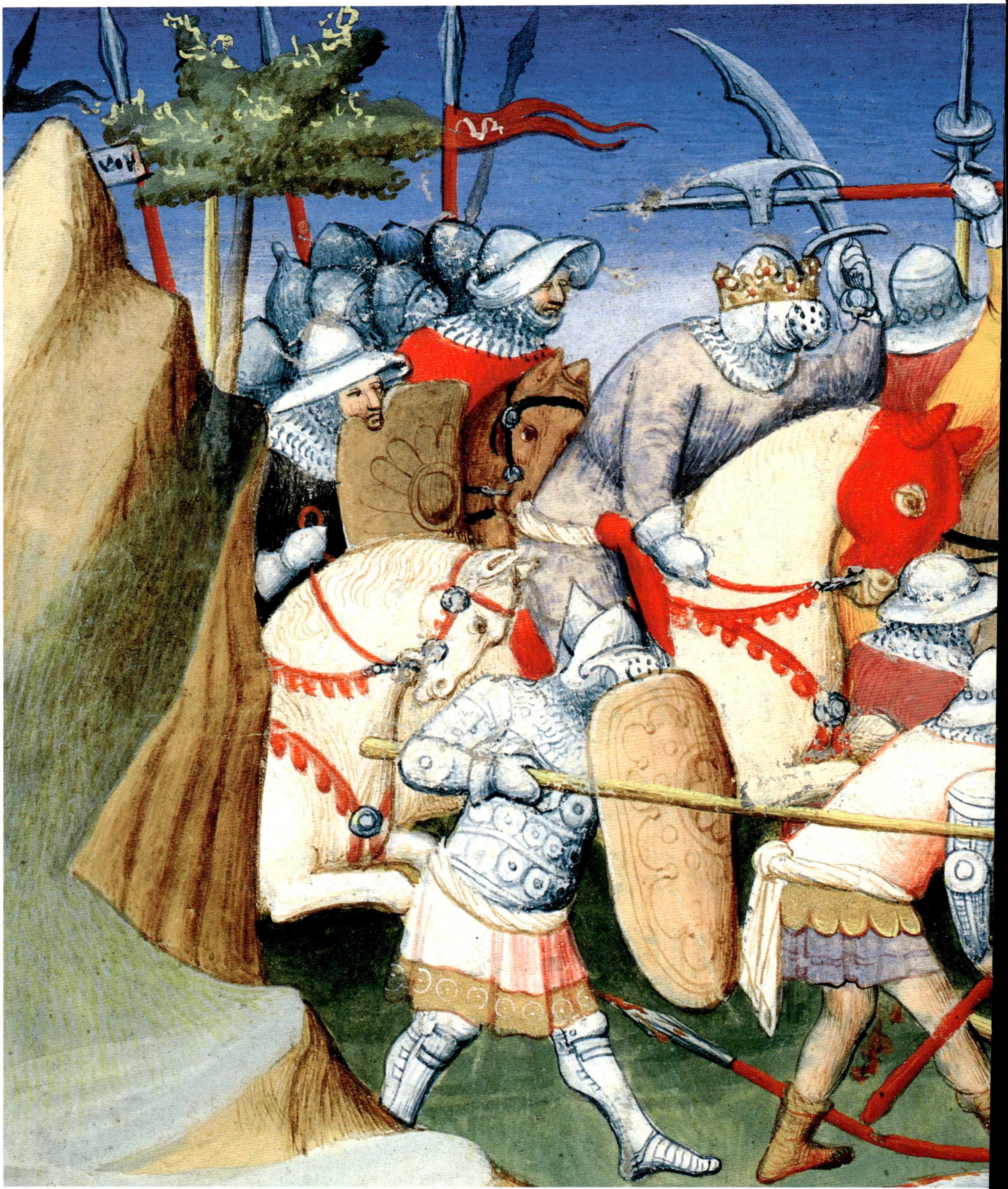

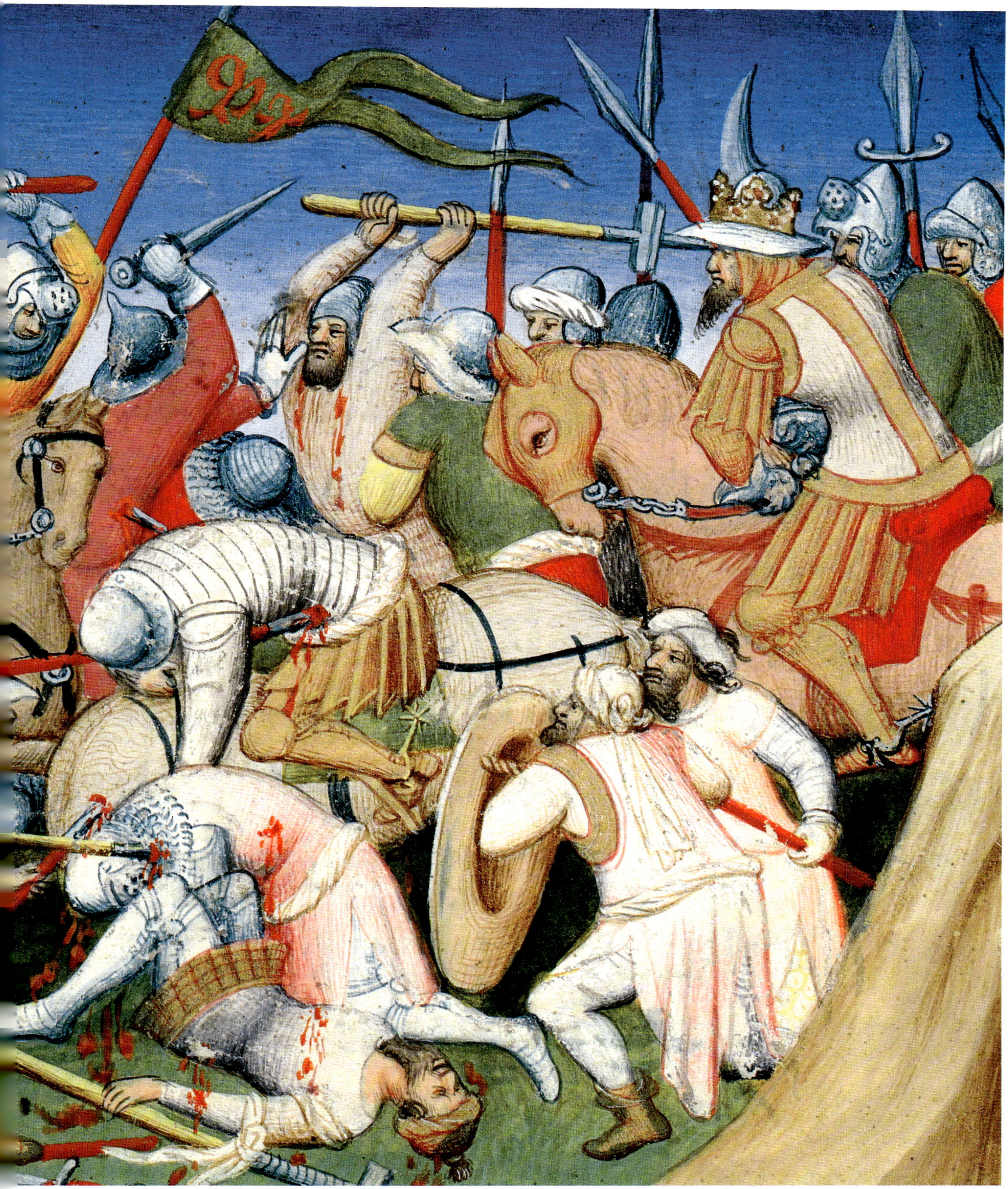

Folio 91
Der Hafen von Escier in Südarabien gelangte aufgrund des Handels mit Gewürzen und Pferden zu großem Reichtum. Jedoch wächst dort wegen des Wüstenklimas wenig Gras. Daher lassen die Bewohner die Fische, die sie im Überfluß fangen, trocknen und füttern das ganze Jahr über damit ihr Vieh. Vor der Stadt mit den rosafarbenen Mauern füttert eine Bäuerin die Schafe mit Fischen, während ein Mann Fische in den Trog des benachbarten Pferdestalls gleiten läßt.

ganzen Heer in das Königreich Aden ein. Wieder und wieder versuchten die Muslime, sich ihm in engen Schluchten und Pässen entgegenzustellen, jedoch vergebens. Jedesmal wurden sie zurückgeschlagen. Nachdem er das feindliche Königreich einen Monat lang gebrandschatzt und geplündert und unzählige Muslime zu Tode gebracht hatte, meinte der König, daß er sich nun genug gerächt hätte, und beschloß, im Triumph nach Hause zu ziehen. Es hätte nichts gebracht, noch länger zu bleiben, er konnte seinen Feinden nicht noch mehr Schaden zufügen, denn es galt noch einige andere, gut bewehrte Pässe zu durchqueren, und er lief Gefahr, sich in einem solchen Engpaß einer kleinen Schar geschlagen geben zu müssen. So machte er sich also auf den Rückweg. Stolzerfüllt und hocherfreut kehrte er mit seinen Männern um, denn er hatte die Schande, die seinem Bischof in seinem Namen zugefügt worden war, gerächt. Des Königs Männer hatten so viele Muslime getötet und die Erde so sehr verwüstet, daß es ein wahres Wunder war. Und das war nur recht, denn es geht nicht an, daß die Muslime ehrbare Christen angreifen.

Nach dieser Geschichte wollen wir auf die Provinz selbst zu sprechen kommen. Es ist eine an vielen Dingen sehr reiche Provinz. Ihre Bewohner ernähren sich von Fleisch, Reis, Milch und Sesamsamen. Sie halten viele Elefanten, die hier jedoch nicht heimisch sind, sondern von den Inseln des übrigen Indien hergebracht werden. Dagegen haben sie Giraffen, die von hier stammen, sowie jede Menge Bären, Löwen, Leoparden und noch viele andere, seltene wilde Tiere. Es gibt hier die schönsten Hühner der Welt und gar manch andere Vogelart, wie etwa Strauße, die etwas höher sind als Esel. [fol. 91] Sie besitzen auch sehr schöne Papageien, Affen und gar seltsame Paviane. Das Königreich Albasien ist mit Städten und Burgflecken dicht überzogen. Zahlreiche Kaufleute sorgen dafür, daß der Handel gedeiht. Auch webt man herrliche Bougrams und andere Baumwollstoffe. Sonst gibt es dazu nichts weiter zu sagen. Fahren wir fort und wenden wir uns der Provinz Aden zu.

ER SPRICHT ÜBER DIE PROVINZ ADEN[243]

Die Provinz Aden wird von einem Sultan regiert. Ihre Bewohner sind Muslime; sie verehren Mohammed und verabscheuen die Christen. Es ist eine sehr dicht besiedelte Provinz. Aden ist ein Hafen. Hier legen alle Schiffe aus Indien an, mit Waren schwer beladen. Die Kaufleute schlagen alle Waren auf kleine Schiffe um und begeben sich binnen sieben Tagen in die Stadt. Dort löschen sie die Ladung und laden sie auf Kamele, die sie binnen dreißig Tagen bis zum Nil schaffen, der in Alexandria ins Meer mündet. So werden die Muslime in Alexandria über den Hafen Aden mit Pfeffer und Gewürzen beliefert. Der Sultan von Aden zieht auf alle Waren, die aus Indien in sein Reich eingeführt werden, seinen Anteil ein. Umgekehrt werden von Aden zahlreiche wertvolle Araberpferde und Kriegspferde mit zwei Sätteln nach Indien verschifft. Die Kaufleute, die sie in Indien verkaufen, ziehen daraus [fol. 91v] großen Gewinn, denn, wie gesagt, sind Pferde in Indien sehr teuer, da es dort keine gibt. Die Händler verkaufen ein gutes Pferd um gut zehn Mark Silber. Der Sultan von Aden zieht so hohe Zölle darauf ein, daß er als reichster Herrscher der Welt gilt. Übrigens hat der Sultan von Aden dem Sultan von Babylon, als dieser gen Acri marschierte, dreißigtausend Reiter und vierzigtausend Kamele zur Verfügung gestellt. Die Muslime waren dadurch sehr im Vorteil. Für die Christen war es sehr hart. Dies tat er eher aus Haß gegen die Christen, als um dem Sultan von Babylon zu helfen, denn diese beiden waren sich übel gesinnt. Nach dem Sultan von Aden wollen wir auf Escier zu sprechen kommen, eine Stadt, die unter seiner Herrschaft steht. Sie wird von einem König regiert und liegt in nordwestlicher Richtung.

ER SPRICHT ÜBER DIE STADT ESCIER[244]

Die Stadt Escier ist sehr groß und liegt in nordwestlicher Richtung, vierhundert Meilen vom Hafen Aden entfernt. Der König ist ein guter Herrscher. Er regiert über viele Städte und Burgflecken. Es gibt dort einen ausgezeichneten Hafen, in dem die Schiffe mit Waren aus Indien vor Anker gehen. Hier wächst weißer Weihrauch in großen Mengen, der König zieht daraus große Gewinne. Niemand wagt es, ihn einem anderen als dem König anzubieten, und dieser verkauft ihn den Händlern um zehn Pfund Gold den Zentner. Die Region ist auch sehr reich an Datteln. Es wird kein anderes Getreide angebaut als Reis; davon produzieren sie selbst nicht allzuviel, er wird aber von allen Seiten hierhergebracht. Und die Kaufleute verkaufen ihn

184

185

hier mit hohen Spannen. Es gibt auch viele sehr große Fische. Für einen venezianischen Groschen erhält man leicht zwei davon. Die Einwohner dieser Gegend ernähren sich von Fleisch, Milch, Reis und Fisch. Sie keltern keinen Traubenwein, sondern stellen einen herrlichen Wein aus Zucker, Reis und Datteln her. Und dies ist auch eine sehr wunderliche Sache. Ihre Schafe haben keine Ohren. Statt dessen haben sie ein kleines Horn, es sind wunderschöne Tiere. An Tieren gibt es sonst noch Rinder, Kriegsrosse und Kamele. All diese Tiere füttern sie mit kleinen Fischen, denn es ist dies der trockenste Ort, den es auf der Welt gibt. Sie müssen ohne Gras und Weideland auskommen. Von April bis Mai fangen sie die kleinen Fische, die als Futter für ihre Tiere dienen. Sie holen so viele davon aus dem Meer, daß es ein wahres Wunder ist. Dann lassen sie sie trocknen und legen sie auf Lager, um sie während des Jahres an ihre Tiere zu verfüttern. Gelegentlich schnappen die Tiere den Fischern ihren frischen Fang noch lebendig weg. Auch große Fische gibt es hier; diese schneiden sie in Stücke, lassen sie in Lagern trocknen und essen sie das Jahr über wie Kekse. Sonst gibt es darüber nichts zu erzählen. [fol. 92] Nun aber will ich euch von der Stadt Dufar berichten.

Folio 92
Die Hauptaktivität des Hafens von Calatu *bestand im Export von Araberpferden nach Indien. In einem Paddock nahe einem vortrefflichen Gestüt dressiert ein Reiter ein arabisches Rennpferd. Die Reitvorführung wird von drei potentiellen Käufern aufmerksam verfolgt, von denen einer mit einem Züchter verhandelt, der eine Peitsche hält.*

ER BERICHTET ÜBER DIE STADT DUFAR[245]

Dufar ist eine prächtige Stadt fünf [hundert] Meilen nordwestlich von Escier. Ihre Einwohner sind Muslime. Sie haben einen Herrscher, der, wie ich noch erzählen werde, dem Sultan von Aden untersteht. Die Stadt liegt an der Küste und verfügt über einen geschäftigen Hafen, wo allerlei Schiffe aus Indien vor Anker gehen. Von hier aus fahren die Kaufleute wieder nach Indien und nehmen Mengen guter Araberpferde mit, die sie mit großem Gewinn verkaufen. Dieser Stadt Dufar unterstehen viele andere Städte und Burgflecken. In der Region wächst sehr viel weißer Weihrauch. Und damit verhält es sich so. Es sind Bäume von der Größe einer kleinen Tanne. Schneidet man sie mit einem kleinen Messer ein, so läuft der Weihrauch aus diesem Schnitt heraus. Manchmal, bei großer Hitze, sondert der Baum den Weihrauch in Tropfen ab, ohne daß er eingeschnitten worden wäre. Sonst gibt es weiter nichts zu erzählen. Fahren wir also fort und berichten wir über den Golf und die Stadt Calatu.

ER BERICHTET ÜBER DEN GOLF UND DIE STADT CALATU[246]

Calatu ist eine große Stadt an den Ufern des gleichnamigen Golfes. Sie liegt sechshundert Meilen nordwestlich von Dufar. Es ist eine herrliche Küstenstadt. Ihre Einwohner sind Muslime. Sie unterstehen der Stadt Hormes. Liegt der Melic [der Herrscher von Hormes] mit einem mächtigeren Herrscher im Krieg, so sucht er jedesmal in Calatu Zuflucht, denn diese Stadt ist gut geschützt. Hier wird kein Getreide angebaut, dies wird von überallher importiert, denn sie haben einen großen Hafen, wo [fol. 92v] unzählige, reich beladene Schiffe aus Indien anlegen. Und von hier aus geht es weiter in alle Städte und Burgflecken. Im Gegenzug nehmen die Schiffe gute Araberpferde nach Indien mit. Von hier und anderswo werden jedes Jahr so viele Pferde nach Indien ausgeführt, daß es ein wahres Wunder ist. Denn Pferde sind in Indien nicht heimisch. Und jene, die man dort einführt, sterben binnen kurzem, denn dort versteht man sich nicht auf ihre Pflege und füttert sie mit gekochtem Fleisch und anderem Futter, das ihnen nicht bekommt. Aber darüber haben wir bereits berichtet. Auch gibt es in Indien keine Hufschmiede.

Die Stadt Calatu liegt an der Trichtermündung eines weiten Golfs, so daß kein Schiff ohne Genehmigung ein- oder auslaufen kann. Zieht sich der Melic von Hormes, der ebenfalls Herrscher von Calatu ist und dem Sultan von Querinan untersteht, hierher zurück, so darf kein Schiff in den Golf einlaufen. Dies kommt dem Sultan von Querinan nicht sehr zupaß, denn dieser verliert dadurch eine Menge Abgaben, die er gewöhnlich auf Waren einzieht, welche im Hafen von Calatu umgeschlagen werden. Er muß jedoch tun, was der Melic von Hormes will. Dem Melic gehört auch eine andere Burg am Eingang des Golfs von Calatu. Die Einwohner der Region ernähren sich von Datteln und gesalzenem Fisch, der hier in Hülle und Fülle vorhanden ist. Die Reichen essen jedoch Fleisch. Nun aber wollen wir von der Stadt Hormes erzählen, von der ich euch schon zuvor berichtet habe.

Er erzählt von der Stadt Hormes, von der er bereits zuvor berichtet hat

Dreihundert Meilen nordnordwestlich von Calatu erreicht man die Stadt Hormes. Es ist dies eine prachtvolle Stadt am Meer. Sie wird von einem Melic regiert, das heißt von einem König, der dem Sultan von Querinan untersteht. Die Gegend ist sehr dicht besiedelt. Die Bewohner sind Muslime. Es ist dort so heiß, daß man Lüfter baut, die den Wind in die Häuser leiten, um sie so abzukühlen. Sonst wäre die Hitze nicht zu ertragen. Ich will euch nicht mehr davon erzählen, denn von Hormes und Querinan habe ich euch schon zuvor berichtet. Wir waren jedoch auf anderem Wege dahin gekommen. Ziehen wir also weiter und begeben wir uns in die Großtürkei. Doch zuvor möchte ich euch etwas erzählen, das ich vergessen hatte. Fünfhundert Meilen nordnordwestlich von Calatu liegt die Stadt Quis. Wir werden nichts über sie berichten. Wir gehen rasch weiter [fol. 93] und kommen zur Großtürkei.

Er spricht von der Grosstürkei[247]

Die Großtürkei wird von einem König regiert, der Khaidu heißt, einem Neffen des Großkhans. Es ist dies ein mächtiger Herrscher, Gebieter über zahlreiche Städte und Burgen. Er und seine Untertanen sind Tataren. Es sind gute Soldaten. Sie befinden sich übrigens immer im Krieg. Dieser Khaidu lag seit jeher mit seinem Oheim, dem Großkhan, im Krieg und hat schon mehrere Male gegen dessen Heer gekämpft. Er fordert von ihm den Anteil der Eroberungen seines Vaters als sein rechtmäßiges Erbteil. Es sind dies im besonderen die Provinzen Catay und Mangi. Der Großkhan würde ihm dies zugestehen, unter der Bedingung, daß er an seinen Ratsversammlungen teilnimmt und sich als seinen Lehensmann betrachtet. Der Khaidu, der zu seinem Oheim kein Vertrauen hat, weigert sich, an den Hof des Großkhans zu gehen, sagt aber, daß er sich allen Befehlen beugen werde. Er befürchtet, ermordet zu werden, wie man es ihm schon manches Mal geweissagt hat. Und solche Meinungsverschiedenheit bildete den Grund für die großen Schlachten, in denen sich die Heere des Khaidu und die des Großkhans gegenüberstanden. Der Großkhan läßt seine Truppen weiterhin um das Königreich des Khaidu lagern,

um zu verhindern, daß dieser ihm schade und in sein Gebiet eindringe. Denn der Khaidu ist tatsächlich sehr mächtig. Er kann eine Armee von mindestens hunderttausend Reitern, umsichtigen und erfahrenen Kriegern, ausheben. Er ist von Männern aus der kaiserlichen Familie umgeben, den Abkömmlingen Dschingis Khans, des ersten Khans, der einen großen Teil der Welt erobert hat, wie ich euch bereits berichtete.
Die Großtürkei liegt im Nordwesten. Sie beginnt beim Fluß Jou[248] und erstreckt sich weiter gen Norden bis zum Herrschaftsgebiet des Großkhans. Fahren wir fort und berichten wir über die großen Schlachten, in denen die Männer des Khaidu den Truppen des Großkhans gegenüberstanden.

[FOL. 93V]
ER BERICHTET ÜBER DIE SCHLACHTEN, IN DENEN SICH DER KHAIDU UND DIE ARMEEN DES GROSSKHANS GEGENÜBERSTANDEN

Folio 93v
Als Neffe des Großkhans nützte der Khaidu die verwandtschaftlichen Bande, die es Kublai Khan untersagten, ihn umzubringen, um ohne Unterlaß Angriffe gegen die kaiserlichen Armeen zu reiten. Von den zahlreichen Schlachten, die sie sich lieferten, erwähnt Marco Polo die von Catacoron als die mörderischste. Der Maler hat es jedoch vorgezogen, nicht die Schlacht, sondern die Übergriffe darzustellen, die sich die Krieger des Khaidu im Territorium des Großkhans erlaubten. Auf Anordnung des Königs setzen Soldaten eine verlassene Stadt in Brand.

Im Jahre 1260 der Menschwerdung Christi zogen der Khaidu und der König Jesudar, sein Cousin, gegen zwei Herrscher des Großkhans zu Felde, die ebenfalls seine Neffen waren. Es waren die Söhne Sigatays, eines getauften Christen, Bruders des großen Kublai Khan. Sie hießen Cibay und Cyban. Der Khaidu griff mit seinen sechzigtausend Reitern die beiden Herrscher an, die ein Heer von mehr als vierzigtausend Reitern befehligten. Es kam zu einer großen Schlacht. Schließlich wurden die beiden Herrscher des Großkhans in die Flucht geschlagen. Die Männer des Khaidu trugen den Sieg davon. Auf beiden Seiten gab es zahlreiche Opfer. Die beiden Herrscher ergriffen auf ihren vortrefflichen Streitrossen die Flucht, und der Khaidu kehrte glücklich und zufrieden in sein Reich zurück.
Zwei Jahre lang hatte der Khaidu Frieden und fing mit dem Großkhan keinen Krieg an. Da erfuhr er, daß sich in Catacoron ein Sohn des Großkhans aufhielt, der Nomagan hieß und Jorge, den Sohn des Priesters Johannes, an seiner Seite hatte. Er trommelte seine Armee zusammen und zog in Richtung Catacoron, wo ihn der Sohn des Großkhans und der neue Priester Johannes mit ihren Heeren erwarteten. Denn sie hatten erfahren, daß der Khaidu mit all seinen Truppen zu ihnen aufgebrochen war. Als tapfere Männer waren sie dafür gerüstet und fürchteten nichts. [fol. 94] Sie verfügten über vierzigtausend voll ausgerüstete Reiter. Als sie erfuhren, daß der Khaidu eingetroffen sei, marschierten sie gegen ihn und schlugen zehn Meilen von ihren Feinden entfernt ihr Lager auf. Diese waren ihnen mit etwa sechzigtausend Reitern zahlenmäßig überlegen. Die Armeen gingen in Stellung, indem sich jede in sechs Schwadronen unterteilte. Beide Seiten waren mit Schwertern, Streitkolben, Lanzen und Pfeilen sowie mit anderen Geschossen ausgerüstet, die sie für gewöhnlich bei sich hatten. Jeder Tatar, der in den Kampf zieht, trägt einen Bogen und sechzig Pfeile bei sich, dreißig kleine mit Eisenspitzen, dreißig große mit längeren Eisen, die sie im Nahkampf einsetzen. Diese zerschneiden Gesichter, Arme, Sehnen und Bögen und richten großen Schaden an. Mit den Morgensternen, Streitkolben und Schwertern fügen sie einander ebenso große Verletzungen zu. Sobald sie Stellung bezogen hatten, blies man auf beiden Seiten zum Angriff, denn es ist für gewöhnlich so, daß sie nicht eher mit dem Kampf beginnen, als bis das große Kriegshorn zum Angriff geblasen hat. Dann kann eine harte und grausame Schlacht beginnen. Beide Seiten griffen mit größter Wucht an. Hüben und drüben gab es so viele Gefallene, daß der Kampf unter schlechten Vorzeichen zu stehen schien. Die Erde war auf beiden Seiten mit Toten und Verwundeten nur so übersät. Es herrschte ein solches Geschrei und Getöse, daß der Donner Gottes darin untergegangen wäre. Der Khaidu zeigte sich sehr kampfbereit, er stachelte seine Männer an. Doch der Sohn des Großkhans und der Neffe des Priesters Johannes erwiesen sich als ebenso mutig, schlugen sich hervorragend im Kampfgetümmel, kämpften und gaben genau die richtigen Anweisungen, daß es einem wahren Wunder gleichkam. Was soll ich euch noch viel erzählen! Diese Schlacht war eine der schrecklichsten, die je unter Tataren geschlagen wurde. Die beiden Armeen taten alles, um ihre Feinde in die Flucht zu schlagen. Vergebens. Der Kampf dauerte bis in den späten Nachmittag, ohne daß eine der beiden Parteien siegreich gewesen wäre. Es ist schier unmöglich zu sagen, wer der Bessere war. Als die Sonne unterging, zog man sich auf beiden Seiten in das Lager zurück. Die unversehrten Männer waren müde und erschöpft und konnten den anderen nicht helfen. Die zahlreichen Verwundeten beider Seiten lagen stöhnend da. Alle dachten von nun an eher daran, sich auszuruhen als weiterzukämpfen. Und so ruhten sie die ganze Nacht. Des Morgens erfuhr der Khaidu, daß der Großkhan seinem Sohn ein großes Heer zum Entsatz schickte [fol. 94v]. Länger zu bleiben wäre unklug gewesen. Er ließ seine Truppen aufwecken. Im Morgengrauen ritten sie davon und kehrten nach Hause zurück. Erschöpft, wie sie waren, ließen sie der Sohn des Großkhans und der Neffe des Priesters Johannes entkommen. Sie setzten ihnen nicht nach, denn sie waren zu müde dazu. Der Khaidu und sein Heer ritten in einem Zug in ihr Königreich zurück, bis in die Großtürkei, in der Nähe von Samarkand. Und dort lebten sie lange in Ruhe und Frieden.

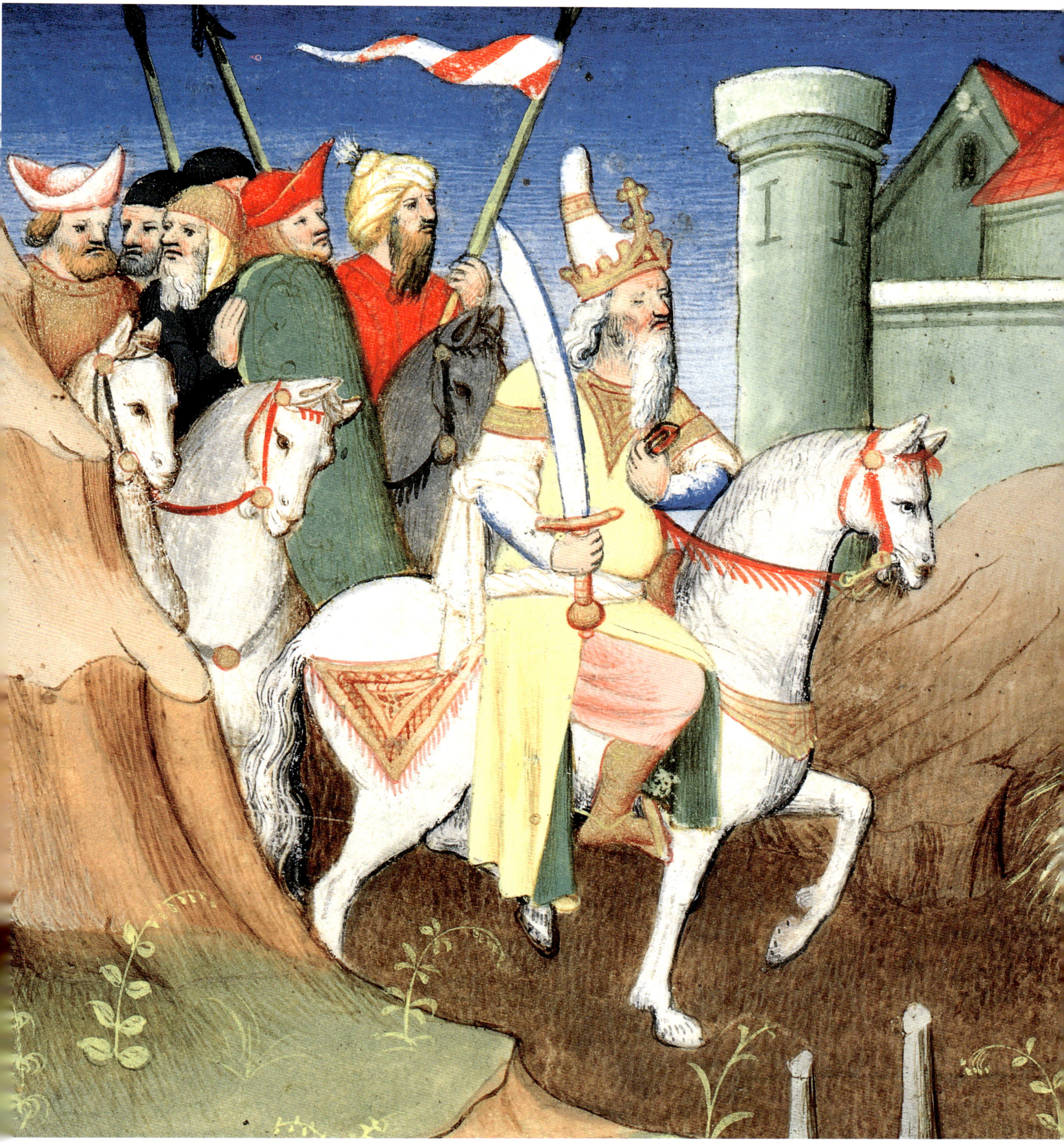

Was der Grosskhan zu dem Schaden, den der Khaidu seinem Sohne zufügte, zu sagen hat

Der Großkhan war sehr erzürnt, daß der Khaidu seine Untertanen angriff und sein Land verwüstete. Wäre er nicht sein Neffe gewesen und nicht aus dem kaiserlichen Hause, so hätte er ihn vernichten und sein Land zerstören lassen, und müßte er selbst dafür sorgen. In diesem Falle wäre der Khaidu den Händen seines Oheims, des Großkhans, wohl nicht entgangen. Doch dieser verschonte ihn, denn er war von seinem eigenen Blute. Aber lassen wir das und sprechen wir von den übermäßigen Kräften, die eine der Töchter des Khaidu hatte.

Er spricht über die Kraft und den Mut einer der Töchter des Khaidu

Khaidu hatte eine Tochter mit Namen Agiant, was in der Tatarensprache so viel bedeutet wie „scheinender Mond". Sie war von solcher Schönheit und so kräftig und mutig, daß sie kein Mann aus dem gesamten Königreich ihres Vaters besiegen konnte. Sie war allen überlegen. Ihr Vater versuchte immer wieder, sie zu verheiraten. Doch sie weigerte sich; sie wollte einen Mann heiraten, der ihr im Kampf überlegen war. Der Vater gewährte ihr diesen Wunsch. Tatsächlich war die Tochter des Khaidu kräftig gebaut und hatte wohlgeformte Glieder, beinahe wie eine Riesin. Überall ließ sie verkünden, daß die Männer kommen sollten, sich mit ihr zu messen. Siegte sie, so gehörten hundert Pferde des Besiegten ihr. Siegte er, so würde sie ihn zum Manne nehmen. Viele Edelmänner waren gekommen, ihre Kräfte zu erproben. Sie hatte bereits, so erzählte man sich, mehr als zehntausend Pferde errungen.

Im Jahre 1280 kam ein fescher Knappe ins Land, der Sohn eines reichen und mächtigen Königs. Er war kühn, mutig und stark und hatte von der Prüfung der Jungfrau Kunde erhalten. [fol. 95] Er kam, sich mit ihr zu messen, sie zu besiegen und zu heiraten. Es war sein sehnlichster Wunsch, denn sie war sehr ansehnlich und schön. Er selbst war ein ebenso junger wie schöner, kühner und starker Mann. Im Königreich seines Vaters hatte er niemanden gefunden, der es mit ihm an Stärke hätte aufnehmen können. So war er guten Mutes hierhergekommen und hatte tausend Pferde mitgebracht, auf daß die Prinzessin, falls sie ihn besiegte, tausend Pferde auf einmal gewänne, was nicht gerade wenig war. Der junge Mann jedoch war seiner so sicher, daß er meinte, er könne es gleich beim ersten Anlauf schaffen.

Der Khaidu und die Königin, seine Frau, flehen ihre Tochter insgeheim an, sich von dem jungen Manne besiegen zu lassen, denn sie wären sehr glücklich gewesen, ihn als ihren Eidam zu gewinnen. Er war ein Edelmann, der Sohn eines Königs. Das junge Mädchen lehnte ab; er mußte den Kampf gewinnen, wollte er sie zur Frau haben; so war es ausgemacht. Am angegebenen Tage versammelten sich alle beim Palaste des Khaidu, um dem Kampfe beizuwohnen. Zuerst kam die junge Frau im enganliegenden Taftanzug, dann der junge Mann ebenso gekleidet. Es war ein wunderschönes Schauspiel. So gerieten sie also aneinander und es verging eine lange Weile, bis einer über den anderen die Überhand gewann. Schließlich warf das junge Mädchen den jungen Mann zu Boden. Ganz krank vor Scham ließ er es dabei bewenden und floh mit all seinen Männern zu seinem Vater, völlig verzweifelt, von einer Frau besiegt worden zu sein, er, dem kein Mann das Wasser reichen konnte. Er ließ seine tausend Pferde bei ihr zurück. Der Khaidu und seine Frau, die Königin, waren darüber sehr verärgert; sie hätten den jungen Mann gerne siegen sehen. Denn er war reich, stark und mutig.

Nach diesem Sieg zog der Khaidu nie mehr ohne seine Tochter in den Kampf. Er nahm sie überaus gerne überallhin mit, denn keiner seiner Ritter konnte solche stolzen Leistungen vollbringen. Sie griff die feindlichen Armeen an, ergriff die Männer, als ob es kleine Vögel seien, und führte sie ihrem Vater vor. Und das ging die ganze Zeit so. Aber lassen wir das [fol. 95v] und sprechen wir über die Schlacht, in der sich der Khaidu und Argon, Sohn des Abaga, des Herrschers der Osttataren, gegenüberstanden.

Er erzählt, wie Abaga seinen Sohn gegen den Khaidu ausschickte

Folio 95v

Mit außergewöhnlichen Kräften ausgestattet, konnte Agiant, *die Tochter des Khaidu, bekannt unter dem Namen Qutulun Tchaghan, im ganzen Reich keinen Mann finden, der sie im Kampf besiegte. Sie hatte nämlich beschlossen, nur denjenigen zum Manne zu nehmen, der ihr ebenbürtig war. Für einen Sieg sollte die Prinzessin eine Herde Pferde erhalten, die ihr der junge Mann im Falle der Niederlage schenken sollte. Der Khaidu und die Königin wohnen in Begleitung einiger Würdenträger dem Kampfe zwischen Qutulun Tchaghan und dem Sohn eines mächtigen Königs bei. Hinter dem Mäuerchen der Umfriedung sind einige der tausend Pferde zu sehen, die der Prinz mitgebracht hat.*

190

191

Abaga, der Herrscher des Ostreiches, war Gebieter über zahlreiche Provinzen, die in Richtung des Einsamen Baumes an das Reich des Khaidu angrenzten, der im Buch des Alexander Trockener Baum heißt. Er schickte seinen Sohn zum Schutze seiner Untertanen, vom Trockenen Baum bis zum Flusse Jou. Dort ließ Argon sich nieder. Der Khaidu ließ ein Heer zusammenrufen und betraute seinen Bruder Barat, einen weisen und wohlunterrichteten Mann, mit dessen Führung. Ihn schickte er gegen Argon aus. Barat machte sich mit seiner Armee auf den Weg und gelangte an den Fluß Jou, zehn Meilen vom Lager des Argon entfernt. Als Argon davon Kunde erhielt, zog er ihm entgegen und schlug ebenfalls dort sein Lager auf. Nun waren die beiden Armeen bereit für den Kampf. Man blies zum Angriff und der Kampf brach los. Die Pfeile regneten nur so vom Himmel herab. Die Erde war mit Leichen von Männern und Pferden übersät. Sie kämpften so lange, bis schließlich die Männer Barats von denen Argons geschlagen wurden, [fol. 96] die ihren Feinden noch auf der Flucht nachsetzten und sie übel zurichteten. Argon ging als Sieger hervor. Der in die Flucht geschlagene Barat hatte sein Überleben nur der Schnelligkeit seines Pferdes zu verdanken, das ihn im gestreckten Galopp davontrug. Aber lassen wir den Khaidu und Barat, wenden wir uns Argon zu. Ich will euch berichten, wie er gefangengenommen wurde und wie er beim Tod seines Vaters dessen Thron bestieg.

Wie Argon während der Schlacht vom Tode seines Vaters erfuhr und wie er die Geschicke des Reiches übernahm, wie es sich für ihn geziemte

Aber Argon blieb nach seinem Sieg über Barat, den Bruder des Khaidu, nicht lange, denn er erfuhr vom Tode seines Vaters Abaga. Er war darüber sehr traurig und machte sich mit seinem Heer auf, die Geschicke des väterlichen Reiches in die Hand zu nehmen, wie es nur natürlich schien. Er war jedoch vierzig Tagereisen von dort entfernt. In der Zwischenzeit meinte einer seiner Oheime, ein gewisser Acolinat Soudan, der zum Islam übergetreten war und den Sohn des Königs in weiter Ferne wußte, er könne das Königreich an sich reißen. Er machte sich mit einer großen Kompanie auf den Weg zum Hof seines Bruders Abaga und setzte sich an die Spitze des Reiches. Dort fand er übergroße Reichtümer. Rasch teilte er sie zwischen seinen Baronen und Heerführern auf, um ihre Herzen und ihr Wohlgefallen zu erringen. Diese waren ihm darum auch zutiefst verbunden, sagten, daß er ein guter Herrscher sei und daß sie keinen anderen wollten als ihn. Er jedoch vollbrachte eine Niederträchtigkeit, die seine Männer zutiefst bestürzte; er heiratete alle Frauen seines Bruders Abaga und behielt sie für sich allein.
Kurz darauf mußte er erfahren, daß sein Neffe Argon mit seinem Heer zurückkam. Unverzüglich ließ er in weniger als einer Woche ein großes Reiterheer aufstellen, um gegen ihn ins Feld zu ziehen. Er zweifelte nicht daran, daß er siegen werde, und schien sich nicht zu fürchten.

Wie Acolinat Soudan mit seinem Heer gegen seinen Neffen marschierte, der gekommen war, um das Königreich in Besitz zu nehmen, das ihm von Rechts wegen zustand

Acolinat Soudan ließ sechzigtausend Reiter ausheben. Sie machten sich auf den Weg und ritten zehn Tage lang. Da erfuhren sie, daß ihre Feinde ganz in der Nähe waren und daß sie mindestens so zahlreich waren wie sie. Acolinat Soudan ließ seine Zelte in einer großen, weitgedehnten Ebene aufstellen, wo er Argon erwartete, um sich mit ihm zu messen. Er versammelte seine Barone und Ritter um sich, um sie anzustacheln, denn als gewitzter Mann wollte er wissen [fol. 96v], was sie empfanden und wie sie dachten. Er begann so: „Geehrte Herren, wie ihr wißt, bin ich der rechtmäßige Gebieter über alles, was mein Bruder besaß, denn wir haben denselben Vater und ich habe ihm immer geholfen, Länder und Provinzen zu erobern. Wenn einige meinen, das Königreich stünde Argon, dem Sohne Abagas, zu, so wäre das bei allem Respekt, den ich ihnen schuldig bin, weder würdig noch recht. Abaga hat das Königreich sein Leben lang besessen, so ist es nur gerecht, wenn ich es nach seinem Tode erhalte, so lange ich am Leben bin. Da dem so ist, verteidigen wir unser Recht und mögen das Reich und die Herrschaft unser sein. Mein seien die Ehre und das Ansehen, euer der Gewinn, die Reichtümer und die Herrschaft über all unsere Ländereien und Provinzen. Dem habe ich nichts hinzuzufügen, denn ich weiß um eure Weisheit, eure Umsicht und euren Sinn für Gerechtigkeit. Ihr werdet unser aller Ehre sein." Und dann schwieg er. Und alle versicherten ihm aus einem Munde, daß sie ihn nicht im Stiche lassen würden, solange sie lebten. Ohne Zögern würden sie ihm jede Hilfe gegen alle Männer der Welt und besonders gegen Argon leisten. Ihn würden sie ihm tot oder lebendig ausliefern. Aber lassen wir Acolinat und sein Heer und wenden wir uns Argon und dem seinen zu.

Wie Argon seine Männer zur Beratung zusammenrief, um gegen Acolinat, seinen Oheim, zu marschieren, der das Königreich an sich gerissen hatte

Als Argon erfuhr, daß sein Oheim nur darauf wartete, sich mit ihm zu schlagen, war er darüber sehr ergrimmt, aber ohne Furcht. Er wollte seine Angst niemandem zeigen, denn dies konnte ihm nur schaden. So ließ er sich nichts anmerken; weise, wie er war, tat er so, als ob er nichts fürchtete, um seinen Männern Vertrauen einzuflößen. Und so endet das Buch des Marco Polo über die Wunder aller Regionen der Welt.

FUSSNOTEN

1. Soldaia: Heute Sudak, auf der Krim. Damals eine venezianische Handelsstation.
2. Arbaga: Es handelt sich um Berki, Khan der Goldenen Horde.
3. Sara und Colgara: Es handelt sich um Sarai und Bolgar (heute Bolgarskoye), die Sommer- und Winterresidenzen der Herrscher der Goldenen Horde.
4. Mit Alau wird Hülagü, Khan von Persien, bezeichnet.
5. In der Handschrift Fr. 5631 ist das Gegenteil zu lesen: „Et en la fin fu desconfis Barca, le seigneur des Tartars du Ponent" (Und schließlich siegte Barca, der Herrscher des Westtatarenreiches).
6. Oucaca: Ukàk, heute Uvek in Kasachstan.
7. Der Tigris (in der Handschrift „Tigry"): Tatsächlich handelt es sich um die Wolga.
8. Bacara: Es handelt sich um Bukhara.
9. Laias: Das heutige Ayas (Türkei).
10. In der Handschrift Fr. 5631 „Teabo". Es handelt sich um Tebaldo Visconti von Piacenza, den zukünftigen Papst Gregor X.
11. In der Handschrift Fr. 5631 „Nicole de Visente", also Niccolò von Vicenza.
12. Clemenfu: Cyandu, früher K'ai-ping, heute Dolon-nor, in der Inneren Mongolei.
13. Java: Es handelt sich um Sumatra.
14. Kleinarmenien: in der Handschrift „Hermenie". Es handelt sich um Kilikien.
15. Turcomanien: Inneranatolien.
16. Come, Savast: Konya und Sivas in der Türkei.
17. Hier hat man sich an die Handschrift Fr. 5631 gehalten: „et y met sa seigneurie" (und erlegt ihnen die Herrschaft auf), anstelle von „et Ynai et sa seigneurie" (und Ynai und seine Herrschaft).
18. Arsenga: Erzincan in der Türkei.
19. Arsion und Arsisi: Erzurum und Ercis in der Türkei. In der Handschrift „Arsifi".
20. In der Handschrift fälschlicherweise als „lieu hault" (hoher Ort) bezeichnet.
21. Es handelt sich um Petroleum.
22. Das Meer Glebachelan: das Kaspische Meer oder Gilan-Meer.
23. Euphrat: der Fluß Kura, der in das Kaspische Meer mündet.
24. Es handelt sich um Gilanseide. In der Handschrift Fr. 5631 als „soie grelle" bezeichnet.
25. Acolit, lies „Jacolit": Es handelt sich um den catholicos, einen kirchlichen Würdenträger.
26. Catay: Land der Kitan und daraus abgeleitet Nordchina.
27. Kurden.
28. Chisi: Kish im Iran.
29. Es handelt sich um Seidenbrokat und um karmesinrote Stoffe.
30. Hier hat man sich an den Wortlaut der Handschrift Fr. 5631 gehalten: „Comment les Crestiens orent grand paour de ce que le Calife lor avoit dit" (Wie sich die Christen vor dem, was der Kalif ihnen gesagt hatte, sehr fürchteten).
31. Hier hat man sich an den Wortlaut der Handschrift Fr. 5631 gehalten: „.I. evesque qui estoit moult bon crestien par le saint angle du ciel que il deista .I. savetier crestien qui n'avoit que .I. œil…" (Der Bischof, der ein sehr guter Christ war, [erfuhr] vom heiligen Engel des Himmels, daß er dem christlichen Schuster, der nur ein Auge hatte…).
32. Tauris: Täbris im Iran.
33. Yrac: Irak Ajemi, im Nordosten des heutigen Iran.
34. In der Handschrift fälschlicherweise: „Tremesor". Es handelt sich um Hormus.
35. Hier hat man sich an den Wortlaut der Handschrift Fr. 5631 gehalten: „Ci commence de la grant cité de Perse." (Hier beginnt der Bericht über die große Stadt Persiens).
36. Saba: Es handelt sich um Saweh, südöstlich von Teheran.
37. Im Iran Kashan, Kurdistan, Luristan, Shulistan, das Königreich Ispahan, Shiraz, Shawankarah und Kuhistan (die Städte Tun und Qa-yan).
38. Kish und Hormus im Iran.
39. Zasdi: Yazd im Iran.
40. Creman: Kerman (Iran).
41. Dieser Satz ist in unserer Handschrift nicht enthalten. Hier wurde er aus Gründen der Vollständigkeit eingefügt.
42. Camadi/Qamadi, heute Vorstadt von Jeruft im Kerman (Iran).
43. In der Handschrift „moult hault lieu" (sehr hoher Ort), sicherlich ein Irrtum.
44. Brobarles: Das Reobar der anderen Handschriften, nicht identifizierte Provinz.
45. In der Handschrift keine Verneinung.
46. In der Handschrift „piet" (Fuß) anstatt „poil" (Haare).
47. In unserer Handschrift werden „quarreaux", Wurfgeschoße, die gegen Befestigungswälle geschleudert werden, mit „Caraonas", Feinde der Einwohner von Camadi, verwechselt.
48. Hier übernehmen wir die Schreibung, die später für Balaciam, Basiam und Chesumur angeführt wird. In der Handschrift: „Cadacian, Passiadi und Ariora Chiesiema". Balaciam: Badakhshan in Afghanistan; Basiam: Pashai oder Nuristan in Afghanistan; Chesumur: Kaschmir.
49. In der Handschrift wird mehrmals von „Formose" (Formosa) anstatt von „Courmos" gesprochen, das wir „Curmos" schrei-

ben. Gemeint ist Hormus.
50. Cabanant. Es handelt sich um Kuhbanan in der Provinz Kerman (Iran).
51. Tutia ist ein Zinkoxid, das als Medikament angewendet wird.
52. Tonocam: Kuhistan (Städte Tun und Qa–yan) im Iran.
53. Legendärer Baum, Grenze zwischen Diesseits und Jenseits, zwischen Sünde und Reue.
54. Mulect: von Muluhidah, das Land der Assassinen Alamuts (Iran).
55. Der Terminus Assassin (Mörder) kommt aus dem arabischen Wort hashish. Diese Droge wurde von einer Sekte konsumiert. Einer ihrer Führer hieß Cheick el Djebel, was wörtlich so viel heißt wie „Alter vom Berge".
56. Hier folgen wir der Handschrift Fr. 5631: „… gent qui li est entour que il est grant prophete" (… die Leute, die ihn umgaben, daß er ein großer Prophet sei…).
57. Sarpugan: Shibarghan in Afghanistan.
58. Balac: Balkh in Afghanistan.
59. Hier folgen wir der Handschrift Fr. 5631.
60. Gana: Provinz im Iran.
61. Taican: Taliqan in Afghanistan.
62. Balaciam: Badakhshan in Afghanistan.
63. Gemeint sind Ballasrubine aus dem Lande Balkh.
64. Basiam: Pashai oder Nuristan in Afghanistan.
65. Vocan: Wachan (Hoch-Amudarja, im Nordosten Afghanistans).
66. Kashgar: heute Kashi in Xinjiang in China.
67. Hier ist „miserable" (ärmlich) gemeint, nicht „mesurable" (meßbar), wie in der Handschrift notiert.
68. Carcan: Yarkand, heute Shozhe (Xinjiang).
69. Cotair: Khotan, heute Hotien (Xinjiang).
70. Peny: Ruinen bei Keriya (Hsiu-chieng), heute Yütien (Xinjiang).
71. Siarciam: Cherchen (Hsiu-chieng), heute Qiemo (Xinjiang).
72. Lop: Charkhlik, heute Ruo-qiang (Xinjiang).
73. Tangut: Der Name dieser „großen Provinz" umfaßt nicht nur das alte Reich der Tangut oder Si-hia, sondern auch Gansu und die Länder westlich von Hami in Xinjiang.
74. Sacion: heute Dun-huang (Gansu).
75. Camul: heute Hami (Xinjiang).
76. Chingny Talas. Es handelt sich um eine Provinz im Westen von Hami, nicht die Region Turfan, die Marco Polo unter dem Namen Iuguristan im Text der Zelada-Handschrift erwähnt. Wahrscheinlich eine Nachbarprovinz der Dsungarei, die heute aus den autonomen Distrikten der Kasachen von Ili und der Mongolen von Borotala besteht.
77. Suctur: Su-chou, heute Jiayuguan (Gansu).
78. Offensichtlich wird der Name Sistra nur in dieser Handschrift verwendet. Die anderen geben der Hauptstadt denselben Namen wie der Provinz, nämlich Su-chou.
79. Campicion: Kan-chou, heute Zhengje (Gansu).
80. Esanar: Karakhoto, heute Ejen-qi (Innere Mongolei).
81. Caracoron: Karakorum im Norden der Mongolei, bis zur Mitte des 13. Jahrhunderts Residenz der Groß-Khagans.
82. Tenduc: Es handelt sich vermutlich um die Ebene im Norden der Mündung des Hwangho.
83. Es handelt sich um ein kleines Murmeltier.
84. Sehr wahrscheinlich heißt es bruel „Gebräu", anstatt loruel „kleine Stücke".
85. Gemäß der Handschrift Fr. 5631 korrigiert.
86. Altaigebirge. In der Handschrift „Cailla".
87. Bargu. Landstriche südlich des Baikalsees.
88. Eine Art Auerhahn oder Schneehuhn.
89. Der Handschrift Fr. 5631 zufolge muß es „en tremontaine" (im Norden) und nicht „entre montaignes" (zwischen den Bergen) heißen.
90. Campicion: Kan-chou, heute Zhengje (Gansu).
91. Erguiul: Li an-ch'ou, heute Wu-wei (Gansu).
92. Siguy: Hsi-ning, nahe dem Koukou-nor, heute Xining (Qinghai).
93. Jaks.
94. Der Text wurde gemäß der Handschrift Fr. 5631 korrigiert.
95. Egrigaial: Provinz Ning-hsia, heute Yinchuan (Ningxia).
96. Calaciam: soll das Burgschloß der Könige von Tangut gewesen sein, bei Egrigaial, heute Yinchuan (Ningxia).
97. Es handelt sich um Lapislazuli.
98. Gasmul, nach der Handschrift Fr. 5631 korrigiert; die Gasmul sind ein Mischstamm zwischen Christen und Muslimen.
99. In der Handschrift Fr. 5631 liest man „Mugul" statt „Rangul", was eigentlich besser passen würde, da es sich um Mongolen handelt. Mit „Ung" sollen die Keraït gemeint sein, nach ihrem König Ong Khan.
100. Sindaciu: heute Xuanhua (Hebei).
101. Cyagannor. Es handelt sich um Tchaghan-nor, was in der Mongolensprache so viel bedeutet wie „weißer See", nördlich von Khanbaliq (Peking).
102. Cyandu: das alte K'ai-ping, heute Duolun bzw. Dolon-nor (Innere Mongolei), siehe Fußnote 12.
103. Taoistenmönche.
104. Ciorcia: Stammland der Mongolen.
105. Cauli: Es handelt sich um Korea.
106. Brastol: nicht identifizierte Provinz, vermutlich in der Mandschurei.
107. Sichieigny: nicht identifizierte Provinz, vermutlich in der Mandschurei.
108. Migeat: Tatsächlich handelt es sich um die Qongirat.
109. Quesitan bedeutet „die Vertrauten des Herrschers".
110. Korrigierter Text.
111. Es handelt sich um Tiger.
112. Text laut Handschrift Fr. 5631 korrigiert.
113. Caccia Modim wurde nicht genau identifiziert; das Jagdrevier des Großkhans.
114. Dieser Absatz wurde ausgelassen, um Wiederholungen zu vermeiden.
115. Es handelt sich um Kohle.
116. Pulisangin: „Poul-i-sangin" bedeutet auf persisch „die Brücke aus Stein". Nach Pelliot handelt es sich um die Brücke über den Fluß Sang-kan.
117. Hier wurde ein Satz hinzugefügt.
118. Unsere Handschrift spricht von vierundzwanzig „Mühlen" im Wasser.
119. Gingny: das heutige Zuoxian, wo sich die Straße nach Yunnan und Hang-chou gabelt; beide Strecken werden von Marco Polo beschrieben.
120. Mangi: Südchina.
121. Taianfu: heute Taiyuan (Shanxi).
122. Pianfu: Ping-yang-fu, heute Lifen (Shanxi).
123. Catay: Die von Pelliot vorgeschlagene Identifizierung dieses Ortes geht auf jene von Casiauf (Cacianfu) mit Puzhou zurück. Diese scheint jedoch nicht zu halten, da Marco Polo Casiauf nach dem Fluß situiert. Nimmt man für Casiauf Huayin an, was wahrscheinlicher ist, läge Catay zwischen Lifen (Pianfu) und dem Hwangho. Die Identifizierung mit Chi-chou, im Westen von Lifen wäre also möglich.
124. In unserer Handschrift „le roi d'Oc" (der König des Westens), es muß jedoch heißen „le roi d'Or". Gemeint ist ein König aus der Dynastie der King, was auf Chinesisch so viel heißt wie „Gold".
125. Caramoran: der gelbe Fluß der Chinesen.
126. Casiauf: wahrscheinlich Huayin in Shenxi.
127. Hier wird auf die Handschrift Fr. 5631 Bezug genommen, in der es heißt „.III. fes ans pour un gros venesien d'argent" (drei Fasane für einen venezianischen Silbergroschen), während in unserer Handschrift zu

lesen ist: „trois feseaus de gingembre pour un gros d'argent" (drei Bund Ingwer für einen Silbergroschen).

128. Quengianfu: das frühere Hsian, heute Xian (Shenxi).

129. Cuntim: die Tsin-Ling-Berge (Shenxi).

130. Achalet Mangi: Hier beziehen wir uns auf die Handschrift Fr. 5631 (in unserer Handschrift heißt es: „Chalet Mains"). Der Name heißt so viel wie „die weiße Stadt Mangi". Es handelt sich um Han-chung, heute Hangzheng (Shenxi).

131. In Anlehnung an die Handschrift Fr. 5631 hinzugefügt.

132. Sardanfu: Ssu-chuan, heute Sichuan.

133. Sindifu: heute Chengdu (Sichuan).

134. Der Commansin: der Min, ein Zufluß des Jangtsekiang.

135. In unserer Handschrift heißt es gleichlautend mit der Handschrift 5631: „Et nous dirons d'un grant flun et d'un pont grant qui…" (und wir werden euch von einem großen Fluß und einer großen Brücke erzählen, die…). Die Erwähnung des Flusses stellt zweifellos eine Wiederholung dar.

136. Dieses Tibet ist das tibetische Königreich dieses Namens, das von den Mongolen zerstört wurde und das Plancarpin Buritabet nennt, wahrscheinlich in Tsaidam und südlich von Kouchou-nou gelegen.

137. Gaindu: wohl das heutige Xichang (Sichuan).

138. Brius: Oberlauf des Jangtse, der die Grenze zwischen den Provinzen Sichuan und Yunnan markiert.

139. Caraian: das Reich Ta-li.

140. Jacin: Yunnan-fu, das heutige Kunming in Yunnan.

141. Es handelt sich um eine Kaimanart.

142. Zardandan: abhängiges Königreich in Yunnan, westlich des Saluen-Flusses. Hauptstadt Vocian.

143. Vocian, Hauptstadt Zardandans, heute Yunxian (Yunnan).

144. Korrektur nach der Handschrift Fr. 5631.

145. Betrain: Verballhornung von Uncian, steht für Zardandan.

146. Das Königreich Mien: Burma. Heute wieder unter dem alten Namen Myanmar.

147. Es sollte „province" (Provinz) heißen und nicht „valee" (Tal).

148. Hier heißt es eher „fünfzehn" und nicht „fünf", wie in der Handschrift.

149. Die Provinz Caugigu: wahrscheinlich das Reich Annam, dessen Zentrum in Tonking liegt.

150. Die Provinz Amu: wahrscheinlich das untere Tonking.

151. Die Provinz Tholoman: nach Pelliot im Nordosten von Yunnan.

152. Die Provinz Cugny: Ch'u-chou, Hsü-chu, heute Li-shui (Zhejiang).

153. Fungul: heute Yibin (Sichuan).

154. Cacanfu: heute Hejian (Hebei).

155. Die Stadt Cyanglu: heute Changlu (Shandong).

156. Die Stadt Siangly: heute Dezhou (Shandong).

157. Es handelt sich eigentlich um den großen Kanal.

158. Die Stadt Tundinfu: heute Dongping (Shandong).

159. Die Stadt Singuy Matu: heute Jining (Shandong).

160. Die Provinz Ligny: heute Xuzhou (Jiangsu).

161. Pigny: Peixien (Jiangsu).

162. Signy: Su-chou, heute Suzhou (Jiangsu), in der Rubrik unserer Handschrift fälschlicherweise „Pigny".

163. Cogingangny: Huaian auf dem großen Kanal (Jiangsu).

164. Cagny: vielleicht Ta-ch'ing-kou bei Puxian (Shanxi).

165. Faesur: es muß heißen „Faefur", die persische Bezeichnung für den Titel des Königs von China.

166. Quinsay, Hauptstadt des Reiches. Es handelt sich um King-tsai, die Hauptstadt der Song, heute Hangzhou (Zhejiang).

167. Pauchin: Baoying (Jiangsu).

168. Cayu: Gaoyou auf dem großen Kanal (Jiangsu).

169. Tigny: Taizhou (Jiangsu).

170. Signy: Suzhou (Jiangsu).

171. Jangny: das heutige Yangzhou, im Norden der Vereinigung des großen Kanals mit dem Jangtse (Jiangsu).

172. In der Handschrift fälschlich „cité" (Stadt) anstatt „province" (Provinz).

173. Manghin: Kai-feng, Hauptstadt des damaligen Südens, heute Bian-liang (Henan).

174. Sayanfu: Xiangyang am Fluß Han (Henan).

175. Singny: Yizheng am Jangtsekiang.

176. Der Fluß Hyam: Jangtsekiang oder blauer Fluß.

177. Cutuy: Guazhou (Zhejiang).

178. Chingianfu: heute Zhenjian (Jiangsu).

179. Morsaignis: es muß heißen „Mar Serguis".

180. Chingingny: Changzhou (Zhejiang).

181. Signy: Suzhou östlich von Schanghai (Jiangsu).

182. Der Hafen von Ganfu: Ganpu in der Bucht von Hangzhou (Zhejiang).

183. Zahl nach der Handschrift Fr. 5631 korrigiert. In unserer Handschrift „XVIcc mille", das heißt drei Millionen zweihunderttausend.

184. Hier wurde aus Gründen der Kohärenz nach der Hambis-Ausgabe korrigiert. In unserer Handschrift wie auch in der Handschrift Fr. 5631 heißt es fälschlich „quatre mille tonneaux d'or" (viertausend Goldfässer).

185. Aus Gründen der Klarheit korrigieren wir „tonneaux d'or" in „tomans d'or" (Goldtoman).

186. Aus Gründen der Kohärenz wurde hier korrigiert. In unserer Handschrift und in der Handschrift Fr. 5631 heißt es „..XVm. et VIIc. mille et huit" (fünfzehn Millionen und siebenhunderttausend und acht).

187. Tarpigny: Yen-chou, später Chien-te, heute Baisha (Zhejiang).

188. Vigny: Wou-chou, heute Wujiang (Zhejiang).

189. Giugny: Quxian (Zhejiang).

190. Cyanciam: Jiangshan (Zhejiang).

191. Cugny: Li-shui (Zhejiang).

192. Fugny: Gegend von Fuzhou (Fujian).

193. Galanga ist eine orientalische Pflanze, deren Wurzel anregend wirkt.

194. Quelifu: Jian'ou (Fujian).

195. Vuguen: Yen-p'ing, heute Nanping (Fujian).

196. Choucha: chinesische Provinz, möglicherweise Fujian.

197. In unserer Handschrift und in der Handschrift Fr. 5631 „marchandises de poix et de pierres" (Gewicht- und Steinwaren), was „schwere Waren" bedeuten würde. Um den Übergang zum nächsten Satz zu wahren, haben wir hier „poix" (Gewicht) in „prix" (Preis) korrigiert.

198. Sarcon: oft auch Zayton geschrieben. Es handelt sich um das heutige Zhangzhou (Fujian).

199. Tyungny: vielleicht Tö-houa (Fujian), wegen seines Porzellans.

200. Jangny: Yangzhou (Jiangsu). Siehe Fußnote 171.

201. Die Insel Sapangu: Japan.

202. Das Meer von Cim, das Chinesische Meer.

203. Cyamba: das Tchampa-Reich in Indochina.

204. Hier wurde aus Gründen der Wahrscheinlichkeit das Datum 1285 angegeben, in der Handschrift heißt es jedoch „1295".

205. Ebenholz.

206. Sandur und Condur: Poulo Condore (Inseln), gegenüber dem Mekong-Delta.

207. Sontat: Langkasuka, Reich der malaysischen Halbinsel bei Pattani (Thailand).

208. Poutain: die Insel Bintan in Indonesien.

209. Maliair: Reich an der Meerenge von Singapur.

210. Das kleine Java: Sumatra.

211. Das Königreich Falet: Perlak, Reich auf Sumatra.

212. Das Königreich Basman: Pasaman, Reich auf Sumatra.

213. Es handelt sich um Nashörner.

214. Das Königreich Samara: Sumatra.
215. Das Königreich Bangroian: Reich auf Sumatra.
216. Das Königreich Lambry: Lamreh, Reich auf Sumatra.
217. Das Königreich Fansur: Reich auf Sumatra.
218. Gavenispola und Necovran: die Nikobaren (Inseln).
219. Angamanam: die Andamanen (Inseln).
220. Maabar: die Coromandel-Küste in Indien.
221. Betelar: Patlam, Sri-Lanka.
222. Quis: Kish im Iran.
223. Hormes: Hormus im Iran.
224. Mutfili: Motupalli (Andhra Pradesh) in Indien.
225. Die Provinz Lar: Provinz im Südwesten Indiens.
226. Gemeint sind Yogis.
227. Cail: Palayakayal, bei Nagercoil (Kerala) an der Südspitze Indiens.
228. Coilun: Quilon, in der indischen Provinz Kerala.
229. Courmary: Kap Komorin an der Südspitze Indiens.
230. Ely: der Berg Delly an der Malabar-Küste bei Cannanore (Kerala), Indien.
231. Melibar: die Küste von Malabar, Indien.
232. Gazurat: das Gujarat, indische Provinz.
233. Turbit ist eine Heilpflanze.
234. Tanamy: Thana, bei Bombay.
235. Cambaet: Khambhat, Hafen im Gujarat.
236. Semenat: Somnath (Gujarat), Indien.
237. Quesmaturan: die Küste bei Karatschi (Pakistan).
238. Es muß „vierzehn" und nicht „vierundzwanzig" heißen, wie in unserer Handschrift angegeben.
239. Scaira: Sokotra, von Südjemen abhängige Inselgruppe.
240. Madagaskar: hier eine Verballhornung von Mogadischu (Somalia); der Autor macht fälschlicherweise eine Insel daraus.
241. Sansibar: Zanguebar, Ostküste Afrikas.
242. Albasien: Abessinien.
243. Die Provinz Aden: hier handelt es sich nicht mehr um den Hafen oder die Stadt Aden, sondern um das Sultanat von Adal in Harar, Äthiopien.
244. Escier: Schihr (Hadramaut) an der arabischen Küste, zwischen Aden und Dhofar.
245. Dufar: Dhofar (Oman).
246. Calatu: Qalhat (Oman).
247. Die Großtürkei: Turkestan.
248. Der Fluß Jou: der Amudarja, mit dem biblischen Fluß Gihon identifiziert.

François Avril

Das Buch der Wunder der Welt
Ms. fr. 2810 der Bibliothèque Nationale de France

Das bewegte Schicksal einer Handschrift

Seit ihrer Entstehung hat die unter dem Namen *Buch der Wunder* bekannte Handschrift begeisterte Bewunderung ausgelöst. Noch heute übt sie die gleiche Faszination auf ein breites Publikum aus, dank der Reproduktionen einer Auswahl ihrer Miniaturen. Der viel begehrte Foliant sollte ein ereignisreiches Leben führen, da er durch die Hände einiger der berühmtesten Bibliophilen des 15. Jahrhunderts ging, bevor er endgültig zu einem bis heute noch ungewissen Datum in die Bibliothek der französischen Könige gelangte.

Der Auftraggeber des Buchs der Wunder: Johann Ohnefurcht, Herzog von Burgund

So berühmt sie auch sein mag, wir besitzen heute nur selten ausdrückliche Angaben über die Entstehungsgeschichte einer mittelalterlichen Handschrift, geschweige denn genaue Daten. In dieser Hinsicht stellt das *Buch der Wunder* keine Ausnahme dar. Allerdings verschaffen uns indirekte, gleichzeitig aber auffallend betonte Hinweise in dieser außergewöhnlichen Handschrift eindeutige Klarheit darüber, daß ihr ursprünglicher Besitzer der Burgunderherzog Johann Ohnefurcht war. Einen weiteren Anhaltspunkt hierfür finden wir im zweiten Inventar der Kunstsammlungen des Jean de Berry, Onkel des Johann Ohnefurcht. Gewöhnlich führte die burgundische Buchhaltung selbst die geringste Ausgabe für Luxusgegenstände der herzoglichen Familie peinlich genau auf. Um so ungewöhnlicher für einen so wichtigen, zweifelsohne äußerst kostspieligen Auftrag ist es, daß kein einziger Abschnitt in den Registern uns über die Entstehungszeit oder die zahlreichen für dieses großartige Projekt angestellten Künstler informiert. Sie sollten acht seltene Texte über die Wunder des Fernen Ostens auf 299 großformatige Pergamentbögen (598 Seiten!) übertragen und mit einem, gewaltigen Zyklus von 265 Miniaturen illustrieren. Auch die übrigen burgundischen Archive, in denen sonst jede Spende des Johann Ohnefurcht genauestens aufgeführt ist, verschweigen dieses wahrhaft fürstliche Geschenk an Jean de Berry. Da jeder Hinweis nicht nur zum *Buch der Wunder*, sondern auch zu sämtlichen Buchaufträgen des zweiten Herzogs von Burgund fehlt, ist dies vielleicht auf den lückenhaften Zustand der burgundischen Archivdokumente zurückzuführen.[1]

Soviel ist gewiß, unsere Handschrift wird zum erstenmal in den Inventaren des Jean de Berry erwähnt: Es handelt sich um das „Inventar von 1413" genannte (siehe Anm. 2) und von Robinet d'Estampes redigierte zweite Inventar der Sammlungen dieses Fürsten. Hier finden wir die erste genaue Beschreibung des Bandes und erfahren, daß Johann Ohnefurcht ihn seinem Onkel als Neujahrsgeschenk im Januar 1413 dargeboten hatte:[2] „Dieses Buch schenkte der gnädige Herr von Burgund meinem Herrn im Monat Januar Anno 1412."

Die Qualität dieses Inventars, dessen Präzision schon oft bewiesen wurde, bürgt für die Genauigkeit dieser Aussage, die im Fall des *Buchs der Wunder* sogar anhand verschiedener anderer Quellen überprüft werden kann. Wir wissen heute jedenfalls, daß Johann Ohnefurcht den König, die Herzöge von Guyenne und Berry und andere große Persönlichkeiten des Hofes am 8. Januar 1413 in seinem Hôtel d'Artois zum Festmahl einlud.[3] Vielleicht überreichte er die Handschrift seinem Onkel bei dieser Gelegenheit. Der Sekretär des Herzogs von Berry, Jean Flamel, trug auf die Anfangsseite des Buches eine lange handschriftliche Anmerkung ein. Was die Herkunft des Geschenks betrifft, stimmt sie mit dem Inventar überein, ohne jedoch das Datum zu präzisieren: „Dieses Buch handelt von den Wundern der Welt...; dieses Buch schenkte Johann Herzog von Burgund seinem Onkel Johann, Sohn des Königs von Frankreich, Herzog von Berry...".

Bei der Untersuchung der Innenseiten der Handschrift wird in der Tat deutlich, wer ihr Auftraggeber war: Ein Porträt sowie heraldische und emblematische Zeichen, die wir unten analysieren, sind ein ausführlicher Beweis dafür, daß Johann Ohnefurcht das Buch für seinen persönlichen Gebrauch ausführen ließ, und daß es ursprünglich nicht als Geschenk gedacht war. Er trennte sich im Januar 1413 wahrscheinlich nur unter dem Druck unerwarteter politischer Umstände davon: Nachdem er fast vier Jahre lang eine wichtige Rolle innerhalb der Regierung des Reiches gespielt hatte, spürte der Herzog, daß ein ungünstiger Wind zu wehen begann, da die Armagnac-Partei wieder an Macht zu gewinnen drohte. Der ständigen Auseinandersetzungen zwischen den Fürsten müde, hatte das Parlament Karl VI. dazu überredet, die in Paris anwesenden Familienoberhäupter der Adelsgeschlechter in ihre Länder zurückzuschicken. Wahrscheinlich hoffte Johann Ohnefurcht die Neutralität oder gar die Sympathie seines Onkels, des leidenschaftlichen Liebhabers illuminierter Bücher, mit einer seiner wertvollsten Handschriften zu erkaufen. Es ist übrigens die einzige, die Jean de Berry von seinem Neffen je erhielt.

Eine überaus persönliche Handschrift

Wie alle Fürsten seiner Zeit, wollte auch Johann Ohnefurcht seiner, ihm offensichtlich sehr am Herzen liegenden Handschrift sein persönliches Zeichen aufdrücken. Aus diesem Grund wird im Buch überall demonstrativ betont, daß er sein Auftraggeber und Besitzer war. Drei Elemente unterstreichen die Identität des Fürsten: das Porträt auf fol. 226, das heraldische Dekor und vor allem eine emblematische, sorgfältig durchdachte und kalkulierte Symbolik, welche unseres Wissens die vollständigste Anthologie der sinnbildlichen Motive darstellt, die der zweite Herzog von Burgund aus dem Hause der Valois für seine Kommunikationspolitik wählte.

Abb. 1

Abb. 2

Abb. 3

Das Porträt des Johann Ohnefurcht (Abb. 1)

Auf dem fol. 226 der Handschrift, zu Beginn der *Blume der Geschichten aus dem Orient* von dem armenischen Prinzen Hayton, erscheint eine große Widmungsszene, in die der Künstler merkwürdigerweise nicht Papst Klemens V. integriert, dem die Dichtung eigentlich gewidmet war, sondern Johann Ohnefurcht selbst. Die Szene findet in einem Innenraum statt: Umgeben von seinen Höflingen empfängt der Herzog von Burgund aus den Händen des Dichters im Prämonstratensergewand das Manuskript seines Werkes. Der Empfänger ist längst mit Sicherheit identifiziert worden.[4] Dabei stützte man sich auf die Präzision des Porträts, das die Mentalität des Fürsten getreu widerspiegelt. Zwei andere Bildnisse des Herzogs können zum Vergleich herangezogen werden: Das erste – eine getreue Kopie des heute verlorenen Originals[5] – befindet sich im Louvre (Abb. 2), das zweite – ein bemerkenswertes Tafelbildchen[6] – im Museum der Schönen Künste in Antwerpen (Abb. 3). Man findet hier die gleichen physiognomischen Merkmale des skrupellosen Politikers wieder: sein scharfes, willensstarkes Profil, seinen schneidenden Blick und seinen Mund mit zusammengekniffenen Lippen. Auch zahlreiche, in der Szene verstreute heraldische und emblematische Zeichen betonen seine Identität. Erstens das Wappen des Herzogtums Burgund, das hier zweimal erscheint: Es schmückt sowohl das Tympanon des Hotels, in dem die Übergabe der Handschrift stattfindet, als auch den Überwurf der Sitzbank des Herzogs. Zweitens sämtliche seiner persönlichen Embleme: Maurerlot, Hobel und Hopfenranke sind mit Goldfäden auf den hochroten Überrock des Herzogs gestickt, während die ersten beiden als Anhänger von seiner Halskette herabzuhängen scheinen. Das Maurerlot taucht ein weiteres Mal in den kleinen runden Scheiben im Fenster auf. Der große Maler dieser Miniatur hatte ähnliche Szenen in zwei Handschriften dargestellt, die Pierre Salmon im Jahre 1410 und 1412 König Karl VI. schenkte. Wieder zeigt er sich als aufmerksamer und äußerst genauer Beobachter der prachtvollen heraldischen Gebräuche seiner Zeit und kündet hiermit Jean Fouquet an, der wie er ein großer Maler und ein exzellenter Heraldiker war. Wir kommen später genauer auf den Nachweis und die Datierung der Embleme zurück.

Das Herzogswappen

Dieses Wappen ist teilweise unter den von Jean de Berry und Jacques d'Armagnac veranlaßten späteren Übermalungen noch gut zu erkennen. Es war an strategischen Punkten innerhalb der Handschrift angebracht: zum Beispiel in den von Ornamenten geschmückten Randleisten der Anfangsseite eines jeden Textabschnittes. So befindet sich auf dem fol. 1 im Medaillon rechts unten in der Einrahmung ein Wappenschild, von einem Adler getragen. Trotz der Übermalung aus der Zeit des Jacques d'Armagnac ist das burgundische Wappen noch gut sichtbar (geviert, das erste und vierte Feld von Frankreich mit einer silber-roten Bordüre; das zweite und dritte gold-blau schrägrechtsgestreift mit einer roten Bordüre; lediglich das flandrische Wappen, golden mit einem schwarzen Löwen, das eigentlich im Herzen des Schildes erscheinen sollte, ist heute unkenntlich; Abb. 4). Der Löwe im Medaillon links unten auf der gleichen Seite hält einen ähnlichen Wappenschild. Das ursprüngliche Wappen ist allerdings vollständig von dem des Herzogs von Armagnac überdeckt (Abb. 5). Die gleichen Adler- und Löwenfiguren tauchen unten in der Randbordüre von fol. 226 auf: Auch hier ist das Wappen des Johann Ohnefurcht auf dem Schild des Adlers noch sichtbar, während es auf dem vom Löwen gehaltenen Schild von dem der Armagnacs verdeckt ist. Ansonsten erschien das burgundische Wappen in den großen Initialen zu Beginn eines jeden Textes: Auf fol. 97 ist es noch teilweise unter Jean de Berrys Wappen sichtbar, während in den Initialen der Blätter 1, 116, 136, 141, 226 und 268 nur noch mehr oder minder große Überreste davon unter den von Jean de Berry und Jacques d'Armagnac befohlenen Übermalungen zu erahnen sind.

Die Embleme des Johann Ohnefurcht

Abgesehen davon, daß manche seiner zahlreichen Embleme im *Buch der Wunder* Aufschluß über die Mentalität des Fürsten geben, verdienen sie eine aufmerksame Untersuchung hinsichtlich ihrer Datierung. Eines davon stellte sich nämlich als besonders wichtig für die Bestimmung der Entstehungszeit der Handschrift heraus. Wir wollen hier jedes einzeln untersuchen.

Die Hopfenranke

Dieses Emblem war bis vor kurzem fast unbekannt, möglicherweise, weil man seine malerischen Darstellungen oft als rein dekorativ be-

Abb. 4

Abb. 5

Abb. 6

trachtete. Wir wissen heute jedenfalls nicht, aus welchem Grund der Sohn Philipps des Kühnen diese Pflanze als persönliches Symbol wählte. Wie dem auch sei, die burgundische Buchhaltung erwähnt das älteste aller Zeichen des Johann Ohnefurcht am häufigsten. Er verwendete es zum ersten Mal im Jahr 1391, als er noch Graf von Nevers war: Damals kombinierte er das Motiv zu Ehren des Königs mit dem Ginsterzweig, der emblematischen Pflanze des von Karl VI. gegründeten Ordens.[7] In diesen ersten Zeugnissen ist vorerst nur von Hopfenblüten die Rede. Der Hopfen als solcher wird erst ab dem darauffolgenden Jahr erwähnt, wie zum Beispiel in der Quittung vom 27. Juni 1392 für die Bezahlung an den Pariser Goldschmied Perrin d'Ars: „Dem Perrin d'Ars..., 72 Franken an ihn bezahlt, für 6 Mark weißsilbernen Hopfens, welche befestigt wurden auf zwei kurzen bestickten Überröcken für den gnädigen Herrn, den Grafen von Nevers, zu 12 Franken die Mark".[8] Künftig erscheint der Hopfen ständig in Verbindung mit dem ältesten Sohn Philipps des Kühnen. Auch als er schon längst Herzog von Burgund war, bediente er sich weiterhin dieses Symbols zusammen mit anderen Emblemen (siehe unten).[9]
Manche Eintragungen weisen darauf hin, daß dieses Wahrzeichen von einem Spruchband mit dem „Motto" des Herzogs[10] begleitet wurde, dessen Wortlaut leider nie präzisiert wird. Es mit der Devise *Ich swighe* zu identifizieren, scheint verlockend. Jene steht nämlich tatsächlich auf einer um die Hopfenranke gewickelten Banderole in der Randleiste des fol. 226. Nach der Zählung von Henri David[11] jedoch enthielt das „Motto" zwölf Buchstaben, womit die aus nur neun Lettern bestehende Devise im *Buch der Wunder* wegfällt. Möglich ist, daß das Motto, auf welches die burgundische Buchhaltung anspielt, mit der Devise *Ich haltz mich* übereinstimmt. Wir finden sie in einer Handschrift des Johann Ohnefurcht in Brüssel zusammen mit dem Hopfenmotiv (Abb. 7). Wir kommen noch darauf zurück.

Die Hopfenranke zierte hauptsächlich die Kleidung des Herzogs. Mehrere Monumente im Zusammenhang mit seinem Kunstmäzenat belegen dieses Motiv allerdings ebenfalls: Es erscheint, zusammen mit Eichenzweigen, in einer von Malouel in der Chartreuse von Champmol gemalten Verzierung.[12] Die gleiche Kombination finden wir meiner Meinung nach auch in einem in Stein gehauenen Dekor im Hôtel d'Artois vor: So schmücken von Hopfenranken umschlungene Eichen den von Johann Ohnefurcht erbauten Scheitelbogen der Wendeltreppe im Lieblingswohnsitz der Herzöge von Burgund in Paris.[13] Auch einige heute nicht mehr auffindbare Goldschmiedearbeiten waren mit dem Hopfenmuster verziert. Erhalten geblieben ist der Pokal mit Deckel im Badischen Landesmuseum Karlsruhe,[14] dessen Fuß ziselierte Hopfen- und Hobelmotive schmücken (Abb. 6), eine Verbindung, die wir auch in den Handschriften wiederfinden.
Lange Zeit mit Weinranken verwechselt, ist der Hopfen als emblematische Darstellung in der Buchmalerei erst spät erkannt worden: Carl Nordenfalk fand im Jahre 1955 als erster in drei Handschriften Belege dafür.[15] Alle drei standen in mehr oder weniger engem Zusammenhang mit unserem Auftraggeber Johann Ohnefurcht.[16] Eines davon ist übrigens das *Buch der Wunder* selbst, in dem das Emblem, wie wir bereits gesehen haben, nicht nur in der linken Randleiste auf dem fol. 226 erscheint, begleitet von der flandrischen Devise *Ich swighe (Ich schweige)*. Es tritt in der Widmungsszene auf dem gleichen Blatt auch auf dem Mantel des Johann Ohnefurcht auf, wo es mit dem Maurerlot und dem Hobel abwechselt. Die mit dem Hobel kombinierte Hopfenranke, verbunden mit der Devise *Ich haltz mich*, ziert ebenfalls die Ränder des *Livre de l'information des princes*, einer anderen für den Burgunderherzog angefertigten Handschrift[17] in der königlichen Bibliothek von Brüssel (Abb. 7). Auch in der berühmten Abhandlung *Réponses* von Pierre Salmon (Bibliothèque nationale de France, Fr. 23279, fol. 119), welche dieser wohl auf Veranlassung des Herzogs von Burgund für König Karl VI. schrieb, taucht dieses Symbol auf: In einer vom Meister der *Cité des Dames* gemalten Miniatur thront Johann Ohnefurcht vor einem roten, mit Hobeln und Hopfenzweigen übersäten Wandteppich (Abb. 8).[18] Von allen Darstellungen wird die sich schlängelnde Hopfenranke mit einander abwechselnden Blättern und Blüten im *Buch der Wunder* zweifelsohne in ihrer schönsten Ausführung gezeigt.

Die Devise „Ich swighe"

Eine Variante dieser Devise wird Johann Ohnefurcht in der Chronik *Le livre des trahisons de France envers la maison de Bourgogne (Das Buch der Verrate Frankreichs gegenüber dem Hause Burgund)* zugeschrieben. Es heißt darin, daß der Herzog während seines Einmarsches in Paris im Jahre 1417 eine Standarte entfalten ließ, „welche aus vergoldetem Silber mit zwei Streifen, der eine weiß, der andere grün, ganz mit goldenen Hobeln übersät und der Länge der besagten Standarte nach mit Hobelspänen übersät war; und sein Motto, gesät zwischen diesen Streifen und an mehreren Stellen der besagten Standarte, lautet: Ic singhe".[19] Man beachte die unterschiedliche (den Sinn verändernde) Schreibweise der beiden Versionen. Vielleicht besteht die vollständige Devise des Herzogs überhaupt aus den einander abwechselnden Formen *Ich singhe*, *Ich swighe*. Dies könnte eine aufmerksame Untersuchung der Randleisten im *Buch der Wunder* bestätigen. Beide Varianten unterscheiden sich nämlich

Abb. 7

deutlich voneinander, was nicht unbedingt auf einen Übertragungsfehler zurückzuführen ist, sondern vielmehr auf einer bestimmten Absicht beruhen könnte.

Das Maurerlot

Auch dieses Emblem war ziemlich unbekannt: wahrscheinlich, weil es nur wenige gesicherte Darstellungen davon gibt (Abb. 9, 10). Erst vor kurzem untersuchte J.-B. de Vaivre[20] das dreieckige Objekt, welches sowohl im Medaillon rechts unten in der Randleiste von fol. 97 als auch im Medaillon in der linken oberen Ecke von fol. 226 im *Buch der Wunder* zu sehen ist (Abb. 11). Es erscheint ein weiteres Mal auf fol. 136v, nämlich im Mittelmedaillon der linken Senkrechtbordüre, unter der auf Geheiß des Jacques d'Armagnac gemalten Engelsfigur. Ursprünglich trat es in allen mit Ornamenten geschmückten Seitenrändern als Pendant zum Hobel (siehe unten) auf (allerdings mit Ausnahme des fol. 116). Im Buch der Wunder ist es ferner als Stickerei auf dem Gewand des Johann Ohnefurcht auf fol. 226 zu erkennen, während es auf fol. 1v des Pierre Salmon (Fr. 23279) anscheinend auf seinem Überrock in der vom Boucicaut-Meister gemalten Widmungsszene (Abb. 12) mit dem Hobel abwechselt.[21]

Der Chronist Monstrelet präzisiert Aussehen und Sinn dieses Emblems sowie die Umstände, die den Herzog von Burgund veranlaßten, es als sein persönliches Symbol zu wählen: „Am darauffolgenden Tag, am sogenannten Tag der Beschneidung Christi [1. Januar 1410, 1409 alter (französischer) Stil], des Morgens, bot der Herzog von Burgund, der allein mehr Prinzen,

Abb. 8

Ritter und Edelmänner um sich geschart hatte als alle anderen zusammen, großzügige Geschenke; und er gab allein mehr Kleinode als alle anderen an diesem Tag in Paris anwesenden Fürsten. Diese Pretiosen wurden dem Brauch gemäß an besagtem Tag zum Geschenk dargeboten. Und er schenkte sie allen Rittern und Edelmännern in seinem Gasthaus… Jene Gaben besaßen eine bestimmte Bedeutung, denn sie ähnelten einer Zirkelschnur oder einem Emblem, welches Maurerlot genannt wird, aus Gold und vergoldetem Silber, und von jedem Ende eines jeden Maurerlots hing an einem goldenen oder vergoldeten Kettchen etwas ähnliches wie ein goldenes Bleikügelchen herab. Dieses Ding bedeutete, wie man meinen könnte, daß alles, was auf ungehobeltem und indirektem Wege entstand, geglättet und in Ordnung und in gerade Reihe gebracht würde".[22] Monstrelet gibt hier das Erscheinungsdatum des Maurerlots exakt an. Seine Aussage wird von den burgundischen Archiven bekräftigt, die dieses Emblem übrigens ausschließlich für das Jahr 1410 erwähnen. So heißt es in der Abrechnung der Gesamterträge der burgundischen Finanzen durch Jean de Noident, für die Zeitspanne vom 1. Februar 1409 (1410 neuer Stil) bis zum 31. Januar 1410 (1411 neuer Stil), daß Johann Ohnefurcht am 1. Januar 1410 eine stattliche Anzahl von Maurerloten an die Adligen und Ritter seiner Partei verteilte (in der Abrechnung ist von „livel" anstatt „nivel", zu deutsch „Maurerlot" die Rede). Diese Maurerlote, alle aus Gold, waren mehr oder minder reich mit Saphiren, Diamanten und Perlen verziert, je nach Rang des Empfängers. Am 15. Januar schenkte der Herzog ein weiteres Exemplar einem Ge-

Abb. 9, 10

sandten des Spanischen Königs. Am 14. Februar des gleichen Jahres sandte er neun Stück an den Grafen von Foix und übergab ein Exemplar dem Gesandten des Königs von Aragon.[23] Weder vorher noch nach diesem Zeitpunkt erwähnen die burgundischen Abrechnungsbücher dieses offensichtlich kurzlebige Emblem. Auf diese Weise besitzen wir einen wertvollen Anhaltspunkt für die Bestimmung der möglichen Entstehungszeit des *Buchs der Wunder*: Vollendet im Januar 1413, wurde es möglicherweise schon Anfang 1410 in Auftrag gegeben. Diese beiden Daten entsprechen übrigens genau der Periode, in der Johann Ohnefurcht und seine Anhänger in Paris an der Macht waren.[24]

Der Hobel

Dies ist das berühmteste und das aufschlußreichste aller Wahrzeichen, die Johann Ohnefurcht in der als wahrhaftigen Emblemkrieg zu bezeichnenden Auseinandersetzung gegen Ludwig von Orléans führte. Es scheint, daß der Herzog es im Jahr 1406 als persönliches Symbol wählte und sogar mit dem Gedanken spielte, einen Ritterorden mit dem Hobel als Emblem zu gründen.[25] Im gleichen Jahr stellte er einen prächtigen, mit 140 Hobeln und Hopfenranken verzierten „Schal" aus Edelme-

Abb. 11

tall in Auftrag.²⁶ Am 24. März 1406 bezahlte er eine Schließe in Hobelform für seinen Sohn, den Grafen von Charolais, den zukünftigen Philipp den Guten.²⁷ Im Mai beschenkte der Herzog seinen Onkel Jean de Berry, sowie seinen Gegner Ludwig von Orléans mit jeweils einer Schließe „in Gestalt eines Hobels".²⁸ Anläßlich des Turnierfests von Compiègne im Juni 1406 trug er sein neues Emblem zum erstenmal in aller Öffentlichkeit.²⁹ Der großzügig verteilte Hobel wurde bald Zeichen der Verbündung seiner Anhänger und zierte die Standarten seiner Heerestruppen: Die burgundische Chronik *Le Livre des trahisons de France* beschreibt mit einiger Übertreibung die „hunderttausend im Winde flatternden Fähnlein, alle den Hobel als Devise des guten Herzogs Johann tragend".³⁰ Eine Zeichnung aus dem 17. Jahrhundert in der *Collection de Bourgogne* gibt ein altes Bildnis des Johann Ohnefurcht wieder.³¹ Es stellt ihn in einen mit Hobeln und Holzspänen übersäten Mantel gehüllt dar. Im *Buch der Wunder* kann man wohl einen Hobel im mittleren Medaillon der rechten Randleiste des fol. 136v erahnen, als Pendant zum Maurerlot im genau gegenüberliegenden Medaillon. Obwohl er heute nicht mehr zu sehen ist, war der Hobel vermutlich ursprünglich anstelle der von Jacques d'Armagnac veranlaßten Übermalungen in den ornamentalen Randleisten der Blätter 97 (Medaillon links oben) und 226 (Medaillon rechts oben) vorhanden. Das ihm im allgemeinen gegenübergestellte Maurerlot ist nämlich noch heute sichtbar. (Die beiden Embleme füllten wahrscheinlich auch die oberen Medaillons der Blätter 1 und 268 aus). Wie wir oben gesehen haben, zierte der Hobel als Stickerei, zusammen mit den anderen herzoglichen Emblemen, den Mantel des Johann Ohnefurcht in der Miniatur von fol. 226.³²

Abb. 12

Löwe und Adler

Zwei andere figürliche Elemente tauchen in den ornamental gestalteten Randbordüren im *Buch der Wunder* auf und müssen natürlich bei unseren emblematischen Untersuchungen mit berücksichtigt werden. Es geht dabei um die mehrmals in den Eckmedaillons der Randleisten erscheinenden Löwen- und Adlerfiguren (Abb. 4, 5). Man könnte auf den ersten Blick meinen, daß es sich ganz einfach um die Evangelistensymbole handelt. Dies wird allerdings widerlegt durch die Tatsache, daß Stier und Engel, Attribute der Evangelisten Lukas und Matthäus, stets fehlen (die Engel in manchen Medaillons wurden auf Befehl des Jacques d'Armagnac hinzugefügt und dienen lediglich als Träger von dessen Devise). Der Löwe bezieht sich in diesem Zusammenhang wahrscheinlich auf Johann Ohnefurcht selbst, und zwar in seiner Rolle als Erbe der Grafschaft

Abb. 13

Flandern.³³ Er besitzt die gleiche emblematische Bedeutung wie die Löwenfiguren aus der von Carl Nordenfalk untersuchten Handschrift *Justification* von Jean Petit.³⁴ Auf ähnliche Weise vergleicht die Chronik in Reimen mit dem Titel *La Geste des ducs Phelippe et Jehan de Bourgogne (Die Heldentaten der Herzöge Philipp und Johann von Burgund)* Frankreich mit einem Garten, den ein Löwe als Personifizierung des Burgunderherzogs³⁵ vor den Angriffen eines Wolfes rettet (d.h. vor den Anhängern Ludwigs von Orléans, dessen Emblem ein Wolf war).

Was den Adler betrifft, der bisher nie in der Emblematik des Johann Ohnefurcht erwähnt wurde, so spielt dieser zweifelsohne auf Johannes den Evangelisten als Schutzheiligen des Herzogs an.³⁶

Angesichts ihres reichen emblematischen Dekors ist diese Handschrift wohl die persönlichste, die der Herzog, ihr aktiver Auftraggeber, je besessen hatte. Sie entstand während der dramatischen Jahre, die auf die 1407 durch Johann Ohnefurcht veranlaßte Ermordung seines Cousins Ludwig von Orléans, dem jüngsten Bruder Karls VI., folgten. Diese Greueltat teilte Frankreich in zwei Lager. Die Armagnac-Partei, Anhänger der Orléans, stand somit der Burgunder Partei des Johann Ohnefurcht gegenüber.³⁷ Dieser politische Kontext hat deutliche Spuren in der Handschrift hinterlassen. Zwei im Dekor erscheinende und vom Herzog selbst im Bildnis auf fol. 226 getragene Embleme haben ganz offensichtlich eine polemische Bedeutung: Er wählte ab 1406 den Hobel (genauso wie 1410 das Maurerlot) sozusagen als Antwort auf den bedrohlichen knotigen Knüppel des Ludwig von Orléans. Ganz nebenbei gesagt, legte er bei der Wahl zweier seiner Symbole aus dem Bereich des technischen Handwerkzeugs gleichzeitig großes politisches Geschick an den Tag. Er gewann dadurch in den Reihen des Pariser Handwerkerstandes eine gewisse Zeit lang noch mehr Anhänger.

Abb. 14   Abb. 15

Der Empfänger des Geschenks: Jean de Berry

Als dritter Sohn Johanns des Guten und jüngster Bruder Karls V. war Jean de Berry, wie er zu betonen pflegte, Sohn eines französischen Königs. Er stellt ohne jeden Zweifel den raffiniertesten Bibliophilen innerhalb des Geschlechts der Valois dar, wenn nicht sogar des gesamten ausgehenden Mittelalters. Mit seinem Namen sind einige der prachtvollsten Miniaturen des späten Mittelalters verbunden, angefangen mit seinen berühmten Stundenbüchern, die ihn als einen der seltenen Mäzene dieser Epoche offenbaren, der einen ausgeprägten Kunstverstand an den Tag legte. Er war nicht nur ein außergewöhnlicher Kunstkenner, der junge Talente aufspürte, sondern unternahm auch kühne, von Geschmack zeugende Experimente, deren Besonderheit viele seiner Handschriften prägte. Er gilt bei den Kunsthistorikern längst als leidenschaftlicher Liebhaber schöner Bücher. Er war stets dazu bereit, die besten Künstler zur Verschönerung seiner Handschriftensammlung zu mobilisieren. Fast alle angesehenen Miniaturmaler, die in der mittelalterlichen Kunstgeschichte von Bedeutung waren, arbeiteten wenigstens einmal für ihn. Sowohl seine Rechnungsbücher als auch seine Inventare zeugen noch von den Namen der berühmtesten Künstler seiner Zeit, welche oft ausschließlich in seinem Dienste standen. Als junger Bibliophiler stellte er für seine *Petites Heures* den Miniaturmaler Jean Le Noir ein, den sein älterer Bruder am meisten schätzte. Etwas später spannte er seinem Bruder wiederum den anonymen Meister des *Parement de Narbonne* aus, um ihn für seine *Très Belles Heures* zu verpflichten. Auf diese erste Künstlergeneration folgten um 1390 andere entweder durch Urkunden belegte, oder auch anonym gebliebene Meister. So stellte Jacquemart de Hesdin das unvollendet gebliebene Dekor der *Petites Heures* mit verschiedenen Mitarbeitern fertig. Ihm schreiben die Inventare die meisten Miniaturen der im Jahre 1409 vollendeten Handschrift *Grandes Heures* (heute fast vollständig verloren) zu, an deren Verzierung übrigens auch der Hauptkünstler des *Buchs der Wunder* beteiligt war, und zwar ein Künstler aus dem Umkreis des Boucicaut-Meisters. Gleichzeitig mit Jacquemart engagierte Jean de Berry den hoch geschätzten Bildhauer André Beauneveu für die Dekoration seines Schlosses von Mehun-sur-Yèvre. Er ließ ihn jedoch mindestens einmal als Buchmaler für den Propheten- und Apostelzyklus seines Psalmbuchs arbeiten. Nach dem Tode seines Bruders Philipps des Kühnen im Jahr 1404 übernahm der unersättliche Sammler außergewöhnlicher Künstler drei noch junge Maler mit großer Zukunft in seinen Dienst: Es handelt sich um die Brüder Limburg, Neffen des Malers Jean Malouel. Sie waren ununterbrochen für ihn tätig, bis sie fast gleichzeitig mit ihrem Gönner im Jahre 1416 starben. Sie malten für ihren Herrn nicht nur die herrlichen Miniaturen zweier seiner berühmtesten Stundenbücher, die *Belles Heures* und die *Très Riches Heures*, sondern illuminierten auch gelegentlich ältere Stundenbücher des Herzogs.

Johann Ohnefurcht bot seinem Onkel das *Buch der Wunder*, wie gesagt, aus Berechnung als Neujahrsgeschenk im Januar 1413 dar, in dem Bewußtsein, ihn an seiner Schwachstelle zu treffen.[38] Obwohl dieses stattliche Geschenk letztendlich wohl kaum Einfluß auf den Lauf der politischen Ereignisse hatte, bereitete es seinem Empfänger zweifelsohne größtes Vergnügen. Wie in jeden neuerworbenen Codex schrieb Jean de Berry auch hier sein eigenhändiges Exlibris ein. Sein Sekretär Jean Flamel trug in Schönschrift zu Beginn des Buches ein noch feierlicheres Exlibris ein, das die im Folianten enthaltenen Texte, die Herkunft des Geschenks sowie die unzähligen Titel und Besitztümer des Herzogs von Berry aufzählt. Bei dieser Gelegenheit ließ Jean de Berry die Wappen des Johann Ohnefurcht durch sein eigenes ersetzen. Sein Wappenzeichen, „blau mit goldenen Lilienblüten übersät, und mit gezahntem rotem Rand" ist noch mehr oder minder gut erhalten auf den Blättern 1 (Initiale P), 97 (Initiale C), 136v (Initiale L), 226 (Initiale L) und 268 (Medaillon rechts oben im Rahmendekor). An manchen Stellen jedoch scheint der ursprüngliche Wappenschild durch. Jean de Berry konnte in seinem neuen Buch im wesentlichen die Hand eines Künstlers wiedererkennen, den er selbst schon vor 1409 für seine *Grandes Heures* eingestellt hatte, ohne ihm dabei jemals eine seinem Talent entsprechende Arbeit anvertraut zu haben.[39] Der Herzog sollte sich seines wertvollen Geschenks allerdings nicht lange erfreuen. Er starb am 15. Juni 1416, nachdem er machtlos der Wiederaufnahme des Kampfes um die Macht (heftiger denn je) zwischen den Armagnacs und den Burgundern beigewohnt hatte und zusehen mußte, wie bei der verhängnisvollen Schlacht bei Azincourt die edelsten Ritter Frankreichs fielen oder in englische Gefangenschaft gerieten.

Die Inventare des Herzogs von Berry erwähnen das *Buch der Wunder* zweimal. Das erste Mal beschreibt es das Inventar von 1413 mit folgenden Worten:

„Ferner ein Buch des Marco Polo über die Wunder Großasiens, Vorder- und Hinterindiens und diverse Gegenden der Welt, auf französisch in guten Form-Lettern geschrieben, sehr schön durchgehend verziert und illuminiert; und zu Beginn des zweiten Blattes steht geschrieben: *Tartars en leurs tantes*; überzogen mit verziertem Samt, mit zwei Schließen aus vergoldetem Silber, emailliert mit den Wappenzeichen des gnädigen Herrn von Burgund, und mit Holzdeckeln mit vergoldeten und schraffierten Kupfernägeln ausgestattet; dieses Buch schenkte der gnädige Herr von Burgund meinem Herrn im Monat Januar Anno 1412."[40]

Ein weiteres Mal wird es 1416 im Inventar anläßlich des Todes von Jean de Berry mit leicht veränderten Worten beschrieben und auf die

Abb. 16

recht bescheidene Summe von 125 Livres Tournois geschätzt:

„Ein Buch genannt Marc Pol, auf französisch, geschrieben in Form-Lettern, verziert und reich illuminiert, bezogen mit rotem, geprägtem Satin, mit zwei Schließen aus vergoldetem Silber, verziert mit dem Wappen des gnädigen Herrn von Burgund, mit vier goldenen Nägeln beschlagen."[41]

Nach dem Tod seines Onkels unternahm Johann Ohnefurcht anscheinend keinen Versuch, seine schönste Handschrift wieder zu erlangen. Wie wir einer Randbemerkung neben dem oben erwähnten Artikel im Inventar von 1416 entnehmen können, wurde das *Buch der Wunder* ironischerweise an den schlimmsten Feind des Burgunderherzogs weitergegeben, nämlich an Jean de Berrys Schwiegersohn, den Grafen Bernard d'Armagnac. Herr über Paris nach der Schlacht von Azincourt, sollte sich der schreckliche Kronfeldherr der Handschrift auch nicht lange erfreuen. Er starb am 12. Juni 1418 schmachvoll an den Folgen der Volksaufstände während der Einnahme von Paris durch die Anhänger des Johann Ohnefurcht, der seinerseits am 10. September 1419 auf der Montereau-Brücke fiel.

Jacques d'Armagnac, Herzog von Nemours

Das Schicksal des *Buchs der Wunder* zwischen dem Tod des Bernard d'Armagnac und dem Zeitpunkt, an dem es in den Besitz von dessen Enkel Jacques d'Armagnac, Herzog von Nemours kam, ist uns heute gänzlich unbekannt. Man kann sich allerdings leicht vorstellen, daß die Handschrift innerhalb der Familienbesitztümer der Armagnacs eifersüchtig gehütet wurde. Der Vater des Herzogs von Nemours war der jüngere Sohn des Kronfeldherrn, Bernard VIII. d'Armagnac, Graf von La Marche. Entweder erhielt Jacques d'Armagnac das Buch von seinem Onkel Johann IV. († 1450) oder von dessen Sohn, dem skandalösen Johann V., oder aber von seinem Vater selbst, dessen Vorliebe für Bücher von zeitgenössischen Zeugen belegt ist.[42] Jacques d'Armagnac, Urenkel des Jean de Berry und Bibliophiler wie er, hatte in seinen verschiedenen Residenzen (hauptsächlich im Schloß von Carlat) eine der reichsten Handschriftensammlungen zusammengetragen, die je von einem Edelmann seiner Zeit angelegt worden war.[43] Für die Illuminierung seiner Bücher stand der Miniaturmaler deutscher Herkunft, Evrard d'Espinques, in ständigem Dienst. Von Zeit zu Zeit wurden berühmte Künstler, wie Jean Fouquet herangezogen. Jener vollendete für Jacques d'Armagnac das von seinem Vorfahren Jean de Berry geerbte zweibändige Exemplar der *Antiquités Judaïques*.[44] Der Herzog von Nemours hatte also allen Grund, sich für den kostbaren Folianten aus seinem Familienerbe zu interessieren. Seiner Gewohnheit entsprechend ließ er seine Eigentumszeichen an verschiedenen Stellen der Handschrift einfügen. Sein Wappen taucht häufig auf. Es ist geviert und wird folgendermaßen blasoniert: „das 1. und 4. Feld blau mit drei goldenen Lilienblüten, mit einem roten Schrägrechtsbalken mit drei silbernen Löwenjungen;[45] das 2. und 3. Feld nochmals geviert, das 1. und 4. Feld silbern mit einem roten Löwen, das 2. und 3. Feld rot mit dem schreitenden goldenen Löwen der Armagnacs". Ein solches Wappen überdeckt das des Johann Ohnefurcht auf den Blättern 1 (gehängt um den Hals des Löwen im Medaillon der linken Ecke unten in der Randbordüre), 116 (Initiale S), 136v (Medaillon links unten), 141 (Initiale C), 226 (Medaillon links unten, um den Hals eines Löwen hängend, anstelle des ursprünglichen Wappens) und 268 (Initiale C). Auf Jacques d'Armagnac gehen außerdem einige oft radikale Umgestaltungen zurück, die hauptsächlich die Medaillons in den Randleisten der Anfangsseiten der verschiedenen Textabschnitte betreffen. So zum Beispiel die beiden halbfigurigen Engel mit Banderolen in den beiden oberen Medaillons der Rahmenleiste auf fol. 1, oder die mit scheinbar unzusammenhängenden Lettern verzierten Banderolen der Medaillons auf den Blättern 97, 136v, 226 und 268.[46] Der Schnitt des Folianten wurde zu dieser Zeit mit großen gotischen Buchstaben verziert.[47] Die gleichen Buchstaben in derselben Reihenfolge sind auf dem Schnitt zweier anderer, für den Herzog von Nemours angefertigter Handschriften etwas besser zu lesen: auf den Manuskripten der Bibliothèque nationale Fr. 22 und 25 steht geschrieben IOAH(N?)/ TEMI(?)/ RDVF. Eine Variante davon taucht auf einer Banderole auf fol. 1 des Manuskripts Fr. 93 auf. Sie begleitet den Wappenschild des Herzogs von Nemours (heute von einem bourbonischen Wappen überdeckt). Deslisle entzifferte folgende Lettern: IOAN/ TEMS/ RDVF.[48] Am Ende des *Buchs der Wunder* befinden sich zwei andere für die Bücher aus dem Besitz des Jacques d'Armagnac charakteristische Merkmale: auf dem fol. 299v, unter dem eigenhändigen Exlibris des Jean de Berry (*Ce livre est au duc de Berry, Jehan/Dieses Buch gehört dem Herzog von Berry, Johann*) kann man mit Hilfe von Ultraviolettstrahlen die Reste eines weiteren Exlibris erkennen. Dank einer ähnlichen Inschrift am Ende des zweiten Bandes der *Antiquités Judaïques* (N.a.fr. 21013) kann es rekonstruiert werden: *Et de présant [à son fiz le duc de Nemouz], comte de la Marche – Jaques* (*Und als Geschenk [seinem Sohn, dem Herzog von Nemours], dem Grafen von La Marche – Jacques*).[49] Darunter steht: *Pour Carlat (Für Carlat)*, was darauf hinweist, daß diese Handschrift einst im Lieblingsschloß von Jacques d'Armagnac aufbewahrt wurde. Auf dem Rückendeckel des Einbandes steht in großen gotischen Buchstaben ein Vermerk über An-

Abb. 17

Abb. 18

zahl der Blätter und Miniaturen der Handschrift nach einer Formel, die in den meisten Büchern des Jacques d'Armagnac zu finden ist: *En ce livre a CCCX feuilles, istoires IIc LXVI (Dieses Buch enthält 310 Blätter und 266 Miniaturen)*. Ebenfalls aus seiner Zeit stammt die Miniatur des fol. 42v, deren Stil die Hand seines Hausmalers Evrard d'Espinques verrät.

Das klägliche Ende des „armen Jacques" ist bekannt. Seiner ständigen Intrigen und Verrate müde, ließ Ludwig XI. ihn am 4. August 1417 auf dem Grève-Platz in Paris hinrichten.[50] Die Bücher des Herzogs von Nemours wurden daraufhin in alle Winde zerstreut.

Die Ankunft der Handschrift in den königlichen Sammlungen

Das Schicksal des *Buchs der Wunder* zwischen dem Tod von Jacques d'Armagnac und seiner Ankunft in den königlichen Kunstsammlungen bleibt bis heute im Dunkeln. Es wäre zu erwarten, daß der Foliant, so wie die meisten frühzeitig in die königliche Bibliothek gelangten Handschriften des Herzogs von Nemours, durch Pierre de Beaujeus Hände gegangen sei. Jener war nämlich der Hauptnutznießer der erbeuteten Bibliothek des Jacques d'Armagnac.[51] Pierre de Beaujeu, der jüngere Bruder des Jean II. de Bourbon (auf den er 1488 als Herzog von Bourbon folgte), war König Ludwigs XI. Schwiegersohn. Zum Dank für seine Treue war ihm die Hand von dessen Tochter Anne de France bewilligt worden: Er spielte nämlich eine wesentliche Rolle, als der rebellische Herzog von Nemours sich im März 1476 ergab. Aus diesem Grunde durfte er sich auch den besten Teil der Büchersammlung seines Gefangenen aneignen. Ihre Überbleibsel fielen seinen Waffenbrüdern Tanneguy du Chastel, Herr von La Bellière, und Jean du Mas, Herr von Lisle, zu.[52] In den in Moulins und Aigueperse im Jahre 1507 nach Pierre Beaujeus Tod aufgestellten Inventaren sucht man jedoch vergeblich nach einer Beschreibung, die den verschiedenen Tex-

Abb. 19

ten im *Buch der Wunder* entsprechen würde, geschweige denn dem ersten über Marco Polos Reisen.[53] Auch im Manuskript selbst findet man nicht die geringste handschriftliche oder heraldische Spur, die von seinem kurzen Aufenthalt in den bourbonischen Sammlungen zeugen würde. Wir müssen also notgedrungen daraus schließen, daß das *Buch der Wunder* gar nicht auf diesem Wege in die königlichen Besitztümer gelangte. Es bleiben nun zwei Möglichkeiten bestehen: Als die Sieger des Herzogs von Nemours sich die Bibliothek von Carlat als Beute teilten, schätzten sie den Folianten möglicherweise für zu kostbar ein und überbrachten ihn aus diesem Grunde dem König. Somit wäre er schon zu dieser Zeit in die königlichen Kunstsammlungen aufgenommen worden. Allerdings erlaubt es kein handschriftliches Zeichen im Buch (wie zum Beispiel eine Signatur oder ein Exlibris), an dieser Annahme festzuhalten. Meine Kollegin Marie-Pierre Laffitte hat kürzlich auf dem Vorderdeckel des Folianten eine alte Signatur entziffert: Es handelt sich um die Zahl „69" in einer länglichen Schrift aus dem 16. Jahrhundert. M.-P. Laffitte stellte außerdem fest, daß im Département des Manuscrits alle aus dem alten königlichen Fonds stammenden Handschriften mit Verzeichnisziffern in der gleichen Schrift einer Privatbibliothek von König Franz I. angehört hatten. Obwohl kein Katalog mehr vorhanden ist, kann man sie dank dieser Nummern rekonstruieren. Die Zugehörigkeit des *Buchs der Wunder* zur persönlichen Bibliothek des Siegers von Marignan ist ein möglicher zweiter Anhaltspunkt, um die Stationen der Handschrift nachzuvollziehen. Tatsächlich wird im Bücherinventar von 1497 anläßlich

Abb. 19 a

des Todes von Karl, dem Grafen von Angoulême und Vater von Franz I., eine Handschrift mit dem Titel „Das Buch der Wunder der Welt" erwähnt. Sie mit dem *Buch der Wunder* zu identifizieren, liegt nahe.[54] Eine solche Gleichsetzung bleibt allerdings wegen der Ungenauigkeit des Inventars von 1497 sehr problematisch. Dies wäre übrigens das einzige bekannte Beispiel einer Handschrift des Jacques d'Armagnac, die in die Hände des Grafen von Angoulême geraten wäre.
Jedenfalls stammt das Inhaltsverzeichnis auf dem Vorderdeckel aus der Zeit von König Franz I. Es lautet wie folgt:

„Das Buch der Wunder der Welt enthält sechs Autoren: *Marc Pol* (Marco Polo), *Frère Oderic mineur* (Bruder Odorico vom Minoritenorden), *Cardinal Taleran*, *Guillaume de Mandeville* („Wilhelm" von Mandeville), *Frère Jehan Hayton* (Bruder Johann Hayton), *Frere bicul prescheur* (Bruder *bicul* – d.h. Ricold – vom Predigerorden)."

Diese Inschrift erscheint ein weiteres Mal fast identisch auf dem Recto des vorderen Spiegels der Handschrift. Dort folgt ihr ein Vermerk in einer Schrift aus dem 19. Jahrhundert, wahrscheinlich von der Hand des Gelehrten Paulin Paris, Bibliothekar im Cabinet des Manuscrits von 1829 bis 1871.
Die Bücher, welche zur persönlichen Bibliothek von König Franz I. gehört hatten, scheinen erst spät in die allgemeine königliche „Bücherei" integriert worden zu sein. Auf jeden Fall erscheint eine recht ausführliche Beschreibung unserer Handschrift erst während der zweiten Hälfte des 16. Jahrhunderts im Inventar der

Abb. 20, 21

Königsbibliotheken.⁵⁵ Fortan können wir sie in den aufeinanderfolgenden Inventaren der königlichen Handschriftensammlungen verfolgen: Inventar von 1622 durch N. Rigault,⁵⁶ Inventar von 1645 durch die Brüder Dupuy,⁵⁷ Inventar von 1682 durch Nicolas Clément.⁵⁸ Der königliche Stempel zu Anfang und am Ende des Buches stammt aus der zweiten Hälfte des 17. Jahrhunderts.⁵⁹ Ebenfalls Ende des 17. Jahrhunderts bekam das *Buch der Wunder* seinen festen, mit dem Königswappen verzierten Einband aus gelbem Saffianleder.⁶⁰

Kodikologische und paläographische Beschreibung des Buchs der Wunder

Kollationierung

In seinem heutigen Zustand stellt das Buch der Wunder eine imposante und verhältnismäßig dicke Handschrift dar. Es besteht aus 307 Blättern (wenn man die Vorsatzblätter mitzählt) mit den Maßen von etwa 421 x 300 mm. Der Foliant enthielt ursprünglich wohl noch drei weitere Blätter, wenn man der Inschrift aus der Zeit des Jacques d'Armagnac auf dem Hinterdeckel Vertrauen schenkt, in der von 310 Blättern die Rede ist. Der Text selbst erstreckt sich über 301 Blätter, die im 18. Jahrhundert foliiert wurden. Diese Foliierung ist allerdings feh-

Abb. 22

lerhaft (von 1 bis 299), da zwei Blätter übergangen wurden: das eine zwischen den Blättern 80 und 82, das andere zwischen den Blättern 154 und 156 der modernen Zählung. Dem Text geht ein Binio voraus, mit anderen Worten eine Lage aus vier Seiten. Die erste Seite ist heute am inneren Vorderdeckel angeklebt, die beiden nächsten sind ohne Foliierung geblieben, während die letzte mit Bleistift mit dem Buchstaben A versehen wurde. Zwei Vorsatzblätter ohne Seitenzahl schließen den Folianten. Die Lagenformel des Textes lautet wie folgt: I⁸, II⁸, III⁸, IV⁸, V⁸, VI⁸, VII⁸, VIII⁸, IX⁶, X⁸, XI⁸, XII⁸, XIIa¹, XIII⁸, XIV⁸, XV⁸, XVI⁸, XVII⁸, XVIII⁴, XIX⁸, XX⁸, XXI⁸, XXII⁸, XXIII⁸, XXIV⁸, XXV⁸, XXVI⁸, XXVII⁸, XXVIII⁸, XXIX⁴, XXX⁸, XXXI⁸, XXXII⁸, XXXIII⁸, XXXIV⁸, XXXV², XXXVI⁸, XXXVII⁸, XXXVIII⁸, XXXIX⁸. Die Lagen bestehen also hauptsächlich aus Quaternionen, außer bei vier Lagen: Die Lage IX ist ein Ternio, XVIII und XXIX sind Binionen und XXXV ist ein Bifolium. Die Lage XIIa stellt einen besonderen Fall dar: Es handelt sich um ein Einzelblatt vor dem fol. 96, das der Lage XII anscheinend beigefügt wurde, damit darauf das Ende von Marco Polos Reisebericht Platz finden und der Text von Odorico von Pordenone am Anfang einer neuen Lage beginnen konnte.

Jede Lage ist am unteren Blattrand der letzten Seite mit einem Reklamanten versehen, mit Ausnahme der untypischen Lagen XVIII, XXIX und XXXV sowie der Schlußlage XXIX. Die Lage XIIa besitzt ebenfalls einen Reklamanten, der jedoch in einer anderen Schrift geschrieben ist: in Bastarda. Alle Reklamanten der Lagen I bis XXXIV sind nämlich in der gleichen gotischen Buchschrift gehalten wie der Text selbst und außerdem mit einem feinen

Abb. 23

Tintenstrich rechteckig umrahmt, das an seiner Außenkante teilweise mit Kugelmotiven verziert ist. Die Reklamanten der Lagen XXXVI bis XXXVIII sind in Bastarda geschrieben, ohne Einfassung, was gleichzeitig einem Schriftwechsel entspricht, der darauf zurückzuführen ist, daß ein neuer Kopist den ersten Schreiber ab dem fol. 268 bis zum Schluß abgelöst hat.

Schriftspiegel und Anordnung des Dekors

Die dem Text und den Illustrationen zugedachte Fläche, von zwei senkrechten und zwei waagerechten Linien eingefaßt, beträgt etwa 245 x 160 mm. Kopf- und Fußsteg der Seiten sind jeweils 58–60 mm und 115–118 mm hoch, während die Seitenstege links und rechts 53 und 90 mm breit sind. Die Schrift steht auf 40 Zeilen pro Seite, auf brauner Tintenlinierung mit Zeilenabständen von 6 mm. Ein Kopftitel in blauer Tinte bezeichnet alle Recto- und Versoseiten am oberen Rand.

Das Layout für die Illustrationen ist regelmäßig: Eine großformatige Miniatur leitet sieben der acht in diesem Band enthaltenen Texte ein. Wie die folgende Tabelle zeigt, sind ihre Maße relativ einheitlich, mit Ausnahme der ersten, die um einiges höher ist als die anderen:

fol. 1: 189 x 160 mm
fol. 97: 170 x 160 mm
fol. 116: 170 x 160 mm
fol. 136v: 168 x 160 mm
fol. 141: 80 (mit Randschmuck)/ 170 (ohne Randschmuck) x 160 mm
fol. 226: 171 x 160 mm
fol. 268: 170 x 160 mm

Abb. 24

Abb. 25

Abb. 26

Ein Randdekor aus üppigen Pflanzenmotiven mit Vierpaßmedaillons in den Ecken faßt jede dieser großformatigen Miniaturen ein. Der Text beginnt jeweils mit einer sieben Zeilen hohen Initiale. Innerhalb der Texte gehorchen die Malereien einem gewissen Rhythmus, trotz ihrer unregelmäßigen Aufteilung. Als ob der Schreiber die Anweisung bekommen hätte, auf jedem Blatt Platz für Illustrationen zu lassen, sind nur selten mehr als zwei aufeinanderfolgende Seiten nicht illustriert. So wurde der 95 Seiten lange Bericht Marco Polos mit 84 Miniaturen verziert (wenn man das Frontispiz mitzählt). Was für die großen Miniaturen auf den Anfangsseiten der Texte galt, trifft auch für die zweite Bildkategorie zu: Ihre Breite, vom Schriftspiegel abhängig, beträgt 160–162 mm, während ihre Höhe, je nach dem im Text ausgesparten Platz, zwischen 98 und 112 mm variiert (die Illustration auf fol. 7 ist sogar nur 81 mm hoch). Diese Miniaturen sind immer an den Anfang eines Kapitels gestellt und illustrieren im allgemeinen einen Höhepunkt daraus (nur ausnahmsweise betrifft das Sujet der Miniatur das vorangehende Kapitel, wie zum Beispiel die letzte den Marco Polo illustrierende Szene von fol. 95v, welche sich auf eine Episode der Blätter 94v–95 bezieht). Jedes Kapitel wird von einer Rubrik in roter Tinte eingeleitet (die normalerweise unter der Miniatur, manchmal auch über ihr erscheint). Wenn zu Beginn eines Kapitels eine Miniatur steht, beginnt der Text mit einer sechs Zeilen hohen Schmuckinitiale, begleitet von einem Rankenausläufer mit Vignetten (unter dem im Mittelalter geläufigen Terminus „Vignette" versteht man das kleine stachelige, dem Weinblatt nachempfundene Blättchen, das ab dem 14. Jahrhundert typisch für die Pariser Buchkunst war. Es verbreitete sich bald in ganz Frankreich und sogar außerhalb der französischen Grenzen, insbesondere

in der Lombardei). Sollten mehrere sehr kurze Kapitel dicht aufeinander folgen, ist meist nur eines, nämlich das erste, wie auf fol. 86v, mit einer Illustration versehen, während die anderen lediglich mit einer drei Zeilen hohen Zierinitiale und einer Rubrik dekoriert sind.

Im allgemeinen gibt es zwischen Text und Bild keine Unterbrechung. Immer dann, wenn ein Kapitel am Ende einer Seite aufhörte, ohne genügend Platz für die Illustration des nachfolgenden Kapitels zu lassen, war die Verteilung der kleineren Miniaturen im Text jedoch problematisch. Der Schreiber ließ dann das Ende einer solchen Seite frei und sparte auf der nächsten Seite oben einen Platz für das Bild aus. In einem solchen Fall steht die Rubrik schon am Ende des vorhergehenden Kapitels. Ein Beispiel dafür liefert uns das fol. 2v, dessen fünf letzte Zeilen freigeblieben sind, während die Illustration des folgenden Kapitels oben auf das fol. 3 verschoben wurde (vergleiche fol. 16–16v, 19–19v, 20–20v, 22–22v, 23v–24, 25–25v etc.). Man beachte außerdem, daß die Miniaturen den für sie im Text ausgesparten Platz immer möglichst ganz ausfüllen und oft nur ein winziger Abstand zwischen Text und Bild bleibt. Die einzige Ausnahme bildet das fol. 3v, auf dem eine ganze Zeile zwischen dem unteren Rand des Bildes und dem Anfang des Kapitels freigelassen wurde: Um einen Freiraum zu vermeiden, hat der Buchmaler ihn mit ungewöhnlichem Blattdekor gefüllt.

Schrift

Die Abschrift der Texte im *Buch der Wunder* ist das Werk zweier Schreiber, von denen der Kopist A den Großteil ohne Unterbrechung bis zum fol. 267 übernahm, um für die letzten vier Lagen (fol. 268–299) vom Kopisten B abgelöst

zu werden, der sich vom ersten deutlich unterscheidet: Der kräftigen, ebenmäßigen Schrift mit abgerundeten Formen in bräunlicher Tinte des ersten Schreibers steht die eckige, mehr langgestreckte Schreibweise seines Kollegen gegenüber, welche der *Libraria* liturgischer Bücher recht ähnlich ist. Auch ihre Reklamanten unterscheiden sich, wie wir gesehen haben, deutlich voneinander.

Die Maler des Buchs der Wunder

Daß die Ausführung des gewaltigen (und ikonographisch außergewöhnlichen) Miniaturenzyklus der von Johann Ohnefurcht in Auftrag gegebenen Handschrift viele Schwierigkeiten bereitete, kann man sich leicht vorstellen. Denn die 265 Szenen beschwören eine unbekannte Welt sowie die Bewohner und Sitten exotischer Gegenden herauf, in die sich bis dahin nur wenige Menschen aus dem Abendland vorgewagt hatten. Die verschiedenen, einander abwechselnden Malstile im *Buch der Wunder* zeigen, daß auf ein umfangreiches Team von Künstlern zurückgegriffen werden mußte, um diese eindrucksvolle Miniaturenreihe in einem annehmbaren Zeitraum fertigstellen zu können, ohne die Geduld des Herzogs von Burgund zu überspannen. Abgesehen von der Illustration auf fol. 42 (die Jacques d'Armagnacs Buchmaler nachträglich hinzufügte und die wir hier nicht berücksichtigen), können wir fünf unterschiedliche Stilgruppen erkennen, wobei sich innerhalb der zwei Hauptgruppen mehrere zweitrangige Mitarbeiter betätigten.

Auf den ersten Blick wird deutlich, daß nicht jeder an diesem Unternehmen beteiligte Künstler (oder jede Künstlergruppe) gleichermaßen zur Ausstattung dieses Manuskripts beitrug. Bis heute gilt, daß der Löwenanteil

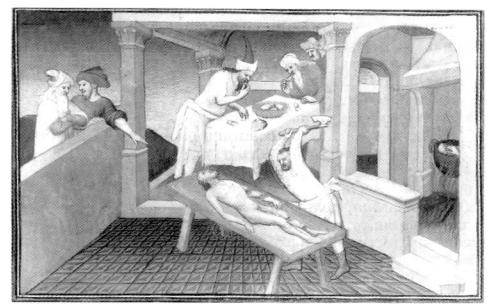

Abb. 27, 29

dem großen anonymen Buchmaler zu verdanken ist, der unter dem Namen Boucicaut-Meister bekannt ist (benannt nach seinem Meisterwerk, den *Heures du Maréchal de Boucicaut* im Musée Jacquemart-André). Er allein konnte 132 Miniaturen der Handschrift mit seinem Stil prägen, obwohl er diese meist nicht vollständig ausgeführt hat. Sein Beitrag verteilt sich übrigens am besten über die ganze Handschrift, da er in 22 von 39 Lagen erscheint. Im folgenden werden Lage für Lage alle der ersten Gruppe angehörenden Miniaturen aufgelistet (die Blätter mit einer großformatigen Malerei zu Beginn eines neuen Textes sind fettgedruckt):

Lage I: fol. **1**, 2, 2v, 3, 3v, 4, 4v, 5, 6, 7, 8; Lage II: fol. 9, 10, 10v, 11v, 12, 12v, 13v, 14v, 15v, 16v; Lage III: fol. 18, 18v, 20v, 21v, 23; Lage XI: fol. 80, 81/82, 83, 84, 85, 86v, 87; Lage XII: fol. 88, 89v, 91, 92, 93v, 95v; Lage XIII: fol. **97**, 104; Lage XIV: fol. 105, 105v, 106, 106v, 107, 108, 108v, 109v, 110v; Lage XV: fol. 113, 114, 115, **116**, 117, 118v, 119v; Lage XVI: fol. 122, 124, 125, 126, 128; Lage XVII: fol. 129v, 131v, 132v, 133, 134, 134v; Lage XVIII: fol. **136v**, 137v, 139, 139v; Lage XIX: fol. **141**; Lage XX: fol. 151, 153, 153v, 154v, 157v; Lage XXI: fol. 159, 161v, 163, 164, 165v; Lage XXII: fol. 167, 168, 168v, 170, 171, 171v, 173; Lage XXIII: fol. 174, 175v, 177, 178, 178v, 179v, 180, 181; Lage XXVI: fol. 198, 199v, 200v, 201, 201v, 203, 204, 205; Lage XXVII: fol. 206, 207, 208, 208v, 209, 210v, 211v, 212, 213; Lage XXVIII: fol. 214, 215, 216, 217, 218, 219, 219v, 220, 221; Lage XXIX: fol. 222, 223, 224; Lage XXX: fol. **226**, 233, 233v; Lage XXXVI: fol. **268**, 275.

Die zweitwichtigste Stilgruppe umfaßt nur 63, über elf Lagen verteilte Miniaturen:

Abb. 28

Lage III: fol. 17, 19v, 22v, 24; Lage IV: fol. 25v, 26, 27, 28, 29v, 30v, 31v; Lage V: fol. 33, 34, 36, 37, 38, 39, 40; Lage VI: fol. 41, 42, 44, 45, 46v, 47v; Lage VII: fol. 49, 50, 51, 52v, 54, 55v; Lage VIII: fol. 58, 59, 59v, 61, 62v, 64; Lage IX: fol. 67, 69; Lage X: fol. 71, 72, 73v, 74v, 76v, 78; Lage XIX: fol. 142v, 144, 146, 147; Lage XXIV: fol. 182, 183v, 184, 185, 186, 186v, 188, 188v; Lage XXV: fol. 190v, 191, 192, 193, 194v, 195v, 197.

Wir kommen später auf die Probleme zurück, welche die Stilanalyse der Miniaturen in diesen beiden ersten Gruppen sowie die Identifizierung ihres Urhebers (oder ihrer Urheber) aufgeworfen haben.

Die drei übrigen Künstler sind offenbar nur herangezogen worden, um die im Zyklus noch fehlenden Illustrationen schnell zu ergänzen. Ihre Arbeit beschränkt sich nämlich im wesentlichen auf die letzten beiden Texte des Bandes (Hayton und Ricold von Montecroce). Sie waren übrigens unterschiedlich begabt. Der erste war für 38 Miniaturen verantwortlich (davon drei in der Lage XIII zu Beginn des Textes von Odorico von Pordenone, die übrigen in den Lagen XXX, XXXI, XXXVII, XXXVIII und XXXIX). An seinen schlecht proportionierten Figuren, seinen ungeschickt konstruierten Architekturen und an seinen unangenehm schrillen Farben (Abb. 14) erkennen wir einen mittelmäßigen Buchkünstler (fol. 98v, 102, 103, 227, 228, 228v, 229v, 230, 231, 232, 234, 234v, 235, 236, 237, 238, 239, 240, 241, 276, 277v, 278v, 280, 281, 282, 283, 284, 286v, 287, 290v, 291, 291v, 292, 292v, 293v, 294v, 296v, 299). Der Meister, dem die Verantwortung für die Illustration der Handschrift oblag, ließ diesen Stümper zweifelsoh-

Abb. 30

ne nur ungern ans Werk. Unvergleichlich besser ist der Maler der 24 Szenen in den Lagen XXXII bis XXXV (fol. 242v, 243, 244, 245, 245v, 246v, 247v, 248v, 249, 250v, 251v, 253, 254v, 255, 256, 257, 258, 258v, 260, 261, 262, 263, 265, 266). Seine elegante, kräftige Linienführung und die raffinierte Farbgebung bilden einen angenehmen Kontrast zu den Bildern des vorangehenden Meisters (Abb. 15). Der letzte am Miniaturenzyklus beteiligte Buchmaler hat die sieben Illustrationen der Lage XXXVI (fol. 269, 270, 270v, 271, 272, 274, 274v) geschaffen. Obwohl sein Zeichenstil nicht ganz so gefällig ist, beherrscht er durchaus sein Handwerk (Abb. 16). Innerhalb der Pariser Produktion jener Zeit haben die Illustratoren der letzten Lagen des *Buchs der Wunder* keine weiteren Spuren hinterlassen (zumindest sind mir bis heute keine anderen, ihnen mit Sicherheit zuzuschreibenden Werke bekannt). Eine Ausnahme bildet jedoch der zweite Maler, dem ich die Miniatur aus der Handschrift mit Cuveliers Gedicht über du Guesclin und einige Szenen aus dem Boccaccio des Johann Ohnefurcht in der Bibliothèque de l'Arsenal zuordnen möchte.[61]

Format und Farbgebung

Bemerkenswert ist, daß alle Miniaturen, mit Ausnahme derer, die zu Beginn eines jeden neuen Textes stehen, das gleiche Format aufweisen: Es handelt sich um ein waagerechtes, längliches Rechteck, welches 160 mm breit und zwischen 81 und 112 mm (meistens aber etwa 90–95 mm) hoch ist. Dieses Format stellte keine echte Neuerung für die Pariser Buchkunst dar. Wir besitzen nämlich ab 1320–1330 einige Beispiele dafür in illumi-

Abb. 31

Abb. 32

Abb. 33

nierten Handschriften aus der Hauptstadt; und im 13. Jahrhundert war es in England für die Illustrierung von Apokalypsen längst geläufig. Trotzdem nutzten die Pariser Buchkünstler erst ab Anfang des 15. Jahrhunderts alle seine Möglichkeiten aus, die es für die Raumwirkung der darzustellenden Szenen bot. Ein Zeitgenosse des Boucicaut-Meisters, der Meister der *Cité des Dames*, bevorzugte dieses Format vor allem für eines seiner frühesten Werke, Le *Chevalier errant* von Thomas de Saluces, welches er zweifelsohne vor 1404 ausführte.[62] Ferner benutzte er es im *Decameron* der Vatikanischen Bibliothek, eine für Johann Ohnefurcht bestimmte (übrigens fast zur gleichen Zeit wie das *Buch der Wunder* entstandene) Handschrift,[63] und schließlich für das Buch *Des claires et nobles femmes* in der Gulbenkian-Stiftung in Lissabon.[64] Er scheint dieses querrechteckige Format allerdings nur aus rein praktischen Gründen gewählt zu haben, da es ihm erlaubte, in einem einzigen Raum zwei verschiedene Episoden der Erzählung nebeneinanderzustellen. Dies wird noch einmal in einem Spätwerk wie dem *Decameron* im Vatikan deutlich. Von ganz anderem Naturell war der Hauptkünstler im *Buch der Wunder*, der dem Boucicaut-Meister nahestand, ohne mit ihm identisch zu sein: Er nutzte aufs beste alle Möglichkeiten, die das waagerechte, langgestreckte Format bot. Seine geschickt variierten räumlichen Kompositionen sind Schauplatz für harmonische, einheitliche Szenen. In dieser Hinsicht heben sich die unter seiner Anleitung ausgeführten Miniaturen deutlich von denen der anderen an der Handschrift beteiligten Kollegen ab.

Unser Künstler wählte übrigens eine besondere Maltechnik, nämlich die auf das 14. Jahrhundert zurückgehende Grisaillemalerei, die er in verfeinerter Art anwendete.[65] Seine in verschiedenen Weißtönen gekleideten Figuren stechen innerhalb der farbigen Stimmung des restlichen Bildes deutlich hervor. Manchmal jedoch wechseln farbige Gewänder mit den vorherrschenden farblosen Kleidern ab, um eine monotone Wirkung zu vermeiden. Auch hier wurde das Beispiel des Meisters nicht überall von seinen Mitarbeitern (selbst aus unmittelbarster Umgebung) befolgt. Manche Illustrationen der obengenannten zweiten Gruppe brechen fast vollständig mit der von ihm gewünschten Farbgebung. Im Vergleich zu den für die Boucicaut-Gruppe charakteristischen verhaltenen Farbtönen, wirken die Szenen der Blätter 17, 19v, 22v, 52v, 55, 64 und 74v fast bunt, um nur die Illustrationen aus Marco Polos Erzählung aufzuführen. Jedoch entdecken wir innerhalb dieser zweiten Miniaturengruppe einige der vorzüglichsten Beispiele für Grisailletechnik von einem talentierten Koloristen (fol. 44, 45, 51, 54). Die drei am Schlußteil der Handschrift beteiligten Buchmaler berücksichtigten am ehesten die Farbgebung des Boucicaut-Meisters, wobei der Urheber der Lagen XXXII bis XXXV, wie gesagt, der begabteste war.

Der Miniaturenstil

Die letzten drei Bildgruppen sind einheitlicher Ausführung und können scheinbar jeweils einem einzigen Künstler zugeschrieben werden, der sie von Anfang bis Ende ausgeführt hat. Dies gilt nicht für die Szenen der ersten beiden Gruppen. Jene weisen komplexe und in beiden Fällen unterschiedliche Malstile auf, die wir nun näher untersuchen wollen.

Die Boucicaut-Gruppe

Der wesentliche Teil der Illustrationen des *Buchs der Wunder* wird allgemein dem großen anonymen Künstler zuerkannt, dessen Werk Durrieu 1906 neu zu gruppieren begonnen hatte. Durrieu taufte ihn den Meister der *Heures du Maréchal de Boucicaut*, nach seinem wichtigsten Werk, dem Stundenbuch einer am Hofe Karls VI. angesehenen Persönlichkeit, Jean II. Le Meingre, genannt Maréchal de Boucicaut (Paris, Musée Jacquemart-André, ms. 2). Es geht hier nicht um einen einfachen Handwerker, sondern um einen wirklichen Maler, der ohne Zweifel einer der größten Neuerer unter den Künstlern Nordeuropas vor den Brüdern Van Eyck war. Und seit Durrieus Studie bestätigten einige Kunsthistoriker seine Bedeutung innerhalb der Pariser Buchmalerei während des ersten Viertels des 15. Jahrhunderts und seinen Einfluß auf seine Zeitgenossen sowie auf die folgende Künstlergeneration. Immer mehr neue Handschriften wurden ihm zugeordnet, so daß die sehr ausführliche Monographie, die Millard Meiss ihm 1968 widmete,[66] gerechtfertigt scheint.

Alles weist darauf hin, daß der Boucicaut-Meister ständig in Paris tätig war: Sein Kundenkreis stammte hauptsächlich aus der führenden Klasse um Karl VI. und aus dem Pariser Großbürgertum. Liturgische und künstlerische Umstände bezeugen diese Verwurzelung in der Hauptstadt. Die meisten der zahlreichen aus seiner Werkstatt stammenden Stundenbücher richten sich nämlich nach dem Pariser Usus.[67] Und nur in Paris konnte er die vielen Buchmaler und Werkstätten vorfinden, mit denen er zeitweise zusammenarbeitete. Viele zeitgenössische Künstler gleichen Ranges stellten sich auf der Suche nach einer sicheren Position und

Abb. 34, 35, 36

Abb. 37

einem guten Gehalt unter den Schutz eines großen Mäzens (man denke insbesondere an die Buchkünstler, wie Jacquemart de Hesdin und die Brüder Limburg, die hauptsächlich für Jean de Berry tätig waren). Im Gegensatz zu seinen Kollegen scheint der Boucicaut-Meister eine unabhängige Karriere gewählt zu haben. Er bot seine Dienste jeweils für zeitlich begrenzte Aufträge an und arbeitete auf diese Weise abwechselnd nicht nur für verschiedene Persönlichkeiten aus der Umgebung des Königs (darunter Jean de Berry, Johann Ohnefurcht, der Kronprinz Louis de Guyenne und Guichard Dauphin), sondern auch für reiche Händler und Bankleute, die in diesen wirren und von Luxusgier geprägten Jahren am Hofe vermögend geworden waren (diesem Milieu gehörte übrigens jenes Mitglied der Familie Trenta aus Lucca an, das bei ihm das berühmte Missale in der Biblioteca governativa von Lucca in Auftrag gegeben hatte).[68] Aber nie schloß er sich dauerhaft einem seiner Auftraggeber an.

Der außerordentliche Umfang seines Anteils und die Mannigfaltigkeit der von ihm illustrierten Texte offenbaren zudem einen bemerkenswert gut organisierten Künstler. Er ließ gerne seine bei ihm in der Werkstatt ausgebildeten Gehilfen, die seinen Stil bestens assimiliert hatten, für seine zahlreichen Aufträge arbeiten. Diesbezüglich hat man ihn sogar mit Rubens verglichen, dessen eigenhändige Werke oft nur schwer von seiner Werkstattproduktion zu unterscheiden sind.[69]

Millard Meiss hatte bereits die vielen verschiedenen Malweisen innerhalb der dem Künstler zugeschriebenen Werkgruppe aufgezeigt und dabei sogar nur noch ein paar Dutzend von den hunderten mit ihm in Verbindung stehenden Miniaturen als eigenhändig akzeptiert.[70] Der große amerikanische Kunsthistoriker neigte allerdings dazu, die Produktionen, die er dem Meister entzog, unter dem allgemeinen und vagen Oberbegriff „Boucicaut workshop" zu verunklären. Erst vor kurzem schlug Gabriele Bartz vor, die Werke aus dem Umkreis des Boucicaut-Meisters in zwei Gruppen aufzuteilen, welche zwei verschiedenen, wenn auch eng verwandten Künstlerpersönlichkeiten entsprechen. Leider hat sie diese wesentliche Hypothese bisher nicht weiter ausgeführt.[71] Obwohl sie auf den ersten Blick schockierend wirken mag – wegen des scheinbar einheitlichen Charakters der Werke aus der Boucicaut-Gruppe – ist diese Überlegung durchaus berechtigt. Ohne die Resultate der Forschungsarbeit von G. Bartz vorwegnehmen zu wollen, scheint es meines Erachtens möglich, die bisher allein dem anonymen Meister zugeschriebenen Werke auf zwei verschiedene Künstleruntergruppen zu verteilen. Der erste Handschriftenkern, zu dem das Stundenbuch im Musée Jacquemart-André zählt[72] (welches allerdings durch sein außergewöhnliches Format aus der Reihe fällt) (Abb. 17), zeichnet sich durch einen sorgfältig konstruierten Stil aus. Die fast „kubistischen" Miniaturen sind von einer sicheren, die Formen kraftvoll herausarbeitenden Pinselführung geprägt.

Wir erkennen die Figuren des Boucicaut-Meisters an ihren stämmigen Proportionen wieder, deren kompakte Massen deutlich von dem eng an die Körperformen angeschmiegten, dichten Faltenwurf unterstrichen werden (Abb. 18). Die andere Untergruppe setzte sich aus weit mehr Buchmalern zusammen. Daher zeichnet sich ihre Produktion durch einen unsteten Malstil aus, obwohl sie die Grundzüge der ersten Gruppe, insbesondere die geschickte Raumauffassung teilte. Allgemein beobachten wir einen besonders geschmeidigen Zeichenstil mit (zumindest in den letzten Werken dieser Gruppe) einer ungewöhnlich fein ausgearbeiteten, quasi verwischten plastischen Wirkung. Gabriele Bartz betrachtet mit Recht das wunderbare Stundenbuch (ms. 469) in der Bibliothèque Mazarine (Abb. 28, 30, 32) als das Schlüsselwerk dieser zweiten Gruppe. Um diese Handschrift können recht viele, qualitativ unterschiedliche Stundenbücher gruppiert werden, unter denen folgende Bücher wegen ihrer einzigartigen Ausführung hervorragen: das Stundenbuch aus der Sammlung Corsini, genannt *Heures de Joseph Bonaparte* (Bibliothèque nationale de France, Latin 10538) (Abb. 19), die Handschrift ms. 260 der Walters Art Gallery in Baltimore sowie die Stundenbücher in Brüssel (ms. 10767), im Museum von St. Petersburg und im Victoria and Albert Museum (A. L. 1646–1902) (Abb. 19a).[73] Einen besonderen Rang innerhalb dieser Gruppe hat die *Heures de Saint-Maur* genannte Handschrift in der Bibliothèque nationale de

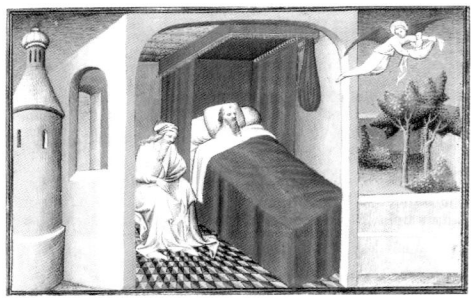

Abb. 38, 39

Abb. 40

Abb. 41

France (N. a. lat. 3107). Zwei weitere Vertreter davon, das Joseph Bonaparte-Stundenbuch und das Stundenbuch aus der Walters Art Gallery, sind durch ihre Kompositionsart eng miteinander verbunden. Sie zeichnen sich zudem durch eine feine, geschmeidige Linienführung aus und durch bewußt entmaterialisierte Massen. Ihr glatt, fließender, quasi unvollendeter Malstil[74] in einer ausgesuchten Farbgebung mit seltenen Nuancen (insbesondere das aus den Handschriften der eigentlichen Boucicaut-Gruppe unbekannte Bordeauxrot) fällt auf.[75] Außerdem kennzeichnen ikonographische und formale Besonderheiten die Gruppe um das Mazarine-Stundenbuch. So könnte zum Beispiel die Darstellung der Geburt Christi (außer im Mazarine-Stundenbuch selbst) als Unterscheidungskriterium zwischen den beiden Teilgruppen dienen: In den Miniaturen der Boucicaut-Gruppe wird die Marienfigur im allgemeinen vor dem entweder auf einem großen Bett oder in einer Krippe liegenden Christuskind kniend dargestellt (Abb. 18).

In Werken aus dem Umfeld des Mazarine-Stundenbuchs hingegen kehrt oft die unter einem Stalldach sitzende Mariengestalt wieder, die mit der Hand die Temperatur des von der Dienerin in einen Trog gegossenen Wassers prüft (Abb. 19, 19a).[76] Ferner sei bemerkt, daß die Vertreter der Mazarine-Gruppe nur selten die charakteristischen, sorgfältig herausgearbeiteten Landschaften der Boucicaut-Gruppe als Hintergrund für Szenen unter freiem Himmel benutzten. Ein weiteres einfaches Unterscheidungsmerkmal bildet das Bildformat. Die Mitarbeiter des Boucicaut-Meisters scheinen dem für die Stundenbücher traditionellen viereckigen Format lange treu geblieben zu sein (Abb. 18), während die Mazarine-Gruppe es schon früh aufgegeben hatte (mindestens ab 1408). Dafür hatte sie ein für die Epoche neues Format eingeführt: das Grundquadrat wurde am oberen Rand durch einen Rundbogen oder – seltener (wie im Mazarine-Stundenbuch) – durch einen dreilappigen Spitzbogen erweitert (Abb. 19, 19a, 26, 28, 32).[77] Die Malfläche wurde auf diese Weise in die Höhe gezogen. Der Mazarine-Meister und seine Mitarbeiter scheinen außerdem eine ausgeprägte Vorliebe für ein goldenes Blattwerkmuster gehabt zu haben, dessen dickes, schwarzumrandetes Laub sich deutlich von dem farbigen (meist ockerroten, seltener blauen oder grünen) Hintergrund abhebt. In den Miniaturen der anderen Gruppe erscheint dieses Motiv nie. Möglicherweise würde eine Untersuchung der Vorzeichnungen mit Hilfe von Infrarotlampen zusätzliche Unterscheidungsargumente liefern. Die Tätigkeit des Mazarine-Meisters beschränkte sich im übrigen nicht auf die Produktion von Stundenbüchern. Sein Stil läßt sich deutlich in mehreren großformatigen Handschriften mit französischen Texten wiedererkennen. Dies ist insbesondere der Fall bei einer *Bible historiale* (Abb. 20), einem Exemplar der *Grandes Chroniques de France* in der British Library[78] und zwei Miniaturen in einer weiteren Historienbibel in der Bibliothèque nationale de France.[79] Vielleicht können wir zu dieser Gruppe einige der Miniaturen aus drei anderen Handschriften als Werkstattproduktionen hinzufügen: einen Titus Livius (Français 259; Abb. 21) und einen Froissart (Français 2642; Abb. 22) – letzterer wurde übrigens von Meiss übersehen – in der Bibliothèque nationale de France sowie der Barthélemy l'Anglais im Fitzwilliam Museum in Cambridge (ms. 251).[80] Wahrscheinlich stehen die dem „Boucicaut-Stil" (im umfassenden Sinne) angehörenden Miniaturen einer Pariser (Abb. 23) und einer Genfer Handschrift (Abb. 24) ebenfalls in Verbindung mit dem Mazarine-Meister.[81] Beide Bücher waren Geschenke des Pierre Salmon an Karl VI. Ebenfalls aus seinem Umkreis stammt die Miniatur im Urkundenbuch des Collège de Fortet in den Archives nationales.

Daß es sich beim Mazarine-Meister um eine vom Boucicaut-Meister deutlich zu unterscheidende Persönlichkeit handelt, bestätigen diverse Überlegungen. Seine abgerundete, fließende Linienführung und seine „Zartheit"[82] gehen wahrscheinlich auf den ausdrucksvollen Stil der Vorläufer der Bedford-Gruppe zurück, wie Meiss bereits angedeutet hatte. Der Mazarine-Meister hatte nämlich in zwei seiner anscheinend frühesten Werke mit ihnen zusammengearbeitet: Es geht um das Stundenbuch Douce 144 in der Bodleian Library (Abb. 25) und ein Stundenbuch der ehemaligen Chester Beatty-Sammlung, beide aus der Zeit der berühmten Überschwemmung von 1408, bei der die Pariser Brücken zerstört wurden.[83] Der Mazarine-Meister und seine Gehilfen blieben diesem Künstlermilieu niederländisch-rheinischer (auf jeden Fall nordischer) Prägung lange Zeit treu. Dies bezeugt ihre mehrjährige Zusammenarbeit mit Künstlern, wie dem Egerton-Meister, auf den wir noch zu sprechen kommen.

Bereits heute liefert uns die Chronologie der dem Mazarine-Meister zuzuordnenden Werke interessante Hinweise. Sie belegt erstens, daß der Künstler schon ab 1408 unabhängig vom Boucicaut-Meister tätig war.[84] Der Anfang seiner Laufbahn als Miniaturmaler ist allerdings noch früher anzusetzen. Denn wir wissen, daß er am Chester Beatty-Stundenbuch mit einem Künstler, dessen Stil eng mit dem des Meisters der *Claires femmes* von Jean de Berry verwandt ist, zusammengearbeitet hat. Gleichzeitig wird seine Beziehung zu der deutsch-niederländi-

Abb. 42

Abb. 43

Abb. 44, 45

schen Künstlergruppe deutlich, die zu Anfang des 15. Jahrhunderts im Pariser Milieu auftauchte. Ebenfalls um 1408 malte er, allein oder zusammen mit anderen Buchmalern, ein paar der Miniaturen der *Grandes Heures* für Jean de Berry (vollendet 1409).[85] Das Saint-Maur-Stundenbuch stammt offensichtlich aus der gleichen Zeit, da manche der Kompositionen und Ornamente aus Jean de Berrys 1407–1408 vollendeten *Belles Heures* abgeleitet worden waren (Abb. 26). Möglicherweise geht das Egerton-Stundenbuch auf diese gleiche frühe Periode zurück, denn es besteht eine große Ähnlichkeit zwischen Miniaturen, wie zum Beispiel „Die Erschaffung Adams und Evas" (Abb. 27), und den Buchmalereien aus dem Oxforder Stundenbuch von 1408 (Abb. 25).[86] Die Historienbibel der British Library gehört einer schon etwas weiter entwickelten Phase an.[87] Zu diesem Zeitpunkt beherrschte der Mazarine-Meister die räumliche Darstellung allerdings noch längst nicht so gut wie später, als ihn zweifellos seine Begegnung mit dem Boucicaut-Meister prägte. In der folgenden Phase von 1410–1412 entstanden die Widmungsszene (1410) (vgl. Anmerkung 81) im Pierre Salmon in der Bibliothèque nationale de France (Abb. 23), das Mazarine-Stundenbuch (Abb. 30) und das Stundenbuch der Sammlung Corsini, in dem er ein überzeugendes Raumkonzept bot. Um so verwirrender ist in diesem Zusammenhang die ungeschickte Raumauffassung mancher Frontispize im *Buch der Wunder*, die gerade dieser Periode angehören. Diese Unbeholfenheit stellen wir bei anderen gleichartigen Frontispizen fest, wie zum Beispiel in der ersten Dekade im Titus Livius Français 259 der Bibliothèque nationale (Abb. 21).[88] Dem Höhepunkt seiner künstlerischen Entwicklung scheint meiner und Sterlings Meinung nach das sogenannte Stundenbuch des Joseph Bonaparte (Abb. 19) anzugehören, entstanden höchstwahrscheinlich in den Jahren 1413–1414. In dieser Gruppe hat das Saint-Maur-Stundenbuch einen ganz besonderen Rang aufgrund der betonten Zitate aus den *Belles Heures*: Anscheinend stand der Künstler, als er für Jean de Berry arbeitete, zeitweise unter dem Einfluß der Brüder Limburg. Dem eigentlichen Boucicaut-Meister stand also, wie wir gesehen haben, ein zweiter Künstler zur Seite, den wir nach Gabriele Bartz und Eberhard König als Mazarine-Meister bezeichnen. Wir können ihn trotz seiner engen Verwandtschaft mit dem ersten an einigen charakteristischen Merkmalen erkennen. Seine Mitwirkung wirft manche Frage auf, insbesondere was die Beziehungen dieses Künstlerduos betrifft. Die beiden vereinigt eine ausgesprochene Ähnlichkeit in Stil und Komposition (waren sie etwa blutsverwandt wie die Brüder Limburg?). Trotzdem ist keineswegs sicher, daß sie ständig in der gleichen Werkstatt gearbeitet haben. Es fällt in der Tat auf, daß beide oder auch nur ihre Gehilfen fast nie gleichzeitig an derselben Handschrift gearbeitet haben. Selbst ihre „Kundschaft" stammte aus den beiden gegnerischen Lagern innerhalb der während jener wirren Jahre führenden Klasse Frankreichs: Die Auftraggeber des Boucicaut-Meisters selbst scheinen auf Seiten der Armagnacs gestanden zu haben, angefangen mit dem Marschall von Boucicaut (jener war ein wichtiger Vertreter der Armagnacs, allerdings gemäßigt aufgrund seiner ehemaligen Beziehungen zu dem Hause Burgund). Das Stundenbuch Latin 1161 in der Bibliothèque nationale de France (Abb. 18) war schon früh in Besitz von Jeanne Bessonnelle, Gemahlin des Macé de Beauvau, eines mit dem Herzog von Anjou verwandten Edelmanns.[89] Bezeichnend ist in diesem Zusammenhang, daß das Stundenbuch Add. 16997 in der British Library und die Handschrift *Trésor des histoires* in der Bibliothèque de l'Arsenal (Abb. 36) zwei Gefolgsleuten Karls VII. gehörten, nämlich dem Königlichen Schatzmeister Etienne Chevalier und dem Admiral Prigent de Coëtivy. Die Auftraggeber des Mazarine-Meisters und seiner Werkstatt hingegen scheinen eher aus burgundischen Reihen zu stammen: Wir kennen zwar den Auftraggeber (oder die Auftraggeberin) des Mazarine-Stundenbuchs nicht,[90] wissen aber, daß die *Heures de Joseph Bonaparte* genannte Handschrift (Abb. 19) sehr früh, vielleicht durch Vererbung, an Philipp den Guten, den Sohn des Johann Ohnefurcht, weiterging (ihre gemalten Kompositionen wurden übrigens von einem flämischen Künstler sozusagen geplündert[91]). Ohne Zweifel schenkte Pierre Salmon König Karl VI. die beiden reich illuminierten Kopien seiner *Dialogues* (Abb. 23 und 24) auf Veranlassung und Kosten des Johann Ohnefurcht. Die Hypothese von einer vorrangigen Einbindung der Mazarine-Werkstatt in das burgundische Milieu gewinnt bei der Untersuchung der Miniaturen aus dem *Buch der Wunder*, die allgemein dem „Boucicaut-Stil" zugeordnet werden, noch an Substanz. Denn die Mazarine-Manier herrscht, wie wir nun sehen werden, darin vor.

Folgende Bemerkung sei vorangestellt: die Miniaturen im *Buch der Wunder* sind unterschiedlichster Qualität, was Ausführung und Farbgebung anbelangt. Höchstwahrscheinlich führten zahlreiche Gehilfen ihre endgültige Fassung jeweils nach dem Entwurf eines einzigen verantwortlichen Künstlers aus. Diese Viel-

Abb. 46

zahl von Händen fällt bereits in den ersten Lagen auf, deren elf Illustrationen dem „Boucicaut-Stil" angehören. Die gedämpfte Farbpalette der ersten Serie von fünf Miniaturen auf den beiden äußeren Bifolia der ersten Lage (fol. 1, 2 und 7, 8) erzeugt mit ihren ineinanderfließenden hellen Tönen eine fast milchige Wirkung. Darunter scheint an manchen Stellen ganz deutlich die dicke, Figuren und Architekturen konturierende Bleistiftvorzeichnung durch (man kann übrigens noch Verbesserungen erkennen). Der Maler dieser Miniaturen greift häufig (aber nicht systematisch) auf eine charakteristische grünliche Farbe zurück, um die plastische Wirkung der Gesichter zu erzielen. Ferner gibt er seinen Figuren abgerundete, weiche Formen. Ganz anders ist das Farbgefühl des Malers der sechs übrigen Illustrationen der gleichen Lage (fol. 3, 3v, 4, 4v, 5, 6). Dieser zieht lebendigere, kontrastreichere Farben vor: Seine Gestalten besitzen eine dunklere Hautfarbe, und insgesamt betont er die plastische Wirkung von Volumen viel stärker. Die beiden Maler geben besonders Bäume unterschiedlich wieder: Der erste malte sie eher in einer „impressionistischen", lockeren Manier, während der zweite eine räumlich strukturierte und analytische Art klar bevorzugte. Im allgemeinen führte jeder Künstler jeweils alle Miniaturen auf einem Bifolium aus, das also, wie in der ersten Lage, gewissermaßen als Grundeinheit für die Ausführung der Bildkompositionen des *Buchs der Wunder* diente.

Hinter den meisten der verschiedenen Darstellungen kann man den Einfluß einer dominanten Künstlerpersönlichkeit erkennen, die meines Erachtens niemand anders sein kann als der Meister des Mazarine-Stundenbuchs. Von vornehrein belegen fast wörtliche Entlehnungen aus dem Mazarine-Stundenbuch seine Be-

Abb. 47

teiligung an manchen Kompositionen im *Buch der Wunder*: so das seitlich von hinten gesehene Pferd aus der Miniatur von fol. 12v, das dem Esel ähnelt, der die Marienfigur in der Szene mit der Ankunft der Heiligen Familie in Ägypten (Abb. 28) trägt. Ferner der auf einer Schlachtbank ausgestreckte Gefolterte, Kinn gen Himmel, in einem leicht schrägen Winkel zur Bildoberfläche (fol. 107 und 223; Abb. 29). Dieses Motiv wurde offensichtlich von der am unteren Rand der Seite mit der Totenmesse dargestellten Leiche abgeleitet (Abb. 30).[92]

Abgesehen von scheinbar einfachen Zitaten herrscht in manchen Miniaturen ganz eindeutig der Stil des Mazarine-Meisters selbst vor. Unter all den Malern, die wiederholt an den Miniaturen der sogenannten „Boucicaut-Gruppe" im *Buch der Wunder* tätig waren, befindet sich einer, der dem Mazarine-Meister besonders nahe zu stehen scheint. So nahe, daß man ihn leicht mit dem Meister selbst verwechseln könnte. Es handelt sich um den oben angeführten Urheber der Blätter 1, 2, 7 und 8 aus der ersten Lage, die eine milchige Farbgebung prägt. Dieser Miniaturmaler muß eine wichtige Rolle innerhalb der für die Illustrierung des *Buchs der Wunder* eingesetzten „Mannschaft" gespielt haben, denn er war für die sieben großformatigen Bilder zu Beginn der verschiedenen Texte der Handschrift verantwortlich: nämlich auf den Blättern 1 (Marco Polo), 97 (Odorico von Pordenone), 116 (Wilhelm von Boldensele; Abb. 33), 136v (Erzbischof Saltensis), 141 (Johann von Mandeville), 226 (Hayton; Abb. 1) und 268 (Ricold von Montecroce). Seine Beteiligung an der Ausstattung der Handschrift erstreckt sich ferner auf die Miniaturen jener Seiten, die sich immer gemeinsam mit den großformatig bemalten Anfangsseiten der Kapitel auf einem Bifolium befinden, also sozusagen mit ihnen „solidarisch" sind: Blätter 104 (solidarisch mit 97), 129v (solidarisch mit 136v), 233 r und v (soli-

Abb. 48

darisch mit 226) und 275 (solidarisch mit 268). Zwei andere Miniaturen im Mittelbifolium der zweiten Lage (fol. 12v, 13v) können ihm meiner Meinung nach ebenfalls zugeschrieben werden. Seine Originalität beschränkt sich übrigens nicht auf seine besondere Farbgebung, d.h. seine Vorliebe für helle, feine Töne. Seine geschmeidige und lyrische Zeichenart weicht von der strengen, direkteren und schärferen Boucicaut-Manier ab. Davon zeugt die hübsche Hirtenszene auf fol. 13v, in der die Linienführung der Hirtengestalten mit ihren Herden sich in sanften regelmäßigen Arabesken entfaltet, die sich in der lieblichen Hügellandschaft wiederholen.[93] Der gleiche harmonisch ebenmäßige Linienduktus findet seinen schönsten Ausdruck in der Darstellung des Großkhans bei Tische auf fol. 136v (Abb. 31). Nun zeichnet dieser Künstler aber genau in derselben Art wie der Mazarine-Meister. Beide haben im übrigen die gleiche Vorliebe für kraftvoll skandierte Architekturen. So zum Beispiel besteht in der Pfingstszene im Mazarine-Stundenbuch (Abb. 32) und im Frontispiz zu Beginn der Erzählung des Wilhelm von Boldensele im *Buch der Wunder* (Abb. 33) das die Figuren überdachende Bauwerk aus drei Teilen, wobei das Mittelschiff die Seitenschiffe überragt (wahrscheinlich diktierte ursprünglich das von einem engeren Halbkreis gekrönte viereckige Format diese Architekturform. Der Mazarine-Meister hatte dieses Format ab 1408 für seine Stundenbücher übernommen, möglicherweise nach seinem Kontakt mit den *Belles Heures* des Jean de Berry, deren Pfingstszene auf fol. 84 ähnlich aufgebaut ist). Die Analogien zwischen beiden Szenen erstrecken sich sogar auf zweitrangige Architekturdetails,

Abb. 49

Abb. 50

wie Basis und Kapitell der Säulen.[94] Selbst die massive Marienfigur kehrt in der Figur des Kardinals de Talleyrand in der Szene aus dem *Buch der Wunder* wieder. Und auch die berühmte Widmungsszene von fol. 226 mit dem Porträt des Johann Ohnefurcht (Abb. 1) entspricht dem ästhetischen Verständnis des Mazarine-Meisters: Hier ist dessen „melodisch-kalligraphische" Linienführung voll ausgeprägt, sowohl in Haytons Gewand (dessen weicher Faltenwurf an das Gewand des Pierre Salmon in der Widmungsszene auf dem fol. 2 der Handschrift Français 23279 erinnert), als auch in der geschmeidig gebeugten Haltung des weißgekleideten Höflings, der sich mit seiner zerbrechlichen Eleganz von der „geraden, statischen Aufrechthaltung" unterscheidet, die Sterling bei den Figuren des Boucicaut-Meisters beobachtete. Der Farbzusammenklang dieser Szene unterscheidet sich zwar vom Kolorit der übrigen Frontispize, aber man lasse sich nicht täuschen: Der Maler setzt lebendige Farben nur ein, um die Gestalt des Johann Ohnefurcht besser hervorzuheben. Der blau-goldene heraldische Überwurf seiner Sitzbank betont den hochroten Mantel des Herzogs. Fast alle übrigen Figuren tragen Gewänder aus weißem Camaieu, deren Modellierung teils mit den kalten Lieblingsfarben des Mazarine-Meisters herausgearbeitet wurde.

Wir wollen dem Boucicaut-Meister nun nicht jegliche Urheberschaft an dem Miniaturenzyklus absprechen. Denn aus Szenen wie auf fol. 92 strahlt anscheinend der diesem Künstler eigene Schöpfergeist: In einem geschlossenen Hof beobachten arabische Händler, die zum Pferdekauf nach Indien gekommen sind, die Bewegungen eines jungen Reiters auf einem sich sträubenden Hengst. Links sehen wir einen langen Pferdestall, dessen seitlicher Eingang den Blick auf vier andere Pferde vor ihrer Raufe freigibt. Eine Mauer setzt die fliehende Perspektive des Gebäudes in Richtung Hintergrund fort, bis sie in rechtem Winkel abknickt und somit geschickt den Raum beschließt. Die scheinbare Einfachheit dieser Komposition, die natürliche und harmonische Art, in der die verschiedenen Elemente sich zusammenfügen, machen aus dieser Szene eines der schönsten Werke im *Buch der Wunder*. Vereinzelte Motive oder ganze Kompositionselemente scheinen aus manchen Handschriften aus der Gruppe um das Boucicaut-Stundenbuch entlehnt zu sein. So erzielt zum Beispiel der vom Wasser aufsteigende, durch eine Bogentür sichtbare Treppenaufgang eine große räumliche Wirkung (Français 2810, fol. 108v, Abb. 34). Der Boucicaut-Meister setzte dieses Motiv im Stundenbuch der Jeanne Bessonelle, Gemahlin des Macé de Beauvau (Bibliothèque nationale de France, Lat. 1161, fol. 20, Abb. 35), und im *Trésor des histoires* in der Bibliothèque de l'Arsenal (ms. 5077, fol. 48, Abb. 36) ein. Er war höchstwahrscheinlich auch dessen Erfinder. Während die Linienführung, wenn nicht sogar die Farbgebung der Kreuzigungsszene von fol. 126 (Abb. 37) mit größter Sicherheit auf den Mazarine-Meister oder einen seiner Gehilfen zurückgehen, wurde die Anordnung der drei Figuren am Kreuze fast buchstäblich von der Kreuzigungsgruppe des Boucicaut-Stundenbuchs (Abb. 38) übernommen, allerdings in einem breiteren, nicht ganz so hohen Format. Man beachte auf beiden Miniaturen insbesondere die für das Raumverständnis des Malers charakteristische Gegenüberstellung beider Schächer im Profil.[95]

Dieses Doppelzitat wirft erneut die Frage nach den Beziehungen zwischen den beiden Werkstätten auf. Ich will nicht behaupten, im Rahmen dieser Studie darauf antworten, oder gar das Problem der Identität beider Künstler lösen zu können. In diesem Zusammenhang weise ich lediglich darauf hin, daß die Aufteilung in zwei Gruppen der bisher einzig dem Boucicaut-Meister zugeschriebenen Werke die traditionelle Hypothese seit Durrieu dementiert: Letzterer glaubte, der anonyme Miniaturmaler sei mit Jacques Coene identisch, einem Maler aus Brügge, der in Paris und Mailand von 1398 bis 1404 tätig war.[96] Nebenbei lassen drei Dokumente, die Meiss und den meisten Kunsthistorikern unbekannt waren, eine genauere Zeitbestimmung zu, welche die Tätigkeit des Brügger Malers noch früher ansetzt. Dies macht seine Identifizierung mit einem Miniaturmaler unglaubwürdig, dessen Produktion sich im großen und ganzen in den Jahren 1405 bis 1415, wenn nicht sogar noch später vollzog. Es handelt sich hierbei um drei Briefe aus den Jahren 1388 und 1389, die der König Jean I. d'Aragon seinen Botschaftern nach Frankreich schickte und in denen er sie darum bat, ihm den in Paris berühmten Maler „Jaco Conno" zu senden.[97] Das einzige Dokument, das sich auf Coene als Buchmaler bezieht, ist eine Rechnung von 1404 für seine Arbeit an einer für den Burgunderherzog Philipp den Kühnen bestimmten Bibel auf lateinisch und französisch. Er hatte an ihr mit den Miniaturmalern Ymbert Stanier und Haincelin de Haguenau zusammengearbeitet. Wenn wir an seine häufige Zusammenarbeit mit niederländisch-rheinischen Buchkünstlern denken, könnte dieser Hinweis eher mit dem übereinstimmen, was wir (dank seiner Werke) von der Karriere des Mazarine-Meisters wissen. Was den Boucicaut-Meister mit seinem eher südländischen Temperament – der übrigens nur ausnahmsweise mit

213

Abb. 53

Abb. 51, 52

dem nordischen Milieu in Berührung kam – betrifft, ist eine solche Identifizierung unwahrscheinlich. Auch der jüngste Vorschlag von Albert Châtelet, im Boucicaut-Meister den Pariser Buchhändler aus der Auvergne, Regnaut du Montet,[98] zu sehen, ist unbefriedigend. Châtelet stützte sich nämlich einzig und allein auf das *Buch der Wunder*, von dem wir eben gesehen haben, daß der wesentliche Teil der von dem Stil des Boucicaut-Meisters beeinflußten Illustrationen Werk des Mazarine-Meisters war, den ich, wie gesagt, für einen Künstler niederländischer Abstammung halte.

Bevor ich diese detaillierten Ausführungen über die Miniaturen im sogenannten „Boucicaut-Stil" im *Buch der Wunder* abschließe, möchte ich auf einen der Künstler hinweisen, die dafür eingesetzt waren, die Kompositionen der eigentlichen Boucicaut-Gruppe auszumalen. Es geht hier nicht um einen einfachen Gehilfen, sondern um einen echten Miniaturmaler, der seinen Pinsel für mehrere Illustrationen in den Lagen XXII und XXIII in den Dienst seines berühmten Kollegen stellte. Dieser Miniator ist niemand anders als der Meister der

Cité des Dames, den wir häufig in Zusammenhang mit der Boucicaut-Werkstatt antreffen.[99] Man erkennt die dichte, etwas wollige Modellierung seiner Formen wieder (greifbarer als die des Boucicaut-Meisters) sowie seine besondere Art, die verschiedenen Nuancen des Himmels in feinen, waagerechten Streifen darzustellen und vor allem das Laub der Bäume zu malen: fol. 168, 168v, 171, 171v und 175v, 180v aus der nächsten Lage (Abb. 39). Dieser Künstler ist im übrigen auch in anderen Handschriften mit der Vollendung von Miniaturen beauftragt worden, die in der Boucicaut-Werkstatt begonnen worden waren; so scheint es, daß er mindestens eines der Bilder aus dem *Trésor des histoires* des Admirals Prigent de Coëtivy (Arsenal, ms. 5077, fol. 368) fertiggestellt hat. Durch solche Fälle engster Zusammenarbeit wird offensichtlich, daß der Meister der *Cité des Dames* viel vertrauter als bisher angenommen mit den Künstlern aus dem Umkreis des Boucicaut-Meisters war. So erklärt sich auch das künstlerische Einverständnis zwischen den beiden Malern, auf das Kunsthistoriker oft hingewiesen haben, insbesondere ihr gemeinsames Interesse für die räumliche Darstellung.

Die Egerton-Bedford-Gruppe

Die zweitwichtigste Stilgruppe im *Buch der Wunder* umfaßt, wie wir oben gesehen haben, nur 63 Miniaturen, hauptsächlich Illustrationen für Marco Polos Reisebericht (44 gegen 37 Miniaturen im Boucicaut-Mazarine-Stil). Sie sind wie folgt verteilt: Lage III: fol. 17, 19v, 22v, 24; IV: 25v, 26, 27, 28, 29v, 30v, 31v; V: 33, 34, 36, 37, 38, 39, 40; VI: 41, 42, 44, 45, 46v, 47v; VII: 49, 50, 51, 52v, 54, 55v; VIII: 58, 59, 59v, 61, 62v, 64; IX: 67, 69; X: 71, 72, 73v, 74v, 76v, 78. Dieser zweite Stil taucht ferner lediglich in ein paar Lagen im Kapitel *Buch des*

Johann von Mandeville auf: Lage XIX (4 Miniaturen: fol. 142v, 144, 146, 147), XXIV (8 Miniaturen: fol. 182, 183v, 184, 185, 186, 186v, 188, 188v) und XXV (7 Miniaturen: fol. 190v, 191, 192, 193, 194v, 195v, 197). Eine stilistische Untersuchung der Miniaturen dieser zweiten Gruppe ist kompliziert, da sie nicht von einer einzigen Hand stammen, sondern die Frucht der engen Zusammenarbeit zweier Künstler sind. Keiner der beiden bedeutenden Kunsthistoriker, die sich mit diesen Illustrationen befaßten, hat diese Tatsache bemerkt. Beide sprachen sich jeweils für eine einzige Künstlerhand aus. 1954 hielt Rosy Schilling die Miniaturen für das Werk eines Buchkünstlers, dessen Identität sie soeben definiert hatte, indem sie ihn Egerton-Meister taufte (nach seinem wichtigsten und schönsten Werk, einem Pariser Stundenbuch aus dem Egerton-Fonds in der British Library, dessen ursprünglicher Illustrationszyklus hauptsächlich der Hand dieses anonymen Künstlers entspringt. Erst später wurde er um fünf Miniaturen für René d'Anjou erweitert[100]). Im Gegensatz zu Schilling ordnete Millard Meiss 1968 alle die von ihr dem Egerton-Meister zugeschriebenen Miniaturen dem Umkreis des Bedford-Meisters zu.[101] Meines Erachtens haben die beiden Autoren zugleich Recht und Unrecht: Sie irren sich einerseits in der Vermutung, die umstrittenen Miniaturen seien völlig klar einem einzigen Künstler zuzuschreiben; andererseits gehen sie jedoch recht in der Annahme, der Egerton-Meister sei auf der einen und ein Künstler aus dem Bedford-Einflußbereich sei auf der anderen Seite am Zyklus beteiligt gewesen. Wir können hier nämlich beide, teilweise eng verknüpfte Stile wiedererkennen. Allerdings hatten die zwei Künstler keinen gleichartigen Anteil an den Miniaturmalereien. Bei einer genaueren Untersuchung aller lebhaft komponierten Szenen (deren Ausdruckskraft im übrigen nichts mit den

Abb. 54

Abb. 55

Abb. 56

ruhigen Kompositionen des Mazarine-Meisters gemein hat) wird augenscheinlich, daß ihr Gesamtentwurf, die Linienführung der Figuren und Architekturen sowie einige Landschaftselemente dem Egerton-Meister zuzuschreiben sind. Dieser hat sie zum Teil auch selbst ausgemalt. Man erkennt die gleichen hüpfenden, ja tänzelnden Gestalten ohne wirkliche Tiefenwirkung aus dem Egerton-Stundenbuch wieder, mit analog abgerundeten, stark betonten Schultern, den prallen Bäuchen, die zu den verhältnismäßig kurzen, dünnen Beinen kontrastieren (Abb. 40). Auch die gleichen Körperstellungen kehren wieder; eine der häufigsten ist die Wiedergabe im Profil mit gesenktem Kopf und auf die Brust geneigtem Kinn (Abb. 41 und fol. 37, 47v). Wir finden zudem jene eigenartigen Kopfbedeckungen wieder, deren Krempe über der Stirn hochgeschlagen ist und tief über den Nacken herabhängt (Abb. 42 und fol. 47v, 61), sowie die gleichen, mit kleinen sternenförmigen Bäumchen übersäten Landschaften, in denen spitz zulaufende, schräg aufragende Felsen mit runden Hügeln abwechseln, hinter denen sich wiederum die flüchtige Silhouette eines Schlosses oder einer Windmühle vor einem durchsichtigen Himmel abhebt (Abb. 43, fol. 55v, 61).[102] In anderen Szenen des *Buchs der Wunder* verrät ein charakteristisches Architekturelement die Hand des Egerton-Meisters, wie zum Beispiel das kleine gotische, von einer dicken Blume gekrönte Wetterdach. Es taucht hier zweimal auf (fol. 40 und 186v; Abb. 44). In der Verkündigungsszene im Egerton-Stundenbuch erscheint genau das gleiche Dächlein, und zwar über der Eingangstür, vor welcher der Engel Gabriel kniet (Abb. 45). Die malerische Ansicht von Quinsay (fol. 67), dem von Kanälen durchzogenen chinesischen Venedig, enthält verschiedene Architekturelemente, für die der Egerton-Meister eine besondere Vorliebe zeigte: vieleckige Türme mit abgeflachten Zwiebeldächern und vor allem die Häuser mit dem sehr nordischen Treppengiebeldach, das häufig in seinen Miniaturen wiederkehrt (Abb. 46). Der Künstler malte hier mit breiten Pinselstrichen, was den Betrachter auf den ersten Blick in die Irre führen mag. Diese Malweise unterscheidet sich nämlich deutlich von der aus feinsten und sehr dichten, fast flimmernden Pinselstrichen bestehenden Manier seiner schönsten Handschriften, insbesondere seines Meisterwerks in der British Library, dem Egerton-Stundenbuch. Diese breite Maltechnik wurde vom Egerton-Meister aber schon vor 1408 in der Handschrift der Christine de Pisan verwendet (ms. Fr. 836 in der Bibliothèque nationale de France).[103] In diesem Zusammenhang sei bemerkt, daß die Verzierungen mit dicken Pflanzenschnörkeln in den Randleisten der großformatigen Miniaturen im *Buch der Wunder* viel Ähnlichkeit mit den vom Egerton-Meister gemalten Ornamenten im Corsini-Stundenbuch aufweisen.

Ein weiteres Argument bekräftigt, daß der Egerton-Meister an der Illustration des *Buchs der Wunder* beteiligt war: seine häufige Zusammenarbeit mit dem Mazarine-Meister. Während eines längeren Abschnitts seiner Karriere war er dessen exklusiver Mitarbeiter, so daß seine Beteiligung an der Ausstattung einer Handschrift mit Miniaturen im sogenannten „Boucicaut-Stil" fast genügt, um bereits vor jeglicher Stilanalyse vorauszusagen, daß sie von der Hand des Mazarine-Meisters und nicht vom Boucicaut-Meister selbst stammen. Wir können tatsächlich mindestens zehn Handschriften anführen – meistens Stundenbücher –, in denen der Egerton-Meister und der Mazarine-Meister gemeinsam am Werk waren. Eine der ältesten ist zweifelsohne das Stundenbuch Vit. 25-1 in der Nationalbibliothek von Madrid (um 1407–1408), dichtgefolgt von dem Egerton-Stundenbuch 1070 (um 1408–1409?). Der Höhepunkt der regen Zusammenarbeit zwischen den beiden Künstlern (oder ihrer Werkstätten) war wohl in den Jahren 1410–1413 erreicht: Aus dieser Zeit stammen die *Historienbibel* ms. Royal 15 D III aus der British Library, die *Historienbibel* aus der Bibliothèque nationale de France (Français 9–10), die *Grandes Chroniques de France* (ms. Cotton Nero E II) aus der British Library, das *Buch der Wunder* selbst, das Stundenbuch aus der Corsini-Sammlung in Florenz und das *Heures du Saint-Esprit* genannte Stundenbuch aus der ehemaligen Paul Durrieu-Sammlung. Zu dieser Gruppe wäre noch das Stundenbuch ms. 10767 aus der Königlichen Bibliothek in Brüssel hinzuzufügen. Es ist eine hübsche Produktion aus der Werkstatt des Mazarine-Meisters, in die der Egerton-Meister lediglich die zwei Engel in der Randleiste der Verkündigungsszene von fol. 30 einbrachte. Schwieriger innerhalb dieser Chronologie zu situieren sind die Stundenbücher aus der Biblioteca Colombiana in Sevilla und der Stark-Collection in Orange (Texas). Wahrscheinlich sind sie recht spät entstanden. Eines der letzten Stundenbücher, an dem der Egerton-Meister gearbeitet hat, ist das Stundenbuch des François de Guise im Musée Condé. Er war diesmal Mitarbeiter des Guise-Meisters, dessen Stil dem des Mazarine-Meisters nahe ist.[104]

Diese fortdauernde Zusammenarbeit zwischen den beiden Künstlern beruhte nicht nur auf einfachen Geschäftsbeziehungen. Ihr Verhältnis scheint enger gewesen zu sein, wovon einige gemeinsame künstlerische Gewohnheiten zeugen. Rosy Schilling hatte übrigens längst darauf hingewiesen:[105] So fällt beispielsweise auf, daß beide sonst stilistisch so verschiedene Künstler manche spezifische Dekorationselemente teilten, wie die goldenen, von einem feinen Tintenstrich umrandeten Laubwerkranken, die sich vom farbigen Hintergrund der Miniaturen abheben (Abb. 47 und 48). Dieses für die französische Miniaturmalerei dieser Epoche ungewöhnliche Motiv könnte auf eine gemeinsame Ausbildung hinweisen. Die mit kleinen blauen Tupfern erhöhten Silberhimmel, die der Egerton-Meister mit Vorliebe insbesondere im Egerton-Stundenbuch verwendete, finden wir auch in manchen Handschriften des Mazarine-Meisters wieder. Letzterer setzte diese Technik im Saint-Maur-Stundenbuch ein (N. a. lat. 3107, fol. 222v, Märtyrertod des Heiligen Dionysius), und in noch feinerer Art in seinem Spätwerk, dem Joseph Bonaparte-Stundenbuch (Lat. 10538, fol. 19, Heiliger Matthäus).

Die Kompositionen dieser Miniaturengruppe im *Buch der Wunder* wurden, wie wir gesehen haben, ohne jeden Zweifel vom Egerton-Meister entworfen und zum Großteil auch ausgemalt. Allerdings, und hier stimme ich mit Meiss überein, war auch ein Künstler aus einer vollkommen anderen Stilrichtung an ihnen beteiligt. Der amerikanische Kunsthistoriker bezeichnete diesen Stil mit „Bedford-Trend", worunter er die Werke im Bedford-Stil noch vor den großen Meisterwerken des Bedford-Meisters aus dem zweiten Jahrzehnt des 15. Jahrhunderts verstand.[106] Die Beteiligung dieses „vor-bedfordischen" Künstlers beschränkt sich im allgemeinen auf die Gesichter, deren abgerundete Züge und knollige Nasen nichts mit den massiven und meistens wenig gefälligen Gesichtern des Egerton-Meisters gemein haben. In manchen wenigen Fällen hat der bedfordische Maler sogar ganze Figuren in seinem charakteristischen Stil und seiner eigenen Technik neugemalt. Kein Zufall also, daß Millard Meiss ausgerechnet zwei solche Miniaturen aus dem *Buch der Wunder* heranzog, um zu rechtfertigen, daß er die Miniaturen aus dieser Gruppe dem „Bedford Trend" zuschrieb (Abb. 49).[107]

Abschließend beachte man den Sonderfall, den innerhalb dieser Serie die Szenen von fol. 44, 45, 51 und 54 repräsentieren: Linienführung und Farbgebung sind denen der anderen Illustrationen dieser Gruppe weit überlegen. Eine Erklärung dafür wäre, daß der bedfordische Künstler die ursprünglichen Kompositionen des Egerton-Meisters völlig neuorganisiert hat, wenn er sie nicht ohnehin von Anfang an selbst entworfen hat. Es gibt meines Wissens kein anderes Beispiel für eine solche stilistische Vermischung verschiedener Stile innerhalb einer einzigen Miniatur. Daß am *Buch der Wunder* ein Miniaturmaler aus der Bedford-Strömung (wie wir sie in Ermangelung einer besseren Bezeichnung nennen) gearbeitet hat, ist nichts Ungewöhnliches für die Pariser Buchkunst dieser Zeit. Wir könnten viele andere Handschriften anführen, in denen der Mazarine-Meister, der Egerton-Meister und Künstler aus dem Bedford-Umkreis[108] gleichzeitig am Werke waren, allerdings immer in getrennten Miniaturengruppen. Seine Mitwirkung ist übrigens um so interessanter, als der Bedford-Meister und die zahlreichen unter seinem Einfluß arbeitenden Künstler stark vom Stil und von den Kompositionsformen des Mazarine-Meisters geprägt waren: So beziehen die Miniaturen im „Bedford Trend" aus dem *Boccaccio* von Johann Ohnefurcht in der Bibliothèque de l'Arsenal[109] sich oft auf den „Boucicaut-Stil" des Mazarine-Stundenbuchs. Der Bedford-Meister hat aus dem Mazarine-Stundenbuch sicherlich die für das Seiten-Layout neue Idee geschöpft, die Hauptminiatur mit kleinen Randszenen zu umgeben.[110] Vor diesem Hintergrund bedeutet der Miniaturenzyklus im *Buch der Wunder* ein wesentliches Zeitzeugnis mit genauen Daten, die mancherlei fruchtbare, vielschichtige Zusammenarbeit zwischen Künstlern und Werkstätten jener Zeit verdeutlichen: Beziehungen, die einen nicht unwesentlichen Beitrag zur Entwicklung und Blüte der Buchmalerei des 15. Jahrhunderts geleistet haben.

FUSSNOTEN

1. Für eine Gesamtübersicht über die burgundische Buchführung aus der Regierungszeit des Johann Ohnefurcht siehe Richard Vaughan, *John the Fearless*, London 1966 (Neuauflage 1979), S. 105.
2. Vgl. Jules Guiffrey, *Inventaires de Jean duc de Berry* (1401–1416), Bd. I, Paris 1894, S. 270, Nr. 1005. Dieses Inventar wurde in Wirklichkeit für den Zeitraum vom 1. Februar 1412 bis 31. Januar 1413 abgefaßt. Siehe M. Meiss und S. Off, The Bookkeeping of Robinet d'Estampes and the Chronology of Jean de Berry's manuscripts, *Art Bulletin* LII, 1971, S. 225–235. Johann Ohnefurcht hatte seinem Onkel bereits am 1. Januar des gleichen Jahres als Neujahrsgeschenk einen emaillierten, mit der Figur des Heiligen Georg verzierten Goldbecher geschenkt. Vgl. Guiffrey, a.a.O., S. 215–216, Nr. 831; über die zahlreichen Empfänger der großzügigen Neujahrsgeschenke des Herzogs in diesem Jahr siehe Bibliothèque nationale de France, Collection de Bourgogne, ms. 65, fol. 112.
3. Vgl. Ernest Petit, *Itinéraires de Philippe le Hardi et de Jean sans Peur, ducs de Bourgogne*, Paris 1888, S. 396. Zuvor war der schwer erkrankte Jean de Berry, laut Monstrelet, von seinem Neffen, dem Herzog von Burgund häufig in seinem Hôtel de Nesle besucht worden. Vgl. *La Chronique d'Enguerran de Monstrelet...*, hrsg. von L. Douët d'Arcq, Bd. II, Paris 1858, S. 308–309. Siehe auch bei Françoise Lehoux, *Jean de France, duc de Berri. Sa vie, son action politique* (1340–1416), Bd. III, Paris 1968, S. 291–292.
4. Bereits 1868 hatte Delisle (*Cabinet des Manuscrits*, I, S. 69–70) ganz richtig in Johann Ohnefurcht den Auftraggeber der Handschrift erkannt, was er dann, wie es scheint, im Jahre 1907 merkwürdigerweise wieder in Frage gestellt hat (Léopold Delisle, *Recherches sur la librairie de Charles V*, Paris 1907, Bd. II, S. *305, Nr. 196). Durrieu hatte ganz eindeutig im Porträt des fol. 226 Johann Ohnefurcht identifiziert (Paul Durrieu, Le Maître des Heures du Maréchal de Boucicaut, S. 20 des Sonderdrucks aus der *Revue de l'Art ancien et moderne*, 1906); diese Identifizierung wird in Anlehnung an heraldische Untersuchungen von Camille Couderc wieder aufgenommen, *Album de portraits d'après les collections du Département des Manuscrits*, Paris [1910], S. 26–27, Tafel LXII.

5. Zu diesem Porträt siehe Hélène Adhémar, Nicole Reynaud, Charles Sterling, *La peinture française au Musée du Louvre. Ecole française, XIVe, XVe, XVIe siècle*, Paris 1965, S. 4–5, Nr. 9, Tafel 26 und Millard Meiss, *French Painting in the Time of Jean de Berry. The late XIVth century and the Patronage of the Duke*, London 1967, S. 75, Abb. 506. Nach den Ausführungen H. Adhémars geht dieses Tafelbild auf einen Prototyp zurück, der 1404, vermutlich von Jean Malouel, aus Anlaß der Einsetzung Johanns Ohnefurcht als Herzog von Burgund ausgeführt wurde. Der Rubinring, den der neue Herzog in der rechten Hand hält, spielt auf dieses Ereignis an. Das Porträt des Herzogs in der Hayton-Miniatur des *Buchs der Wunder* zeigt dieselbe charakteristische Haltung der Hand und ist nach Meinung der Autorin ebenfalls auf diesen verlorenen Prototyp zurückzuführen. Vgl. H. Adhémar, La date d'un portrait de Jean sans Peur duc de Bourgogne. Etude d'après un exemplaire conservé au Louvre, *Revue du Louvre et des Musées de France*, 11. Jg., 1961, S. 265–268.
6. Die Zuschreibung dieser Malerei bleibt nach wie vor umstritten: die solideste Hypothese scheint mir Panofskys Vorschlag, in ihr ein Werk aus der Umgebung des Rogier van der Weyden zu sehen. Vgl. Erwin Panofsky, *Early Netherlandish Painting*, Cambridge (Mass.) 1953, Bd. I, S. 171, Abb. 378. Ebenfalls mit dem Profil des Herzogs im *Buch der Wunder* zu vergleichen ist die Zeichnung nach einem verlorenen Bildnis des Johann Ohnefurcht, Abb. bei Meiss, *French Painting..., The Limbourgs and their Contemporaries*, New York 1974, Abb. 376 (Bibliothèque nationale de France, Collection de Bourgogne, ms. 20, fol. 308).
7. Abrechnung von Josset de Halle für die Jahre 1390–1392, Archives de la Côte d'Or, B 1486, fol. 12–13, welche ich nach der Transkription durch B. Prost benutzt habe, in N. a. fr. 10541, fol. 252, 253, 255.
8. Abrechnung von Josset de Halle für das Jahr 1392–1393, Archives de la Côte d'Or, B 1495, fol. 58, welches ich nach N. a. fr. 10542, fol. 345 benutzt habe.
9. Vgl. die Auszüge aus den Abrechnungsbüchern, veröffentlicht von Graf Léon de Laborde, *Les ducs de Bourgogne, études sur les lettres, les arts et l'industrie pendant le XVe siècle et plus particulièrement dans les Pays-bas et le duché de Bourgogne*, Bd. I, Paris 1849, S. 28 ff., Nr. 22, 40, 56, 58, Nr. 198, 59, 84, Nr. 239, 97, Nr. 71, 126 und 139.

10. Henry David, *Philippe le Hardi, duc de Bourgogne et co-régent de France de 1392 à 1404. Le train somptuaire d'un grand Valois*, Dijon 1947, S. 78–79.
11. A.a.O., S. 78, Nr. 2.
12. Christian de Mérindol, Art, spiritualité et politique. Philippe le Hardi et la chartreuse de Champmol, in *Les Chartreux et l'Art*. Actes du colloque d'Avignon, hrsg. von D. Le Blévec und A. Girard, Paris 1988, S. 107, nach Cyprien Monget, *La Chartreuse de Champmol*, Bd. I, Montreuil-sur-Mer 1898, S. 347–348.
13. Zu diesem Dekor Abb. bei Jean Mesqui, *Ile de France gothique. 2: Les demeures seigneuriales*, Paris 1988, S. 64, Abb. 34. Über das Hôtel d'Artois vgl. S. Lesur, La tour de Jean sans Peur, *Documents Archaeologia*, 1973-3, S. 96–105 und Mesqui, a.a.O., S. 269–275.
14. Vgl. den Ausstellungskatalog *Das Goldene Rössl. Ein Meisterwerk der Pariser Hofkunst um 1400*, hrsg. von R. Baumstark, München 1995, S. 268–270, Nr. 22. Die Autorin der Notiz, Annette Schommer, schlägt vor, den Hopfen ebenfalls in dem Motiv zu sehen, das einen Pokal mit dem burgundischen Wappen im Museum of Fine Arts in Boston säumt. Das Inventar des Mobiliars von Johann Ohnefurcht aus dem Jahr 1420, kurz nach seiner Ermordung auf der Montereau-Brücke, zählt eine Reihe von Gegenständen auf, welche mit dem Hopfenmotiv verziert sind (Bibliothèque nationale de France, Cinq Cents de Colbert, ms. 127, fol. 47, 49v–50, 52, 123).
15. *Kung Praktik och Drottning Ratio/Das Buch vom König Modus und der Königin Ratio*, Stockholm 1955, S. 93, Abb. 77–80.
16. Nordenfalk glaubte auch, den Hopfen auf den Ärmeln mancher Jäger in einem Exemplar des *Buchs vom König Modus und der Königin Ratio* in der Österreichischen Nationalbibliothek zu erkennen (Cod. 2573), welches aus der burgundischen „Bücherei" stammt. Vgl. a.a.O., Abb. 6, 22, 39.
17. Brüssel, Bibliothèque royale, ms. 9475, Vgl. Camille Gaspar und Frédéric Lyna, *Les principaux manuscrits à peintures de la Bibliothèque royale de Belgique*, I, Paris 1937, S.

442–443, Tafel CIV und den Ausstellungskatalog *La Librairie de Philippe le Bon*, Brüssel 1967, Nr. 93, Tafel 25. Die Brüsseler Handschrift kann auf keinen Fall vor 1408–1409 entstanden sein, da hier ein Architekturmotiv aus den *Belles Heures* des Jean de Berry entlehnt wurde. Vgl. meinen Artikel La peinture française au temps de Jean de Berry, *Revue de l'Art*, Nr. 28, 1975, S. 41–42.

18. Farbabbildung bei S. Lesur, a.a.O., S. 97. Der Hopfenzweig erscheint in einer anderen Miniatur dieser Handschrift, fol. 19 (Nordenfalk, Abb. 79), wo sich dieses Motiv auf dem langen Ärmel einer mit Johann Ohnefurcht zu identifizierenden Figur viermal wiederholt.

19. *Chroniques relatives à l'histoire de la Belgique sous la domination des ducs de Bourgogne*, hrsg. von Henri Kervyn de Lettenhove, Brüssel 1873, S. 133.

20. Jean-Bernard de Vaivre, Troisième note sur le sceau du comté de Charolais au temps de Jean sans Peur, *Archivum heraldicum*, Nr. 3–4, 1982, S. 34–36. Hier wird seine Präsenz in anderen, für den Herzog ausgeführten Werken hervorgehoben: im Hofsiegel des Grafen von Charolais, im Tympanon über der Tür des sogenannten „Johann Ohnefurcht-Turms" im Hôtel d'Artois in Paris sowie im Stundenbuch *Heures de Jean sans Peur* (Bibliothèque nationale de France, N. a. lat. 3055, fol. 172v).

21. Abb. bei F. Avril, Colette Beaune, *Le Miroir du pouvoir*, Paris 1990, S. 22. Bezüglich anderer Beispiele für den gemeinsamen Einsatz der beiden Embleme, siehe Anmerkung 32. Eine dritte, bisher unerkannt gebliebene Darstellung des Johann Ohnefurcht stammt ebenfalls aus dem Umkreis des Boucicaut-Meisters. Wir finden dort die beiden Embleme des Herzogs wieder. Diese Miniatur illustriert den ersten Band eines Exemplars der Chroniken von Froissart (Bibliothèque nationale de France, Fr. 6474, fol. 1); sie zeigt, wie König Karl VI. den Chronikband aus den Händen des Kanonikus Hennuyer in Empfang nimmt. Die Gestalt des Königs ist bestens identifizierbar: Seine persönlichen Embleme (Pfauenfeder, Maienzweig) sind auf den roten Überzug seines Thrones gestickt und seine Devise „Jamès" ist mit Goldfaden auf den Baldachin genäht, den eine Borte mit den damaligen königlichen Farben, schwarz, silbern, grün und rot, umsäumt. Gleich zu seiner Linken steht ein Mann mit einem rosafarbenen Barett, das einen von Perlen umgebenen Rubin aufweist. Er trägt einen dunkelblauen Mantel mit Pelzbesatz. Obwohl das Gesicht der Figur stark beschädigt ist (und dies wohl nicht zufällig), stellt dieser herausgehobene Würdenträger zweifellos Johann Ohnefurcht dar: Neben dem charakteristischen rubingeschmückten Barett trägt er nämlich einen kleinen schwarzen Umhang auf den Schultern, wo als goldene Stickerei Maurerlote und Hobel im Wechsel zu sehen sind (Abb. 13). Zu dieser Handschrift, die am 13. Juli 1413 von dem Schreiber Raoul Tainguy für den Kanzler Arnaud de Corbie fertiggestellt wurde, vgl. M.-H. Tesnière, Les manuscrits copiés par Raoul Tainguy, *Romania*, 1986, S. 302–308 und 354–359.

22. Zitiert bei de Vaivre, S. 34–35, nach der Ausgabe des Monstrelet durch L. Douët d'Arcq, Bd. II, S. 57–58.

23. Die Abrechnung durch Jean de Noident ist in den Archives de la Côte d'Or unter der Signatur B 1560 zu finden. Die Liste der Empfänger befindet sich auf fol. 130–134 und wurde von Jean Mainfroy, dem Goldschmied und Kammerdiener des Herzogs aufgestellt, der sicherlich auch diesen gewaltigen Auftrag selbst ausführte. Mein lebhafter Dank gilt meiner Kollegin Marie-Françoise Damongeot für ihre Mühe, in Dijon die Signatur und die das Maurerlot betreffenden Stellen in diesem Dokument für mich herauszusuchen. Ich hatte daraus bereits Auszüge im ms. 65 der Collection de Bourgogne (fol. 91) gefunden. Die Anwesenheit des Maurerlots zwischen den anderen auf den Überrock des Herzogs in der Widmungsszene des fol. 1v in der Handschrift von Pierre Salmon, Bibliothèque nationale de France, Fr. 23279 gestickten Motiven verändert die traditionelle Datierung dieser Handschrift geringfügig: Bisher mit 1409 datiert, ist sie wohl Karl VI. tatsächlich erst im Laufe des Jahres 1410 überbracht worden, obwohl ihr Verfasser sie schon im Vorjahr hat vollenden können.

24. Vgl. Jean Favier, *Paris au XVe siècle, 1380–1500* (Nouvelle histoire de Paris), Paris 1974, S. 150: „Von 1411 bis 1413 waren die Burgunder Herren über Paris".

25. Bibliothèque nationale de France, Collection de Bourgogne, ms. 65, fol. 80v und 81v.

26. Ebenda, fol. 82.

27. Vgl. Laborde, *Ducs de Bourgogne*, I, S. 20, Nr. 84.

28. Vgl. E. Petit, *Itinéraires*, S. 585.

29. Vgl. Guiffrey, *Inventaires de Jean de Berry (1401–1416)*, Paris 1894, S. 156, Anmerkung. Siehe auch die Bezahlung an den Maler des Herzogs, Jean le Voleur, für eine mit diesem Emblem verzierte Turnierrüstung, veröffentlicht bei Laborde, Ducs de Bourgogne, I, S. 21–22.

30. *Chroniques...*, hrsg. von Kervyn de Lettenhove, Brüssel, 1873, S. 93. Andere Belege zu diesem Emblem werden bei R. Vaughan aufgeführt, *John the Fearless*, S. 234–235.

31. M. Meiss, *The Limbourgs and their Contemporaries*, Abb. 376.

32. Das Maurerlot und der Hobel tauchen ebenfalls zusammen auf dem Gewand des Johann Ohnefurcht in der Malerei des obengenannten Pierre Salmon auf sowie im Bild des Heiligen Andreas (Abb. 10) im Stundenbuch des Johann Ohnefurcht (vgl. J.-B. de Vaivre, a.a.O., Abb. 2). Die Verbindung dieser beiden Embleme findet man ein weiteres Mal in dem berühmten verzierten Tympanon am Johann Ohnefurcht-Turm wieder, wo zwei kleine Hobel auf den beiden Schenkeln des Maurerlots ruhen. Vgl. ein Detail dieser Hobel in der gezeichneten Reproduktion des Tympanons bei A. Perrault-Dabot, *L'hôtel de Bourgogne et la tour de Jean sans Peur à Paris*, Paris 1902, S. 18.

33. Johann Ohnefurcht war der erste Burgunderherzog aus dem Geschlecht der Valois, der den flandrischen Löwen in seinen Wappenschild einbezog. Als Neujahrsgeschenk im Januar 1393, als er noch Graf von Nevers war, schenkte ihm seine Gemahlin, Margarite von Bayern, „einen weißen Löwen, in einem Park liegend". Vgl. H. David, *Philippe le Hardi...*, S. 56.

34. Carl Nordenfalk, Hatred, Hunting and Love: Three Themes Relative to some Manuscripts of Jean sans Peur, *Studies in Late Medieval and Renaissance Painting in Honor of Millard Meiss*, New York 1977, S. 324–341, Tafeln 112–116.

35. *Mais Dieu y ouvra tant par sa grâce divine / Qu'un lion envoia...* Vgl. *Chroniques ...*, hrsg. von Kervyn de Lettenhove, Brüssel 1873, S. 259–269. Die Verbindung Löwe – Herzog von Burgund blieb lange bestehen, wie der berühmte Hirsch-Wandteppich im Musée des Antiquités de la Seine-Maritime zeigt; diesbezüglich verweisen wir auf die Studie von J.-B. de Vaivre, Les cerfs ailés et la tapisserie de Rouen, *Gazette des Beaux-Arts*, Oktober 1982, S. 93–108.

36. Man beachte hierbei, daß der Adler schon in der Symbolik Philipps des Kühnen auftaucht, wie das Dekor einer „Kammer" (Wandteppich), ausgeführt vom Sticker Etienne Bièvre, bezeugt: In ihrer Mitte befand sich ein großer Sonnenstrahl und in den vier Ecken „ein Adler auf einer Terrasse sitzend, eine Rolle haltend, auf der sein [Philipps des Kühnen] Motto geschrieben stand Y me tarde" (Quittung vom 28. Januar 1390, in der Abrechnung von Josset de Halle für das Jahr 1389–1390, befindlich in Dijon, Archives Départementales de la Côte d'Or, B 1476, Blätter 32v–33, nach der Kopie von Prost, N. a. fr. 10541, fol. 164). Adler und Löwe waren ebenfalls in der Kette des von Philipp dem Kühnen kurz vor seinem Tod gegründeten Ritterordens vereinigt. Diese Kette besaß eine Schließe „in der Art von zwei Tieren, einem Adler und einem Löwen aus weißem Email", um einen goldenen Baum angeordnet. Dieser im Jahr 1403 in einem Dokument erwähnten Orden scheint seinen Gründer nicht überlebt zu haben; möglich ist jedoch, daß die Löwen- und Adlerfiguren im *Buch der Wunder* ein Andenken daran sein sollen. Bezüglich der Kette vgl. H. David, *Philippe le Hardi...*, S.133 und 151. Was die mögliche Entlehnung dieser beiden Tiere durch Philipp den Kühnen aus der Symbolik seines Vaters, Johann des Guten betrifft, vgl. Mérindol, Art, spiritualité et politique..., S. 105–106.

37. Siehe diesbezüglich das jüngste Buch von Bernard Guenée, *Un meurtre, une société: l'assassinat du duc d'Orléans*, 23 novembre 1407, Paris 1992.

38. Jener besaß zu diesem Zeitpunkt bereits zwei andere Handschriften mit Marco Polos Reisebericht, darunter eine ganz frische Errungenschaft, welche er bei einem seiner Hausbuchhändler, nämlich bei Regnaut du Montet in Paris im Oktober 1412 gekauft hatte. Dieses Buch konnte dem Vergleich mit dem fürstlichen Geschenk von Johann Ohnefurcht bestimmt nicht standhalten, da der Prinz sich zugunsten des Pierre des Essarts, Profos von Paris, davon trennte. Das Datum dieser Schenkung ist nicht überliefert, kann aber natürlich nur vor der Hinrichtung des Pierre des Essarts am 1. Juli 1413 liegen. Bezüglich dieser Hand-

schrift, die heute verloren ist, vgl. Guiffrey, *Inventaires de Jean duc de Berry*, Bd. I, S. 268, Nr. 1000 und Delisle, *Recherches*, Bd. II, S. 255*, Nr. 198.

39. Bibliothèque nationale de France, Lat. 919. Zu dieser Handschrift vgl. Anmerkung 75.

40. J. Guiffrey, *Inventaires de Jean duc de Berry*, Bd. I, S. 270, Nr. 1005; siehe auch L. Delisle, *Recherches*, Bd. II, S. 254, Nr. 196.

41. J. Guiffrey, *Inventaires de Jean duc de Berry*, Bd. II, S. 242, Nr. 558.

42. Bernard de Mandrot, Jacques d'Armagnac, duc de Nemours, 1433–1477, *Revue historique* XLIII, 1890, S. 272–312, hier S. 279. Jacques d'Armagnacs Vater hatte häufig die Großzügigkeit seines Großvaters Jean de Berry genossen. Vgl. Durrieus Arbeit (angeführt in unserer Anmerkung 44), S. 12.

43. Bezüglich der Bücher des Jacques d'Armagnac siehe Léopold Delisle, *Le Cabinet des manuscrits de la Bibliothèque impériale [nationale]*, Bd. I, Paris 1868, S. 86–91, und den Artikel des gleichen Autors, Note complémentaire sur les manuscrits de Jacques d'Armagnac, *Bibliothèque de l'Ecole des Chartes* LXVI, 1905, S. 255–260, zu vervollständigen mit Antoine Thomas, Jacques d'Armagnac bibliophile, *Journal des Savants*, 1906, S. 633–644, und insbesondere mit der ausgezeichneten unveröffentlichten Dissertation von Susan Blackman, *The Manuscripts and Patronage of Jacques d'Armagnac, duke of Nemours (1433–1477)*, University of Pittsburgh 1993.

44. Über diese Handschrift, heute Fr. 247 und N. a. fr. 21013 de la Bibliothèque nationale de France, vgl. die Monographie des Grafen Paul Durrieu, *Les Antiquités judaïques et le peintre Jean Foucquet*, Paris 1908.

45. Diese Viertel entsprechen dem Wappen der La Marche-Bourbonen, welche Jacques, Herzog von Nemours, vom Schildhaupt seiner Mutter Eléonore de Bourbon übernommen hatte. Ihr Vater, Jacques de Bourbon, hatte sie 1435 zu seiner Universalerbin erklärt, ohne seinen Enkel Jacques als ihren Nacherben einzusetzen, mit der Bedingung, daß jener seinen Namen und sein Wappen tragen sollte. Vgl. Mandrot, a.a.O., S. 279, Nr. 3.

46. Bezüglich dieser in einer eigenartigen Schrift geschriebenen Großbuchstaben, welche seit Gaston Paris als das Anagramm der Devise *Fortune d'amis* betrachtet werden, vgl. Delisle, *Cabinet*, I, S. 88 und III, S. 342. Wir schließen nicht aus, daß diese immer anders angeordneten Lettern eine kabbalistische oder apotropäische Bedeutung haben, wie Susan Blackman kürzlich vorschlug. Sie wies auf ihre Integration in Grabdarstellungen von drei Miniaturen einer Handschrift des *Lanzelot-Graal* hin, welche dem Herzog von Nemours gehört hatte (Blackman, *Manuscripts and Patronages*, S. 34).

47. Diese Buchstaben sind nur noch auf dem oberen Schnitt und dem Vorderschnitt lesbar: IOAH (oder N?)/ T(Buchstabe in Form eines Ankerkreuzes)EM, wobei diese beiden letzten Lettern vom Wappenschild des Jacques d'Armagnac getrennt sind.

48. Delisle, *Cabinet*, I, S. 88. Diese Folge von Lettern erscheint auch in einigen Varianten im Randdekor des ms. 10 A 17 im Meermanno-Westreenianum-Museum von Den Haag sowie im Fr. 9186 der Bibliothèque nationale (fol. 1, 301 und 304).

49. Vgl. Durrieu, *Les Antiquités Judaïques*, Tafel XXVII. Die Stellen zwischen eckigen Klammern können mit Hilfe dieser Handschrift rekonstruiert werden. Bezüglich anderer Handschriften mit einem ähnlich formulierten Exlibris, siehe ebenda, S. 11, Nr. 3.

50. Mandrot, *Revue historique* XLIV, 1890, S. 272–312.

51. Verschiedene Autoren haben aus diesem Grunde ohne handfesten Beweis behauptet, daß die Handschrift durch die bourbonische Familie in die königlichen Sammlungen gelangt sei. Das gilt für Camille Couderc (*Album de portraits...*, S. 26–27) und danach für Millard Meiss (*French Painting...*, The Boucicaut Master, London/New York 1968, S. 116).

52. Die Zerstreuung der Handschriftensammlung des Jacques d'Armagnac betreffend, siehe Delisle, *Cabinet*, I, S. 90–91 und Durrieu, *Les Antiquités Judaïques...*, S. 14–18.

53. Hrsg. von Antoine Le roux de Lincy, Catalogue de la bibliothèque des ducs de Bourbon en 1524, in *Mélanges de littérature et d'histoire*, Paris 1850, S. 73–111. Man findet genausowenig Spuren vom *Buch der Wunder* im Bücherinventar der Bourbon-Montpensier, aufgestellt 1507 in Aigueperse und veröffentlicht in *Cabinet historique* 9, 1863, S. 306–316.

54. Edmond Sénemaud, La bibliothèque de Charles d'Orléans, comte d'Angoulême, *Bulletin de la société archéologique et historique de la Charente*, 1860, S. 149, Nr. 7.

55. Vgl. Henri Omont, *Anciens inventaires et catalogues de la Bibliothèque nationale*, Bd. I, Paris 1908 S. 314, Nr. 1034.

56. Vgl. Omont, a.a.O., Bd. II, S. 265, Nr. 81; diese Nummer entspricht der auf das fol. A eingetragenen Signatur „einundachtzig".

57. Omont, Bd. III, S. 5–6, Nr. 42, auf das fol. 1 eingetragene Nummer.

58. Omont, Bd. IV, S. 83, Nr. 8392, ebenfalls auf das fol. 1 eingetragen.

59. Er entspricht dem Typus, beschrieben unter Nr. 1 im Artikel von Pierre Josserand und Jean Bruno, Les estampilles du Département des Imprimés de la Bibliothèque nationale, *Mélanges d'histoire du livre et des bibliothèques offerts à M. Frantz Calot*, Paris 1960, S. 264–298.

60. Bezüglich des Prägeisens mit Königswappen für die Verzierung dieses Einbandes, vgl. Eugène Olivier, Eugène Hermal, R. de Roton, *Manuel de l'amateur de reliures armoriées françaises*, 25ᵉ série, Paris 1933, Tafel 2494, Eisentypus Nr. 10. Dieser unter Ludwig XIV. eingeführte Stempel wurde ebenfalls während der Regierungszeiten Ludwigs XV. und Ludwigs XVI. benutzt. Das gelbe Saffianleder des Einbandes erlaubt jedoch eine nähere Eingrenzung seines Fabrikationsdatums. Ledereinbände in dieser Farbe besitzt nur eine sehr begrenzte Serie von Handschriften, oft großformatig und alle dem alten königlichen Fonds angehörend: zum Beispiel die Handschriften 93, 95, 124, 125, 184, 193, 247, 257, 338 und 358–362, 2634, 2645, 2646, 2651, 2652, 2702, 2705, 2797, 2833, 4950 und 4972 aus dem französischen Fonds. Bernard Bernache, Buchbinder der Königlichen Bibliothek, erhielt am 7. April 1685 eine gelbe Haut aus dem Morgenland, „um zwei Handschriften in-folio zu überziehen" (Archives du Département des manuscrits, registre des livraisons de peaux au Sieur Bernache, Bd. ohne Signatur, fol. 11). Laut einer Liste vom 9. Mai 1689 vertraute man zum Einbinden dem selben Bernache ein „Buch von Marco Polo, Handschrift folio" an, welches höchstwahrscheinlich mit dem Français 2810 übereinstimmt (Archives du Département des Manuscrits, AR 27, S. 143). Meiner Kollegin Françoise Bléchet soll hier für ihren wertvollen Hinweis auf dieses Dokument gedankt sein. Bezüglich des Ankaufs von Saffianleder für die Königliche Bibliothek (1670–1789), *Revue française d'histoire du livre* 51, Nr. 37, S. 573–598.

61. Brüssel, Bibliothèque royale, ms. 10230, Abb. in Gaspar und Lyna, *Les principaux manuscrits à peintures de la Bibliothèque royale de Belgique*, I, S. 458–459, Tafel CXII. Patrick de Winter (*La bibliothèque de Philippe le Hardi, duc de Bourgogne*, Paris 1985, S. 218, Abb. 226) schreibt diese Miniatur seinerseits dem Meister des *Roman de la Rose* von Valencia zu, was mir allerdings nicht überzeugend erscheint. Drei Miniaturen aus der Handschrift *De casibus* in der Bibliothèque de l'Arsenal (ms. 5193), die für Johann Ohnefurcht wahrscheinlich zu einem der Entstehungszeit des *Buchs der Wunder* nahegelegenen Zeitpunkt ausgeführt wurde, können meines Erachtens dem gleichen Künstler zugeschrieben werden: Es handelt sich um die Szenen der Blätter 127, 130v und 133v, Abb. bei Henry Martin, *Le Boccace de Jean sans Peur, Des cas des nobles hommes et femmes*, Brüssel 1911, Tafel 14, Abb. LVI und Tafel 15, Abb. LVII und LVIII.

62. Bibliothèque nationale de France, Fr. 12559. Vgl. bezüglich dieser Handschrift, Meiss, *The Limbourgs and their Contemporaries*, S. 381 und Abb. 18, 47–49 und 56. Siehe ebenfalls P. de Winter, *La bibliothèque de Philippe le Hardi*, S. 51, Abb. 246.

63. Siehe die dieser Handschrift gewidmete Monographie von Eberhard König, *Boccaccio Decameron. Alle 100 Miniaturen der ersten Bilderhandschrift*, Stuttgart/Zürich 1989.

64. Meiss, *Boucicaut Master*, passim und Abb. 366, 367, 370, 371, 374–377. Der Künstler arbeitet in dieser Handschrift, welche um 1410–1415 entstand, mit der Werkstatt des Boucicaut-Meisters und anderen Miniaturmalern zusammen.

65. Bezüglich der Erfindung und der Rolle der Grisaille-Malerei im 14. Jahrhundert schlage man künftig in der sehr gründlichen Studie von Michaela Krieger nach, *Grisaille als Metapher. Zur Entstehung der peinture en camaïeu im frühen 14. Jahrhundert*, Wien 1995 (Wiener Kunstgeschichtliche Forschungen, Bd. VI).

66. M. Meiss, *Boucicaut Master*. Seit Meiss siehe auch die exzellenten Ausführungen von Charles Sterling, *La peinture médiévale à Paris, 1300–1500*, I, Paris 1987, S. 340–411. Albert Châtelet hat kürzlich die Persönlichkeit

des Künstlers und die Datierung des Stundenbuchs im Musée Jacquemart-André unter einem neuen Blickwinkel untersucht, siehe seinen Artikel Les Heures du maréchal de Boucicaut, *Fondation Eugène Piot. Monuments et mémoires* 74, 1994, S. 45–76. Siehe Anmerkung 95.

67. In zwei dieser Stundenbücher bezieht sich der Kolophon auf ein Ereignis, welches seine Zeitgenossen zutiefst bestürzte, nämlich auf den Einsturz der Pariser Brücken während des Hochwassers der Seine im Winter 1408 (siehe Anmerkung 83). Die Lokalisierung des Künstlers und seiner Werkstatt in Paris wird von der Miniatur, welche er für das Urkundenbuch des Collège de Fortet in den Archives Nationales malte, noch bekräftigt.

68. Meiss, *Boucicaut Master*, S. 62, 68, 100–101, Abb. 356–365.

69. Christopher de Hamel, im Verkaufskatalog von Sotheby's, *Western Manuscripts and Miniatures*, London, 24. Juni 1986, S. 128, bezüglich des Stundenbuchs der ehemaligen Zwemmer-Sammlung, heute im J. Paul Getty Museum in Malibu (ms. 22).

70. Meiss, a.a.O., S. 25.

71. Darauf antworten C. de Hamel in seinem Vorwort zu einem Stundenbuch, welches mit der „Boucicaut-Gruppe" in Verbindung gebracht werden kann und bei Sotheby's am 23. Juni 1987, Auslosung 105, verkauft wurde, sowie Eberhard König im Katalog XXX der Buchhandlung Tenschert (*Leuchtendes Mittelalter* V), Rotthalmünster, 1993, S. 190 ff. Schon 1954 hatte Rosy Schilling die Präsenz einer davon divergierenden Gruppe innerhalb der Boucicaut-Produktion vermutet. Auch sie stellte diese Gruppe, wie Gabriele Bartz, in Zusammenhang mit dem Mazarine-Stundenbuch. Vgl. Rosy Schilling, The Master of Egerton 1070 (Hours of René d'Anjou), *Scriptorium* VIII, 1954, S. 277, Nr. 18.

72. Außer der gleichnamigen Handschrift im Musée Jacquemart-André, seien unter den Hauptvertretern der Werke des Boucicaut-Meisters genannt: die Stundenbücher in der Bibliothèque nationale de France (Latin 1161), im Kupferstichkabinett in Berlin (ms. 78 C 4), im J. Paul Getty Museum (ms. 22, aus der ehemaligen Zwemmer-Sammlung, London), das möglicherweise für den Kronprinzen Louis de Guyenne bestimmte Pariser Gebetbuch in der Bibliothek von Châteauroux (ms. 2), das Meßbuch Trenta in der Biblioteca governativa in Lucca (ms. 3122), der für Guichard Dauphin ausgeführte Barthélemy l'Anglais (Fr. 9141) in der Bibliothèque nationale de France und der *Trésor des histoires* in der Bibliothèque de l'Arsenal (ms. 5070).

73. Zu dieser Liste seien drei weniger wichtige Handschriften hinzugefügt: das Stundenbuch Latin 10529 der Bibliothèque nationale de France, von dem nur noch der illustrierte Kalender erhalten ist (welcher Ähnlichkeiten mit dem des Saint-Maur-Stundenbuchs und dem Stundenbuch des Joseph Bonaparte aufweist), das Stundenbuch Ludwig IX 5 im J. Paul Getty Museum und das Stundenbuch ms. 650 in der Bibliothèque de l'Arsenal.

74. Schon auf Lilian Randall machte die Walters-Handschrift den Eindruck, als ob sie unvollendet sei. Vgl. Lilian Randall, *Medieval and Renaissance Manuscripts in the Walters Art Gallery*, Bd. I: France, 875–1420, Baltimore 1989, S. 265.

75. Diese raffinierte Farbpalette erscheint sporadisch in anderen Handschriften der Gruppe, insbesondere in den vier Evangelisten-Miniaturen im Mazarine-Stundenbuch sowie in einem der Bände des *Lectionnaire de la Sainte-Chapelle de Bourges* (Bourges, bibliothèque municipale, ms. 34), welcher höchstwahrscheinlich zur gleichen Zeit wie die Grandes Heures von Jean de Berry entstand (vollendet 1409). Die beiden Miniaturen im „Boucicaut-Stil" in den *Grandes Heures* (ein „Christus in der Vorhölle" und ein „Heiliger Georg") und manche der verzierten Initialen gehören ebenfalls der Produktion der Mazarine-Werkstatt an. Zu diesen Handschriften vgl. Meiss, *Boucicaut Master*, Abb. 64, 65 und 61, 62.

76. Vgl. Bibliothèque nationale de France, Lat. 10538, fol. 63, Baltimore, Walters Art Gallery, ms. 260, fol. 63v und das Stundenbuch der collection Charnacé, zu den beiden letzten Handschriften Abb. bei Meiss, *Boucicaut Master*, Abb. 270 und 272. Ein viertes, der Mazarine-Gruppe zuzuordnendes Stundenbuch weist ebenfalls eine besondere Ikonographie auf: ms. A. L. 1646–1902 im Victoria and Albert Museum. Vgl. Meiss, a.a.O., S. 99. Ich danke meinem Kollegen Rowan Watson für seine Hilfe bei meinen Nachforschungen zu dieser Handschrift.

77. Nur das älteste Werk der Mazarine-Gruppe, das Stundenbuch aus der ehemaligen Chester Beatty-Sammlung aus dem Jahr 1408 behält das viereckige Format bei. Im gleichen Jahr erscheint im Stundenbuch Douce 144 der Bodleian Library das von einem Bogen gekrönte Viereck (zu diesen beiden Handschriften, siehe Anm. 83). Dieses neue Format wird erst in manchen Spätwerken der eigentlichen Boucicaut-Werkstatt übernommen.

78. London, British Library, Royal 15 D III und Cotton Nero E. II. Meiss, *Boucicaut Master*, Abb. 344–354 und 419–429.

79. Français 9–10. Diese beiden Miniaturen erscheinen zu Beginn des Français 10, fol. 318 und 330v. Meiss, a.a.O., Abb. 343.

80. Meiss, a.a.O., Abb. 431, 435 (Fr. 259) und 452–457 (Cambridge).

81. Paris, Bibliothèque nationale de France, Fr. 23279 und Genf, Bibliothèque publique et universitaire, Fr. 165. Farbabb. dieser beiden Handschriften im Ausstellungskatalog *Das Goldene Rössl. Ein Meisterwerk der Pariser Hofkunst um 1400*, München, Bayerisches Nationalmuseum, 1995, S. 220–221 und 223, 225.

82. Sterling bemerkte so hübsch, daß „kein einziges Werk des Boucicaut-Meisters und seiner Werkstatt..., mit so viel Begeisterung von seiner Vorliebe für Bogenlinien zeugt wie das Stundenbuch der Bibliothèque Mazarine" (Sterling, *La peinture médiévale à Paris*, I, S. 392). Was dieser Kunsthistoriker allerdings für eine Übergangsphase innerhalb der stilistischen Entwicklung des Boucicaut-Meisters hielt, kann ohne weiteres als ständiges Kennzeichen seines Kollegen, des Mazarine-Meisters, angesehen werden.

83. Bezüglich der Richtigstellung des Entstehungsdatums der ersten dieser Handschriften, das hier im alten französischen Stil angegeben ist, vgl. Christopher de Hamel, *A History of Book and Illuminated Manuscripts*, Oxford 1986, S. 171–173, Abb. 165, 169–170, und C. Sterling, *La peinture médiévale à Paris*, I, S. 346. Zu diesem Ereignis vgl. das Journal de Nicolas de Baye, hrsg. von Alexandre Tuetey, Bd. I, Paris 1885, S. 213–220 und die Chronique du Religieux de Saint-Denis, hrsg. von M. Louis Bellaguet, Bd. III, Paris 1841, S. 746–747. Bezüglich einer Rekonstruierung der heute nur noch in Fragmenten bestehenden Chester Beatty-Handschrift siehe Margaret Manion, Vera F. Vines und C. de Hamel, *Medieval and Renaissance Manuscripts in New Zealand Collections*, London 1989, S. 96–98.

84. Es handelt sich um den Urheber der Pfingstszene im Chester Beatty-Stundenbuch. Vgl. Farbabb. im Verkaufskatalog *The Chester Beatty Western Manuscripts*, Part II, Sotheby's, London, 24. Juni 1969, Auslosung 58 F, Farbtafel A. Meines Erachtens könnte man in verschiedenen Szenen des Français 12420 der Bibliothèque nationale (ein Exemplar von Boccaccios *Des claires et nobles femmes*, vollendet vor 1404 für Philipp den Kühnen) schon eine frühe Beteiligung des Mazarine-Meisters erkennen. Ferner stehen drei aus dem Stundenbuch getrennte Miniaturen (heute in der Everett Mc Near-Sammlung) in besonders interessanter Weise in Verbindung mit der Tätigkeit des Mazarine-Meisters um 1408: Es geht dabei um eine Geburtszene, eine „Anbetung der Hirten" und eine „Flucht nach Ägypten", welche wohl zu den ältesten sicheren Werken des Künstlers zählen. Vgl. den Katalog *Medieval Art 1060–1550, Dorothy Miner Memorial*, University of Notre Dame, 1974, Nr. 15, 16, 17.

85. Diesen sind die vier Miniaturen im „Boucicaut-Stil" des *Lectionnaire de la Sainte-Chapelle de Bourges*, Bourges, Bibliothèque municipale, ms. 34 hinzuzufügen.

86. Aus dieser frühen Periode stammt ebenfalls die Miniatur mit dem Heiligen Matthäus im Stundenbuch Vit. 25-1 in der Nationalbibliothek von Madrid, dessen übrige Miniaturen vom Egerton-Meister und seiner Werkstatt ausgeführt wurden. Vgl. Meiss, *Boucicaut Master*, Abb. 176 und Anna Dominguez, *Libros de horas del siglo XV en la Biblioteca nacional*, Madrid 1979, Tafel 11.

87. Royal 15 D III. Meiss, *Boucicaut Master*, Abb. 344–353.

88. Im allgemeinen zeigt sich der Mazarine-Meister selbst in seiner Reifezeit immer recht schüchtern, was die Darstellung des dreidimensionalen Raumes betrifft, während dies beim Boucicaut-Meister nie zu beobachten ist.

89. Dank des gespaltenen Wappenschilds der Beauvau und Bessonneau, welcher zu Beginn der Handschrift gemalt erscheint und bisher noch nicht identifiziert wurde, kann seine Herkunft ermittelt werden.

90. Von der prachtvollen Ausführung abgesehen, scheinen heraldische Indizien auf die königliche Umgebung hinzuweisen: im Randdekor der Verkündigungsszene eine Schote vom

Ginster, Karls VI. Emblem; ein mit Lilienblüten übersäter Goldgrund in der kleinen Szene mit Mariä Geburt im rechten Rand auf der gleichen Seite; ein vom Erzengel gehaltener Wappenschild mit drei Lilienblüten im Randdekor der Totenmesszenszene.

91. Die Szenen der Marienmesse aus dieser Handschrift dienten als Vorbild für ein Stundenbuch des Meisters von Guillebert de Mets, heute in einer deutschen Sammlung. Vgl. Joachim Plotzek, *Andachtsbücher des Mittelalters aus Privatbesitz*, Köln 1987, S. 20–23 und 172–175, Nr. 51. Das Saint-Maur-Stundenbuch, ebenfalls aus der Mazarine-Gruppe, erlitt ein ähnliches Schicksal: Seine Kompositionen wurden bis weit ins 15. Jahrhundert hinein von verschiedenen flämischen Künstlern benutzt. Vgl. James Douglas Farquhar, *Creation and Imitation. The Work of a Fifteenth-Century Manuscript Illuminator*, Fort Lauderdale 1976, S. 57–59, 61–64, 71, 94–95, Abb. 40–54. Ich für meinen Teil fand heraus, daß nicht nur die großformatigen Miniaturen dieser Handschrift, sondern auch die Szenen aus dem Kalenderteil eine lange Nachkommenschaft in der flämischen Buchkunst hatten.
92. Die Darstellung der ausgegrabenen Leiche des Heiligen Dionysius in den *Grandes Chroniques de France* in der British Library wurde ebenfalls davon abgeleitet (vgl. Meiss, *Boucicaut Master*, Abb. 424).
93. Man beachte die Verwandtschaft zwischen dieser Szene und der rechten Hälfte der Malerei des fol. 15 im Titus Livius der Bibliothèque nationale Français 259 (Abb. 22). Jene stammt meiner Meinung nach von der gleichen Hand, obwohl sie mit weniger Sorgfalt gemalt wurde.
94. Die gleichen charakteristischen Architekturdetails können in einer Miniatur beobachtet werden, welche bis heute nie in Zusammenhang mit der Produktion der Boucicaut-Werkstatt gebracht worden war und meines Erachtens dem Mazarine-Meister zurückgegeben werden muß: nämlich in der Darstellung von Christine de Pisan in ihrem Studierzimmer im fol. 4 des berühmten Buches, das sie um 1410–1412 der Königin Isabella von Bayern schenkte (London, British Library, ms. Harley 4431). Vgl. Abb. dieser Szene im Postkartenbuch *The Medieval Woman*, hrsg. von S. Fox, Boston/Toronto/London 1991. Zu der Londoner Handschrift vgl. Meiss, *The Limbourgs and their Contemporaries*, S. 292–296, Sandra Hindman, *Christine de Pizan's „Epistre Othéa". Painting and Politics at the Court of Charles VI*, Toronto 1986 und C. Sterling, *La peinture médiévale à Paris*, I, S. 292. P. de Winters Verweis auf Dupuys Denkschrift (Christine de Pisan, ses enlumineurs et ses rapports avec le milieu bourguignon, in *Actes du CIVe congrès national des sociétés savantes, Bordeaux 1979, Archéologie et histoire de l'art*, Paris 1982, S. 365, Nr. 44), auf welche er sich für seinen Datierungsvorschlag mit 1411 stützt, ist nicht beweiskräftig, da Dupuy weder von einer Bezahlung noch von einer Handschrift spricht.
95. Dieses Zitat ist für die Bestimmung des sehr umstrittenen Entstehungsdatums der Handschrift im Musée Jacquemart-André nicht unbedeutend. Die von Meiss vorgeschlagene frühe Datierung (um 1405–1408) ist mit soliden Argumenten von Sterling (a.a.O., I, S. 392) kritisiert worden. Er setzt die Handschrift eher um 1410–1412 an. Ein noch späteres Datum (um 1413–1415) wurde vor kurzem von Albert Châtelet (siehe Anmerkung 66) vorgeschlagen. Es scheint allerdings nicht von der hier vorgestellten Beobachtung bestätigt zu werden.
96. Zu Jacques Coene, vgl. Meiss, *Boucicaut Master*, S. 60–62, 141.
97. Vgl. die jüngste Neuveröffentlichung dieser Briefe bei Mathieu Hériard Dubreuil, *Valencia y el Gotico Internacional*, Bd. I, Valencia 1987, S. 166–168. Zwei der Dokumente geben, vielleicht auf Grund einer falschen Übertragung, verschiedene Versionen vom Namen dieses Künstlers wieder: Jaco Turmo und Jaco Tono.
98. Châtelet, a.a.O., S. 72–73.
99. Man beachte, daß eine solche Zusammenarbeit meistens bei Handschriften aus der Mazarine-Tendenz stattfand (Pierre Salmon, Bibliothèque nationale de France, Fr. 23279, *Bible historiale* Fr. 9–10). Hinzuzufügen wären ms. Harley 4431, das berühmte Buch mit den Werken der Christine de Pisan (um 1412–1413), illuminiert vom Meister der *Cité des Dames* für Isabella von Bayern und aus dem eine Miniatur (fol. 4) dem Mazarine-Meister zugeschrieben werden muß (siehe Anmerkung 94). Der Boucicaut-Stil und der des Meisters der *Cité des Dames* sind ebenfalls in einem Boccaccio im Gulbenkian Museum in Lissabon vereinigt (heute zerstört?) sowie in einem Stundenbuch der Ecole des Beaux-Arts, ms. Le Soufaché, 483.
100. London, British Library, ms. Egerton 1070. Vgl. R. Schilling, The Master of Egerton 1070, S. 274, 276–277 und Tafel 29c zu Fr. 2810. Bezüglich der Hinzufügungen aus der Zeit des René d'Anjou und ihrer umstrittenen Zuschreibungsversuche, siehe eine Besprechung in N. Reynaud und F. Avril, *Les manuscrits à peintures en France, 1440–1520*, Paris 1993, S. 226–227, Nr. 122.
101. Meiss, *Boucicaut Master*, S. 39, 42, 116. Meiss spricht zuerst von einem Eingriff des Bedford-Meisters und seiner Gehilfen (S. 39), verneint aber später eine Beteiligung des Meisters selbst am *Buch der Wunder* (S. 42: „...the Bedford Master was not himself present at all.") und schreibt diese Miniaturen gleichzeitig dem „Bedford Trend" zu. Vgl. auch Meiss, *The Limbourgs and their Contemporaries*, S. 367.
102. Sterling hat die Spezifizität dieses letzten Motivs sehr gut hervorgehoben. Man findet es im übrigen häufig im Werk des Egerton-Meisters vor. Sterling nahm dies als Grund, um jenem die Miniatur mit den Kaninchen („conils") im Gaston Phébus Français 616 der Bibliothèque nationale (fol. 26v) zuzuschreiben. Vgl. C. Sterling, *La peinture médiévale à Paris*, S. 300 und Abb. 207. Auch ich hatte diese Miniatur aus dem gleichen Grund dem Künstler wiedergegeben: in der Einführung zur 1976 veröffentlichten Faksimileausgabe dieser Handschrift (*Gaston Phébus. Le livre de la chasse, manuscrit français 616 de la Bibliothèque nationale*, Paris 1976, Tafel X).
103. Bezüglich dieser Handschrift, einem Band aus den Gesammelten Werken der Christine de Pisan (Ludwig von Orléans zum Geschenk dargeboten und 1408 an Jean de Berry weitergegangen) siehe Meiss, *The Limbourgs and their Contemporaries*, S. 292 und 295–296, Abb. 135, 140. Dahingegen beobachtet man die feine Technik aus dem Egerton-Stundenbuch in der Szene mit der „Vision des Aracoeli" (fol. 42, Français 606) von der Hand des gleichen Künstlers in einem anderen Band der gleichen Werkesammlung. Zwei Miniaturen (fol. 41 und 41v) sind meines Erachtens ebenfalls an den Egerton-Meister zurückzugeben.
104. Zur Aufstellung der Werke des Egerton-Meisters, vgl. M. Meiss, *The Limbourgs and their Contemporaries*, S. 385–387. Auf einen weiteren Fall einer Zusammenarbeit zwischen der Mazarine- und der Egerton-Werkstatt sei in diesem Zusammenhang hingewiesen: das Stundenbuch 650 in der Bibliothèque de l'Arsenal, dessen Verbindung mit der Mazarine-Gruppe unter anderem durch die Miniatur mit der Heiligen Margareta auf fol. 146 bestätigt wird, welche die gleiche Szene aus dem Stundenbuch des Joseph Bonaparte (Lat. 10538, fol. 229v) seitenverkehrt wiederholt.
105. Schilling, The Master of Egerton 1070, S. 277, Anm. 18.
106. Meiss, *The Limbourgs and their Contemporaries*, S. 363–364 und 366–368.
107. Meiss, *Boucicaut Master*, Abb. 84 (Fr. 2810, fol. 44) und 97 (ebenda, fol. 195v).
108. Es sei jedoch vermerkt, daß die in den beiden Stilen gemalten Miniaturen in manchen Stundenbüchern koexistieren: London, British Library, Add. 30899, Orange (Texas), Sammlung Stark. Vgl. Meiss, *Boucicaut Master*, S. 385–386. Die *Bible historiale* Fr. 9–10 der Bibliothèque nationale enthält neben mehreren Miniaturen im Egerton-Stil eine Illustration, welche dem Bedford-Trend angehört. Vgl. Meiss, a.a.O., S. 365 und 386.
109. Bibliothèque de l'Arsenal, ms. 5193, fol. 141v, 208, 213, 224, 305. Vgl. Martin, *Le Boccace de Jean sans Peur*, Abb. LXXI, LXXIII, LXXXV, XCII und CIX.
110. Siehe zum Beispiel das gleichnamige Stundenbuch, London, British Library, Additional 18850. Diesbezüglich verweisen wir auf die jüngste Monographie von Janet Backhouse, *The Bedford Hours*, London 1990. Millard Meiss hatte andererseits die Aufmerksamkeit auf Ähnlichkeiten zwischen der „Ankunft in Ägypten" des Mazarine-Stundenbuchs und der gleichen Szene in drei Stundenbüchern aus der Bedford-Werkstatt (im Lamoignon-Stundenbuch im Gulbenkian Museum, im Stundenbuch der Österreichischen Nationalbibliothek und in den *Bedford Hours* in London) gelenkt. M. Meiss, *The Lévis Hours and the Bedford Workshop*, New Haven 1972, S. 17–18, Abb. 32–35.

ABBILDUNGSVERZEICHNIS

1. Johann Ohnefurcht empfängt das *Buch der Wunder*. *Livre des Merveilles*, Paris, Bibliothèque Nationale de France, Fr. 2810, fol. 226
2. Porträt des Johann Ohnefurcht. Paris, Musée du Louvre
3. Porträt des Johann Ohnefurcht. Antwerpen, Museum voor Schone Kunsten
4. Emblematischer Adler des Johann Ohnefurcht. *Livre des Merveilles*, Paris, Bibliothèque Nationale de France, Fr. 2810, fol. 1 (Ausschnitt)
5. Emblematischer Löwe des Johann Ohnefurcht. *Livre des Merveilles*, Paris, Bibliothèque Nationale de France, Fr. 2810, fol. 1 (Ausschnitt)
6. Die "Devise" aus Hopfen und Hobel. Pokal des Johann Ohnefurcht. Karlsruhe, Badisches Landesmuseum
7. Hopfen und Hobel im Dekor einer Handschrift des Johann Ohnefurcht. *L'information des princes*, Brüssel, Bibliothèque royale Albert Ier, ms. 9475, fol. 1
8. Johann Ohnefurcht gewährt Pierre Salmon Audienz. Pierre Salmon, *Réponses à Charles VI*, Paris, Bibliothèque Nationale de France, Fr. 23279, fol. 119
9. Das Maurerlot, "Devise" des Johann Ohnefurcht, im Tympanon des Johann Ohnefurcht-Turms. Paris, Hôtel d'Artois
10. Maurerlot und Hobel, "Devisen" des Johann Ohnefurcht. *Heures de Jean sans Peur*, Paris, Bibliothèque Nationale de France, N. a. lat. 3055, fol. 172v
11. Das Maurerlot, Emblem des Johann Ohnefurcht. *Livre des Merveilles*, Paris, Bibliothèque Nationale de France, Fr. 2810, fol. 226 (Ausschnitt)
12. Maurerlote und Hobel als Stickerei auf dem Überrock des Johann Ohnefurcht. Pierre Salmon, *Réponses à Charles VI*, Paris, Bibliothèque Nationale de France, Fr. 23279, fol. IV (Ausschnitt)
13. Maurerlote und Hobel als Stickerei auf dem Umhang des Johann Ohnefurcht. Jean Froissart, *Chroniques*, Paris, Bibliothèque Nationale de France, Fr. 6474 (Ausschnitt)
14. Antiochia ergibt sich den Sarazenen. *Livre des Merveilles*, Paris, Bibliothèque Nationale de France, Fr. 2810, fol. 232
15. Reisende Tataren. *Livre des Merveilles*, Paris, Bibliothèque Nationale de France, Fr. 2810, fol. 255
16. Pilger am Heiligen Grab. *Livre des Merveilles*, Paris, Bibliothèque Nationale de France, Fr. 2810, fol. 274
17. Der Marschall von Boucicaut in Anbetung vor der heiligen Katharina. *Heures du maréchal de Boucicaut*, Paris, Musée Jacquemart-André, ms. 2, fol. 38v
18. Christi Geburt. *Heures de Jeanne Bessonnelle*, Paris, Bibliothèque Nationale de France, Lat. 1161, fol. 68
19. Christi Geburt. *Heures de Joseph Bonaparte*, Paris, Bibliothèque Nationale de France, Lat. 10538, fol. 63.
19a. Christi Geburt. *Livre d'heures*, London, Victoria and Albert Museum, ms. A.L. 1646-1902, fol. 56v
20. Kreis Boucicaut-Mazarine, Moses führt die Juden aus Ägypten. *Bible historiale*, London, British Library, Royal MS 15 D III, fol. 48
21. Pierre Bersuire überreicht Johann dem Guten seine Übersetzung des Titus Livius; der Hirte findet Romulus und Remus. Titus Livius, *Historia romana*, Paris, Bibliothèque Nationale de France, Fr. 259, fol. 15
22. Krönung Johanns des Guten. Jean Froissart, *Chroniques*, Paris, Bibliothèque Nationale de France, Fr. 2642, fol. 186
23. Pierre Salmon verehrt Karl VI. sein Buch. Pierre Salmon, *Réponses à Charles VI*, Paris, Bibliothèque Nationale de France, Fr. 23279, fol. 53
24. Pierre Salmon im Gespräch mit Karl VI. Pierre Salmon, *Réponses à Charles VI*, Genf, Bibliothèque publique et universitaire, Fr. 165, fol. 4
25. Märtyrertod des heiligen Stephan. *Livre d'heures*, Oxford, Bodleian Library, Douce 144, fol. 134
26. Märtyrertod des heiligen Dionysius. *Heures de Saint-Maur*, Paris, Bibliothèque Nationale de France, N. a. Lat. 3107, fol. 222v
27. Erschaffung Adams und Evas, Kain erschlägt Abel. *Heures de René d'Anjou*, London, British Library, Egerton MS 1070, fol. 140
28. Ankunft der Heiligen Familie in Ägypten. *Livre d'heures*, Paris, Bibliothèque Mazarine, ms. 469, fol. 70v
29. Kannibalen in Dondiin. *Livre des Merveilles*, Paris, Bibliothèque Nationale de France, Fr. 2810, fol. 107
30. Totenmesse, Kampf um die Seele des Verstorbenen. *Livre d'heures*, Paris, Bibliothèque Mazarine, ms. 469, fol. 150
31. Der Großkhan bei Tisch. *Livre des Merveilles*, Paris, Bibliothèque Nationale de France, Fr. 2810, fol. 136v
32. Pfingsten. *Livre d'heures*, Paris, Bibliothèque Mazarine, ms. 469, fol. 117
33. Wilhelm von Boldensele. *Livre des Merveilles*, Paris, Bibliothèque Nationale de France, Fr. 2810, fol. 116
34. Mit der Hand fischende Taucher. *Livre des Merveilles*, Paris, Bibliothèque Nationale de France, Fr. 2810, fol. 108v
35. Johannes der Evangelist. *Heures de Jeanne Bessonnelle*, Paris, Bibliothèque Nationale de France, Lat. 1161, fol. 20
36. Ankunft der Griechen vor Troja. *Trésor des histoires*, Paris, Bibliothèque de l'Arsenal, ms. 5077, fol. 48
37. Kreuzigung. *Livre des Merveilles*, Paris, Bibliothèque Nationale de France, Fr. 2810, fol. 126

38. Kreuzigung. *Heures du maréchal de Boucicaut*, Paris, Musée Jacquemart-André, ms. 2, fol. 105v
39. Vom Meister der Cité des Dames vollendete Miniatur, Der heilige Paulus wird in Damaskus ins Paradies entrückt. *Livre des Merveilles*, Paris, Bibliothèque Nationale de France, Fr. 2810, fol. 171
40. Egerton-Meister, Salomon und die Königin von Saba. *Bible historiale*, London, British Library, Royal MS 15 D III, fol. 285 (Ausschnitt)
41. Egerton-Meister, Menschen vor der Weisheit. *Bible historiale*, Paris, Bibliothèque Nationale de France, Fr. 10, fol. 336
42. Egerton-Meister, Der Prophet Isaias. *Bible historiale*, Paris, Bibliothèque Nationale de France, Fr. 10, fol. 387
43. Egerton-Meister, Die Gottesmutter erscheint dem Kaiser Augustus. *Œuvres de Christine de Pizan*, Paris, Bibliothèque Nationale de France, Fr. 606, fol. 46
44. Egerton-Meister, Das Grab des Heiligen Thomas. *Livre des Merveilles*, Paris, Bibliothèque Nationale de France, Fr. 2810, fol. 186v
45. Egerton-Meister, Mariä Verkündugung. *Heures de René d'Anjou*, London, British Library, Egerton MS 1070, fol. 15v
46. Werkstatt des Egerton-Meisters, Christine de Pizan kniet vor einem Edelmann. *Œuvres de Christine de Pizan*, Paris, Bibliothèque Nationale de France, Fr. 836, fol. 65
47. Egerton-Meister, Die Weisheit. *Bible historiale*, Paris, Bibliothèque Nationale de France, Fr. 10, fol. 344
48. Verkündigung an die Hirten. *Heures de Joseph Bonaparte*, Paris, Bibliothèque Nationale de France, Lat. 10538, fol. 68
49. Das Land der Hermaphroditen. *Livre des Merveilles*, Paris, Bibliothèque Nationale de France, Fr. 2810, fol. 195v
50. Gesandtschaft der Brüder Polo bei dem Papst und dem Großkhan. Marco Polo, *Le Livre du Grand Khan*, London, British Library, Royal MS 19 D I, fol. 58
51. Die Brüder Polo verlassen Konstantinopel. Marco Polo, *Le livre des merveilles d'Asie*, New York, Pierpont Morgan Library, ms. M. 723, fol. 71
52. Jason wird von dem Drachen bedroht, der das Goldene Vlies hütet. Orose, *Histoires*, Paris, Bibliothèque Nationale de France, Fr. 301, fol. 30v
53. Die Tochter des Hippokras wird in einen Drachen verwandelt. Jean de Mandeville, *Voyages d'Outremer*, Paris, Bibliothèque Nationale de France, N. a. fr. 4515, fol. 1
54. Varro lehrt; einige Römer beten ihre Götzen an. Saint Augustinus, *De Civitate Dei*, Baltimore, Walters Art Gallery, ms. 770, fol. 179v
55. Aeneas und seine Flotte verlassen Troja. *Trésor des histoires*, Paris, Bibliothèque de l'Arsenal, ms. 5077, fol. 52v
56. Die Tartarei. Hayton, *La Fleur des Histoires d'Orient*, Paris, Bibliothèque Nationale de France, Fr. 12201, fol. 17v